朗朗书房·人文图志馆

ATLAS DES PEUPLES D'EUROPE CENTRALE

中欧人文图志

[法]安德烈·瑟利耶 让·瑟利耶 著 王又新 译

中国人民大学出版社

·北京·

图书在版编目(CIP)数据

中欧人文图志/[法]瑟利耶著;王又新译.
北京:中国人民大学出版社,2008.8
(朗朗书房·人文图志馆)
ISBN 978-7-300-09641-4

Ⅰ.中…
Ⅱ.①瑟…②王…
Ⅲ.民族历史—中欧—通俗读物
Ⅳ.K510.8-49

中国版本图书馆 CIP 数据核字(2008)第 133081 号

ATLAS DES PEUPLES D'EUROPE CENTRALE
by André SELLIER and Jean SELLIER
© Editions La Découverte, Paris, France, 1991, 2002.
Simplified Chinese Edition © China Renmin University Press, 2008.

朗朗書房

朗朗书房·人文图志馆
中欧人文图志
[法]安德烈·瑟利耶 让·瑟利耶 著
王又新 译

出版发行	中国人民大学出版社				
社 址	北京中关村大街 31 号		邮政编码	100080	
电 话	发行热线:010 - 51502011				
	编辑热线:010 - 51502036				
网 址	http://www.longlongbook.com(朗朗书房网)				
	http://www.crup.com.cn(人大出版社网)				
	http://www.ttrnet.com(人大教研网)				
经 销	新华书店				
印 刷	北京盛兰兄弟印刷装订有限公司				
规 格	172 mm×245 mm 16 开本		版 次	2008 年 12 月第 1 版	
印 张	22.75		印 次	2008 年 12 月第 1 次印刷	
字 数	210 000		定 价	68.00 元	

出版前言

"人文图志馆"译自法国 La Découverte 出版机构的丛书，共四册，分别为《亚洲人文图志》、《东方人文图志》、《西欧人文图志》和《中欧人文图志》。丛书比较全面系统地介绍了亚欧大陆主要民族和国家的历史地理变迁、人文风俗衍变，上溯亚欧诸民族的起源，下迄 20 世纪末议定的政治版图，内容涉及民族、宗教、人口、领土变更、政治生活等诸多方面，配以相当数量的地理示意图，构成一部简明的国别人文史志。

在波澜壮阔的历史长河中，民族身份的确认过程复杂、多变，疆界的些微变动就可能导致成千上万人的迁徙，此中艰辛与血泪只有前人可知。而本丛书在流畅、优美的叙事中，再现了亚欧诸民族拼杀中的民族性格渐成的过程：

亚洲——这里养育着超过世界总人口一半还多的人民，曾经有过辉煌的古代历史，也有过被殖民的惨痛记忆。

阿拉伯世界——这是一块饱经乱离和动荡的地域，内部教派纷争不断，渴望统一，却又难以平静；与外部世界时有冲突，隔阂日深。

西欧——地理位置开放的西欧，民族与国家之间的来往密切，交错复杂的姻亲关系形成巨大的网络，教权与皇权纷争不断，伤筋动骨中商谈起现代版图。

中欧——在夹缝中生存的中欧各族人民，先后受控于德意志、奥斯曼、俄罗斯等帝国，饱受侵袭与骚扰；近代的种族屠杀、东西方的战场使中欧损失惨重；存有政治隐患的地区虽时有乱局出现，但和平发展是共同的愿望。

这是一套以西方视角审视亚欧大陆诸民族和国家的史志丛书，虽然书中有部分史实未见得准确，而且由于观念等方面的原因，有些见解和表述并不正确，特别是对亚洲和阿拉伯世界的某些认识，我们难以认同，但从中也可见到西方人眼中的亚洲、阿拉伯世界和欧洲是怎样的状况。因此，除个别地方加少量注释外，我们尽量保持原文的内容和风格不变，以求真实呈现给读者原书的风貌。对于书中由于作者学识和观念等原因造成的一些不准确的内容和不正确的表述，相信读者自能辨别。

目　　录

中欧：一个封闭的地域

作者序

　　中部欧洲国家的历史，尤其是20世纪的历史，很大程度上是一部经受战争、迫害、屠杀和流放的历史。在对这一段历史和历史事件的描述中，我力图持审慎的态度，这并不是因为我无知，也不是因为我冷漠。

　　正如与我同时代的许多青年人一样，我经历过集中营的生活。因此，我愿借撰写此书的机会，向布达佩斯的皮埃尔·加迪（他的家乡人称他为加迪·彼得）表达我的真挚友情。他和夏尔·萨德龙，还有居伊·布索瓦、弗朗西斯·菲内利、安德烈·福斯塔内、勒内·博尔代都曾是我的伙伴。从青年时代起，他们都深知我对中部欧洲的关注。我还将借此书怀念卢布尔雅那的斯洛文尼亚人小组，其中有菲利普丘克和库塞克，还有多拉的那个经济拮据、令人惧怕的乌克兰隧道青年帮。

　　最后，我要向我在布尔诺时的同学、纳粹大屠杀事件的遇难者维利·洛瓦表达我的缅怀之情。

安德烈·瑟利耶

前　言

自1989年起，人们便不再谈论"东欧"，而是重新谈论"中欧"（因为它处于大西洋和乌拉尔山脉之间）了。西方也在重新审视他们未曾忘记的中欧民族，但是由于形势所致，此前西方所看到的首先是共产主义制度下的各民族，并有把这些民族混为一谈的趋势。然而，由于中欧各民族在四十年的共产主义制度之前已经拥有了上千年的历史，所以，相比之下，他们历史进程中的千变万化，毫不逊色于西欧各民族。中欧各民族是怎样逐步形成的？他们现今区别于其相邻民族的大体特征是什么？他们的记忆、他们的骄傲、他们的期望何在？在力图激发读者的关注与同情的同时，《中欧人文图志》将回答这些问题。

从有记载的历史角度看问题（其历史远不止共产主义这一时期），我们对中欧所下的定义与人们不久前所称的"东"欧，是不完全一致的：曾长期受到瑞典人和俄罗斯人统治的芬兰人，与1991年9月才脱离苏联的爱沙尼亚人和拉脱维亚人有相似的经历。继塞尔维亚人和保加利亚人之后，希腊人也于19世纪摆脱了奥斯曼帝国的统治。相反，周边强国民族的后裔却不在此列。这些民族——德国人和奥地利人、土耳其人、俄罗斯人，在不同的时代（直到20世纪），都曾统治过中部欧洲。

在图志的第一部分（"中欧：一个封闭的地域"）中，我们对这些帝国的兴衰成败进行了综述，尔后对各民族逐一展开，加以详细叙述。在叙述过程中插入了必要的地理图表——中欧各民族与西欧各民族一样，他们的历史都伴随着人们可以想象的一系列的征服、放弃、领土恢复等进程，这些进程都铭刻在其领土之上。领土主权的变更，往往导致地域名称的多样化。在本书的"译名对照表"中，人们可以找到这些多样性地名的来龙去脉。例如布拉迪斯拉发，现为斯洛伐克首都，但在匈牙利统治时期曾被称为波若尼，奥地利人将之称为普雷斯堡。以上所述发生在1914年，即欧洲现代版图于1945年定版的三十余年前，而1945年的欧洲版图仅在原有版图上作了修订，并非颠覆后的结果。

如今对于自身有了重新认知的欧洲，其实是在公元1000年左右，由于一次视角的转变而形成的。当时的伊斯兰教征服了地中海沿岸，基督教势力(天主教和东正教)便向另一方向推进，遭遇到的正好是中欧各民族。现在，欧洲又一次向他们开放，并恢复了与欧洲本源的联系。

中欧：一个封闭的地域

1815 年时，没有任何一个中欧民族是独立的。所有这些民族都处于他们强大的邻国——普鲁士、奥地利、奥斯曼帝国和俄罗斯帝国的统治之下。这些民族直至19世纪或20世纪才得以解放，且无一不曾经受战争和财产的损失。其实，他们中的某些民族在1815年之前也曾长期享受着自由，尤其是波兰和匈牙利，他们曾经有过颇为荣耀的自由。然而，由于受到地理范围的制约，没有任何一个民族可以超脱中欧这个真正的"封闭地域"。可是，他们的邻国则相反，他们拥有可以汲取土地的地域。当他们认为需要时，就去夺取新的资源。如，日耳曼帝国向西方，奥斯曼帝国去近东和地中海，俄罗斯帝国到亚洲争夺地盘。

中欧的历史是一千年前，由两个敌对的帝国——拜占庭帝国和与教皇权威紧密相连的日耳曼帝国——通过对该地区的基督教化而开始的。这一历史进程随着这些帝国的稳定、改变和新生蜿蜒起伏。德意志与俄罗斯势力曾在欧洲称雄的20世纪，也未超越这一规律。

千年的历史

中部欧洲大约在公元1000年皈依基督教，从"野蛮"状态过渡到有组织的群体状态。在此之前，大量的迁徙活动使整个欧洲动荡不安。公元1000年之后，这些民族不再有大的迁徙。于是，各国之间的争斗便占据了历史舞台。

序幕：从罗马帝国到欧洲

在公元纪年之初，沿莱茵河和多瑙河的一条边界线把欧洲一分为二。边界线南部是有组织的、文明的罗马帝国，它囊括了地中海的所有地区；其北部则是发展变化中的"野蛮人"：日耳曼人、盖塔人、达契亚人、萨尔马特人和其他民族群体。十个世纪之后，各民族则主要以地中海为轴心划分，伊斯兰各民族在南，基督教各民族在北。基督教各民族包含在两大帝国中，两者尽管都是罗马帝国间接的继承者，但都自称正统——东南部是拜占庭帝国，中西部是不久之后所谓的神圣日耳曼罗马帝国。但是基督教国家中还包括一些当时新兴的国家：波兰、波希米亚、匈牙利、基辅罗斯[第一个东方斯拉夫国家，以基辅为首都，又称古罗斯，罗斯国。862年，诺曼底人留里克率领亲兵队在诺夫哥罗德登上王公宝座，建立了第一个罗斯王国；其继任者奥列格于882年把罗斯国的首都迁至基辅，开始了基辅罗斯公国时期。——译者注]。确切地说，中欧的历史是从这时才开始的。

民族迁徙

关于第一个千年中的事件，德国的史学家称之为"民族大迁徙"。这一表达方式与法国传统上称为"蛮族入侵"的说法相比，能更好地阐明这些民族迁徙现象的复杂性和广泛性。这里所说的迁徙，除了不是人类历史上的首次迁徙之外，完全可以划分为相互影响的以下三大系列。

草原民族的突现

这些民族来自中亚大草原（现在的哈萨克斯坦），他们经过现在的乌克兰草原由东向西迁徙，一直到达多瑙河平原的瓦拉几亚和潘诺尼亚（匈牙利平原）。在公元纪年之初，黑海北部的草原是由原来的伊朗族群，特别是萨尔马特人所占据。3世纪时，哥特人也混入这一地区。随后，阿尔泰民族（与蒙古人和土耳其人属于同族）也来到这一地区：

——约5世纪末，匈奴人来到潘诺尼亚盆地，匈奴帝国在阿提拉于453年死后逐渐衰落；

——567年，阿瓦尔人进入潘诺尼亚。他们建立的国家于9世纪时消亡；

——古保加利亚人于7世纪定居于下多瑙河地区，逐渐与当地的斯拉夫人族群融为一体，形成了保加利亚民族；

——继古保加利亚人之后，随之到来的是非阿尔泰人——匈牙利人和来自西伯利亚西部的芬兰－乌戈尔语系的人，他们于895年进入潘诺尼亚，不久便在这一地区定居下来；

——其他阿尔泰人、古捷克人在9世纪末把匈牙利人逐往西部，并占据了摩尔达维亚和瓦拉几亚，但是未能形成一个有凝聚力的国家。

在古捷克人之后，新的阿尔泰人连同库曼人又来到这一地区。不久，蒙古人也来到这里。

日耳曼民族大迁徙

日耳曼民族的迁徙活动经历了两大

阶段。第一阶段大约在公元240年至280年之间，第二阶段在公元375年至420年之间。这些迁徙每次都从下多瑙河开始，最终到达莱茵河地区。随后在473年和568年又发生过从潘诺尼亚出发的两次迁徙。

第一阶段首先是哥特人的迁徙，当时他们定居在黑海以北，分为西哥特人和东哥特人。从238年开始，哥特人入侵东罗马帝国，但最终被逼退。虽然如此，罗马人不得不在275年将他们在公元2世纪初就征服并殖民化的达契亚地区让给哥特人。在同一时代，法兰克人和阿拉曼人越过莱茵河，并于公元268年至278年横扫了高卢。他们中的一部分就此作为罗马军队的非正规部队定居高卢。

第二阶段通常被人们称做"蛮族大入侵"，开始于匈奴人的向西逼进。这一阶段表现出了迁徙的各种复杂性。总之，日耳曼民族的西哥特人在375年被逼入东罗马帝国。他们得到罗马皇帝的恩准移居巴尔干半岛北部的色雷斯。东哥特人(和其他日耳曼族人)被匈奴人逼向西部。最终，整个大动荡导致日耳曼各民族于406年开始跨过莱茵河。西迁之

路伊始，日耳曼各民族所走的路线就各有不同。西哥特人于375年至408年滞留在东罗马帝国，然后到达意大利并定居阿基坦和西班牙。汪达尔人穿越高卢和西班牙，然后定居北部非洲。勃艮第人未越过莱茵河，涌入罗马帝国后最远未超出勃艮第(由其民族得名)。法兰克人和阿拉曼人中，有一大批到达莱茵河彼岸，随后定居。

阿提拉死后，匈奴人消失。东哥特人离开潘诺尼亚，让位于巴尔干人。他们于489年来到意大利居住，直到552年被查士丁尼一世所灭。伦巴第人最终于568年经潘诺尼亚到达意大利。

这些迁徙活动在中部欧洲造成两个后果：

——解放了大片领土并归新的占领者所有；此前，哥特人、汪达尔人、勃艮第人、伦巴第人(和其他日耳曼民族的分支，如格皮德人、赫鲁利人、斯科雷人、鲁吉人、苏维汇人等)占据着易北河和维斯瓦河之间的地区；

——削弱了拜占庭帝国在巴尔干半岛的统治。

有一支日耳曼人始终未曾远离他们的发源地，即法兰克民族。经几个世纪

的动荡之后，他们终于成为最强的民族。法兰克国王克洛维（481—511年在位）占领并控制了高卢和新日耳曼的大部分地区。

斯拉夫人的扩张

斯拉夫人的居所直到3世纪左右仍集中在现今的乌克兰西部地区。从这一地区出发，他们逐渐向三个方向进行扩张。这种扩张并非轰轰烈烈地进行，而是如一位历史学家所说的是"斯拉夫人的隐形扩张"。

——向北扩张到芬兰民族内部，因为芬兰人本身就很分散。这些向北扩张的斯拉夫人就是俄罗斯人的祖先。

——向西一直到易北河和波希米亚山区，占据了日耳曼人放弃的地区。这些人是西斯拉夫人的祖先：波兰人、捷克人和斯洛伐克人。

——向南占据了经西哥特人、匈奴人、东哥特人以及阿瓦尔人扫荡一空的、漫无人烟的巴尔干半岛。这些人就是南部斯拉夫人的祖先，这些南部斯拉夫人到6世纪中叶已经扩张到伯罗奔尼撒地区。

应该指出的是，在9世纪末，部分匈牙利人混杂进南部斯拉夫人和其他族人之中，古捷克人也曾短暂进入该地区。此外，那些非斯拉夫人（当然，希腊除外）所在的"岛屿"（指处于斯拉夫人包围中的非斯拉夫人聚居地）在巴尔干半岛继续存留下来，一部分成为阿尔巴尼亚人，一部分成为罗马尼亚人，剩余的部分成为瓦拉几亚人。

斯拉夫人组成国家的时间比较晚。人们所公认的最古老的斯拉夫公国是萨莫公国（625—660年），这一公国本身也源于法兰克，大致相当于曾经的捷克斯洛伐克。7世纪中叶的保加利亚是一个特例。它起源于一支斯拉夫化了的阿尔泰民族。9世纪时，在东部出现了基辅罗斯公国和诺夫哥罗德公国，这两个公国不久便开始向西吞并大摩拉维亚王国。大摩拉维亚王国在10世纪初消亡。

罗马帝国的危机时代

3世纪时，罗马人由于日耳曼人的入侵而后退，戴克里先（284—305年在位）重组罗马帝国，将罗马主权分为两个皇帝执掌，他让马克西米安主管帝国西部，驻意大利北部的米兰，他本人则主管帝国东部。

君士坦丁一世（306—337年在位）重新把罗马帝国的大权集中在一己之手，330年建都君士坦丁堡，建立"新罗马帝国"。他竭力实行文武分治。此外，他将基督教立为国教。他的继承者们一直把统一的帝国维持到395年。

罗马帝国的没落

从5世纪开始，西罗马帝国实际上已在日耳曼人（汪达尔人、西哥特人、阿拉曼人、法兰克人等）的控制之下。

斯拉夫人的扩张

在第一个千年中，斯拉夫人分布在中欧的大部。古保加利亚人（讲土耳其语）逐渐斯拉夫化，这就是保加利亚民族的起源。相反，匈牙利人把潘诺尼亚盆地的斯拉夫居民马扎尔化。继续存在于喀尔巴阡山南麓，原罗马帝国达契亚省东南区域内的拉丁地带后来成为罗马尼亚民族的诞生地。

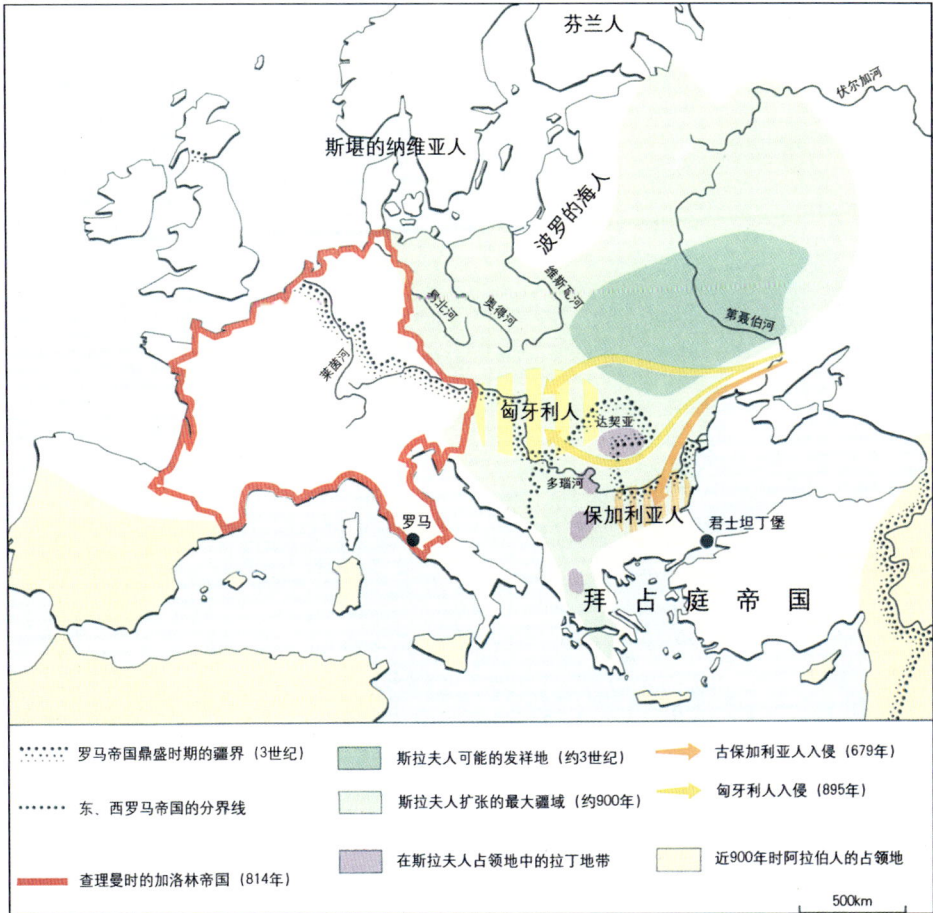

图例		
⋯⋯ 罗马帝国鼎盛时期的疆界（3世纪）	斯拉夫人可能的发祥地（约3世纪）	→ 古保加利亚人入侵（679年）
⋯⋯ 东、西罗马帝国的分界线	斯拉夫人扩张的最大疆域（约900年）	→ 匈牙利人入侵（895年）
— 查理曼时的加洛林帝国（814年）	在斯拉夫人占领地中的拉丁地带	近900年时阿拉伯人的占领地

500km

402年，帝国的机构中心从罗马移至拉韦纳，以极不稳定的状态继续存在。476年，日耳曼人雇佣军长官奥多亚塞废黜最后一个西罗马帝国皇帝，自称意大利国王，并将罗马帝国政权统治者驱往君士坦丁堡。

这一时期的东罗马帝国，尽管其欧洲部分经受了多次入侵，但最终还是躲过了被占领的危机，并且维持了下来。查士丁尼一世（527—565年在位）竭尽全力重组罗马帝国，征服北非、意大利，向南兼并西班牙。但568年伦巴第人入侵意大利，将意大利北部的广大地区纳入其统治之下。很快，查士丁尼一世的征服行动便缩减为东罗马帝国向西方的小范围扩张。阿拉伯人于7世纪攻克了地中海南岸，又于8世纪初占领了西班牙；"铁锤"查理于732年将他们阻断在普瓦捷，结束了他们在地中海称霸的可能。

从东罗马帝国到拜占庭帝国

从7世纪到10世纪，东罗马帝国趋于自我封闭。在此期间，斯拉夫人侵入巴尔干半岛，阿拉伯人占据中东和地中海，伦巴第人占领意大利，保加利亚人也于10世纪初到原始鼎盛时期。东罗马帝国的疆域因而渐渐缩小。东罗马帝国的自我封闭表现为希腊化——其整体的希腊化始于8世纪。同时，亚历山大、安条克和耶路撒冷失守，相继落入阿拉伯人的手中，这使得这些城市的牧首[早期基督教在一些主要城市的主教称号，其威望和权力比一般的地方主教更高。罗马、君士坦丁堡、耶路撒冷、亚历山大和安条克均有牧首。——译者注]的权威地位不复存在，从而加强了君士坦丁堡牧首独一无二的权威地位，以及他与皇帝的联系。希腊教会自此确立了他们的正式资格，并且与罗马教廷之间的距离越来越远。9世纪下半叶曾两度出任君士坦丁堡牧首的佛提乌在这方面扮演了主要角色。总之，在查士丁尼一世统治时期，仍自视完全"罗马式"的东罗马帝国，这时已成为"拜占庭"化（即希腊化）的帝国。

走向一个新的西方帝国

尽管在476年至800年间不存在西方帝国，但建立一个西方帝国这一思想始终存在。

蛮族人所建立的各王国的命运各有不同：东哥特王国（位于意大利）被查

士丁尼一世摧毁；伦巴第王国没能形成一个统一的国家；位于西班牙的西哥特王国，因阿拉伯人入侵而没落。克洛维于511年死后，法兰克王国在墨洛温王朝统治时期逐渐分解，一直到宫相丕平二世重新稳定了局面。他的后代分别是"铁锤"查理、"矮子"丕平和查理曼。后两者在五十余年内，建立起面积广阔且不断扩张的加洛林帝国。[矮子"丕平废除

"东进运动"（8—14世纪）

了墨洛温王朝的最后一个皇帝，于751年自立为王，建立了新的王朝，即加洛林王朝。加洛林帝国为查理曼建立。——译者注]他们征服了日耳曼南部、西班牙北部，消灭了意大利的伦巴第王国，萨克森人与阿瓦尔人分别于8世纪末、9世纪初向其投降。

800年12月25日，教皇在罗马加冕查理曼为查理大帝。这在君士坦丁堡激起了强烈反响。但在812年处理与伊斯特里亚和达尔马提亚相关的冲突时，拜占庭皇帝含混地承认了这一既成事实。814年，查理大帝去世，路易一世（"虔诚者"路易）继承王位，统治帝国一直到840年。路易死后，他的三个儿子订立了瓜分帝国的《凡尔登条约》。加洛林帝国被一分为三：西法兰西亚（后来的法国）、东法兰西亚（德意志），两者之间是洛塔尔王国（其领土包括意大利，但它很快便瓦解了）。皇帝的称号在加洛林的后裔中传递，而自924年至962年间帝位最终出现空缺。

这一时期的重要人物是东法兰西亚国王萨克森的奥托一世。在加强了中央集权之后，他率军侵入意大利，娶意大利国王洛塔尔的遗孀阿德莱德为妻，955年在莱希费尔德彻底击败了长期侵扰德意志的匈牙利人。962年由罗马

斯拉夫人的后撤

日耳曼人和其邻邦斯拉夫人的关系史始于7—8世纪。当时斯拉夫人占据着自现在的基尔市（德国）至的里雅斯特（意大利城市）所形成的界线以东的土地，这些土地大多是日耳曼人在公元1—3世纪之前向西或向南迁徙时弃置的。由于当时欧洲的自然条件所限，斯拉夫人的这种占领时断时续，并没有一定的组织结构。

在约六个世纪之后，另一条边界线确立，那就是日耳曼神圣罗马帝国的边界。这条边界线的寿命很长（现在它仍然是捷克人和斯洛伐克人、塞尔维亚人和克罗地亚人的分界线）。当时这条分界线是一条非常明确的政治界线，其东部有两个王国，即波兰王国（它于15世纪收回了波美拉尼亚）和匈牙利王国（其中包括克罗地亚王国）；西部，分布着许许多多世俗的或政教合一的小王国，共同组成了神圣帝国。其中一个王国尤为特别，那就是波希米亚王国，它是神圣罗马帝国中唯一一个核心民族不是日耳曼人而是捷克人的国家。其包含在神圣帝国中的斯拉夫人有：塞尔维亚人（到1914年时仍是奥地利国民）、卢萨蒂亚的索布人（今天仍生活在原地）和西里西亚的波兰人，应该说，在一个已经非常日耳曼化的地区，这些人都是少数民族了。而在其他地方，文德人（Wende，我们往往以这个词指代斯拉夫人的整体）已经消失了。到底是什么原因呢？

德语称为Ostsiedlung的“东进运动”是一种持续的现象，它源自许许多多并不宏大的决定，比如建造城堡以控制流通点、建立市场、修建修道院、开拓沼泽地、开垦森林地带、发现矿产，等等。所有这一切都是在一些大公（有时是斯拉夫人）、主教、基督教修会的主持下完成的。移民们——往往是林业和矿业的熟练工人，来自下萨克森、图林根、法兰克尼亚，在需要筑堤或修建排水工程时，还会有荷兰或佛兰德的移民前来。

历史学家往往把它与19世纪末的美国西部大开发相提并论：辽阔的处女地、人口的压力、众多的官方或个人的开拓创举，等等。在中欧，“东进运动”开始时进展缓慢，直到12—13世纪方加快了步伐。人们开始开发梅克伦堡、勃兰登堡和波美拉尼亚最贫瘠的土地。居住在这里的斯拉夫人被逐渐吸纳进日耳曼社群，尤其是居住在梅克伦堡的奥博德里人，他们于12世纪将居住地割让给日耳曼的诸侯。在霍斯坦的斯拉夫语区一直持续存在到18世纪，波美拉尼亚东部的斯洛维斯区则持续存在至20世纪初。同时，垦荒者们一直深入到围绕波希米亚的广袤森林和潘诺尼亚的阿尔卑斯山边缘。

15世纪，开发运动走向反面——饥荒和瘟疫造成德国的人口危机，“东进运动”与其开始一样，在风平浪静中渐渐走向尾声。

教皇加冕为神圣罗马帝国皇帝。奥托帝国从此建立，但因其疆域不包括西法兰西亚，所以小于加洛林帝国。这便是德意志神圣罗马帝国时代的开端，该帝国一直延续至1806年。967年，奥托一世令教皇将其子加冕为奥托二世皇帝；又于972年令奥托二世娶东罗马皇帝在位期间所生的拜占庭公主特奥法诺为妻。奥托二世于973—983年在位。他去世时其子奥托三世年仅3岁。青年奥托三世将在公元1000年之际，在中欧历史上发挥决定性的作用。

中部欧洲的基督教化

公元1000年之前

当时的帝国，不论是罗马帝国还是加洛林帝国，或者之后的奥托帝国，都十分希望对邻近的"野蛮"民族进行基督教化，并对他们实行政治托管。军事行动往往和传教双管齐下，但这并不妨碍教皇和日耳曼当局在一定情况下实行不同的政策，在拜占庭皇帝和君士坦丁堡的牧首之间并不存在这方面的分歧。

自德意志北部开始的基督教化

查理大帝征服了萨克森之后，"虔诚者"路易委派后来被封圣的安斯加尔率领一个传教团前往易北河以东，对那里的丹麦人和斯拉夫人进行教化，但效果并不显著。一个世纪之后，基督教政权又作出了对丹麦人进行基督教化的进一步努力——于公元1000年左右在隆德（斯卡尼亚）设立了主教。易北河右岸的斯拉夫人显得最为固执，但是波兰的基督教化进程很快使局面发生了逆转，斯拉夫人从波兰人那里接受了基督教。

捷克人和斯洛伐克人的基督教化

在查理大帝的要求下，于798年建立的萨尔茨堡大主教区，下辖波希米亚、摩拉维亚和潘诺尼亚地区。846年，传教士和基督徒被赶出摩拉维亚，日耳曼人路易对此进行了干预，并把信奉基督教的王子罗斯蒂斯拉夫定为不久以后建立的大摩拉维亚王国的国王。于是，巴伐利亚教士、教皇派出的传教士以及拜占庭教士之间的权势斗争在大摩拉维亚迅速展开。863年，罗斯蒂斯拉夫请求拜占庭皇帝向其王国派驻传教士。君士坦丁堡牧首佛提乌把这场斗争的使命交给了两个传教士——康斯坦丁和美多德兄弟。他们是塞萨洛尼基（旧称萨洛尼卡）的希腊人，会说马其顿的斯拉夫方言。

他们为传播东正教作了充分的准备，以希腊字母为基础，创造出最早的斯拉夫文字——格拉哥里文字，并将希腊文的宗教书籍和法典翻译成该文字。他们于864年到达摩拉维亚，在那里取得不凡的成就。但是，由于他们不具备主教权，不能祝圣下属神父。当他们要回到君士坦丁堡去解决这一祝圣权问题时，收到了教皇的邀请，前往罗马。他们于867年到达罗马，并在那里广泛宣传使用斯拉夫语进行礼拜仪式的重要意义。此后，康斯坦丁以其教名西里尔为罗马人所知。两年后死于罗马。而美多德则在教皇重新组合主教区时，被任命为锡尔米乌姆（在现在的贝尔格莱德附近）总教区的大主教。拥有这一头衔之后，美多德重新踏上返回摩拉维亚之路，但是由于被萨尔茨堡大主教逮捕，后在教皇的干预下被释放，这样他于874年才到达摩拉维亚。在这期间，罗斯蒂斯拉夫已被斯瓦托普卢克推翻，教会机构转由日耳曼传教士控制。摩拉维亚被日耳曼封建领主占领，美多德不得

古代教会斯拉夫语

古代教会斯拉夫语是东正教斯拉夫人使用的礼拜仪式语言，是9世纪由西里尔和美多德在他们所熟知的南部斯拉夫人的语言基础上确定下来的一种语言。因为当时的许多斯拉夫方言之间并不存在很大的差异，所以大摩拉维亚的斯拉夫人和东部斯拉夫人很容易就采用了教会斯拉夫语。

西里尔和美多德发明了格拉哥里字母，但至今仍在使用的西里尔字母却是由他们的一个弟子克雷芒发明的。

不隐居到一座隐修院中，直到885年他才有权用希腊语、拉丁语和古代教会斯拉夫语主持葬仪。他的弟子们那时都去了保加利亚，其中克雷芒后来成为奥赫里德的主教。斯瓦托普卢克死后，大摩拉维亚解体，波希米亚的捷克部族脱离

大摩拉维亚王国，其部族地区于906年被匈牙利的游牧民族占据。

波希米亚国的渊源要追溯到9世纪末。自921年起由信奉基督教的瓦茨拉夫王子统治（后该王子被暗杀）。自瓦茨拉夫被封圣之后，波希米亚成为圣瓦茨拉夫王国，973年创建的布拉格主教区并不属于萨尔茨堡大主教区管辖，而是属于美因茨大主教区。布拉格的第二位主教名为沃伊捷赫，后面我们还会见到他以阿达尔贝的名字出现。

斯洛文尼亚人和克罗地亚人

817年，拜占庭和加洛林王朝的当权者为解决在亚得里亚海地区的势力冲突，达成一条原则性协议：威尼托沿海地区、伊斯特里亚海岸和达尔马提亚海岸归拜占庭人，内地区域归加洛林王朝。当时已融入加洛林王朝的斯洛文尼亚人正在快速基督教化，而克罗地亚人依靠罗马教廷，充分利用两个帝国之间的较量，于9世纪在尼恩（扎达尔北部）建立了自己的主教区。此主教区是在（拜占庭）斯普利特大主教区权力范围中分离出来的。托米斯拉夫在925年获得教皇认可，建立了克罗地亚王国。

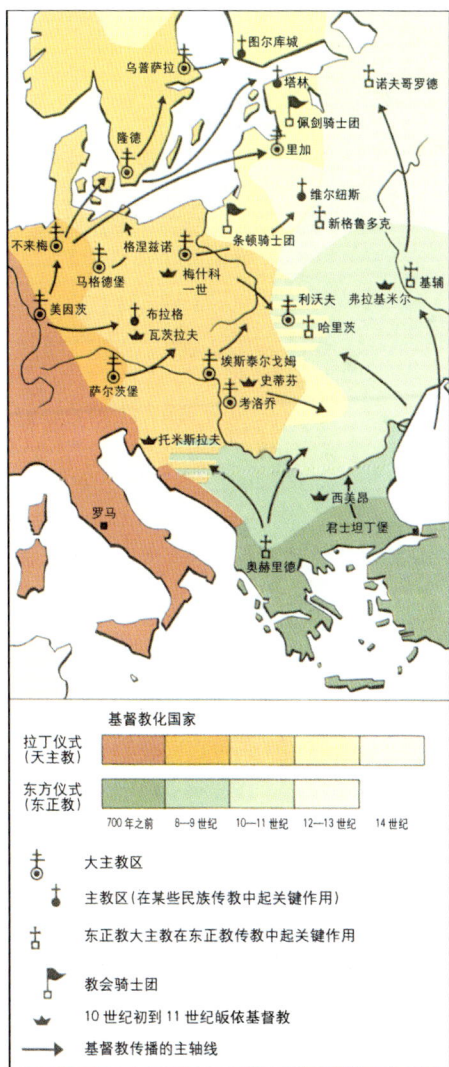

基督教化国家

拉丁仪式
（天主教）
东方仪式
（东正教）

700年之前　8—9世纪　10—11世纪　12—13世纪　14世纪

大主教区

主教区（在某些民族传教中起关键作用）

东正教大主教在东正教传教中起关键作用

教会骑士团

10世纪初到11世纪皈依基督教

基督教传播的主轴线

保加利亚人和塞尔维亚人

9世纪时，为了对保加利亚人进行改宗，在罗马传教士和拜占庭传教士之间进行过十分激烈的较量，罗马传教士意欲使保加利亚人使用拉丁语，而后者则(在佛提乌大主教的驱使下)主张效仿西里尔和美多德，使用古代教会斯拉夫语传教。拜占庭的观点占了上风。保加利亚鲍里斯一世于864年在君士坦丁堡接受洗礼，东正教被奉为国教。作为补偿，拜占庭人不久后同意建立独立的保加利亚大主教区。这一大主教区于926年变为普雷斯拉夫主教区。在这期间美多德之徒克雷芒成为马其顿（当时属于保加利亚）奥赫里德的主教。他在对塞尔维亚人的传教中起到了决定

天主教与东正教

除了从7世纪就出现的教义上的分歧之外，天主教（"天主教"这个词本身就有"普遍的"这个含义）和东正教最大的分歧在于宗教的组织和与政权的关系上。在东罗马帝国，从君士坦丁一世（曾亲自于425年主持尼西亚会议）起，教会与帝国之间的关系就非常密切。但在西罗马帝国则与之相反，从5世纪起，教会便由于种种原因而脱离了权力中心，但教皇至高无上的权力并未受到质疑。

这些情况逐渐导致两种非常不同的态度。为了保持自身的权威，罗马教廷对于拉丁语的使用（对于推广斯拉夫语的西里尔和美多德持欢迎态度只是一个短暂的时期）和维护罗马精神的中心地位表现得十分强硬。拜占庭则倾向于各个国家教会自治，从而产生了各国君主与具有权威的君士坦丁堡牧首相联合的模式。斯拉夫人使用教会斯拉夫语而不用希腊语传教就是这一方面的明显举措。从长远来看，这使得东正教教会对地方政权往往有依赖性，这一情况一直持续至20世纪（例如斯大林时代苏联的东正教，以及齐奥塞斯库当政时期罗马尼亚的东正教）。

在对保加利亚实行教化的过程中，两个教派的分歧终于因为君士坦丁堡牧首佛提乌实行教会分立而正式形成。佛提乌于863年被教皇罢免；而四年之后前者又反戈一击，把教皇逐出了教会。经历了多次的复合与破裂，两个教派的分裂在1054年随着又一次教会分立而最终成为定局。与之前的教会分立不同，双方此后再未重新和解。

性的作用（925年左右，拉什卡地区成为主教区，该地区即塞尔维亚的前身）；此外，西里尔字母的发明也归功于克雷芒。

东斯拉夫人

早在9世纪，东斯拉夫人似乎已在被称为瓦拉几亚人的瑞典人的促使下开始组建国家了。当时瓦拉几亚人正借用第聂伯河地区与东罗马帝国通商。诺夫哥罗德公国便是由一个叫做留里克的瓦拉几亚人创立的。同样在9世纪初，一种斯拉夫文明在基辅得到蓬勃发展，并使基辅成为一个相对统一的国家的中心。957年，伊格尔王子的孀妻奥尔加在君士坦丁堡接受东正教洗礼。来自西方和拜占庭的传教者很快就来到基辅。奥尔加的儿子斯维亚托斯拉夫一世不信仰宗教，而他的儿子弗拉基米尔（即未来的圣弗拉基米尔大帝）最终决定皈依东正教。988年，弗拉基米尔在第聂伯河边和所有的基辅人一道接受了洗礼，之后又娶拜占庭皇帝巴西尔二世的妹妹为妻。基辅教会与保加利亚教会一样，开始使用教会斯拉夫语和西里尔字母。

波兰人和匈牙利人皈依基督教

公元1000年左右，有五位非同寻常的人物在整个中欧的事务中发挥了重要作用，并与直到此时为止在西方占据主要统治地位的政策断绝关系，也就是说与日耳曼教会对该地区逐渐地实行基督教化的政策断绝关系。

第一位便是出生于980年的奥托三世皇帝。他的父亲奥托二世于983年过世之后，其母亲特奥法诺统治意大利，其祖母阿德莱德统治德意志，而美因茨大主教维利吉斯则掌握实际的权力。奥托三世具有很高的文化修养（他会希腊语、拉丁语和德语）。他有许多名师，其中有法兰西人热尔贝、捷克人阿达尔贝（即沃伊捷赫）。966年，奥托三世在罗马由教皇加冕称帝，并在罗马建立了政府。热尔贝原籍为奥弗涅人，他学识渊博并且是一位真正的人文学者，后来成为兰斯大主教，不久被他的学生奥托三世调至拉韦纳任大主教，999年当选为教皇，名为西尔维斯特二世。奥托三世的另一位师傅阿达尔贝更确切地说是一位苦行者。阿达尔贝自982年起任布拉格主教，然后应波兰人的要求去向原普鲁士人（也称做古普鲁士人或西部罗斯人）传教。他于997年在格但斯克附近的树林里被暗杀身亡。波兰人将其遗骨迁至格涅兹诺。

奥托三世认为，他的使命是建立一个统一的帝国。他为教皇选择西尔维斯特二世这一称谓也并非无缘无故，因为西尔维斯特一世曾是拜占庭帝国统治时期的教皇。他们两人一同构想出一种联邦式帝国，以掌管那些相互间平等而附属于罗马的基督教王国。其他两个使这个构想具体化的重要人物分别是波兰人的首领——966年皈依基督教的"勇敢者"博莱斯瓦夫和996年在科隆接受由阿达尔贝主持基督教洗礼的匈牙利人首领伊斯特万一世。

公元1000年2月，奥托三世到阿达尔贝的陵墓举行祈祭。此后不久，就在格涅兹诺创建了大主教区（并在968年已创立的波兹南主教区的基础上，又在弗罗茨瓦夫和克拉科夫建立了两个主教区）。由于波兰教会直接隶属罗马教廷，因此从一开始就有稳固的地位，完全处在日耳曼管辖之外。"勇敢者"博莱斯瓦夫

二十年之后被加冕为波兰国王。

公元1001年，一个匈牙利代表团来到拉韦纳会见奥托三世皇帝和西尔维斯特二世教皇。该代表团取得的成果是，伊斯特万在当年的8月15日由阿达尔贝的同伴——教皇特使阿纳斯塔斯——加冕为匈牙利国王。同时，埃斯泰尔戈姆被设立为匈牙利境内的大主教区；另外，多个主教辖区也在匈牙利境内设立。1006年，考洛乔被设立为匈牙利的第二个大主教区，由此完善了教区的设置。伊斯特万死于1038年，于1083年被封圣。

奥托三世死于1002年1月，死时只有21岁。西尔维斯特二世于次年去世。很少有人像他们两人那样在这么短的时间内对历史的进程起到如此举足轻重的作用。他们几乎同时使两个独立的民族国家皈依基督教，并通过教会将这两个国家与罗马联系在一起。这将在以后几个世纪中，对中部欧洲的历史进程起到决定性作用。

公元1000年之后的基督教化

自从波兰人和匈牙利人进入了基督教会，真正需要传教的地域就只剩下北

欧了。北欧的基督教化是通过以下四种措施得以完成的。

——在11世纪和12世纪上半叶，丹麦的隆德大主教区担负着向瑞典人传教的使命。1164年，瑞典人在乌普萨拉建立了大主教区，又独自开始对芬兰人进行基督教化。不久之后，丹麦人直接对爱沙尼亚人进行基督教化（1219年，塔林主教区建立，隶属于隆德大主教区）。

——德国不来梅大主教区于11世纪末向拉脱维亚地区派遣传教士。里加被设立为主教区，1202年，（德意志）佩剑骑士团于该地区成立。

——在阿达尔贝的努力遭受挫折两个世纪之后，波兰人于1224年求助于条顿骑士团，继续向普鲁士先民传教。这次传教迅速取得成效。

——最后一片异教徒之地便是立陶宛人的所在地。他们的非基督教身份一直持续到1386年，也就是立陶宛大公国与波兰王国因君主联姻而实行王朝联合的那一年。应该指出的是，在这一时期，该地区存在东正教与天主教的势力冲突。在新格鲁多克，东正教大主教与1387年就职的维尔纽斯天主教主教相互对立。在加利西亚，天主教于1375年在已存在东正教大主教的哈里茨设立了大主教。但1412年，该天主教大主教又撤退至利沃夫。

从蒙古人到雅尔塔

这一章就像一组壁画，由十幅画面组成。其中的每幅画面都由一张特定时期的欧洲政治图、简明扼要的评论，以及关于各个特定主题的地图和注释说明所组成。

在欧洲地图上，均匀的色彩用于表示各时期独立的中欧各民族；彩色的涂圈划定各帝国（或其国家）的边界，这些帝国在这一时期尚在向中欧扩张着领地范围。

1250 年时的中部欧洲

蒙古人的入侵

1250 年，蒙古人刚刚震撼欧洲。7世纪末，定居于里海西北部（随后皈依

1250 年

神圣帝国界线
O.T. 条顿骑士团
V. 威尼斯
DK 丹麦

挪威

瑞典

苏格兰

丹麦

DK

条顿骑士团

波美拉尼亚

O.T.

立陶宛

俄罗斯各公国

英国

波兰

金帐汗国

西里西亚

波希米亚

法国

神圣帝国

匈牙利

威尼斯

纳瓦拉

阿拉贡

瓦拉几亚公国

格鲁吉亚

葡萄牙

特拉布宗

卡斯蒂利亚

塞尔维亚

保加利亚

拉丁帝国

V.

科尼亚
苏丹国

教皇国

伊庇鲁斯

V.

两西西
里王国

尼西亚帝国

亚美尼亚

阿尔摩哈德人

雅典

V.

阿哈伊亚

塞浦路斯

东方拉丁诸国

马穆鲁克人

500 km

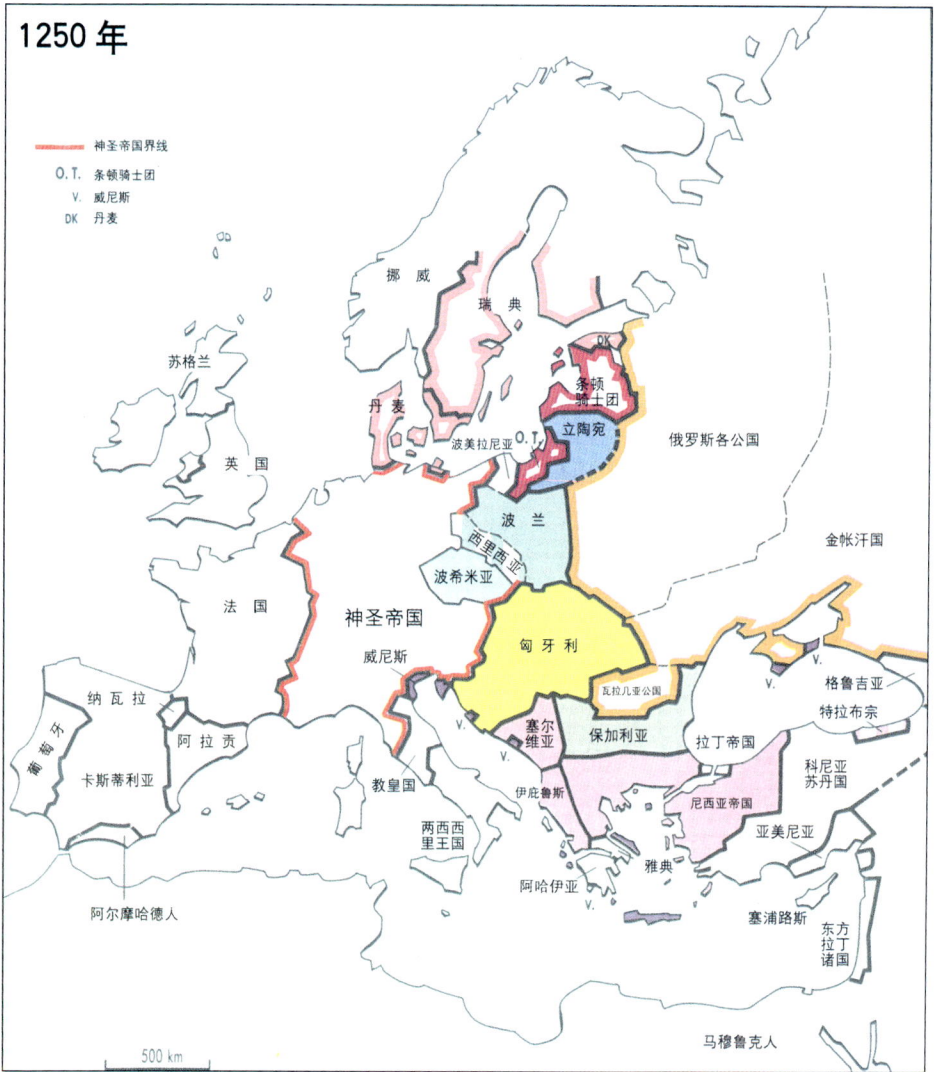

犹太教）的哈扎尔人进入古保加利亚人和古捷克人之间的地区。在古捷克人的支持下，基辅的斯拉夫人于968年摧毁了哈扎尔国：此举打开了库曼人（又称波洛切夫人，是钦察人西部集团的称呼）的西侵之路。库曼人入侵的受害者就是东斯拉夫人自身。他们于11世纪起分裂成若干相互对立的公国。1203年，库曼人将基辅罗斯击败，并将其纳入统治。13世纪初，东部欧洲完全处于无组织状态，蒙古人正是在这时到来的。

1239 年，蒙古人越过伏尔加河，

征服了莫斯科公国。接着于1240年底摧
毁了基辅罗斯。进入加利西亚之后，蒙
古人分成两部分进军——一部分穿越波
兰，直奔匈牙利；另一部分跨越喀尔巴
阡山脉。他们曾一度想留在潘诺尼亚，
但最终还是于1241年12月又踏上了重返
亚洲之路，途中洗劫了塞尔维亚、保加
利亚、瓦拉几亚和摩尔达维亚。蒙古人
所进行的破坏和屠杀是前所未闻的，这
一历史的记忆深深地刻在人们的脑海
里，长达几个世纪。蒙古人的远征造

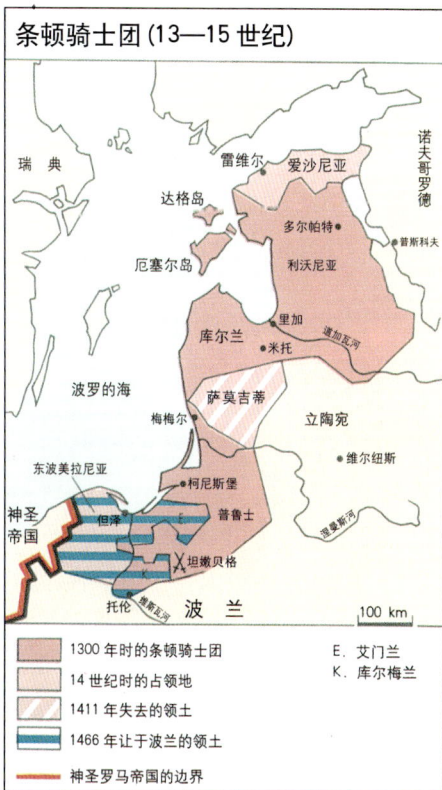

条顿骑士团 (13—15 世纪)

瑞典　雷维尔　爱沙尼亚　诺夫哥罗德
达格岛　多尔帕特　普斯科夫
厄塞尔岛　利沃尼亚
库尔兰　里加　道加瓦河
米托
波罗的海　萨莫吉蒂　立陶宛
梅梅尔　维尔纽斯
东波美拉尼亚　柯尼斯堡
神圣帝国　但泽　普鲁士　涅曼河
坦嫩贝格
托伦　维斯瓦河　波兰　100 km

- 1300 年时的条顿骑士团　E. 艾门兰
- 14 世纪时的占领地　K. 库尔梅兰
- 1411 年失去的领土
- 1466 年让与波兰的领土
- 神圣罗马帝国的边界

就了一个国家——金帐汗国，从加利
西亚到乌拉尔，所有的俄罗斯公国都
必须向其进贡。

第四次东征

在威尼斯共和国的操纵下，十字军
在13世纪初摧毁了拜占庭帝国，以拉丁
帝国取而代之(见"希腊人"一章)。同
时，塞尔维亚人和保加利亚人重新获
得独立。而希腊人得以恢复平静，拜
占庭帝国以尼西亚帝国为基础获得短
暂的重生。1250年时，伊庇鲁斯和特
拉布宗都是希腊族的国家。而科尼亚
(史称伊康)则是土耳其国家(当时它
属于塞尔柱王朝，而并非后来才建立
的奥斯曼王朝)。许多由于十字军东征
而产生的国家一直存留了下来，比如
在塞浦路斯。

威尼斯共和国的制海权空前辉煌：
它在达尔马提亚海岸、伊奥尼亚群岛、
克里特岛、爱琴海和克里米亚半岛都拥
有中途停靠港，从而获得了出色的商业
地位。

条顿骑士团和佩剑骑士团

1250年，全部由德国人组成的条顿

骑士团和佩剑骑士团已经非常稳固地占据了波罗的海沿岸地区。条顿骑士团对古普鲁士人进行了有效的基督教化和日耳曼化，建立了独立的僧侣国家。这个僧侣国家就是后来的普鲁士。至于佩剑骑士团，他们在库尔兰和利沃尼亚地区建立了封建制度（见"爱沙尼亚人"和"立陶宛人"两章）。佩剑骑士团于1237年附属于条顿骑士团，但他们保持了自己的独立自治。1308年，相对于神圣罗马帝国，条顿骑士团成功地保持了自己的领土，并把波美拉尼亚东部地区兼并

神圣罗马帝国

日耳曼神圣罗马帝国发源于962年建立的"奥托帝国"。它逐渐成为许多政教分离和政教合一的王国复杂而充满变化的综合体。自13世纪起，帝国的皇帝均由七大选帝侯选举产生。从1440年起(1742—1765年间除外)，所有皇帝都来自哈布斯堡家族。

神圣罗马帝国的东部边界可以说自13世纪以来没有变化。但各王国却从未停止对帝国内外领土的统一与联合。例如，波希米亚和匈牙利共同拥有一个国王时曾进行过统一；奥地利、波希米亚和匈牙利曾与哈布斯堡家族统一；勃兰登堡从17世纪起与普鲁士统一。

1806年，拿破仑敲响了神圣罗马帝国的丧钟。维也纳会议用一个毫无实质内容的德意志联邦取代了神圣罗马帝国，而这一联邦在普鲁士于1866年战胜奥地利之后便消失了。

坦嫩贝格

1410年7月15日，条顿骑士团被波兰、立陶宛和罗塞尼亚联军在坦嫩贝格(又称坦能堡)击败，这一惨败使欧洲大为震惊。1914年8月底，德国人在同一个地方为自己报了仇，兴登堡在这里打败了俄罗斯军队。兴登堡于1925年成为魏玛共和国总统，死于1934年。死后下葬于坦嫩贝格的一个大型纪念建筑中。1944年，在苏联军队到来之前，德国人将其遗体迁往联邦德国并摧毁了纪念建筑。

为自己的领土。

1346年，丹麦人把爱沙尼亚让给了佩剑骑士团。

日耳曼人和斯拉夫人

神圣罗马帝国已分裂成众多小公国，我们并没有在1250年及其后的欧洲地图上把这些公国标示出来。这些公国中唯一显示出的就是波希米亚，其居民主要是捷克人。而西里西亚则相反，尽管始终有波兰王子任国君，但还是迅速地被日耳曼化了。

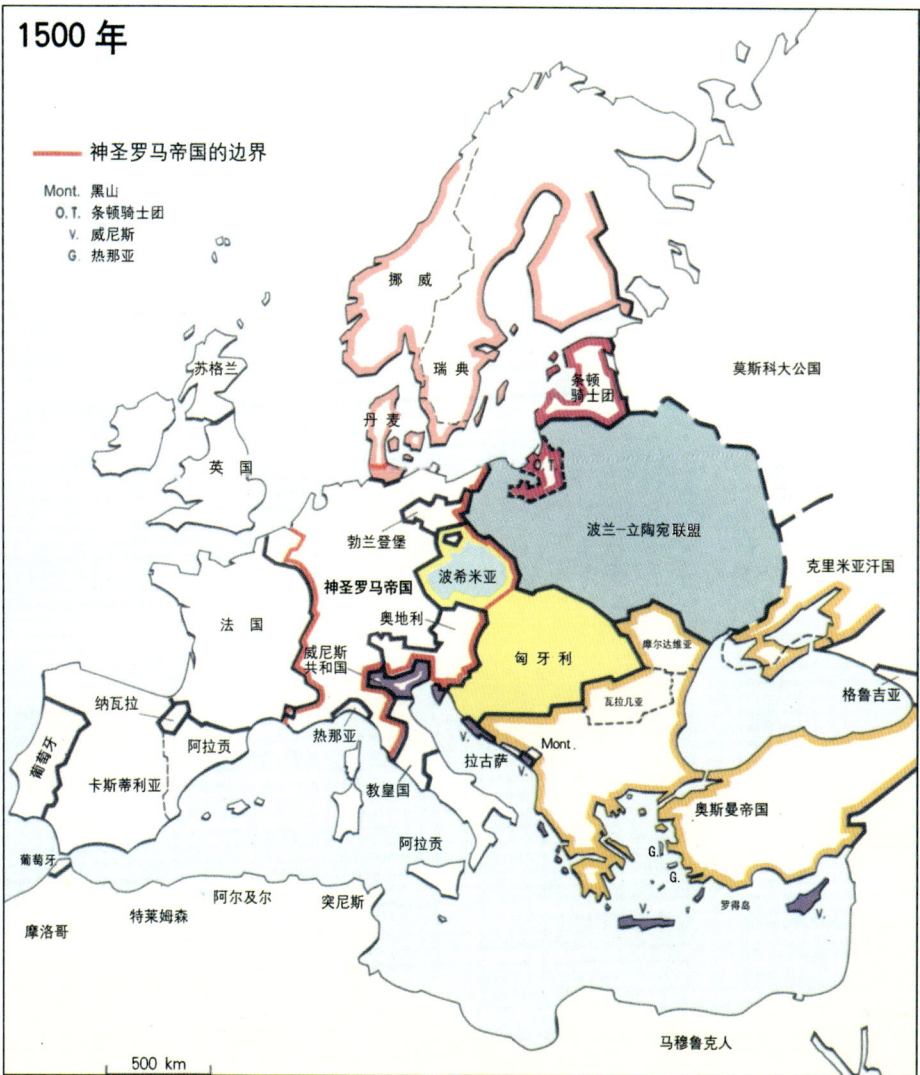

1500 年

—— 神圣罗马帝国的边界

- Mont. 黑山
- O. T. 条顿骑士团
- V. 威尼斯
- G. 热那亚

挪威

苏格兰

瑞典

莫斯科大公国

丹麦

条顿骑士团

英国

波兰—立陶宛联盟

勃兰登堡

克里米亚汗国

神圣罗马帝国

波希米亚

奥地利

法国

摩尔达维亚

匈牙利

格鲁吉亚

威尼斯共和国

纳瓦拉

热那亚

瓦拉几亚

葡萄牙

阿拉贡

拉古萨

Mont.

奥斯曼帝国

卡斯蒂利亚

教皇国

葡萄牙

阿拉贡

摩洛哥

特莱姆森

阿尔及尔

突尼斯

罗得岛

马穆鲁克人

500 km

波兰和匈牙利的鼎盛时期

（约1500年）

立陶宛人是最早击退了蒙古人的民族，并且逐渐把罗塞尼亚人（白俄罗斯人和乌克兰人的祖先）从蒙古人的监管下解放了出来。1386年，波兰和立陶宛结盟，在坦嫩贝格孕育了欧洲领土最广阔、国势最强的国家之一，这个国家于1410年战胜了令人生畏的条顿骑士团。后者于1466年不得不将大片领土（通往波罗的海的通道）割让给波兰人并臣服于波兰国王。

在马提亚一世统治时期（1457—

1490年），匈牙利的国力达到鼎盛。1500年，波兰人弗瓦迪斯瓦夫成为波希米亚与匈牙利两国的国王。[弗瓦迪斯瓦夫，1471—1516年为波希米亚国王，1490—1516年为匈牙利国王。——译者注]但是匈牙利王国的好日子并不长——虽然蒙古人已从此地区消失，但一个新的强大的亚洲国家奥斯曼帝国占据了匈牙利。1526年，奥斯曼帝国入侵，匈牙利军队在莫哈奇之战中遭遇惨败，国王路易二世（1516—1526年在位）阵亡，土耳其人开始统治这个国家。

奥斯曼帝国的不凡历程

在蒙古人的强压之下，小亚细亚的土耳其人分成许多小的公国，其中包括

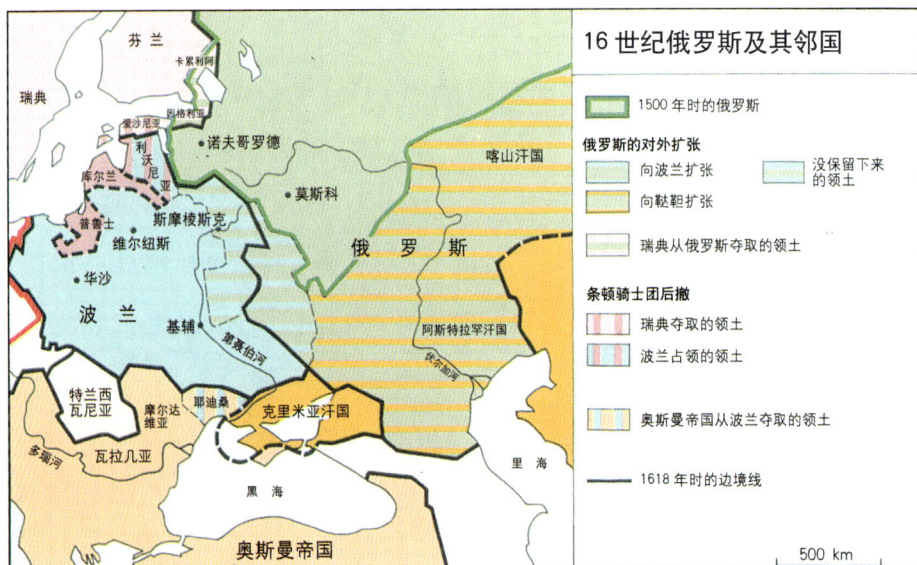

16 世纪俄罗斯及其邻国

- 1500 年时的俄罗斯

俄罗斯的对外扩张
- 向波兰扩张
- 向鞑靼扩张
- 没保留下来的领土
- 瑞典从俄罗斯夺取的领土

条顿骑士团后撤
- 瑞典夺取的领土
- 波兰占领的领土

- 奥斯曼帝国从波兰夺取的领土

— 1618 时的边境线

500 km

奥斯曼里斯人的王国，即奥斯曼公国。他们占据了马尔马拉海的南部和东部。1353年，奥斯曼人越过达达尼尔海峡，落脚欧洲。在此后的四十多年里，他们征服了整个鲁梅利亚（直至19世纪末，人们对君士坦丁堡和阿尔巴尼亚之间的地区都这样称呼）。1389年，他们在科索沃战役中打败塞尔维亚人，并征服了保加利亚；1394年又包围了君士坦丁堡。但是帖木儿率军突然攻到安纳托利亚，使奥斯曼人半个世纪停止不前。

1451年，"征服者"穆罕默德二世即位后，奥斯曼人重整旗鼓。1453年，他们攻占了君士坦丁堡并将其定为奥斯曼帝国的新国都。紧接着又征服了南边的希腊和波斯尼亚，进入摩尔达维亚和瓦拉几亚，

16世纪的俄罗斯及其邻国

1547年，伊凡四世·雷帝登基，自封沙皇（tsar，取自拉丁语中的caesar[凯撒]），并向鞑靼人发起进攻。1552年，消灭喀山汗国；1554年，征服阿斯特拉罕汗国。而克里米亚汗国则于15世纪末与土耳其人结成联盟。

但在西部，伊凡·雷帝的行动连遭失败。俄罗斯丢掉了不久前夺取的波兰领土（斯摩棱斯克）。伊凡·雷帝未能充分利用条顿骑士团的瓦解而打开通往波罗的海的门户：瑞典夺取了爱沙尼亚，波兰夺取了利沃尼亚。更糟的是，俄罗斯不得不在1617年把原来诺夫哥罗德共和国时期成功保留下来的芬兰湾（因格利亚）割让给瑞典。

蒙古人到底发生了什么？

尽管人们毫不犹豫地谈论13世纪的蒙古人入侵，但又通常把在金帐汗国中占据统治地位的居民看做鞑靼人，而最终统治这个国家的却是讲土耳其语的穆斯林。但是蒙古人与鞑靼人的区别何在始终模糊不清。因此在指代这些人时，人们不加区别地使用"蒙古—鞑靼人"或"鞑靼—蒙古人"这样的表达方式。

他们的后代始终生活在俄罗斯，并且在苏维埃社会主义共和国联盟时期，在莫斯科以东成立了鞑靼自治共和国、巴什基尔自治共和国和楚瓦什自治共和国。但是在1944年，他们曾经被赶出了克里米亚半岛。

并从威尼斯人手中夺取了埃维亚岛。他们征服了克里米亚半岛南端的热那亚人 (自14世纪中叶定居于此) 并把与其相邻的鞑靼汗国并入自己的版图，土耳其人和鞑靼人一起于1498年第一次进攻波兰。

俄国的诞生

当立陶宛人解放罗塞尼亚人时，其他东斯拉夫人仍处在蒙古人的控制之下。而纯粹的俄罗斯人则聚居在与芬兰湾和拉多加湖相距不远的上伏尔加盆地。15世纪中叶之前，他们的历史一直围绕着两个中心点发展。

一个是在西北部，在曾经幸免于蒙古军破坏的诺夫哥罗德，形成了一个由贵族议会领导的共和国。借助大量的毛皮贸易，诺夫哥罗德得到了极大的繁荣 (其盟国普斯科夫也是如此)，并成为汉萨同盟 [德意志北部城市和德意志海外商业集团的商业、政治联盟，是13—15世纪北欧重要的经济和政治势力。——译者注] 的一个贸易站。

另一个中心点自然就是莫斯科了。基辅罗斯消亡之后，俄罗斯东正教大主教转迁到弗拉基米尔，又于1323年迁到了莫斯科，并被拜占庭承认为"所有罗斯人的东正教大主教"。作为宗教首府

的莫斯科，在莫斯科王公坚忍不拔 (甚至是粗暴) 的努力下，也成为了政治首都。1478年，伊凡三世征服了诺夫哥罗德，取消了贵族议会，驱逐了汉萨同盟的人。16世纪初，瓦西里三世征服了普斯科夫，并且从立陶宛手中夺取了斯摩棱斯克。这座城市作为俄罗斯人和波兰－立陶宛人之间势力较量的象征，此后又曾被几易其手。

瑞典人在北，奥斯曼人在南 （1648年）

自12世纪末瑞典人就征服了芬兰。此后，他们和俄罗斯在14世纪初瓜分了

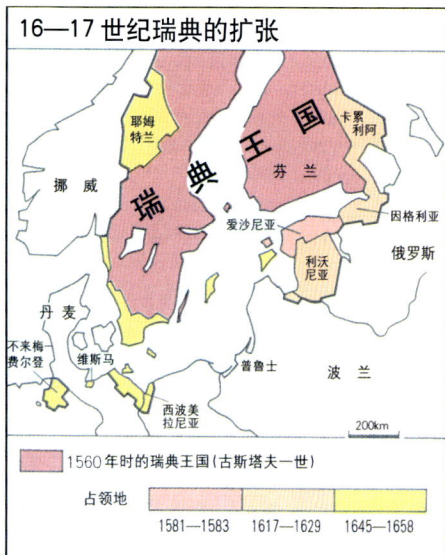

16—17 世纪瑞典的扩张

耶姆特兰　卡累利阿

挪威　瑞典王国　芬兰

爱沙尼亚　因格里亚　俄罗斯

利沃尼亚

丹麦

不来梅-费尔登　维斯马　普鲁士　波兰

西波美拉尼亚　200km

1560年时的瑞典王国（古斯塔夫一世）
占领地
1581—1583　1617—1629　1645—1658

卡累利阿地峡。路德教改革自1527年起在瑞典推行，并取得成功；这一改革也瓦解了佩剑骑士团的领地。这激发了俄罗斯人的征服欲望，其他邻国也开始采取行动，如瑞典人夺取了爱沙尼亚。俄罗斯人又不得不在1617年放弃了芬兰湾的通道。最终，自1611年起担任瑞典国王的古斯塔夫·阿道夫夺取了利沃尼亚（除东部仍属波兰外）。瑞典人控制了波罗的海。

奥斯曼帝国的鼎盛时期

苏莱曼一世于1520年即位掌权后，将其主要精力倾注在了欧洲。他于

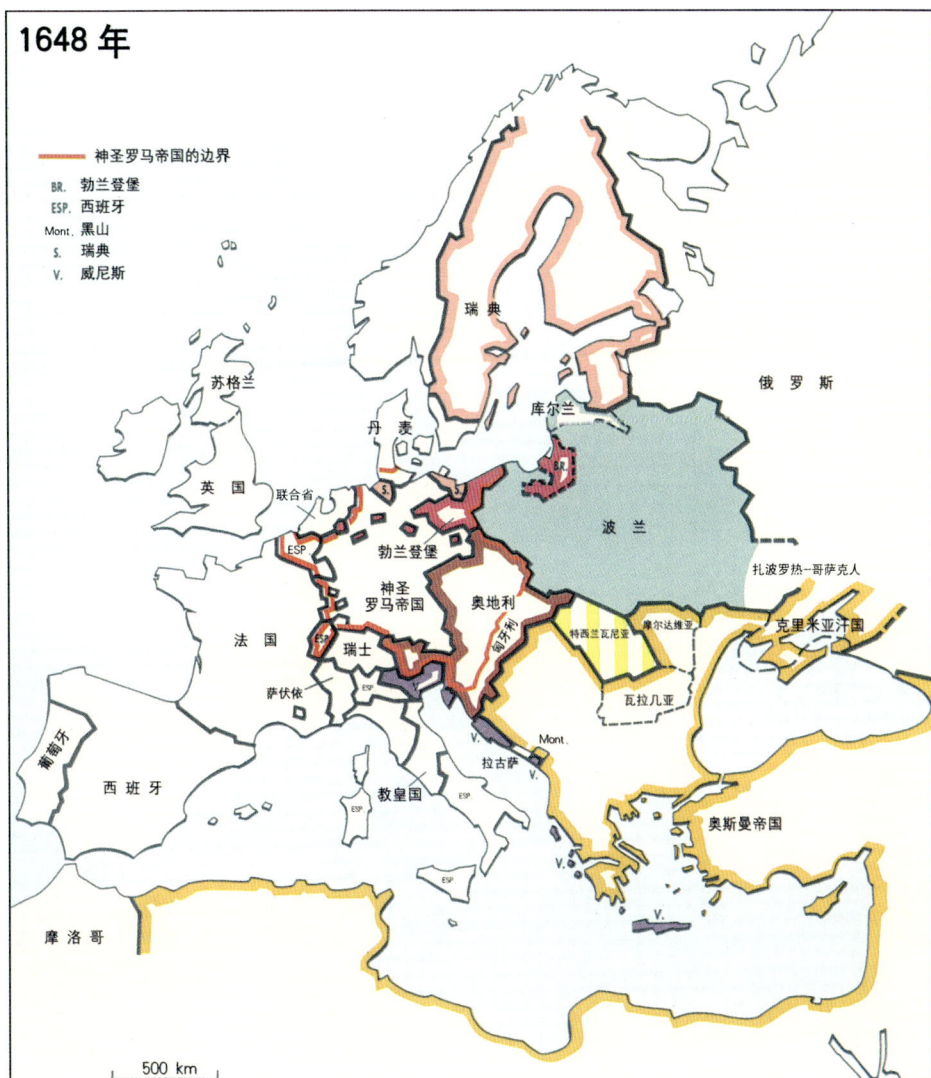

1648 年

神圣罗马帝国的边界
BR. 勃兰登堡
ESP. 西班牙
Mont. 黑山
S. 瑞典
V. 威尼斯

瑞典　俄罗斯　库尔兰　苏格兰　丹麦　英国　联合省　勃兰登堡　波兰　扎波罗热-哥萨克人　神圣罗马帝国　奥地利　特西兰瓦尼亚　摩尔达维亚　克里米亚汗国　法国　瑞士　匈牙利　瓦拉几亚　萨伏依　葡萄牙　西班牙　教皇国　拉古萨　Mont.　奥斯曼帝国　摩洛哥

500 km

1526 年在莫哈奇大败匈牙利人，自此使匈牙利一分为三——土耳其辖属的匈牙利 (自1606年起变为奥斯曼帝国的一个省)、哈布斯堡王朝保留下来的匈牙利"王国"，以及因为时局的变化而享有一定自治权的特兰西瓦尼亚 (由匈牙利人管辖)。

此外，苏莱曼一世还把比萨拉比亚南部 (摩尔达维亚的沿海地带)、黑海北部德涅斯特河与布格河之间的地带 (法语中称为"耶迪桑") 并入自己的领土。同样，他还和克里米亚汗国进行了兼并。奥斯曼人就此统治了黑海。16世纪初，他们还征服了大部分阿拉伯国家 (叙利亚、巴勒斯坦、埃及等，又于1534年征服了美索不达米亚)。

17 世纪中叶，奥斯曼帝国攻打威尼斯——1666—1669年他们控制了自1212年就由威尼斯人统治的克里特岛。

日耳曼人国家

两股强大的势力出现—— 一是奥地利，它的国君 (哈布斯堡) 既是德意志 (即神圣罗马帝国) 的皇帝，又是波希米亚和匈牙利 (尽管领土已缩小) 的国王；另一股势力来自勃兰登堡，1618年它以不太显露的方式通过继承获得了普鲁士公国，而后者原来是条顿骑士团的领地。

还要提到作为波兰附属国的库尔兰公国，它是佩剑骑士团世俗化后形成的国家。

奥地利人、俄罗斯人和普鲁士人 (约1750年)

以下三个国家占据当时的历史舞台：

——奥地利，它重新征服了原来由土耳其人统治的整个匈牙利，结束了特兰西瓦尼亚的分离状态；

——普鲁士王国，它于1741年从奥地利人手中夺取了西里西亚；

——俄罗斯帝国，它终于拥有了面对波罗的海的大片疆域；彼得大帝于1703 年在那里建立了新的首都——圣彼得堡。

奥斯曼人被奥地利人逼退

1683 年，土耳其人包围了维也纳，但很快被波兰国王约翰三世·索别斯基指挥的军队所击溃。面对神圣同盟各国 (奥地利、波兰、威尼斯等) 的进攻，土耳其人不断溃退，直至1699年签订

《卡尔洛维茨条约》。18世纪初，土耳其人又发起了对奥地利和威尼斯的战争，这两次战争分别以签订《帕萨罗维茨条约》(1718 年) 和 《贝尔格莱德条约》结束 (1739年)。

瑞典人在俄罗斯人的进逼下节节败退

1700 年，自1697年开始执政的瑞典国王查理十二世不得不面对丹麦、俄国和波兰的联合进攻。本来瑞典人在纳尔瓦战役中已击败了丹麦和俄国军队，但他们随后又向波兰人发起了进攻，这使彼得大帝有机可乘，夺取了因格利亚、爱沙尼亚和利沃尼亚。当1707年查理十二世联合反俄的哥萨克统领马泽帕，回过头来攻打俄国时，为时已晚。1709年，俄军在波尔塔瓦击溃瑞典军队，查理十二世和马泽帕率残部逃入土耳其。

查理十二世死后，俄瑞缔结了《尼什塔特条约》，瑞典不得不让出其占领的大部分领土。1809年，瑞典又把整个芬兰大公国让给了俄国。

《卡尔洛维茨条约》、《帕萨罗维茨条约》和《贝尔格莱德条约》

地图图例：
- 哈布斯堡1683年占有的领地
- 《卡尔洛维茨条约》取得的领土
- 《帕萨罗维茨条约》得到和保留下来的领土
- 《帕萨罗维茨条约》得到的领土和《贝尔格莱德条约》失去的领土
- 1699年前的威尼斯共和国
- 《卡尔洛维茨条约》得到的领土

《卡尔洛维茨条约 》 (1699年1月26日)

奥地利人打败了土耳其人。后者于是放弃了匈牙利、特兰西瓦尼亚和克罗地亚，但是保住了巴纳特和萨尔米亚。威尼斯得到了达尔马提亚的内陆地区和莫里亚(伯罗奔尼撒)。波兰收回了波多利亚。

《帕萨罗维茨条约》 (1718年7月21日)

威尼斯人被土耳其人打败。随后土耳其人又被奥地利人打败。奥斯曼帝国放弃了巴纳特地区、萨尔米亚南部地区、奥尔泰尼亚、塞尔维亚的大部分地区，以及波斯尼亚的一个边缘地带。威尼斯失去了莫里亚和它在克里特岛的最后的强大势力。

《贝尔格莱德条约》 (1739年9月18日)

这次，土耳其人打败了奥地利人。奥地利把1718年兼并的奥尔泰尼亚地区和塞尔维亚领土归还了奥斯曼帝国，但它保留了巴纳特地区和萨尔米亚南部地区。在这之后，匈牙利和克罗地亚与奥斯曼帝国的边界一直保持到1878年未曾变动。

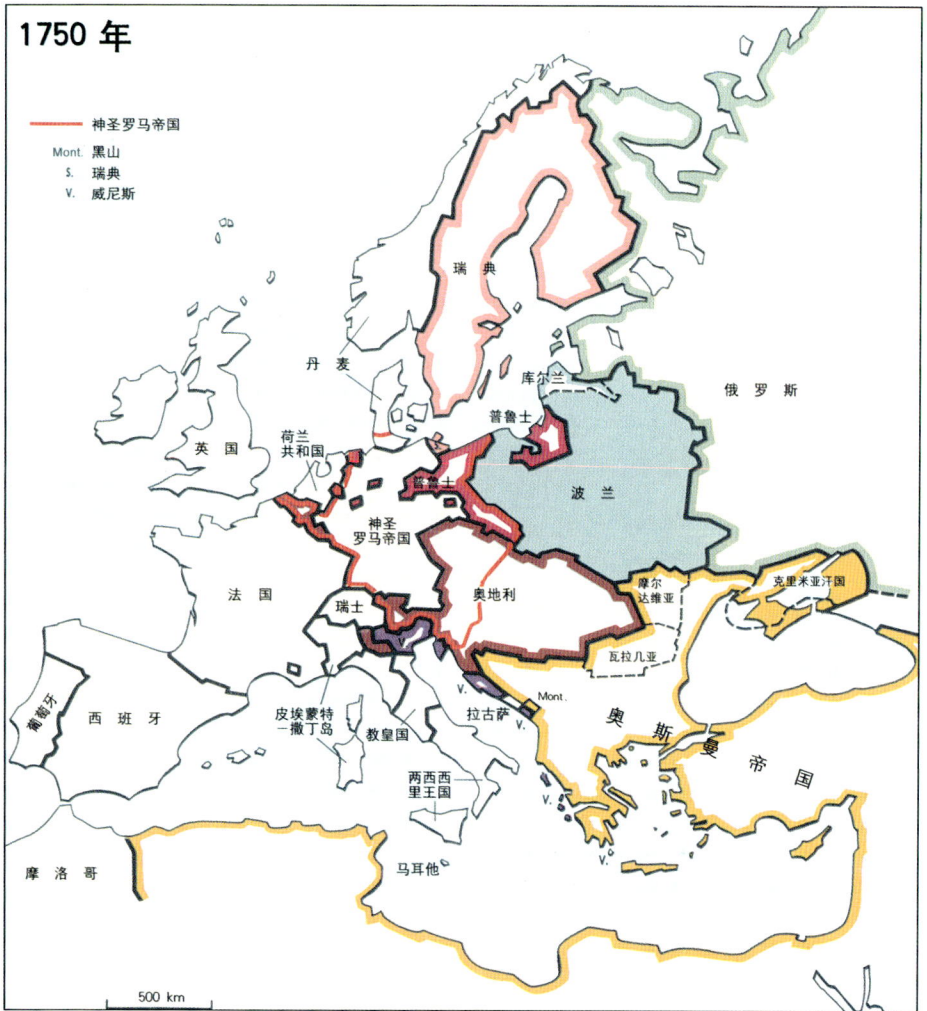

1750 年

神圣罗马帝国
Mont. 黑山
S. 瑞典
V. 威尼斯

瑞典

丹麦

库尔兰

俄罗斯

英国

荷兰共和国

普鲁士

波兰

普鲁士

神圣罗马帝国

摩尔达维亚

克里米亚汗国

法国

瑞士

奥地利

瓦拉几亚

西班牙

皮埃蒙特－撒丁岛

教皇国

拉古萨

奥斯曼帝国

葡萄牙

V. Mont. V.

两西西里王国

V.

摩洛哥

马耳他

V.

500 km

普鲁士的扩张

霍亨索伦家族于1415年成为勃兰登堡的选帝侯 [又称选侯，历史名词，指拥有选举德意志国王和神圣罗马帝国皇帝的权力的邦君。——译者注]，1539年皈依路德教，1618年继承了普鲁士公国。勃兰登堡和普鲁士两公国的联合拉开了普鲁士扩张主义的帷幕。普鲁士的扩张一直持续到1945年。

1750 年之前的普鲁士扩张经历了四个阶段：

——通过《威斯特伐利亚条约》（1648年），霍亨索伦家族在东部（东波美拉尼亚）成长壮大；

——1657年，正处于危机中的波兰放弃了对普鲁士公国的宗主权；

——1700年，勃兰登堡选帝侯腓特

烈三世从德意志皇帝手中取得授权，自封为普鲁士国王（在神圣罗马帝国之外），因此他于1701年成为普鲁士的腓特烈一世；

——自此被称为"普鲁士王国"的普鲁士，趁奥地利忙于王位继承权之争，于1741年夺得了西里西亚，并使波兰处于其钳制之中。

1772年，腓特烈二世鼓动俄女皇叶卡捷琳娜二世和奥地利女王玛丽－特雷西亚一起对波兰进行第一次瓜分，从中获得西普鲁士，确保了原普鲁士公国和普鲁士王国其他国土之间融为一体（直至1919年，波兰走廊一直为德意志人所有）。

瓜分波兰

波兰，作为中部欧洲独立的本土国家，在18世纪中叶只不过是一个影子国家。与其相邻的三个强国，在1772年、1793年和1795年的三次瓜分中（见"波兰人"一章），将其切割成碎块分享。波兰整个国家就这样在短短一代人的时间里消失了，除1794年由柯斯丘什科领导的起义被俄国镇压外，没经历任何战争。

拿破仑的短暂统治（1812年）

一个纯西方强国对中部欧洲的大举入侵有其特殊性，当然它也是短暂

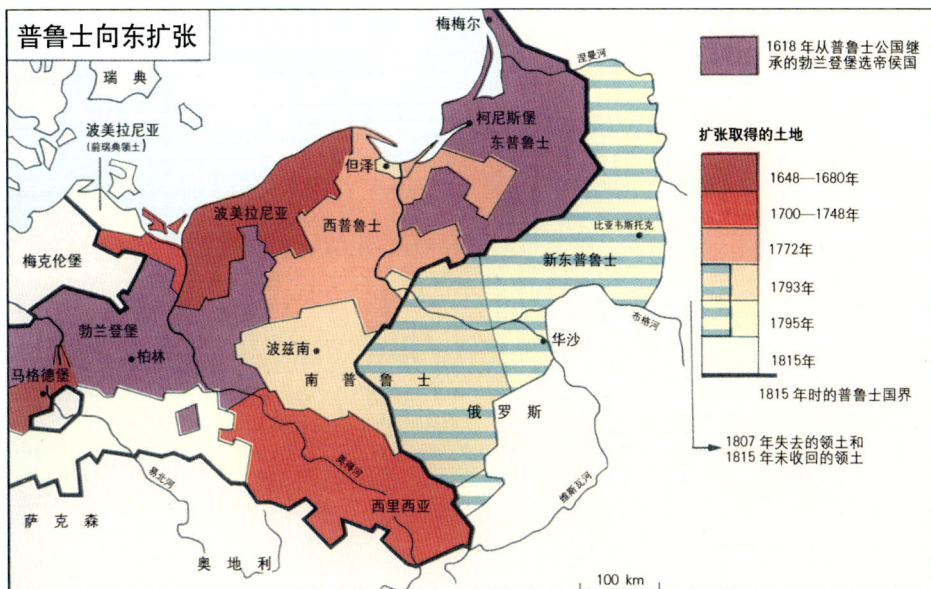

普鲁士向东扩张

1618年从普鲁士公国继承的勃兰登堡选帝侯国

扩张取得的土地
1648—1680年
1700—1748年
1772年
1793年
1795年
1815年

1815年时的普鲁士国界

1807年失去的领土和1815年未收回的领土

瑞典

波美拉尼亚（前瑞典领土）

梅梅尔

柯尼斯堡
东普鲁士

但泽

涅曼河

波美拉尼亚

西普鲁士

比亚韦斯托克

新东普鲁士

梅克伦堡

勃兰登堡　·柏林

波兹南

南普鲁士

华沙

布格河

马格德堡

俄罗斯

萨克森

易北河

西里西亚

奥地利

格尼瓦河

100 km

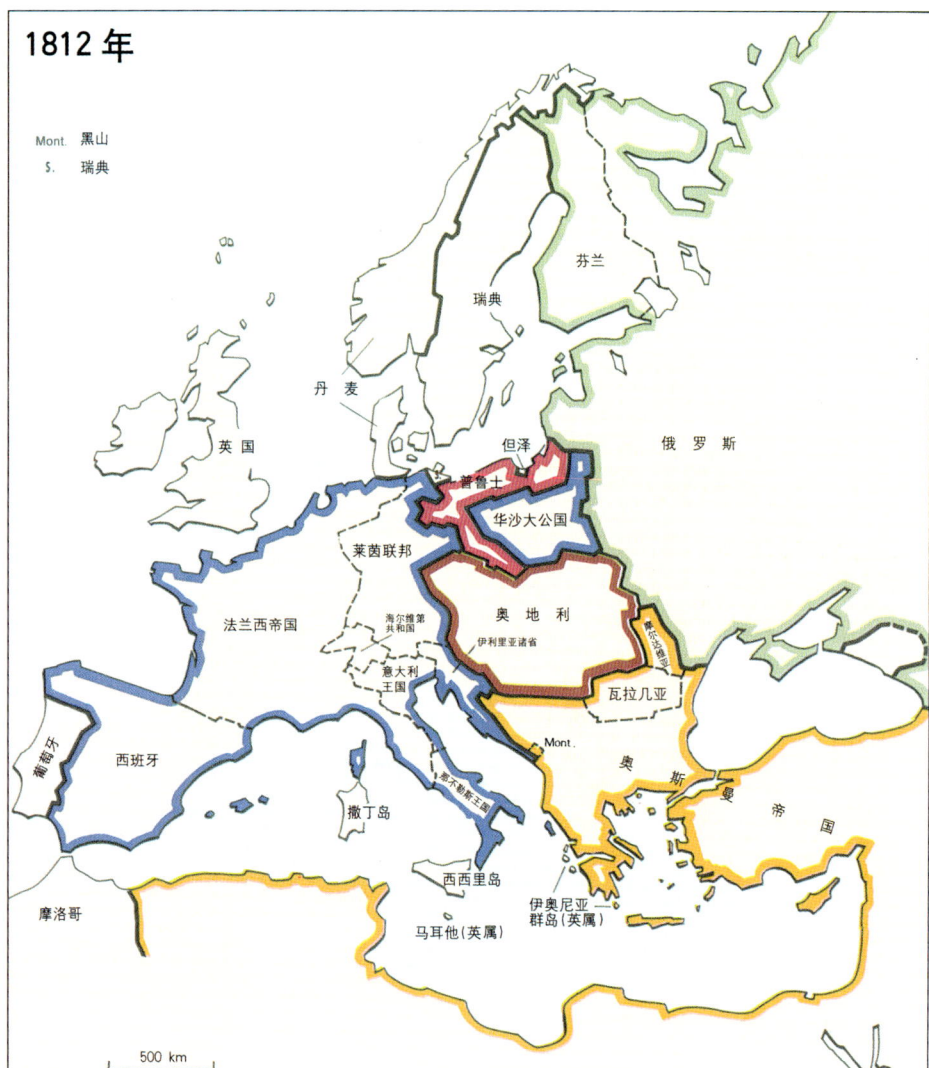

1812 年

Mont. 黑山
S. 瑞典

芬兰

瑞典

丹麦

英国

但泽
普鲁士
华沙大公国

俄罗斯

莱茵联邦

法兰西帝国

海尔维第
共和国

意大利
王国

奥地利

伊利里亚诸省

塞尔维亚

瓦拉几亚

葡萄牙

西班牙

撒丁岛

那不勒斯王国

Mont.

奥　斯　曼　帝　国

摩洛哥

西西里岛

马耳他（英属）

伊奥尼亚
群岛（英属）

500 km

的。拿破仑的两大创举引人注目。华沙大公国重建了波兰，当然只是波兰的一部分，而且是以牺牲奥地利和普鲁士的利益为代价。但泽成为一座自由城。伊利里亚各省直接归属法兰西帝国，它们把原来威尼斯的领土和从奥地利夺取的领土连接了起来。1797年，波拿巴大笔一挥，便把威尼斯共和国从地图上抹掉了。在拿破仑从前的领地中，伊奥尼亚群岛于1812年落到英国人手中，但其中的科孚岛仍掌握在法国人手中。

无论拿破仑的体制如何壮观一时，都未能阻碍沙俄帝国不断推进的步伐——相比之下，后者则更加持久。

沙皇俄国的征服

在叶卡捷琳娜二世统治时期，俄国把目光投向了黑海，因此也就引发了与土耳其人的冲突。后者首先挑起战争，俄国舰队于1770年从波罗的海出发，在爱琴海击败奥斯曼舰队。这是俄国舰队第一次在地中海作战。1774年，俄军在保加利亚的舒门打败土耳其军队，这是俄国军队第一次在巴尔干半岛进行陆战。同一年，根据《凯纳甲湖条约》，土耳其将布格河以东黑海沿岸的所有领土割让给了俄

国；并且就此承认了克里米亚汗国的独立，后者于1783年并入了俄国版图。此外，俄国还成了奥斯曼帝国中的东正教教徒的保护者，这也为下一阶段的侵略准备了极好的理由。1787年，土耳其人再次向俄国宣战并再次被击败。这次他们不得不让出德涅斯特河与布格河之间的滨海土地（耶迪桑），并且永久性地承认了俄国对乌克兰的吞并。

1806年，俄、土又重新开战。战争的结果是，1812年俄国人攫取了比萨拉

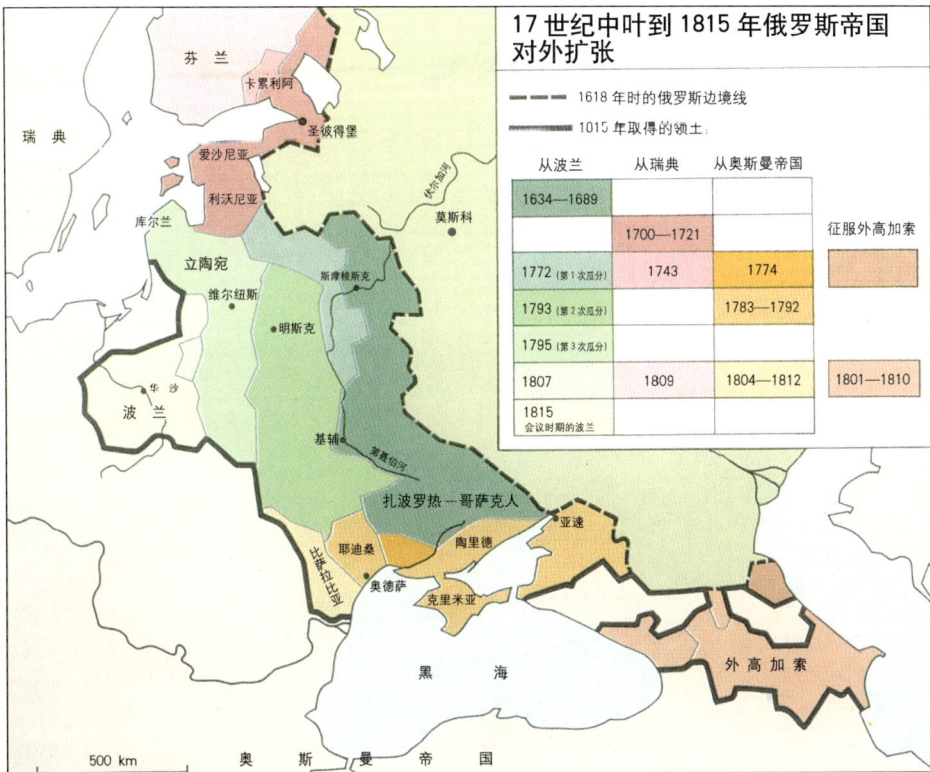

17世纪中叶到1815年俄罗斯帝国对外扩张

从波兰	从瑞典	从奥斯曼帝国	
1634—1689			
	1700—1721		
1772 (第1次瓜分)	1743	1774	征服外高加索
1793 (第2次瓜分)		1783—1792	
1795 (第3次瓜分)			
1807	1809	1804—1812	1801—1810
1815 会议时期的波兰			

- - - 1618年时的俄罗斯边境线
━━━ 1815年取得的领土

比亚。在此期间他们还征服了芬兰（1809年）和外高加索地区（1801—1816年）。此外俄国人还参与了第二次和第三次瓜分波兰（1793年和1795年），借机吞并了库尔兰、立陶宛和直至布列斯特－立陶夫斯克 [即现在的白俄罗斯西部城市布列斯特，位于布格河右岸。——译者注] 的大片土地。

会议时期的欧洲（1815年）

在由奥地利宰相梅特涅主持的维也纳会议上，战胜拿破仑神圣同盟的各国统治者改变了欧洲地图的布局。俄国、普鲁士、奥地利都决心加强自己的统治。这便导致了两个后果：中欧各国人民的愿望成为瓜分者的牺牲品。俄国人逼迫奥地利和普鲁士向西退让，因此这两个国家也同样向西扩张。俄国人除保留芬兰和比萨拉比亚之外，又占领了比1795年第三次瓜分波兰时所占据的面积大得多的波兰领土。普鲁士取得了莱茵兰 [对德国西部莱茵河两岸地区的统称。——译者注] 地区。从而继承了神圣帝国的疆域，并成为德意志联邦中最重要的德语国家。奥地利则在意大利拓展了领地，范围超

军事边境区

为了对付奥斯曼帝国，保卫边境，奥地利王国在18世纪设立了军事边境区（德语为Militärgrenze），让移民进驻这些地区，并分给他们土地和牲畜，移民以服兵役作为交换（每隔三个周服役一周）。移民主要是从奥斯曼帝国迁来的克罗地亚人和塞尔维亚人。这些移民兼士兵直接由维也纳领导，组成了一支忠诚而纪律严明的军队（在18世纪中叶，奥地利军队总共8.2万名士兵中就包括了6.7万名塞尔维亚和克罗地亚人）。在农奴制仍占优势的中欧，他们的身份使其成了享有特权的人群。

匈牙利的贵族当然不会欢迎这种制度。于是，在奥匈达成妥协之后，尚存的军事边境区被取消：巴纳特军事边境区取消于1872年，克罗地亚和斯洛文尼亚的军事边境区（最重要的军事边境区）取消于1878年。虽然对波斯尼亚的占领的确使这些地区失去了作用。但在这些被匈牙利皇帝抛弃的″军事边境者″看来，军事边境区的撤销对他们而言不亚于一种背叛，南斯拉夫人统一的愿望由此更加强烈了。

出了1797年波拿巴出让给它、又被意大利王国夺走的威尼斯。

波兰被压缩成了一个可怜的克拉科夫共和国，该国于1846年被奥地利吞并。此时，中欧已没有任何一个民族拥有自己的主权。在巴尔干半岛，尽管奥斯曼帝国的势力已远不如以前，但是黑山自治共和国的存在仍然是一件奇事。

奥地利的困窘（1848—1867年）

18世纪，在哈布斯堡诸国（1804年成为奥地利帝国）中，说德语的人成为少数。当时生活在哈布斯堡国家中的民族还有：

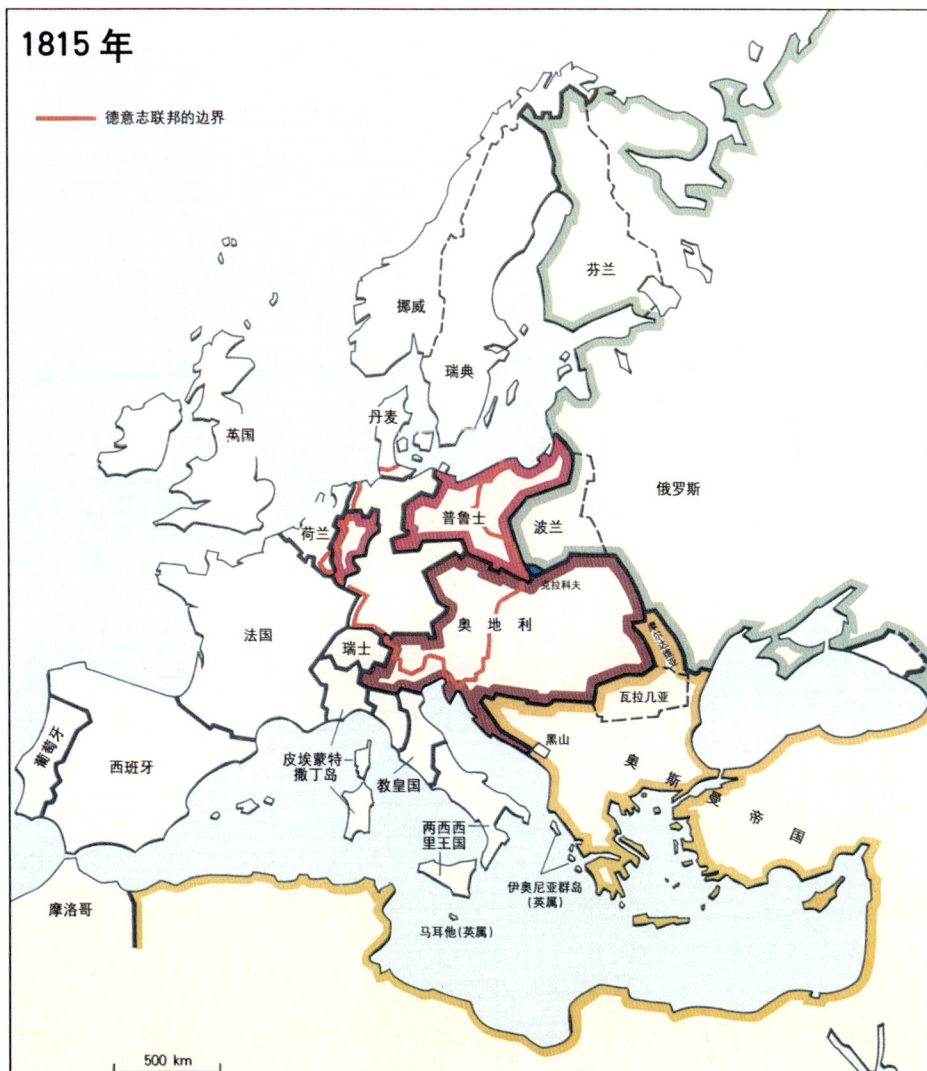

1815 年

德意志联邦的边界

挪威　瑞典　芬兰
丹麦　俄罗斯
英国　普鲁士　波兰
荷兰　克拉科夫
法国　奥地利
瑞士　特兰西瓦尼亚
皮埃蒙特撒丁岛　黑山　瓦拉几亚
教皇国　奥斯曼帝国
西班牙
葡萄牙　两西西里王国　伊奥尼亚群岛（英属）
摩洛哥　马耳他（英属）

500 km

——整个匈牙利民族；

——斯拉夫民族，其中一些是整个民族（斯洛文尼亚、捷克、斯洛伐克），一些是民族的一部分（加利西亚的波兰人、东加利西亚、匈牙利和布科维纳的罗塞尼亚人，匈牙利南部的塞尔维亚人，以及克罗地亚人）；

——最后是罗马尼亚人（特兰西瓦尼亚、布科维纳、巴纳特），意大利人和许多犹太人（尤其是在东加利西亚和布科维纳）。

1815年之后，完全是靠君主专制制度把这些民族凝聚在一起。但是和欧洲其他国家一样，"民族的觉醒"打击了奥地利帝国，具体表现为1848年的武装起义，匈牙利的暴动尤为汹涌。帝国政府在俄国军队的援助下才将起义镇压下去。但是仍有三个重大问题悬而未决：

——意大利问题：意大利自1859年至1866年实现统一，奥地利从而失去了伦巴第和威尼托。

——德意志的统一：1866年普鲁士在萨多瓦战役中打败奥地利，统一了德意志，享受到了统一的利益，从此奥地利被排除在了德意志之外。

——最后是内部凝聚力的问题。

奥匈帝国的历史构成

1867年的奥匈帝国

● **奥地利各国（内莱塔尼亚）**

- 继承哈布斯堡王朝的各公国（包括后来兼并的地区，如萨尔茨堡等）
- 波希米亚各国（1526年起由哈布斯堡王朝统治）
- 加利西亚（1772年从波兰夺得）与克拉科夫（1846年兼并）
- 布科维纳（1775年从摩尔达维亚夺得）
- 伊斯特里亚与达尔马提亚（分别于1797年、1815年兼并，来自威尼斯共和国）
- 拉古萨（1815年兼并）

● **匈牙利王国（外莱塔尼亚）**

1526年并入哈布斯堡王朝（被土耳其占领的部分未计入）

- 匈牙利
- 克罗地亚（1102年并入匈牙利）
- 军事边境区

创立时间及消失时间：
斯拉沃尼亚（1702—1878年）—克罗地亚（1737—1878年）
巴纳特（1742—1872年）—特兰西瓦尼亚（1764—1851年）

1867年之后获得的土地
- 波斯尼亚－黑塞哥维那（于1878年被占领，1908年被兼并）—新帕扎尔县（占领时间为1878—1908年）

失去的领土
括号中的数字表示：获得的时间与割让的时间
卢萨蒂亚（1526—1635年）
西里西亚（1526—1741年）
扎莫希奇区（1772—1809年）
新加利西亚（1795—1809年）
伦巴第—威尼斯王国（1815—1866年）

解决问题的方案由于1867年奥匈达成"妥协"而初步形成。奥地利帝国一分为二，成立奥地利（或称内莱塔尼亚，这个词来源于莱塔河，它是位于维也纳下游的多瑙河的支流）与匈牙利（或称外莱塔尼亚）两个政府。而奥地利和匈牙利拥有同一个君主和三个相同的政府部门（财政、军事和外交）。然而，这个君主制二元政体的两个组成部分是非常不相同的。外莱塔尼亚实际上就是重组的匈牙利王国；而内莱塔尼亚则相反，它像是由前神圣帝国、前波兰，以及前威尼斯共和国的残余部分组合起来的一个不协调的整体。

俾斯麦的裁决
（1878—1885年）

维也纳会议结束六十年后，会议在中部欧洲所建立的秩序仍继续存在，但已出现了两个重大的例外：在"君主制二元政体"内，匈牙利即使尚未取得完全独立，但至少已取得完全的自治；而奥斯曼帝国的衰落使巴尔干的多个民族得到了解放。

"东方问题"

19世纪奥斯曼帝国的后撤并没有导致向其他强国割让土地，但却使帝国内部的异族获得了解放。在这方面，俄国起到了重大作用——俄国除与奥斯曼帝国直接争夺巴尔干地区和高加索外，还要打通博斯普鲁斯海峡和达达尼尔海峡的自由通道，并且要成为整个东正教的监护者。英国人关注着通向南亚及东南亚的道路，法国人在打黎凡特［Levant，历史上指地中海东岸各国。——译者注］的主意。奥地利则担心受到塞尔维亚或罗马尼亚民族主义的影响。每个列强（包括德国和意大利在内）都逐渐地意识到这片地域与其利益密切相关。"东方问

三个德意志帝国

第一个是神圣罗马帝国。第二个是1871年1月在凡尔赛宣布成立的以普鲁士国王为皇帝的德意志帝国。当然奥地利被排除在外。第三个就是纳粹德国，一步步实行吞并形成大德意志帝国。最后应指出的是，魏玛时期的德国（1919—1933年）虽然是共和国，但一直被称为德意志帝国，而其内部的普鲁士则以共和的形式存在。

巴尔干战争

1912 年至1913年：

——为了分割仍由土耳其人占领的欧洲领土，塞尔维亚人、黑山人、希腊人和保加利亚人先后与奥斯曼人开战；

——为了瓜分战利品，以保加利亚人为一方，塞尔维亚人、黑山人、希腊人（后来又加入了罗马尼亚人，乃至土耳其人）为另一方展开了战争。

自1913年起，奥斯曼帝国在欧洲缩小到现今土耳其所保留的领土。在1897年取得自治权的克里特岛最终归属希腊。1912年，意大利夺取了佐泽卡尼索斯群岛。

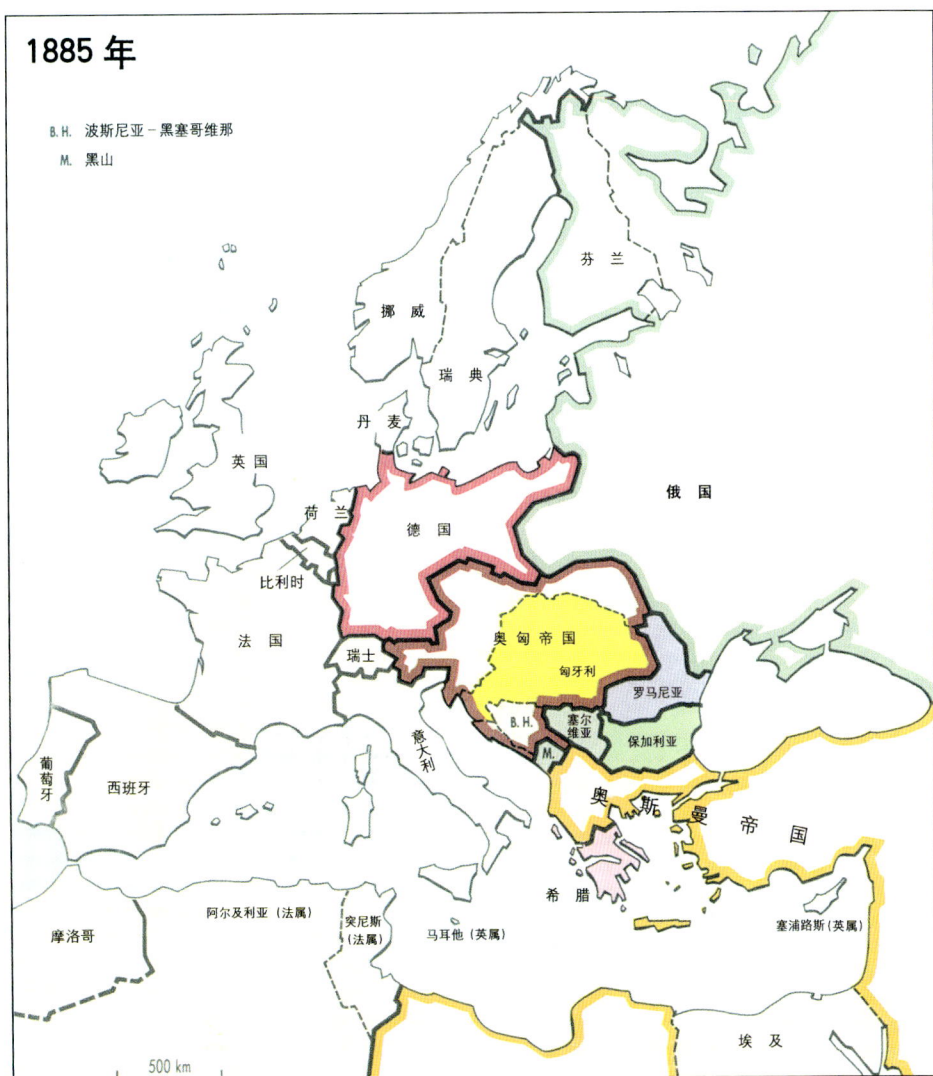

1885 年

B.H. 波斯尼亚－黑塞哥维那
M. 黑山

芬兰

挪威

瑞典

丹麦

英国

荷兰

德国

比利时

法国

瑞士

俄国

奥匈帝国

匈牙利

罗马尼亚

B.H.

塞尔维亚

保加利亚

M.

意大利

奥 斯 曼 帝 国

葡萄牙

西班牙

希腊

塞浦路斯（英属）

摩洛哥

阿尔及利亚（法属）

突尼斯（法属）

马耳他（英属）

埃及

500 km

题"就此产生，直至奥斯曼帝国消亡。

希腊人是自1821年开始起来反抗，到1830年获得独立的。在同一时间，塞尔维亚人成立了自治国家。随着列强在近东争夺利益的加剧，最终导致了1853—1856年英国人、法国人、土耳其人和皮埃蒙特人对俄国人的克里米亚战争。这场战争并未对巴尔干半岛各族人民的命运产生直接影响，但是摩尔达维亚和瓦拉几亚在1862年合并，随后成立了罗马尼亚。

柏林会议

在19世纪70年代，在波斯尼亚－黑塞哥维那和保加利亚的斯拉夫人举行起义。俄国人趁机与奥斯曼帝国开战并迫使奥斯曼苏丹在1878年3月3日签订了《圣斯特凡诺条约》。根据该条约，沙俄将建立一个由其保护的庞大的保加利亚公国（见"保加利亚人"一章）。但该条约立即遭到其他列强的反对。俾斯麦以"诚实的中间人"自居，组织召开了"柏林会议"（1878年7月）。作为外交斡旋的成果，会议签订了《柏林条约》，其主要内容是：

——承认罗马尼亚、塞尔维亚、黑

山的独立，每个国家都有所扩大；

——组建两个自治的公国：保加利亚（比《圣斯特凡诺条约》所规定的范围缩小了很多）和东鲁梅利亚；

——奥匈帝国占领波斯尼亚－黑塞哥维那与新帕扎尔；塞浦路斯由英国占

1912—1913年奥斯曼帝国的后撤

图例：
- 1912年时的土耳其边界
- 第一次巴尔干战争前奥斯曼帝国丢失的欧洲属地
  - 自1908年由希腊兼并的克里特岛
  - 自1912年由意大利占领的佐泽卡尼索斯群岛
- 第一次巴尔干战争（1912年10月至1913年4月）
  - 丢失的领土（伊诺斯－米提亚一线以西全部领土）以及爱琴海诸岛
- 第二次巴尔干战争（1913年6月至7月）
  - 土耳其重新从保加利亚夺回的领土
  - 保加利亚割让给罗马尼亚的领土
- 1913年时的边界线

第一次世界大战中的中欧

1914 年

6 月 28 日：萨拉热窝刺杀事件。

7 月 28 日至 8 月 4 日：以奥匈帝国和德国为一方，塞尔维亚、俄罗斯、法国、英国为另一方的战争开始。

8 月：德军在坦嫩贝格阻断了俄军的前进。

9 月：俄军占领加利西亚。

11 月：土耳其参战，加入同盟国一方。

12 月：塞尔维亚军队收复贝尔格莱德。

1915 年

4 月：协约国军队在达达尼尔海峡登陆（这次行动失败，于1916年1月结束）。

8 月：意大利加入协约国作战。

7 月至 8 月：德奥军队向俄军前线发起大规模进攻。

10 月：协约国军队在萨洛尼卡登陆。

10 月 14 日：保加利亚参战，进攻塞尔维亚。

12 月至次年1月：塞尔维亚军队后撤，通过阿尔巴尼亚，撤退至科孚岛。

1916 年

6 月至 8 月：俄军在伏罗希洛夫元帅率领下在加利西亚发动攻势。

8 月 28 日：罗马尼亚加入协约国作战。

12 月：德军占领布加勒斯特。

1917 年

1 月至 3 月：俄国"二月革命"。

4 月 6 日：美国参战。

6 月 27 日：希腊加入协约国一方作战。

7 月：俄军的最后一次进攻失利。

10 月 24 日至 27 日：意大利军队在卡波雷托战败。

11 月 6 日至 8 日：俄国十月革命。

12 月 9 日：罗马尼亚与同盟国签订停战协议。

1918 年

1 月 8 日：威尔逊总统发表《十四点计划》。

3 月 3 日：布尔什维克俄国与同盟国签订《布列斯特—立陶夫斯克条约》。

5 月 7 日：罗马尼亚与同盟国签订《布加勒斯特条约》。

9 月 29 日：保加利亚投降。

10 月 30 日：土耳其投降。

11 月 3 日：奥匈帝国投降。

11 月 10 日：罗马尼亚重返战场。

11 月 11 日：德国签署停战协定。

领和管理。

此外，1881年，奥斯曼帝国不得不把色萨利割让给希腊。1885年，保加利亚和东鲁梅利亚实现真正合并。

1881年，法国出兵突尼斯，突尼斯成为法国的托管国。1882年英国占领了埃及。

《凡尔赛和约》时期的欧洲

由《凡尔赛和约》和1919—1920年间签订的其他和平条约所建立的欧洲秩序，巩固了各民族的胜利：中欧从芬兰到希腊分成了12个主权国家。1912—1913年的巴尔干战争，1914—1918年的第一次世界大战以及1917年的俄国革命，使各帝国纷纷崩溃：土耳其基本上被逐出了欧洲；奥匈帝国完全瓦解；俄国失去了在欧洲的所有附属领地；而德国失去了它在波兰的领土。自此以后多年，经过了新的战争（俄波战争、希土战争）和武力（在维尔纽斯、在梅梅尔 [即现在的立陶宛海港城市克莱佩达。——译者注]、在阜姆 [即克罗地亚海港城市及文化中心里耶卡。——译者注]），以及全民公决和仲裁，新的疆界才得以

确定。这就是我们选择1924年而不是1919年的地图来表现当时的欧洲的原因。

希腊、罗马尼亚、塞尔维亚（新南斯拉夫的核心部分）的国土面积都大大增加。波兰从废墟中获得新生，并且从东部得到大片领土。这些来自俄国或乌克兰的领土要大于原来的波兰本土。芬兰人、爱沙尼亚人、立陶宛人等许多民族都获得了从未有过的独立。战败国包括保加利亚，它基本保持了原来的领土；还有匈牙利，它于1867年（或许是过早地）脱离奥地利帝国的决定将它的命运和奥地利的命运联系在了一起。

1917—1921年的俄国：革命与后退

当十月革命爆发之时，同盟国仍占据着库尔兰、立陶宛、波兰和俄国的一部分。此外，罗马尼亚占据着比萨拉比亚。布尔什维克人采取了有利于停战的立场。由于沙俄军队实际上已不复存在，并且同盟国采取了观望的政策，布尔什维克于11月提出停战要求。经过多次反复（同盟国与乌克兰单方媾和，德国对彼得格勒进行军事威胁，等等），

奥匈帝国的解体（第一次世界大战后）

真正意义上的奥地利各国（威尼斯共和国的继承者包括在内）大部分归入奥地利共和国。其余国家分别归入意大利（特兰坦－上阿迪杰，的里雅斯特以及斯洛文尼亚内地地区，伊斯特里亚，达尔马提亚的扎拉市）与塞尔维亚、克罗地亚和斯洛文尼亚王国（斯洛文尼亚地区大部，除扎拉以外的达尔马提亚）

波希米亚各国归入捷克斯洛伐克（除波兰于1920年取得的切申地区东部以外）

加利西亚归入波兰

布科维纳归入罗马尼亚

原匈牙利王国的一部分组成了新的匈牙利。其余部分分别归入以下国家：
——捷克斯洛伐克 它获得了"上匈牙利"（即斯洛伐克，内喀尔巴阡山罗塞尼亚）；
——罗马尼亚（特兰西瓦尼亚，巴纳特的三分之二，狭义的匈牙利东部领土）；

——塞尔维亚、克罗地亚和斯洛文尼亚王国（巴纳特的三分之一，巴奇卡的绝大部分，穆尔河地区）；
——意大利，它于1924年获得了阜姆（1918年之前为匈牙利王国的港口）；
——奥地利共和国（布尔根兰，但肖普朗依旧是匈牙利领土）。

克罗地亚和波斯尼亚－黑塞哥维那归入塞尔维亚、克罗地亚和斯洛文尼亚王国

━━━ 1914年的奥匈帝国

地图标注：德国、波兰、苏联、捷克、加利西亚、切申、斯洛伐克、内喀尔巴阡山罗塞尼亚、布科维纳、奥地利、肖普朗、匈牙利、布尔根兰、穆尔河地区、特兰西瓦尼亚、罗马尼亚、瑞士、多瑙河、特兰坦－上阿迪杰、斯洛文尼亚、的里雅斯特、阜姆、伊斯特里亚、克罗地亚、巴奇卡、巴纳特、意大利、扎拉、达尔马提亚、波斯尼亚－黑塞哥维那、塞尔维亚、克罗地亚和斯洛文尼亚王国、拉古萨

1918年3月3日苏俄与同盟国签订了《布列斯特－立陶夫斯克条约》。从此，军事作战停止。同盟国开始为征集粮食发愁（尤其是从乌克兰），而与此同时布尔什维克巩固了政权，托洛茨基着手建立红军。

1918年11月11日，德国在第一次世界大战中战败，在停战协议上签字。苏俄政府这时单方撕毁《布列斯特－立陶夫斯克条约》。随着德国和奥匈帝国军队的撤退，红军有步骤地紧随其后。他们进驻了爱沙尼亚、拉脱维亚、立陶宛、白俄罗斯和乌克兰。但是这一全面的进攻很快就遇到了抵抗。首先是重新组建的波兰军队的抗击，然后又在拉脱维亚遭到德军的抵抗。1919年，乌克兰的局势变得非常混乱，但是红军到年底时还是取得了胜利。红军与波兰军队的战争经历了三个阶段：1920年4月至5月，波兰军队在乌克兰发起进攻；7月俄军反击；8月波兰军队反攻。

自1920年起，苏维埃与爱沙尼亚、拉脱维亚、立陶宛和芬兰签订了和约。

与波兰的和平条约是1921年3月签订的，只有与罗马尼亚的边界划分没能签订条约，因为莫斯科不承认罗马尼亚占有比萨拉比亚。1920年，标志着俄国放弃亚历山大一世、叶卡捷琳娜二世，甚至彼得大帝所征服的领土（利沃尼亚、爱沙尼亚和卡累利阿地峡）。

奥斯曼帝国的覆灭

因为保加利亚于1918年9月放下武器，协约国军队直接威胁到伊斯坦布尔。1918年10月30日，奥斯曼帝国投降并与协约国签订《摩德洛斯停战协定》。第二年，根据《塞夫勒条约》，奥斯曼帝国把东色雷斯和士麦那（即现在土耳

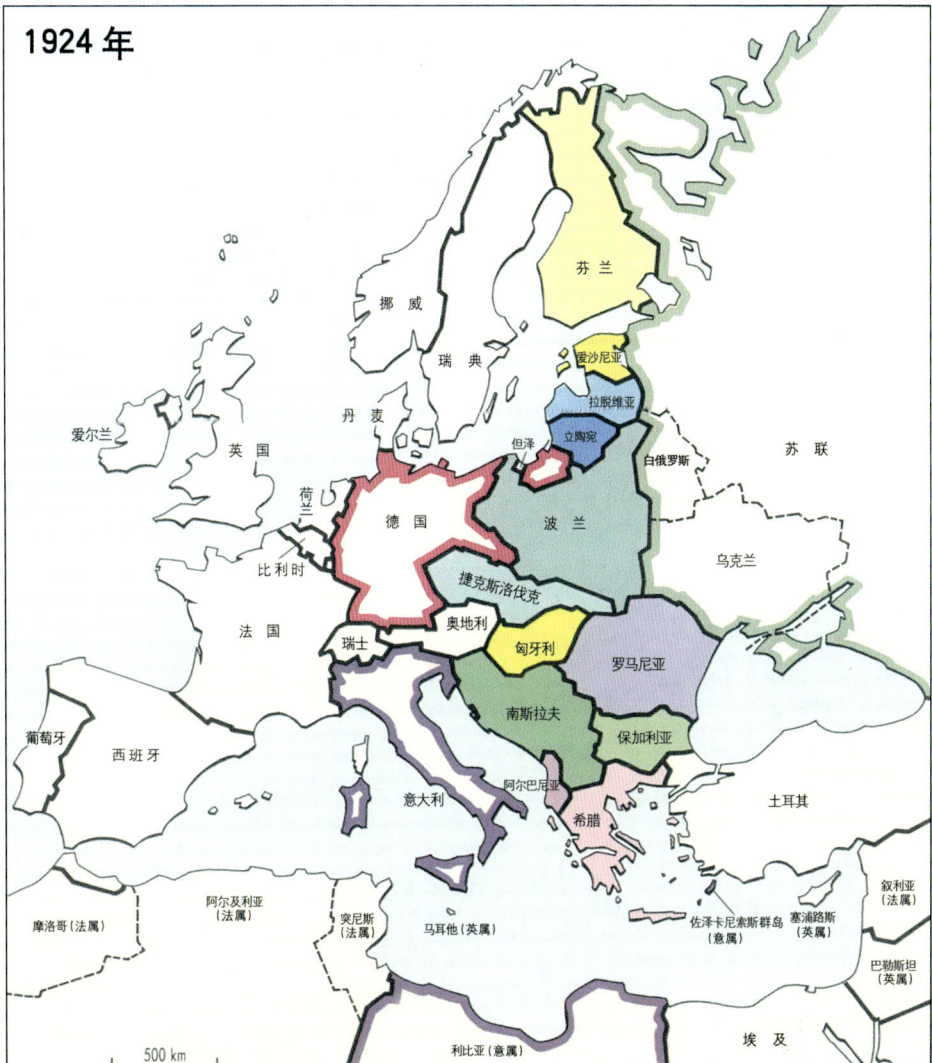

1924 年

其的伊兹密尔）地区割让给希腊，而安纳托利亚南部则被划分为意大利、法国和英国的三个势力范围区。

土耳其民族主义者，自1919年起在爱国军官穆斯塔法·凯末尔·阿塔图尔克的领导下在安卡拉地区组织民族解放斗争，拒绝《塞夫勒条约》的这些条款。他们和原来在高加索及中东进行过战斗的土耳其军队一起，重新控

制了整个小亚细亚，并于1922年将希腊人驱逐出这一地区。同年11月苏丹制被废除。1923年签订的《洛桑条约》保证了现今土耳其的国界线和领土完整。

但是，奥斯曼帝国从16世纪初开始就控制的那些阿拉伯国家都一去不复返了。

奥斯曼帝国在巴尔干的历史痕迹

奥斯曼帝国近五个世纪的统治在巴尔干半岛留下了深深的印迹，尽管在20世纪最初的二十五年里，土耳其人和其他穆斯林民族如潮水般涌回安纳托利亚。一些讲土耳其语的少数民族（信仰伊斯兰教）继续留在保加利亚、前南斯拉夫马其顿、希腊（西色雷斯）和塞浦路斯。

一些被奥斯曼土耳其人伊斯兰化的非土耳其民族也保留了他们的宗教信仰。主要有阿尔巴尼亚人（阿尔巴尼亚及科索沃）、塞尔维亚－克罗地亚人（主要分布在波斯尼亚－黑塞哥维那）、保加利亚人（保加利亚西南部的波马克人［斯拉夫人后裔，奥斯曼帝国时皈归伊斯兰教，说保加利亚语。——译者注］）。

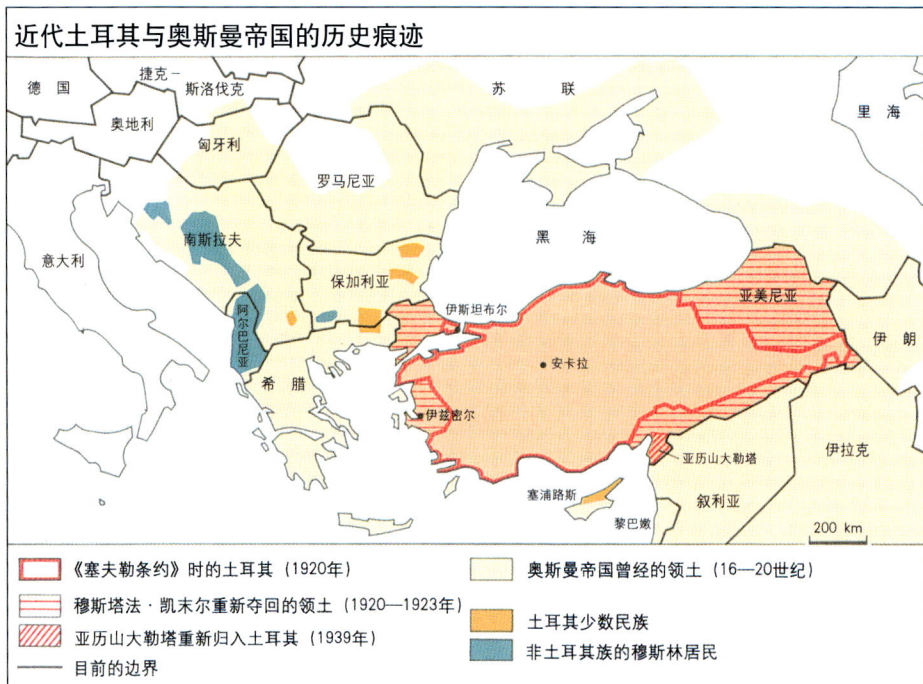

近代土耳其与奥斯曼帝国的历史痕迹

图例：
- 《塞夫勒条约》时的土耳其（1920年）
- 穆斯塔法·凯末尔重新夺回的领土（1920—1923年）
- 亚历山大勒塔重新归入土耳其（1939年）
- 目前的边界
- 奥斯曼帝国曾经的领土（16—20世纪）
- 土耳其少数民族
- 非土耳其族的穆斯林居民

200 km

苏联与民族问题

19世纪末20世纪初，沙皇的政策是把政治、社会和宗教行动与全帝国居民的俄罗斯化结合到一起。因此，由布尔什维克开始的反对运动注重"民族问题"。布尔什维克的许多领导人都不是俄罗斯族人。按照列宁的一个定义，沙皇制度曾是"各民族的监狱"。

1917年11月15日，苏维埃政权发表《俄罗斯各族人民权利宣言》。这之后斯大林成为民族事务人民委员。1918年7月，苏维埃社会主义共和国联盟成立，其中包括各自治共和国和自治地区。从严格意义上说，苏联是1922年12月30日当俄罗斯、乌克兰、白俄罗斯和外高加索（后来外高加索一分为三，即格鲁吉亚、亚美尼亚和阿塞拜疆）组成联盟时诞生的。

苏维埃体系的特点在于其层层相套的区域等级：加盟共和国（正式名称为"苏维埃社会主义共和国"）、自治共和国、自治地区和自治县。每个区域对应一个民族或多个联合起来的民族。

20世纪20年代，苏维埃政府曾为保留所有的语言和文字付出了巨大的努力。但是随后的十年，斯大林式恐怖笼罩全国，将人们原本因雄心壮志而取得的成果毁于一旦："各民族的监狱"又重建了起来。

"欧洲新秩序"（1942年）

在纳粹德国的鼎盛时期，曾把"欧洲新秩序"强加在欧洲各国的头上（但它最终比拿破仑体制实行的新秩序更为短暂）。这一新秩序基于两个思想：

——把所有的德意志人（现今又称讲德语的人）都集中在一个"伟大的帝国"之中；

——修改1919—1921年的所有和约。

1942年，大德意志不仅包括绝大多数讲德语的人，还包括捷克人、多数波兰人（从许多方面来看，波希米亚—摩拉维亚保护国和波兰全民政府只不过是一些法律上的虚设）和斯洛文尼亚人。

修改和约表现为两个方面：

——两个1918年创立的多民族国家解体：1939年捷克斯洛伐克解体（只剩下一个小小的斯洛伐克，名义上是独立的，但实际上由德国控制），南斯拉夫

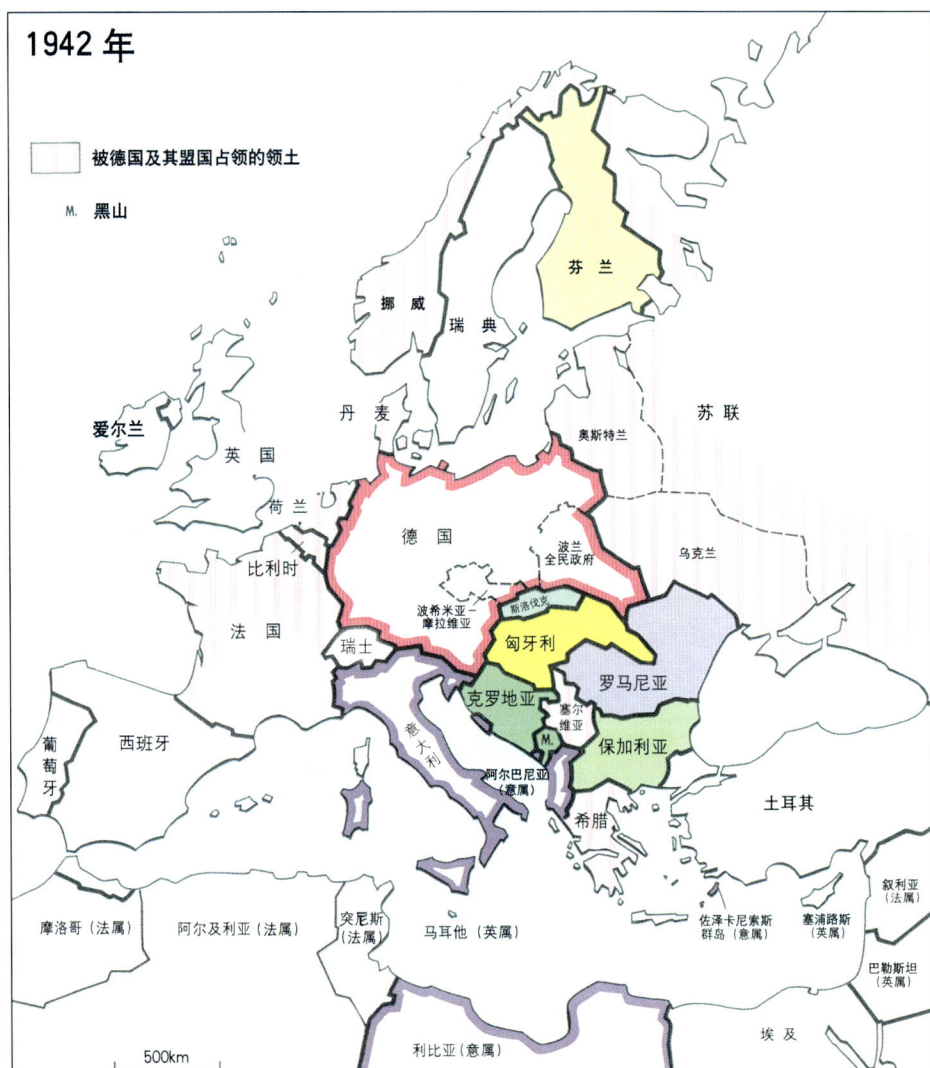

1942 年

被德国及其盟国占领的领土

M. 黑山

挪威　瑞典　芬兰

爱尔兰

英国　丹麦　奥斯特兰　苏联

荷兰

比利时　德国　波兰全民政府　乌克兰

法国　波希米亚—摩拉维亚　斯洛伐克

瑞士　匈牙利　罗马尼亚

克罗地亚　塞尔维亚

意大利　M.　保加利亚

西班牙　阿尔巴尼亚（意属）　希腊　土耳其

葡萄牙

摩洛哥（法属）　阿尔及利亚（法属）　突尼斯（法属）　马耳他（英属）　佐泽卡尼索斯群岛（意属）　塞浦路斯（英属）　叙利亚（法属）

巴勒斯坦（英属）

利比亚（意属）　埃及

500km

于1941年解体；

——第一次世界大战的战败国获得了补偿：匈牙利从捷克斯洛伐克、罗马尼亚和南斯拉夫收回了大片领土；保加利亚也从罗马尼亚、南斯拉夫和希腊收回了大片领土。

此外，意大利帝国主义不仅得到了

1919 年就梦想占有的土地，甚至范围更广：它兼并了阿尔巴尼亚、达尔马提亚以及斯洛文尼亚南部的大部分地区。在意大利的影响之下，黑山和克罗地亚成立了自己的国家。

完全由德国占领的塞尔维亚、希腊，和从苏联人手中夺过来的领土，分

1939—1941 年德国的扩张

别由奥斯特兰 [纳粹德国对第二次世界大战时期所占领的波罗的海国家的统称，该地区包括爱沙尼亚、立陶宛、拉脱维亚以及白俄罗斯，其中包括部分战前属于波兰的领土。——译者注] 和乌克兰这两个"帝国特别专署"政府管理。为了补偿罗马尼亚被迫向匈牙利和保加利亚出让其领土所造成的损失，人们又以损害乌克兰的利益为代价，把德涅斯特河东岸（共和国）转让给罗马尼亚。1941年，芬兰和苏联开战（1939—1940年曾进行过战争）。

雅尔塔体系下的欧洲

1945 年 2 月，丘吉尔、罗斯福和斯大林相聚雅尔塔举行会议。会议通过了《关于被解放的欧洲的宣言》，宣言规定战后欧洲国家将进行自由选举，并决定把德国（和奥地利）划分为不同的占领区。

人们习惯于把第二次世界大战所产生的欧洲叫做"雅尔塔体系下的欧洲"。实际上1945年欧洲国界的划分，与其说出自雅尔塔会议，倒不如说是来自战场上武装力量的对比。这时的欧洲原则上是回到了1937年的版图。但事实上有两个重大的例外：苏联人作为战胜者占有了更多的领土；而德国人作为战败者其领土缩小。苏联保留了它1939—1940年所夺取的所有土地，也就是《苏德互不侵犯条约》所许诺的领土。波兰成为被西迁的对象，迁移直至奥得—尼斯一线。波兰的西迁导致1200万德国人被逐出这一地区。欧洲其他的格局变动比较小，意大利割让部分领土给南斯拉夫，把佐泽卡尼索斯群岛让给了希腊。

苏联的边界

莫斯科的观点是十分明确的：1945年的苏联国界应和1941年，即战争的第一年时的国界至少相等，也就是说把《苏德互不侵犯条约》中许诺给苏联

第二次世界大战时的中欧

1939 年

8 月 23 日:《苏德互不侵犯条约》。

9 月 1 日:德国入侵波兰。

9 月 17 日:苏联占领波兰东部。

11 月 30 日:苏联进攻芬兰(即"冬季战争")。

1940 年

3 月 12 日:芬兰签署《莫斯科协定》。

7 月至 8 月:苏联吞并比萨拉比亚、布科维纳北部地区和波罗的海沿岸诸国。

10 月至 11 月:意大利对希腊的进攻失利。

1941 年

4 月:南斯拉夫遭到德国、意大利、匈牙利和保加利亚等国军队的入侵,希腊遭到德国、意大利和保加利亚等国军队的侵略。

6 月 22 日:德国、匈牙利和罗马尼亚进攻苏联。

12 月:美国参战。

12 月至次年 4 月:德军在莫斯科失败后,苏军发动冬季攻势。

1942 年

6 月起:德军的夏季攻势,指向巴库。

1943 年

1 月 31 日:鲍罗斯在斯大林格勒投降。

7 月:苏军取得库尔斯克坦克大战的胜利。

7 月起:苏军收复乌克兰。

9 月:意大利投降。

11 月:铁托在波斯尼亚成立了南斯拉夫全国解放委员会。

1944 年

7 月:苏军推进至维斯瓦河。

8 月至 10 月:德国人镇压华沙起义。

8 月:苏军占领罗马尼亚。

9 月:苏军占领保加利亚,着手准备征服匈牙利。

9 月 19 日:芬兰和苏联签署《莫斯科停战协定》。

10 月:英国军队在希腊登陆,击退德军。

11 月:苏军解放贝尔格莱德。

1945 年

1 月起:苏军在波兰的冬季攻势。

2 月:雅尔塔会议。苏军于 13 日攻克布达 [指匈牙利首都布达佩斯位于多瑙河右岸的城区。该市由多瑙河两岸的布达和佩斯两部分组成。——译者注]。

4 月:柏林战役。

5 月 8 日:德国投降。

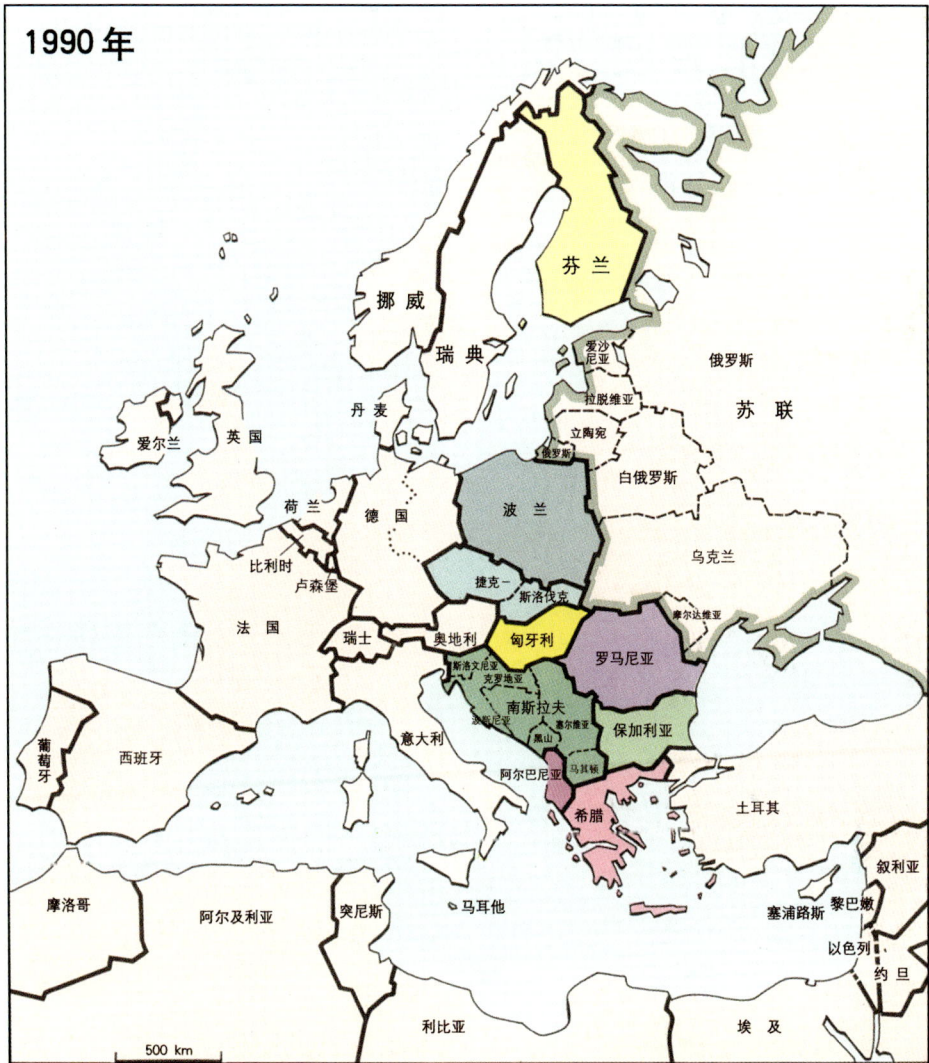

1990 年

挪威 / 瑞典 / 芬兰 / 俄罗斯 / 苏联 / 爱尔兰 / 英国 / 丹麦 / 爱沙尼亚 / 拉脱维亚 / 立陶宛 / 白俄罗斯 / 乌克兰 / 荷兰 / 德国 / 波兰 / 比利时 / 卢森堡 / 捷克－斯洛伐克 / 法国 / 瑞士 / 奥地利 / 匈牙利 / 罗马尼亚 / 摩尔达维亚 / 斯洛文尼亚 / 南斯拉夫 / 保加利亚 / 葡萄牙 / 西班牙 / 意大利 / 阿尔巴尼亚 / 希腊 / 土耳其 / 摩洛哥 / 阿尔及利亚 / 突尼斯 / 马耳他 / 叙利亚 / 塞浦路斯 / 黎巴嫩 / 以色列 / 约旦 / 利比亚 / 埃及

500 km

的土地视为已经为其所有。1945年只不过是对边界进行调整和补充。1944年战败的芬兰再次重演了1940年时的遭遇。但这次40万卡累利阿地峡的芬兰人被从此地驱逐了出去，由俄国人取而代之。爱沙尼亚、立陶宛、拉脱维亚被再次攻占（1944—1945年）后重组为三个苏维埃共和国。东普鲁士北部地区（其中包括被新命名为加里宁格勒的柯尼斯堡）由俄罗斯人占领，成为苏维埃社会主义共和国联盟的一个州。和1939年9月时的领土相比，苏联把比亚韦斯托克和普热梅希尔让给了波兰。在南部，苏联迫使捷克斯洛伐克把罗塞尼亚让给乌克兰加盟共和国。从此，罗塞尼亚被称为内喀尔巴阡州。最后是1940年，罗马尼亚被迫让出布科维纳北部和比萨拉比亚，使得这两个地区重返苏联。摩尔达维亚苏维埃共和国重新组建。

1939—1945 年苏联的扩张

苏联

- 1938 时的苏联
- **1939—1940 年兼并的领土**
  - 保留到 1945 年
  - 1945 年兼并的领土
  - 1945 年归还波兰的领土
  - 1945—1955 时，苏联占领的奥地利领土
- 与苏联分裂的共产主义制度的国家（1949 年南斯拉夫，1961 年阿尔巴尼亚）
- 至 1989 年仍为人民民主制的国家

苏维埃对中欧的控制

这种控制是建立在共产党人取得政权的基础之上的，但获得政权的途径各国有所不同。在保加利亚和罗马尼亚，苏联的军事占领起到了主要作用——1946 年保加利亚宣布成立人民共和国。罗马尼亚人民共和国于 1947 年宣布成立。匈牙利虽然在 1945 年进行了自由选举，但是经过 1947—1949 年的几个阶段，最后于 1949 年 8 月宣布成立人民共和国。在波兰（明确地说，它并没有被苏联占领，但是苏联为保持与德国的联系在该国驻有军队），共产党人于 1949 年经过选举（选举中有舞弊行为）取得了政权。在捷克斯洛伐克，共产党人在没有苏军参与的情况下，于 1948 年 2 月取得政权（布拉格政变）。在南斯拉夫和阿尔巴尼亚，本土共产党于反法西斯战争时期在没有苏联军队支持之下就控制了各自的国家。这两个国家不久就与苏联分裂（南斯拉夫自 1949 年，阿尔巴尼亚自 1961 年）。在东德，苏联于 1949 年实行了共产主义制度。在奥地利，苏联的占领状态一直持续到 1955 年四个占领国签订《奥地利国家条约》为止。条约规定，在奥地利保持永久军事中立

的条件下，允许其建立民主制度的主权国家。

1946—1949 年组成的"苏维埃联盟"，正好与1918—1921年为防止布尔什维克传播（由芬兰、波罗的海国家、波兰、罗马尼亚）所建立的"防疫线"的作用相反。但是这次是苏联将自己掩护在了面积广阔的缓冲地带之后。苏维埃联盟的凝聚力是建立在以下基础之上的：共产主义纪律（由1947年建立的共产党和工人党情报局实施监督），与苏联的一系列双边联盟（自1955年起冠以《华沙条约》），以及1949年成立的国际组织——经济互助委员会（简称"经互会"）。1953年斯大林去世之后，各人民共和国有了一定程度的自由。但苏联的军事干预始终存在：1956年苏联出兵匈牙利；1968年出兵捷克斯洛伐克。

1985 年戈尔巴乔夫执政之后，苏联国内实施改革的意愿在几年间便使国家发生了真正的变革。1989年，苏联对中欧的控制崩溃。

语言和宗教信仰

　　中欧的某一民族是如何有别于邻近各民族的？尽管宗教信仰起着很大的作用，但是其首要的标准不是别的而是母语。实际上，由一条明显的界线把一个民族和另一个民族分开的情况是很少见的。最常见的就是这些民族处于（或者长期处于）混合状态，以至于国界从来都不能束缚那些从种族的观点来看是完全相同的群体。换句话说，曾经存在——并且一直存在着——这样一些少数民族，他们被包含在这个或那个"民族—国家"里，但属于异族，也就是说，符合与主体民族的定义相异的标准（如语言、宗教信仰……）。

斯拉夫人和非斯拉夫人

占多数的斯拉夫人

　　除了俄语的使用范围先后在沙俄和苏联被扩张到整个国家，斯拉夫语族的诸语种都局限于中欧地区，但使用人数却占首位：在总数约为2.1亿的居民中，1.45亿的居民说斯拉夫语。斯拉夫语族分为三个语支：东斯拉夫语支、西斯拉夫语支、南斯拉夫语支。

东斯拉夫语支包括严格意义上的俄语（"大俄语"）、白俄罗斯语（"白俄语"）和乌克兰语（"小俄语"）。从前，人们曾使用"罗塞尼亚"来指代说白俄罗斯语或乌克兰语的人群，但是作为一种语言体系，"罗塞尼亚语"从来就没有存在过。

西斯拉夫语支由三种重要的语言组成：波兰语、捷克语和斯洛伐克语，后两者很相似。

第三个语支，即南斯拉夫语支，被匈牙利人和罗马尼亚人将其同另外两个语支分隔开。（"南斯拉夫人"一词表示"南部的斯拉夫人"，但是巴尔干动荡的

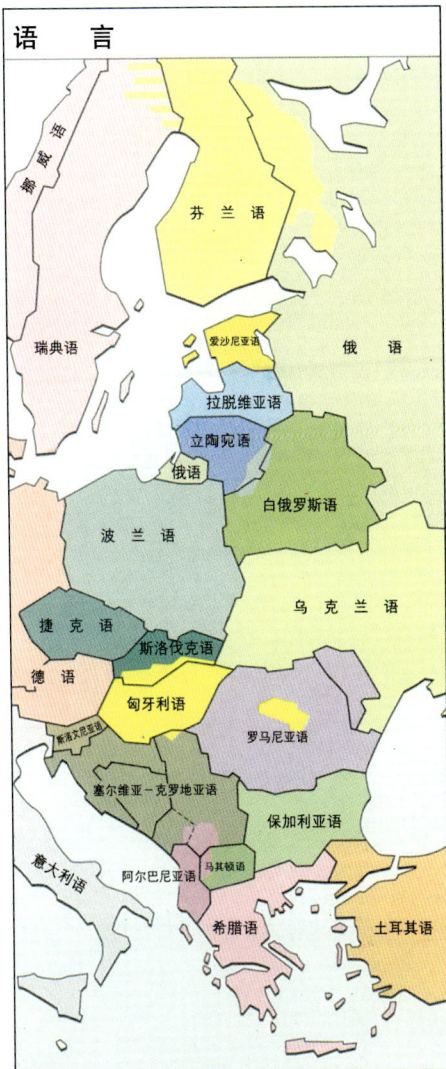

语言

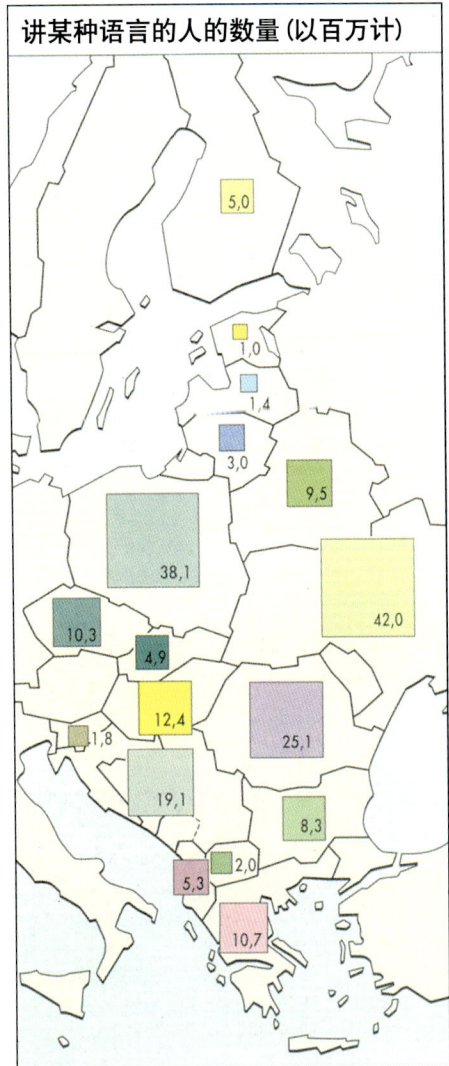

讲某种语言的人的数量（以百万计）

从拉丁语到世界语

　　大约有25种母语共存于中欧。这个数字不小，但是世界上还有很多其他例子表明，尽管有的语言本身很复杂，而且只被一小部分人使用，但它们通过简单的口头流传，仍旧幸存下来。因此对于罗马尼亚语、阿尔巴尼亚语和爱沙尼亚语后来的出现，我们无须感到惊讶。

　　我们今天所说的多语现象，其实并非没有缺陷，但每个时期都有各自应对缺陷的方式。1940年，独立的立陶宛的最后一任总统斯梅托纳教授，在国际广播电视台用拉丁语录制了他最后的演说。这诚然是由于政治原因避免使用俄语或者德语表达其思想，但是也符合古老的传统。在1772年之前的波兰—立陶宛联盟，信奉天主教的人说波兰语（或者立陶宛语），东正教教徒说罗塞尼亚语（即白俄罗斯语或乌克兰语），许多城市的人说德语，犹太人则使用意第绪语。但是拉丁语作为教会语言，仍保持着官方语言的性质。同样，在长达几个世纪的时间里，拉丁语作为匈牙利王国的行政语言，为匈牙利人、德国人和克罗地亚人所熟知。

　　大约在18世纪末，直至19世纪，观念改变了。在奥地利国家，约瑟夫二世试图强行将德语定为官方语言，但没有取得成功。普鲁士人力图将其境内的整块波兰领土日耳曼化；1867年取得半独立的匈牙利人力图使其王国中的斯洛伐克人、罗马尼亚人与克罗地亚人等匈牙利化；沙皇决意使整个俄罗斯帝国俄罗斯化，包括波兰和芬兰。随着各民族感受到一种更为活跃的文化生活，同化异族的意志也变得愈发强烈。

　　面对双重的危难——巴别塔［来源于《圣经》中《创世记》一章的典故：当时使用统一语言的人类希望建造一座通天的高塔，上帝为阻止这一行为将人的语言变得多样化。人类无法互相沟通，建塔计划随之破灭。——译者注］，或是俄、德帝国主义多少具有强制性的民族同化——L.柴门霍夫于1887年开始推广世界语作为国际语言。此项创举之所以来自比亚韦斯托克是有缘由的。比亚韦斯托克是一个大部分被波兰化的立陶宛城市。1795年它成为普鲁士的城市，而1807年又被俄罗斯占领。它的历史在20世纪也比较复杂：1921年归属波兰，1939年归属苏维埃，1941年归属德国，1945年起重新归属波兰。然而，直至第二次世界大战前夕，这个城市一半的居民都是犹太人：柴门霍夫和俄共党员李维诺夫（1930—1939年任苏联外交部部长），还有塞缪尔·皮萨，都属于这个群体。塞缪尔·皮萨是1945年这座城市从奥斯威辛集中营和达豪集中营中脱险的少数犹太幸存者之一。

　　创造一种世界性的、被创始者本人称做世界语（意为希望）的语言，这样的想法会出自一个比亚韦斯托克城的犹太人，显然不是没有道理的。

历史一直将保加利亚人排除在外。）从语言学的角度，现今我们可以区分出斯洛文尼亚语、塞尔维亚－克罗地亚语、马其顿语和保加利亚语。由于斯洛文尼亚人曾因隶属于神圣帝国而与其他斯拉夫人分离，因此他们的语言非常特殊。克罗地亚人、波斯尼亚人、塞尔维亚人和黑山人共同拥有前南斯拉夫的主要语言，即塞尔维亚－克罗地亚语。正如我们在后文中可以看到的，塞尔维亚－克罗地亚语或使用拉丁字母书写（克罗地亚和波斯尼亚版），或使用西里尔字母书写（塞尔维亚和黑山版）。马其顿语与保加利亚语颇为相似，但同时又深受塞尔维亚语的影响。

其他印欧语言

除了斯拉夫语，中欧的很多民族使用印欧语系的语言。人数最多的是罗马尼亚人，他们所使用的拉丁语源自公元2—3世纪罗马帝国的达契亚。前摩尔达维亚苏维埃共和国的摩尔达维亚人，也使用罗马尼亚语。

直接继承古希腊语的现代希腊语，在印欧语系的语言中占有特殊的一席之地。阿尔巴尼亚语的情况与之相同。

另一个印欧语系是波罗的海地区的语系。如今仍在使用的仅有拉脱维亚语和立陶宛语了，因为同样属于波罗的海的古普鲁士人，定名普鲁士，从中世纪起便被日耳曼化了。波罗的海地区的语言，尤其是立陶宛语，由于

索布人和卡舒布人

人们把波兰格但斯克的西部仍旧在使用、但是濒临消亡的一种语言——卡舒布语，归到西斯拉夫语支中。因为君特·格拉斯【Güter Grass（1927—　），德国作家，于1999年获得诺贝尔文学奖。——译者注】的小说《铁皮鼓》，这种语言变得众所周知。相反，索布语依然生机勃勃，在卢萨蒂亚【又译作"劳济茨"，位于柏林东南部。——译者注】，靠近包岑市和科特布斯市的地方，约有7万人使用该语言。虽然先是受到苏维埃占有者的保护，而后又成为民主德国当局有意显示其尊重少数民族的窗口，但几代人以来，索布人还是要使用双语，因而也很关注自己的前途。统一后的联邦德国只得密切关注这个中世纪时曾被"东进运动"包围了的斯拉夫人聚居点，使其得以继续生存。

它的古老，给语言学家们提供了绝好的机会。

在印欧语系中还要提到两种日耳曼语言：一是德语，在匈牙利，特别是罗马尼亚仍有少数人使用；还有瑞典语，它是一小部分芬兰人的母语。由德语派生出的意第绪语将在有关犹太人的章节中作介绍。起源尚未明确的吉卜赛语，也将在有关茨冈人的内容中作介绍。

芬兰－乌戈尔语系的语言

与印欧语系完全不同，芬兰－乌戈尔语系占据着欧洲东北部地区，从波罗的海到乌拉尔山，直至向白海推进。俄罗斯人把芬兰语支分成了两部分——今天我们在西部可以区分出严格意义上的芬兰语、爱沙尼亚语和拉普语。在东部，其他芬兰语支的语言（莫尔多维亚语、马里语、乌德穆尔特语、科米语……）在俄罗斯共和国内的自治共和国中继续流传。至于乌戈尔语支，除几种乌拉尔地区方言之外，如今归流于匈牙利语或马扎尔语。匈牙利人曾是那些经乌克兰迁移至中欧的游牧民族的一分子。但唯有他们建立起了至今依然存在的国家，并保留而且不断充实着自己的语言。

奥斯曼帝国的撤退使得讲土耳其语（与蒙古语一样属于阿尔泰语系）的少数人继续生活在乌克兰、罗马尼亚、保加利亚、希腊和前南斯拉夫的马其顿。

"土兰语系"

19世纪末20世纪初，有关"土兰语系"（Touraniens）的著述曾盛极一时。汇集在这词汇下的是所有往来于中亚和东欧之间的非印欧语系的族群，无论他们属于阿尔泰语系还是芬兰－乌戈尔语系。今天人们已经不再将他们混为一谈，但是这一概念曾在当时引发了一场"亲土兰语系"运动（反俄罗斯帝国主义），而这一运动曾在一段时间内大大鼓舞了土耳其的民族主义。

永远的教会大分裂

在中欧，人们的语言以纬度为顺序，从北到南依次是芬兰人、波罗的海

宗　教

挪威
瑞典
芬兰
爱沙尼亚
俄罗斯
拉脱维亚
立陶宛
俄罗斯
白俄罗斯
波兰
乌克兰
捷克
斯洛伐克
摩尔达维亚
奥地利
匈牙利
新洛文尼亚
罗马尼亚
克罗地亚
塞尔维亚
波斯尼亚-
黑塞哥维那
南斯拉夫
黑山
保加利亚
马其顿
意大利
阿尔巴尼亚
希腊
土耳其
马耳他

天主教	东正教
新教	希腊东正教
伊斯兰教	

人、西斯拉夫人和东斯拉夫人、匈牙利人和罗马尼亚人、南斯拉夫人，最后是阿尔巴尼亚人和希腊人。宗教的分布就完全不同了。在一条纵贯南北的大分界线的西边，是遵循拉丁礼仪与典制的基督教徒，即天主教徒（和他们的对立派耶稣会教徒，又称新教徒），东边是遵循拜占庭礼仪与典制的基督教徒，换句话说是东正教教徒（和他们的对立派东仪天主教会的教徒）。这是一条古老的界线，它将东、西罗马帝国之间的分界线延伸至北方，更确定了1054年罗马与拜占庭教会之间的大分裂。

天主教和新教

直至公元1000年左右，皈依天主教的民族分别有斯洛文尼亚人、克罗地亚人、捷克人和斯洛伐克人、匈牙利人和波兰人。在12—13世纪，波罗的海沿岸民族——芬兰人、爱沙尼亚人、拉脱维亚人、古普鲁士人——或通过斯堪的纳维亚人，或通过条顿骑士团，也依次皈

依天主教。14世纪末，处于波兰人势力范围内的立陶宛人最后成为天主教教徒。除16世纪时接受路德主义改革的芬兰人、爱沙尼亚人和拉脱维亚人（还有普鲁士人）之外，所有这些民族至今仍是天主教徒。而当时"反宗教改革"[指罗马天主教教会于15世纪发起的运动，旨在重申天主教的教义与体系，在一定程度上是应对新教改革的措施。历史学者倾向于称其为"天主教改革"。——译者注]的运动在相邻的波兰和立陶宛最为激烈。至于加尔文教义，则在东匈牙利和特兰西瓦尼亚长久地驻扎了下来，当时土耳其人前进的脚步正把这些地区与西部匈牙利分隔开。

东正教和东仪天主教会

保加利亚人和塞尔维亚人在9世纪后半叶最先皈依基督教。10世纪左右，基督教在基辅罗斯被奉为国教，随后继续向北拓展，当时波罗的海沿岸诸民族尚未受到宗教教化。最后一个通过宗教来组织社会的民族是罗马尼亚人，他们于14世纪后半叶皈依基督教。

在这个宗教化的过程中，13世纪蒙古入侵以及14世纪立陶宛人组织的反击引发了教徒的分化：处于蒙古统治下的斯拉夫人向俄罗斯的东正教大主教（自

1328年起设立于莫斯科）靠拢。与此同时，被立陶宛解放的人则转向基辅的东正教大主教（于1361年重新设立）。两个世纪以后，在反宗教改革背景下，天主教会力图巩固它的地位。于是基辅的东正教大主教通过布列斯特－立陶夫斯克联盟（1596年）承认了罗马教皇的权威，同时保留了拜占庭的仪式。这就是东仪天主教会的来历。而随着领土的扩张，俄罗斯帝国竭尽全力，甚至使用强制手法，试图将东仪天主教会（重新）纳入莫斯科大主教主持的东正教教会之中。对此，斯大林1946年的做法也并无二致。

匈牙利王国也曾建立过东仪天主教会，其中一部分为罗塞尼亚人而建（1649年），另一部分为罗马尼亚人而建（1698年）。第二次世界大战以后，东仪天主教会被苏联、捷克斯洛伐克和罗马尼亚政府归并于东正教会。近几年东仪天主教会被逐渐恢复。

其他宗教

约五百年的奥斯曼帝国的统治，使部分巴尔干的居民也皈依了伊斯兰教。阿尔巴尼亚人和两个斯拉夫民族便是如此——这其中包括大部分的波斯尼亚人（现有

语言、宗教、字母

语言 (语系和语支)

印欧语系

A：阿尔巴尼亚语

B：波罗的语

G：希腊语

L：拉丁语

SE：东斯拉夫语

SO：西斯拉夫语

SS：南斯拉夫语

FO：芬兰—乌尔戈语系

宗教

基督教

C：天主教

L：路德教派

O：东正教

M：伊斯兰教

字母

C：西里尔字母

G：希腊字母

L：拉丁字母

民族	语言	主要宗教	字母
白俄罗斯人	SE	O	C
乌克兰人	SE	O	C
波兰人	SO	C	L
捷克人	SO	C	L
斯洛伐克人	SO	C	L
斯洛文尼亚人	SS	C	L
克罗地亚人	SS	C	L
讲塞尔维亚—克罗地亚语的穆斯林	SS	M	C 和 L
塞尔维亚人	SS	O	C
黑山人	SS	O	C
马其顿人	SS	O	C
保加利亚人	SS	O	C
拉脱维亚人	B	L	L
立陶宛人	B	C	L
罗马尼亚人 (包括摩尔达维亚人)	L	O	L
希腊人	G	O	G
阿尔巴尼亚人	A	M	L
芬兰人	FO	L	L
爱沙尼亚人	FO	L	L
匈牙利人	FO	C	L

200万伊斯兰教徒，使用塞尔维亚－克罗地亚语）和保加利亚南部说保加利亚语的波马克人。

最后，在这个宗教全景图中，不应该忘记犹太教徒。

礼拜仪式的语言与文字

天主教与东正教之间的对立，除了教义和教会的组织问题之外，还通过礼拜语言表现出来：天主教使用拉丁语；东正教或使用希腊语，或在斯拉夫教会中使用教会斯拉夫语。而这些语言中的每一种都对应一种文字：拉丁字母、希腊字母、西里尔字母。西里尔字母从西里尔和美多德所发明的格拉哥里文字派生而出。作为东方教会的特征，它被所有信奉东正教的斯拉夫人所采用。

天主教教徒（和他们的对立派新教教徒）从未改变使用拉丁文字。包括芬兰人、爱沙尼亚人、拉脱维亚人、立陶宛人和波兰人被归入俄罗斯帝国（以及后来被并入苏维埃联盟）的时期，也从未改变。同样，当人们把克罗地亚语和塞尔维亚语合并为塞尔维亚－克罗地亚语时，也是根据各自民族的惯例保留了同时使用两种文字的权利。

相反，在东正教国家，是否使用西里尔字母有时带有政治含义。也正是如此，在19世纪中期，罗马尼亚人为确认他们的拉丁文化，采纳了拉丁文字（同时保留东正教教徒的身份）。

在其他情况下，过渡到对这种文字的使用也构成了摆脱束缚获得自由的一种方式，比如对于1908年的阿尔巴尼亚人（此前他们使用斯拉夫、希腊以及土耳其——或者更确切地说是阿拉伯文字书写他们的语言），当然也包括1928年后的土耳其人自己。

什么是少数民族？

在19世纪甚至到了20世纪，"民族国家"迅速发展——通常都带着一种具有本地色彩的激进主义——自然而然地提出了十分棘手的少数民族问题。如果我们使用非常简略的方法，可以区分出两大类型的少数民族。

——偶然形成的少数民族。他们是由于环境原因而成为少数民族的：最常见的是由于边境的变更。

——本质上的少数民族。他们一向认定自己的少数民族身份，并可分为两种截然不同的种类：在不同的时代，为了开发未开垦或被遗弃的领土而被系统性地安置的移民；"没有领土的民族"，例如犹太人和茨冈人。

因边境迁移而形成的少数民族

我们可将斯拉夫人列入其中。中世纪时，他们在德意志人的扩张下，逐渐被纳入神圣帝国：索布人（时至今日仍处于德国境内）和捷克人都属于这种情况。再往东，立陶宛向罗塞尼亚人（白俄罗斯人和乌克兰人）居住的广阔土地扩张，之后波兰—立陶宛联盟又驱使数量众多的波兰人移民到了这些地区。然而当摆脱了蒙古监管的俄罗斯人向西方迁移时，这些波兰人就在沙皇帝国成为了少数民族（一支为数不容忽视的波兰少数民族至今还生活在立陶宛和白俄罗斯的边境）。另一个例子，受益于奥斯曼帝国而移民到巴尔干的土耳其人，他们也在当地各处留下了讲土耳其语的居民。

1919 年、1920年、1921年的一系列条约重新划分了欧洲版图，因边境变更而产生的少数民族大大增加。胜利者——或者更准确地说是他们的同盟者和被保护者——获得了有利的边界，尽管有时边界与他们所声称的民族分布规律不太相符。由此在两次世界大战之间产生的少数民族，我们可以举出的有：波兰的立陶宛人、白俄罗斯人和乌克兰人，捷克斯洛伐克的德国人、匈牙利人和乌克兰人，罗马尼亚和南斯拉夫的匈牙利人，意大利的斯洛文尼亚人和克罗地亚人……其中一些至今依然存在，另一些已经消失。

1991 年，南斯拉夫联邦分裂，随后是苏联解体，把联邦共和国的边界转变成了国际边界。因此产生了大量的、新的少数民族问题（克罗地亚的塞尔维亚人、波罗的海沿岸国家的俄罗斯人，等等）。

由殖民形成的少数民族

从12—14世纪，在不同情况下，一些君主征集移民（有时来自很远的地方）向被其（再次）征服的领土（再次）

巴纳特、巴奇卡、巴兰尼亚和萨尔米亚的少数民族

在这些17世纪末18世纪初被奥地利和土耳其之间的战争毁坏、后又被重新殖民的地区，至今仍然存在一种特殊的少数民族杂居现象。

巴纳特（Banat，意为由一个总督管理的一片领土，该词源于斯拉夫语）原归属于匈牙利王国。被土耳其人夺得后于1552年定为奥斯曼帝国的一个省。1669年，根据《卡尔洛维茨条约》属土耳其。1718年，根据《帕萨罗维茨条约》重归哈布斯堡王朝。

巴纳特地区早就有匈牙利人、罗马尼亚人和塞尔维亚人交错居住。18世纪，这里又接纳了许多移民，最早前来的是一些德国人，他们虽被称做施瓦本人，但基本都来自莱茵兰地区。这些人中有卢森堡人，甚至有讲法语的洛林人（在建于1771年的三个村庄中，人们曾使用法语至1850年左右）。其他移民是斯拉夫人：来自北方的斯洛伐克人、罗塞尼亚人和捷克人，以及跨过多瑙河前来的保加利亚人。

一个多民族杂居的例子，一座名为"白色教会"的小城，塞尔维亚语称为 Bela Crkva，罗马尼亚语称为 Biserica Albă，匈牙利语称 Fehértemplon。1910年，这座小城除有1343个士兵的驻军外，还住有11 512位平民，其中包括6062名德国人、1994名塞尔维亚人（和19名克罗地亚人）、1806名罗马尼亚人、1213名匈牙利人、312名捷克人（包括42名斯洛伐克人和3名罗塞尼亚人）、42名茨冈人和19名其他民族的人。全体居民中有250人（使用德语、匈牙利语等）信仰希伯来宗教。

按《特里亚阿条约》（1920年）的规定，几乎整个巴纳特地区被罗马尼亚和南斯拉夫瓜分了。瓜分后，塞尔维亚管辖的巴纳特地区中包含罗马尼亚村庄，而罗马尼亚管辖的巴纳特地区中有塞尔维亚村庄（两个巴纳特的村庄里又都有其他民族的居民，尤其是德国人）。从1941—1944年，塞尔维亚巴纳特被德军占领，从而由当地的德国人管理。从1946年起，巴纳特成为伏伊伏丁那南斯拉夫自治省的一部分，几乎不再有德国人居民——许多人于战争末

期撤出了这一地区，其余的在1945年被驱逐了出去。

巴奇卡（匈牙利语称Bacska，塞尔维亚语称Bačka），在多瑙河与下蒂萨河之间，匈牙利人于1699年从土耳其人手中将其收复。1920年并入南斯拉夫，1941年重新归属匈牙利。1946年之后，它成为伏伊伏丁那自治省的一部分。塞尔维亚人占多数；其中有一部分天主教徒，这些人现在被视做克罗地亚人，奥斯曼帝国移民的后代，如苏博蒂察的布涅瓦茨人（Bougnevatze）和松博尔附近的考卡茨人（Chokatze）。除了数量众多的匈牙利人，巴奇卡还有一部分斯洛伐克人和罗斯涅人（Russinien，接近斯洛伐克人的种群，其语言确定于1923年）。

巴兰尼亚（塞尔维亚－克罗地亚语称为Baranja）是匈牙利的一个州，位于多瑙河西部，其首府为佩奇（Pécs，德语名为Fünfkirchen）。在这个地区的一个葡萄种植区，至今依然存在着匈牙利最大的德语区。巴兰尼亚的东南角（在多瑙河与德拉瓦河之间），1920年归属南斯拉夫，1941年重归匈牙利，又于1944年被南斯拉夫重新收复。1946年以来，它成为克罗地亚共和国的一部分。匈牙利人作为少数民族仍然生活在那里。但已没有德国人。

萨尔米亚（塞尔维亚－克罗地亚语称为Srem）的名称源于罗马城市锡尔米乌姆（现在的斯雷姆斯卡－米特罗维察）。1699年，土耳其人让出了包括卡尔洛维茨市（塞尔维亚－克罗地亚语称为Karlovci，卡尔洛夫齐）在内的萨尔米亚北部地区，1718年又让出了该地区南部给匈牙利。随即，在匈牙利王国内部萨尔米亚归属斯洛文尼亚，即归属克罗地亚。1689年，奥地利军队中一批来自佩奇（现在的科索沃）地区的塞尔维亚人被迫退役，萨尔米亚于18世纪末成为这些塞尔维亚人的避难所。于是，斯雷姆斯基－卡尔洛夫齐成为匈牙利的塞尔维亚东正教的大主教所在地，并掌管整个王国的东正教教会权力。

1946年，除了泽蒙市（原名希姆林[Semlin]，著名要塞）归属于贝尔格莱德外，萨尔米亚并入伏伊伏丁那。这一地区从此再没有德国人居住，但仍然有一些斯洛伐克人和匈牙利人。

匈牙利

塞格德

佩奇

巴兰尼亚

苏博蒂察

松博尔

巴奇卡

伏伊伏丁那

德拉瓦河

克罗地亚

南斯拉夫

诺维萨德

斯拉沃尼亚

斯雷姆斯基-卡尔洛夫齐

斯雷姆斯卡-米特罗维察

1739—1918 年间，
匈牙利帝国的南边界

萨尔米亚

泽蒙

贝尔格莱德

塞尔维亚

罗马尼亚

蒂米什瓦拉

巴纳特

多瑙河

500 km

**巴兰尼亚、巴奇卡
与巴纳特的少数民族**

少数民族语言

匈牙利语
罗马尼亚语
塞尔维亚语
斯洛伐克语
罗塞尼亚语
捷克语
乌克兰语
保加利亚语
德语

第二次世界大战
之前讲德语的少数民族

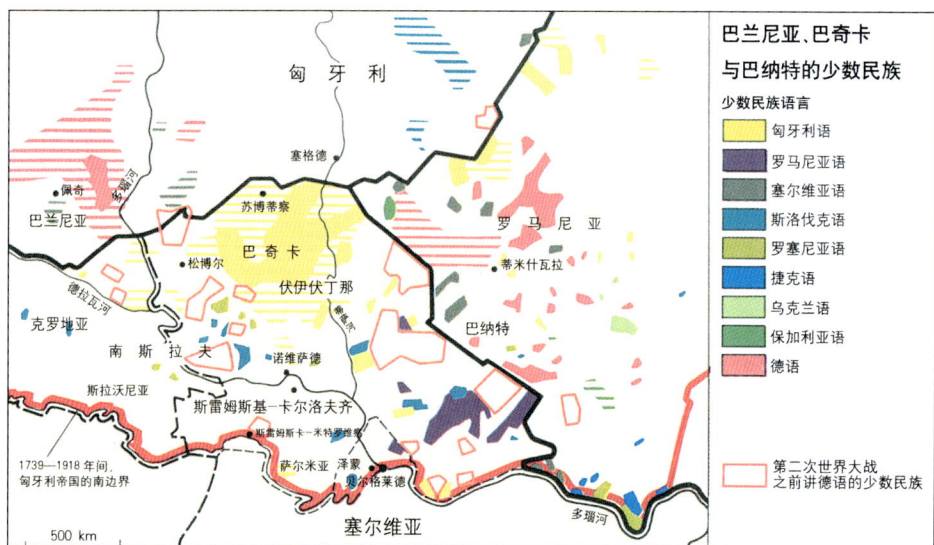

移民：匈牙利国王把萨克森人安置在特兰西瓦尼亚；在土耳其人撤退后，哈布斯堡王朝在匈牙利南部安置了一部分德国人和斯洛伐克人；沙皇曾吸引部分德国人前往乌克兰伏尔加河沿岸……这些密集而组织良好的人群保留了他们的语言、宗教和传统。

人口的交换和驱逐

自第一次世界大战结束，一些少数民族的问题通过大范围的人口迁移得以解决，其情形往往相当戏剧化。1920—1922 年间，希腊和土耳其之间的战争导致了 140 万希腊人迁出小亚细亚，以及 40 万土耳其人（和其他伊斯兰教居民）迁出希腊。

第二次世界大战之后，人们又经历了对少数民族的驱逐。德国人成为第一目标：大量的德国人不得不离开普鲁士、新波兰的西部、捷克斯洛伐克、南斯拉夫……迁移的人口总数高达 1500 万。人们也不会忘记被苏联人从卡累利阿地峡逐出的芬兰人，以及那些被逐出西乌克兰和白俄罗斯，并被迁到西里西亚、波美拉尼亚与其他地区的波兰人。

散居的德国人和留下的德国人

德国人的东进运动作为一个持续的活动（加上东普鲁士的日耳曼化）整体上于 14 世纪结束。但同时，甚至直到 19 世纪，一些德国移民在中欧和东欧不同的地方定居下来，有的甚至离他们的故乡非常远。尽管已经成为接受国的侨民，但他们仍然讲德语，而且其后代依然在当地生活。

第一批德国人于12—13世纪来到匈牙利王国。这些在特兰西瓦尼亚定居下来的"萨克森人"，最初是为了保卫边境地区和开发矿产资源到这里定居的。大约在同一时期，其他的日耳曼矿工来到现在的斯洛伐克定居。时间更晚，方式又与之前非常不同的是在波罗的海国家定居的德国人：他们是和汉萨同盟有联系的封建领主（后来的"波罗的海男爵"）和批发商。

第二次殖民高潮于18世纪和19世纪初，发生在被奥地利人（击败土耳其人后）攻占、后又被俄罗斯人（击败鞑靼人和土耳其人后）再次攻占的领土上。德国人就是这样在匈牙利南部的巴纳特、伏伊伏丁那、巴兰尼亚等地区定居下来。在18世纪末的俄国，叶卡捷琳娜二世和波将金 [1739—1791，俄国军官、政治家。——译者注] 把部分德国移民安置在了伏尔加河的东岸，以叶卡捷琳（Iekaterinenstadt）为主要城市。还有一部分人（被称为"黑海的德国人"）移居到了现在的乌克兰南部和克里米亚半岛。最后，另有一批人于1815年之后来到比萨拉比亚南部定居。

这就是20世纪初主要的定居情况。但我们还能在各地看到一些德国人，他们长期定居，并且在经济和社会中起着令人瞩目的作用。罗兹（波兰中部罗兹省的省会）这座城市就是一个具有说服力的证明。19世纪中期，一些资本家，尤其是犹太人，在这个俄属波兰城市中发展了大规模的棉纺织工业；他们使用德国的原料，并通过来自萨克森和西里西亚的德国专家大大地发展了这一工业。

20世纪，这些移民经历了不同的命运。那些1919年之后仍然居住在爱沙尼亚和拉脱维亚的德国人，在苏联兼并了这两个国家之后，于1940—1941年被遣返回德国。在北布科维纳和南比萨拉比亚的德国人（1918—1940年间成为罗马尼亚的侨民），也回到了德国。而那些黑海附近的德国人直到1943—1944年才在非常困难的条件下返回祖国。伏尔加河沿岸的德国人先是在苏联内部建立了一个自治的共和国，叶卡捷琳市遂改名为马克斯市（Marxstadt）。但是在1941年，斯大林指控他们庇护"几千名间谍

少数民族　国籍　公民资格

当我们说到"少数民族"，我们指的是那些生活在自己国家里的人，往往已经历了多代，并且拥有所在国家的国籍（就法律意义而言）。他们和这个国家的大多数人口的区别在于母语（在某些情况下是宗教信仰）的不同。他们与侨民的情况不同。侨民不论是否永久居住，都保留着他们的原国籍。

过去，"国籍"这个词在中欧意义十分含混：它有时是个法律概念，有时又是个民族概念。在苏联和南斯拉夫，"公民权"是法律范畴的词（如所谓的"苏维埃公民"），而"国籍"却是指所属民族（如俄罗斯人、乌克兰人、克罗地亚人、塞尔维亚人，等等）。从苏联和南斯拉夫联邦演变而来的各国力求今后做到明确区分：一方是侨居外国的侨民（国籍和公民资格便成为同义词），另一方则是外国人。

由此导致了很严重的困难。大约1500万生活在波罗的海沿岸共和国——白俄罗斯、乌克兰或是摩尔多瓦——的俄罗斯人的身份没有真正得到确定（更不确定的是，在发生冲突的时候，他们是忠于所在国还是忠于俄罗斯）。此外，1991年前南斯拉夫爆发冲突，其中心问题便在于大批在克罗地亚和波斯尼亚的塞尔维亚人拒绝成为克罗地亚或者波斯尼亚的公民。

和坏分子"。于是他们被流放到哈萨克斯坦和西西伯利亚，现在那里仍有他们的后代。虽然他们于1964年被平反，但是重新回到伏尔加沿岸的愿望却没有获得批准。在塞尔维亚巴纳特地区的德国人中，一部分人于1944—1945年间离开；其余的人不久之后被驱逐。在斯洛伐克的德国人景况与他们相似。现存的具有一定规模且内聚力较强的群体，只剩下特兰西瓦尼亚、罗马尼亚的巴纳特和匈牙利的巴兰尼亚的德语居民了。但是，由于罗马尼亚政府为其国内的德国人移居德国西部提供了便利，这个国家中德国人的数量大大减少了。

新出现的少数俄罗斯人

当波罗的海沿岸的三个共和国：白俄罗斯、乌克兰和摩尔多瓦于1991—1992年获得独立，大约1500万在这几国定居的俄罗斯人突然成了"少数民族"。

在克里米亚和顿巴斯 (俄罗斯人古老的定居点)，以及里加或塔林 (第一次世界大战后俄罗斯人定居该市) 这样的城市里，俄罗斯人所占的人口比例都是最大的。

在被别国领土包围的加里宁格勒 (前柯尼斯堡，1945年从德国获得) ——至今仍属于俄罗斯——俄罗斯人所占的人口比例更高居顶端 (1989年占总人口的78.5%)。几乎在俄罗斯人定居那里的同时，德国人便遭到了驱逐，同时被驱逐的还有白俄罗斯人和乌克兰人 (他们也讲俄语)。

俄罗斯人在东欧的部分

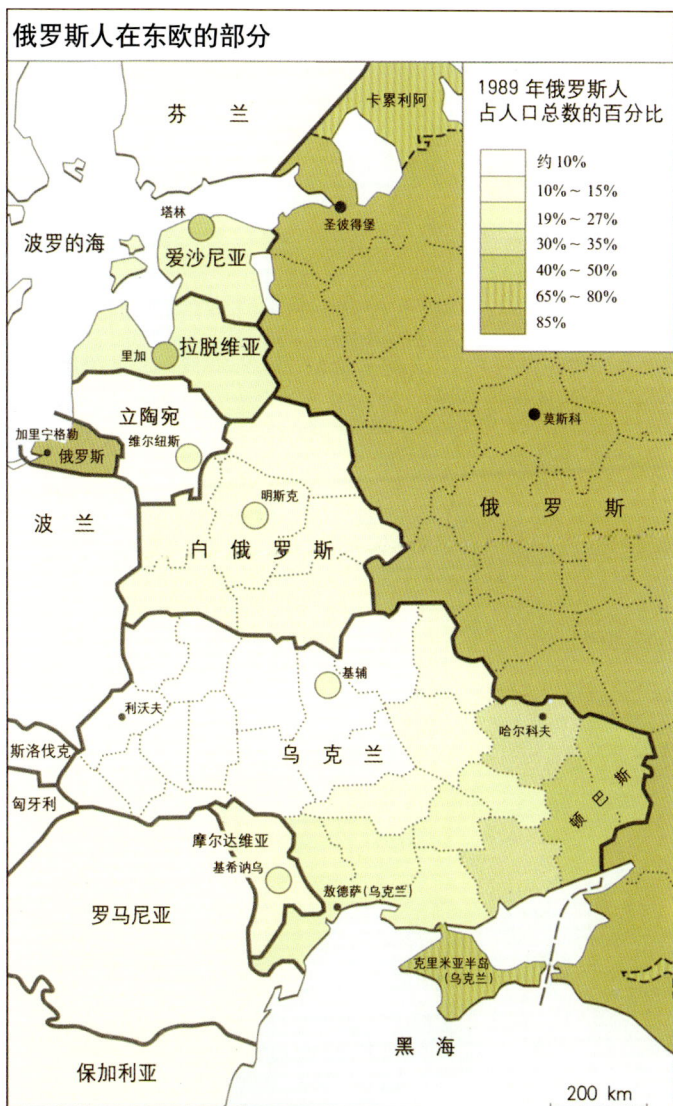

1989 年俄罗斯人占人口总数的百分比

- 约 10%
- 10%～15%
- 19%～27%
- 30%～35%
- 40%～50%
- 65%～80%
- 85%

200 km

然而并非所有人的境况都相同。在乌克兰和白俄罗斯这些与俄罗斯有长久联系的斯拉夫国家中，大部分俄罗斯人已在此长期定居，并融合到当地居民中（这些居民本身大部分就讲俄语）。而波罗的海沿岸的其他国家则相反，大批的俄罗斯人移民一般都发生在第二次世界大战之后。

苏联的解体导致了苏维埃公民权的消失。从1992年起，新的问题就暴露了出来：那些居住在新独立的国家的俄罗斯人（和其他讲俄语的非当地人）是否可以自然而然地成为这些共和国里真正的公民？乌克兰和白俄罗斯的答复是肯定的。相反，爱沙尼亚和拉脱维亚则提出：只有那些在1940年前取得该国公民资格的人和他们的后裔才可以自动成为本国的公民。这一原则将大部分俄罗斯人排斥在外，仅留给他们两个选择：以外国人的身份居留，但许多人并不具备这一条件；或者移民他国。摩尔多瓦情况特殊，讲俄语的人可以立即取得公民资格，但是他们居住的地理位置都集中在德涅斯特河的左岸，在那里组成一个独立自治的实体（自称"德涅斯特河沿岸共和国"）。

莫斯科当局对俄罗斯的少数民族的身份问题表现出极大的关注。在爱沙尼亚、拉脱维亚和摩尔多瓦，他们把前苏联军队的撤出与保证其少数民族得到所在国公民权联系在一起。乌克兰的克里米亚问题——该地区三分之二人口为俄罗斯人——从1992年起就激起了很大的争议（同时还涉及塞瓦斯托波尔海军基地的舰队控制权问题）。

中欧各地区的俄罗斯人		
（1989年苏联人口统计）		
分布地	总人口	俄罗斯人	占比(%)
爱沙尼亚	1 565 700	474 800	30.3
拉脱维亚	2 666 600	905 500	34.0
立陶宛	3 674 800	344 500	9.4
白俄罗斯	10 151 800	1 342 100	13.2
乌克兰	51 452 000	11 355 600	22.1
克里米亚共和国	2 430 500	1 629 500	67.0
摩尔多瓦	4 335 400	562 100	13.0

犹 太 人

纳粹主义出现之前的犹太人

在两次世界大战之间，中欧（就像本书中定义的那样）的特点之一便是在此居住的犹太人数量众多：共有800多万人，而西欧包括德国在内的犹太人只有150万。按照劳尔·希尔贝格 [Raul Hilberg（1926— ），犹太裔学者，生于维也纳，1939年前往美国，研究犹太人大屠杀的专家，重要著作为三卷本《欧洲犹太人的毁灭》。——译者注] 的表述，"灭绝欧洲犹太人"的政策以及1945年后一大部分犹太幸存者移居国外，导致了部分中欧国家中犹太人几乎全部消失。

15 世纪末，在奥斯曼帝国避难的瑟法底犹太人 [犹太人的分支之一，约占犹太人总数的20%。长期生活在阿拉伯化的伊比利亚半岛上，也被称为西葡（即西班牙与葡萄牙）系犹太人，受伊斯兰文化影响较深。——译者注]，纷纷在萨洛尼卡（16世纪，犹太人占该地区总人口的三分之二）、巴尔干半岛和罗得岛、科孚岛的许多城市定居下来。他们继续使用西班牙语，构成了特殊的社会团体。瑞士作家阿尔贝特·科昂（生于科孚岛）和出生在保加利亚鲁塞市、（因一本使用德语写成的作品）曾获得诺贝尔文学奖的埃利亚·卡内蒂都曾提到过他们。

德系犹太人的数量要多得多，尤其在波兰、立陶宛、白俄罗斯、乌克兰和摩尔达维亚。从中世纪起，他们就在不同的情况下，先后从西欧和德国来到波兰—立陶宛联盟定居。"瓜分波兰"和维也纳会议之后，他们中的大部分处于沙皇的统治之下，定居的自由受到限制。（见"前波兰王国的犹太人"一节）加利西亚和布科维纳的犹太人，在1772—1775 年间成为奥地利人，享有很大的定居和流动自由。

德系犹太人的语言是意第绪语。它源于德语，但含有大量希伯来语特有的表达方式。它同德语的亲缘关系解释了为什么来自加利西亚和布科维纳的犹太裔作家会选用德语写作，如同波希米亚—摩拉维亚的犹太人早前便作出的选择，而后者之中最著名的作家正是弗朗兹·卡夫卡。维也纳对加利西亚和布科维纳的犹太人所具有的吸引力，在一定程度上如同柏林对普鲁士、波兰和俄国犹太人所具有的吸引力。但另一个事实是，自19世纪起，沙俄帝国的很多犹太人采用了俄语，尤其是当他们想要参加文学活动或政治活动的时候更要使用俄语。中欧的匈牙利犹太人则另当别论，他们在宗教方面往往具有自由倾向，绝大部分人选择使用马扎尔语。

犹太人的消失

从19世纪末开始，大量犹太人走上了通向西欧特别是美国的道路。（同时，同样多的波兰人、立陶宛人、乌克兰人、斯洛伐克人……因为经济原因移居北美。）从1882年起，一部分犹太人开始前往巴勒斯坦。奥匈帝国的记者特奥多·赫茨尔所倡导的这一迁居巴勒斯坦的运动，在1897年演变成了犹太复国主义运动 [1897年，由赫茨尔本人发起的世界犹太复国运动第一次会议在瑞士巴塞尔召开。——译者注]，并成为以色列建国的开端。

1933年，希特勒在德国上台标志着对犹太人大规模系统性迫害的正式开始，随着奥地利、苏台德区、波希米亚—摩拉维亚被吞并和占领，这种行动扩展到了欧洲的大部分国家。在德国，迫害的过程是逐渐的：确定"犹太人"的身份、解职、驱逐、企业的雅利安化、特殊捐税、集中安置。当1939年波兰被攻占之后，纳粹德国对犹太人的歧视措施进一步升级：他们开始对犹太人进行系统的隔离。随着1941年入侵苏联，德军对待犹太人的措施又上了一个新的台阶，他们最终组织了大规模屠杀。当时只差执行"最后决议"了，即灭绝欧洲纳粹统治区内所有犹太人。

原则性决定似乎是希特勒在1941年夏末作出的，由戈林 [Hermann Grinng（1893—1946），纳粹党最早的成员之一，创建了"盖世太保"，纳粹德国的主要领导人之一。——译者注] 在国会宣布。1942年1月20日，在戈林位于万塞（柏林的西南部）的办公室里召开了一个会议，会议确定了将希特勒的决定付诸实施的具体条款。艾希曼 [Adolf Eichmann（1906—1962），纳粹德国的高级官员，曾在纳粹大屠杀，尤其是针对犹太人的行动中担任重要角色。——译者注] 成为主要执行官。

用以消灭欧洲犹太人的方法有三种：首先是在苏联占领区，对犹太人进行当场屠杀，直到受害者全部死亡；第二类，是在特殊装备的集中营里（后被拆毁），对波兰犹太人区的居民逐渐施放毒气；最后一类，是在不同的国家对犹太人有步骤地进行逮捕，随后把他们关押在奥斯威辛集中营。到达集中营后，一部分人直接被送进毒气室，另一部分则要被迫从事最终难免一死的劳役。这就是当时西欧以及斯洛伐克、萨洛尼卡与匈牙利犹太人的命运。

在德国的盟国中，各政府对此的合作态度非常不一致。保加利亚拒绝交出自己的犹太侨民，罗马尼亚自1942年年中起也做出了同样的举动。在意大利占领的希腊和南斯拉夫，直到1943年投降之前都没有流放犹太人。而匈牙利政府直到1944年被德国军队占领之前，一直拒绝纳粹的要求。但犹太人还是在1941年成了罗马尼亚和克罗地亚军队的受害者。

波兰消失的犹太人数量最多，1939年波兰境内总共330多万犹太居民中消失了300万。一大部分幸存者1945年时生活在苏联。在被占领的苏维埃领土上，消失的犹太人数量大约为70万。（以下数据是参照现在的各国领土计算的）罗马尼亚消失了27万（总人数45万），匈牙利消失了20万（总人数40万），捷克斯洛伐克消失了26万（总人数31.5万），希腊消失了6万（总人数7.4万）。

1945年，集中营里的幸存者被重新安置在主要位于德国的"流亡人口"营地里，他们无依无靠，穷困潦倒。后来大部分人在1948年前后移居巴勒斯坦。至于那些本可以留下或返回原国家的犹太人（如被苏联遣返回国的波兰犹太人），许多人陆续前往以色列，比如罗马尼亚犹太人便是在政府间达成协议后移居以色列的。由于长期以来的马扎尔化，匈牙利的犹太人数量始终是最多的。

茨 冈 人

虽然中欧剩下的犹太人数量极少，但茨冈人在那里的数量却一直很多——根据估计，少则有150万，多则可达250万。这种数量统计上的模糊，也许与茨冈人漂流四方的特点有关，所以人口统计很难进行；更多的是因为各有关国家当局所表现出来的，几乎无法掩饰的既羞于公布数据，又轻视犹太人的复杂心态。

不管怎样，茨冈人这个曾经是纳粹打算和犹太人一起消灭的民族幸存了下来：除了不像犹太人那样因为地点固定而容易被抓捕外，他们也不是绝对优先追捕的目标。此外，他们中的许多人都不生活在直接由德国人统治的国家里（比如匈牙利、罗马尼亚等）。

由于茨冈人的语言和印地语、信德语类似，很多语言学家认为，这个游牧民族久远的发源地是印度。这个观点似乎从种族社会学的角度受到过一些研究者的质疑。同过去一样，茨冈人至今依然构成一个特殊的民族，其语言是纯粹的口语，被称做Romani (即吉卜赛)语；在欧洲，茨冈人最常用的方言被称做Vlach (弗拉其语，该词派生自"Valachie"[瓦拉几亚])，而那里的茨冈人通常被叫做"龙姆人"(Roms)。

现今茨冈人在罗马尼亚的人数似乎是最多的。根据1992年的人口统计结果是41万人，但是他们社团的负责人却认为茨冈人的人数应超过100万。在匈牙利的数字大约是50万。在斯洛伐克的人数与匈牙利相同。在前南斯拉夫的人数大约是20万（尤其是在伏伊伏丁那和斯拉沃尼亚），在保加利亚的人数在15万至25万。对当局来说，茨冈人的存在引起了一些值得关注的社会问题，因为他们越来越多地成为境遇最悲惨的无产者，定居在城市最贫困的郊区。在社会遭遇政治和经济困难的时候，他们很可能成为牺牲品，这种可能性在罗马尼亚和斯洛伐克尤其大。

二十个民族

　　如果以语言为标准，中欧总共可以划分成十七个民族：芬兰人、爱沙尼亚人、拉脱维亚人、立陶宛人、白俄罗斯人、乌克兰人、波兰人、捷克人、斯洛伐克人、匈牙利人、罗马尼亚人、斯洛文尼亚人、塞尔维亚－克罗地亚人、马其顿人、保加利亚人、阿尔巴尼亚人、希腊人。但很明显，出于历史和宗教原因，我们必须在塞尔维亚－克罗地亚大背景下将塞尔维亚人、克罗地亚人和信仰伊斯兰教的波斯尼亚人相互加以区别，可能（意见纷纭）还要从塞尔维亚人中区别出黑山人。这样就共得出了二十个民族。其中大部分从中世纪起就各自拥有其鲜明的民族特性了。

　　到1990年末，其中的七个民族——芬兰人、波兰人、匈牙利人、罗马尼亚人、保加利亚人、阿尔巴尼亚人以及希腊人各自建立了统一的国家；余下是三个联盟——苏联、南斯拉夫及捷克斯洛伐克的成员。在随后的两年中，这些联盟都相继解体。1991年9月，波罗的海诸共和国（爱沙尼亚、拉脱维亚、立陶宛）脱离了前苏联。几个月以后，乌克兰、白俄罗斯和摩尔多瓦获得了独立。1991年6月南斯拉夫开始解体，并很快演变成塞尔维亚人（黑山人的盟友）、克罗地亚人以及穆斯林波斯尼亚人之间的战争。1993年1月1日，捷克人民和斯洛伐克人民也以和平方式相互分离。

　　自此，16个民族各自建立了统一的国家。截至1994年初，三个特殊局势仍继续存在：罗马尼亚人民被分为两个国家（罗马尼亚和摩尔多瓦）；塞尔维亚人和黑山人始终联合在南斯拉夫联盟框架内；而波斯尼亚－黑塞哥维那依然前景莫测。

芬 兰 人

今日的芬兰无疑是一个斯堪的纳维亚国家。为什么又要把芬兰人归入"中欧民族"呢？这是由以下三个方面的原因促成的：

——芬兰曾先后被瑞典人和俄国人占领，是第一次世界大战后获得独立的国家之一；

——虽然芬兰未加入苏维埃联盟，但它与苏联的关系——尤以双方接连爆发的两场战争（1939—1940年以及1941—1944年）为标志——在其20世纪的历史上占据了主导地位；

——芬兰语完全有别于斯堪的纳维亚地区的其他语言：它和爱沙尼亚语，甚至更远的匈牙利语一样，属于芬兰—乌戈尔语系。

总而言之，芬兰在北方充当着一个连接点，它一端连接着西方，另一端维系着东欧。

在瑞典人和俄国人之间

芬兰的历史起始于12世纪。关于它前期的历史，人们只能猜测几个片断：在公元纪年的第一个千年，来自东方或者可能是来自爱沙尼亚的芬兰族人移民到了这片土地上；

瑞典人在奥兰群岛定居下来，大约在11世纪迁到了波的尼亚湾东岸。

瑞典统治下的芬兰

1150年之后不久，瑞典国王(天主教)在芬兰的西南地区发起了一场"十字军征伐"行动：传教士跟随国王东侵，图尔库城随之诞生。同一时期，诺夫哥罗德信奉东正教的俄国人，也就是那些控制皮草贸易的人，进入卡累利阿，开始在当地传教，并在奥洛涅茨建立了一个主教区。13世纪初，瑞典和俄国之间发生最初的冲突，这些冲突于1240年在涅瓦河以俄国王子亚历山大的胜利而告终。后人因而敬称亚历山大王子为"涅夫斯基"（Nevski）。教皇因为东正教的蓬勃发展而不安，在他的怂恿下，瑞典人决定彻底征服芬兰：图尔库，从隶属于乌普萨拉大主教区的一个主教的所在地，变成了大主教区的首府；维堡也于1293年建立。然而瑞典人很快又与俄国人爆发了战争。争夺的焦点——卡累利阿地峡，最终成为了《什利斯谢尔堡条约》（1323年）中瓜分的对象：瑞典人保留维堡及其周边地区，俄国人则得到了涅瓦河的两岸以及拉多加湖沿岸。此

边境线一直沿用到16世纪。

瑞典对于芬兰的征服，与同一时期条顿骑士团在爱沙尼亚和利沃尼亚实施的统治体系不同，没有表现出对当地人的奴役。芬兰族建立了自己的贵族阶层，一些芬兰族人成为图尔库的主教。从1347年开始，瑞典的法律在芬兰实施；几年之后，芬兰变成了瑞典王国一个不可或缺的公国，并于1581年升格为大公国。1527年，图尔库的一名芬兰族的议事司铎派塔瑞·索基拉蒂，把路德主义改革引进了芬兰。1584年，阿格里科拉主教翻译完成《新约》，标志着芬兰书面语言的诞生。但是瑞典语依旧是官方语言以及上层社会的语言。政府部门直至1739年才正式接受使用芬兰语。

从16世纪中期开始，沙皇伊凡四世对利沃尼亚的反复攻击激起了瑞典人的奋起反抗，并先后成功夺取了爱沙尼亚和因格利亚（位于爱沙尼亚和拉多加湖之间）。1617年，《斯托尔博沃条约》以书面方式确定了瑞典对这些地区的归并，还增加了卡累利阿的一部分（拉多加湖的西边及北边）。瑞典遂达到了其发展的巅峰，而芬兰获得相对的繁荣——一部分城市、道路得以修建，邮政系统

建立，在图尔库还建立了一所大学。

随着第二次北方战争（1700—1721年）的爆发，这个黄金时代宣告结束。沙皇彼得一世大帝和瑞典皇帝查理十二世的对抗带来了灾难。在1709年的波尔塔瓦战役中，瑞典败北。1710年，俄国军队入侵芬兰，开始了对这个国家多年的蹂躏，历史上称为"大仇恨时期"。在《尼什塔特条约》（1721年）中，俄国掌握了整个卡累利阿地峡，将爱沙尼亚、利沃尼亚和因格利亚排除在外，所形成的边界与如今的国界相差无几。1743年的《图尔库条约》又把芬兰的一小块领土划归俄国。1808年，沙皇亚历山大一世与拿破仑签订《蒂尔西特和约》，沙俄得以脱身，从而入侵和吞并了芬兰。第二年的《腓特烈克斯海姆条约》以书面方式确定了这次吞并。

沙俄统治下的芬兰

亚历山大一世用他1809年、1743年的战果和1721年的部分战果重组了一个芬兰大公国，他本人兼任该大公国的大公。芬兰的边界重新靠近了圣彼得堡。

直至约19世纪末，这个大公国一直享有真正的自治权。它有自己的议会、自己的军队、自己的货币、自己的邮票……虽然官方语言依旧是瑞典语，但是1812年从图尔库迁都到赫尔辛基，标志着与传统的决裂。说到底，芬兰人对结束瑞典人的监护丝毫不感惋惜。他们自己的语言在文学上经历了突飞猛进的发展，尤其是宏伟叙事史诗《卡勒瓦拉》自1835年起陆续出版。该诗是埃利亚斯·伦洛特在民间诗歌的影响下创作的。俄国当局从自身的立场出发，也鼓励芬兰语的使用，以抵制瑞典文化的影响：他们推行对自身有利的教学改革，并承认芬兰语为第二官方语言。

然而随着时间的推移，国民意识的觉醒与沙皇的独裁制度发生了矛盾，而且后者逐年变得强硬。在政府高官博布里科夫［Nikolai Bobrikov（1839—1904），俄国驻芬兰总督（1898—1904年在位）。——译者注］（于1904年被谋杀）的煽动下，1899年2月15日沙皇颁布声明取消了芬兰的军队，并强制规定将俄语作为官方语言。1905年的俄国革命形势有所缓和——根据新宪法，包括妇女在内的全体芬兰公民进行选举，组成了议会。但是1907年大选中社会党的胜利，导致了沙俄的强制镇压以及俄罗斯化的进一步加深。

"芬兰族人"和"芬兰人"

"芬兰人"指的是芬兰共和国的公民，包括说瑞典语的在内。

"芬兰族人"或者适用于说芬兰语的芬兰人，或者根据许多语言学家的观点，指代一个更广泛的民族总体，包罗周边的爱沙尼亚人、卡累利阿人以及其他一些散布在俄罗斯北部和西部的"民族"。

芬　兰

芬兰语：Suomi；瑞典语：Finland

共 和 国

人口 (2000年) ·········	5 172 000人
面积 ·········	337 010平方公里
首都 ·········	赫尔辛基 (瑞典语：Helsingfors)

以语言为标准划分人口

芬兰族人 ·········	93.5%
瑞典人 ·········	6%

宗教信仰（所占人口比重）

路德教 ·········	93%
东正教 ·········	1%

芬兰以外的芬兰族人

俄罗斯 (包括卡累利阿，1989年) ·········	172 000人
瑞典 (估算) ·········	40 000人

白色代表雪，蓝色象征湖泊。这些颜色选定于1860年，应该归功于诗人托佩利乌斯。十字形表明从属于斯堪的纳维亚世界。目前的国旗始于1920年1月。

卡累利阿

芬兰语：Karjala

俄罗斯联邦成员国之一

人口（1989年）	790 000人
面积	172 000平方公里
首都	彼得罗扎沃茨克

人口构成

俄罗斯人	74%
卡累利阿人和芬兰族人	12.3%
白俄罗斯人	7%
乌克兰人	3.6%

宗　教

卡累利阿人均为东正教教徒。

独　立

俄国十月革命爆发后，芬兰分裂成两个阵营：拥护布尔什维克的社会主义党派和在议会中占多数的保守派。后者于1917年12月6日迫不及待地宣布芬兰独立。1918年1月，工人赤卫队在赫尔辛基掀起了一场革命；芬兰政府迁逃至瓦萨，委派曼纳海姆将军组建并领导白卫军，并获取德国的援助。当由戈尔茨率领的德国军队在4月初登陆的时候，曼纳海姆已经掌握了全局：赫尔辛基和维堡在月末之前被重新攻占。但是芬兰政府面临的不仅是莫斯科的威胁，德国的压力也接踵而至——10月，黑森[今德国中西部的一个州。——译者注] 的弗雷德里希·查尔斯王子被授予芬兰的王位。11月11日第一次世界大战的停战协定结束了这一切。1919年6月，经1918年年末选举产生的新议会投票通过了共和宪法。

关于边界的确定问题，芬兰与苏维埃进行了长期的谈判。芬兰原本希望在前大公国的基础上增加卡累利阿人所居住的领土。在《塔尔图协定》(1920年10月14日) 中，苏联只同意就此问题进行一次全民公决（后来并未实现），但同时答应将佩察莫地区 [现称佩琴加，隶属于俄罗斯。——译者注] 让给芬兰，使其拥有了通向北冰洋的出口。

芬兰的独立促使国际社会开始关注奥兰群岛的命运，这个群岛上的居民要求重新与邻近的瑞典合并。最后，国际联盟理事会在1920年维持了芬兰对该群岛的宗主权；但奥兰群岛获得了自治权，而1921年10月的一次国际会议又使其成为一个中立地区。《自治条例》和《中立条例》在1947年曾得到更新。

从1919—1939年，芬兰的议会政体一直抵制共产主义的骚乱和赤卫队的极权企图。芬兰的经济发展使国内生活水平接近了斯堪的纳维亚的其他国家。

与苏联的战争

1939年8月23日的《苏德互不侵犯条约》中的附加议定书上，把芬兰划分到了苏维埃联盟的利益范围之中。苏联在掌握了对波罗的海沿岸国家的控制权之后，从10月开始便把目光转向了芬兰，要求芬兰从卡累利阿地峡的国界线后退25公里，同时以租赁方式出让汉科

"大救星"曼纳海姆

卡尔·居斯塔夫·埃米尔·冯·曼纳海姆男爵 (1867—1951)，瑞典裔芬兰人，因参加1904—1905 年的日俄战争而名震沙皇军队。1918年受命带领 "芬兰白卫军"，在俄国击退了同布尔什维克结盟的 "赤卫队"。1933年他晋升为元帅。

1939 年12月人们重新请 "救星"（那时他已72岁高龄）出山指挥 "冬季战争"。1941 年芬苏 "续战" 给他提供了一个军事报复俄国的机会。但是，1944年6月遭到惨败以后，他不得不与德国决裂，与苏维埃协商停战。

1945 年，曼纳海姆离开了芬兰，逃脱了诉讼。最后在瑞士度过了晚年。1951年病死于洛桑。

（目的是把该地建成海军基地）。芬兰开始同意协商解决，但后来拒绝了苏联的条件。苏联于11月30日发起攻击，爆发了芬兰历史上的"冬季战争"，战争持续时间不长。芬兰被迫将包括维堡在内的整个卡累利阿地峡、拉多加湖西部、毗邻苏维埃卡累利阿的国土以及佩察莫割让给苏联。于是芬兰的边界后退至今天的范围。除此之外，苏联还得到了汉科。残喘于苏维埃巨大压力之下、孤立的芬兰，势必向德国靠拢。当德国在1941年6月22日向苏联发起进攻时，芬兰仅仅犹豫了几天，便参与了战争。芬兰军队重新收复了维堡和佩察莫，参与了对列宁格勒的封锁，还攻占了卡累利阿苏维埃共和国的首都彼得罗扎沃茨克。1944年6月苏联发起全面反攻，9月19日芬兰作为战败国和苏联签订《莫斯科停战协定》。苏联收回了1940年时征服的所有地区；汉科还给芬兰，但作为交换条件，芬兰不得不让出距赫尔辛基30公里的波卡拉半岛给苏联。这成为一把悬在芬兰人头上的真正的达摩克利斯剑。1947年2月10日的《巴黎条约》确定这些条款生效。

俄国的卡累利阿

自中世纪开始，奥洛涅茨教区以西的芬兰族在俄国人的教化下皈依了东正教，自此被称为卡累利阿人。1923年，在苏联国内建立了一个自治的卡累利阿苏维埃社会主义自治共和国。1940年，这个共和国与从芬兰取得的大部分领土融合，形成了社会主义的卡累利阿－芬兰共和国，即苏联的加盟共和国。1944—1945年，卡累利阿地峡的芬兰族人被驱逐到芬兰，俄罗斯人取而代之，卡累利阿地峡被苏联兼并。苏维埃的卡累利阿－芬兰加盟共和国失去了存在的理由，于是1956年卡累利阿重新回到了自治共和国的模式。

今天，俄罗斯人占卡累利阿自治共和国人口的74%（其中85%是白俄罗斯人和乌克兰人）；卡累利阿人和其余的芬兰族人大约占12%。

卡累利阿语和芬兰国内的芬兰语差别很小，但直到1917年才有了书写体（用西里尔字母）。

绝大部分的芬兰族人都生活在芬兰境内，但是：

——生活在滨海地区以及奥兰群岛上的少数芬兰公民，母语依旧是瑞典语；

——在卡累利阿共和国仍保留有部分使用芬兰语的本地人；

——瑞典境内，邻近芬兰国界的地区也依然居住着少数芬兰族人。

在芬兰的整个中部和北部，人口稀少得令人难以置信：芬兰的拉普人已经少于2000人。波卡拉半岛1944—1956年是苏维埃的一个军事基地。

1914 年之前　沙俄三次击退瑞典，夺取土地（1721年和1743年两部分，1808—1809年其余部分），组建芬兰大公国，隶属于沙俄帝国。

1920—1939年　独立的芬兰，在1920年收复了俄国出让的佩察莫。

1940 年　1939—1940年的"冬季战争"之后，芬兰不得不出让给俄国大片国土：卡累利阿地峡以及汉科基地。苏维埃把存在于两次大战之间的卡累利阿自治共和国，以及从芬兰夺取的土地合并，建立了卡累利阿－芬兰社会主义加盟共和国。

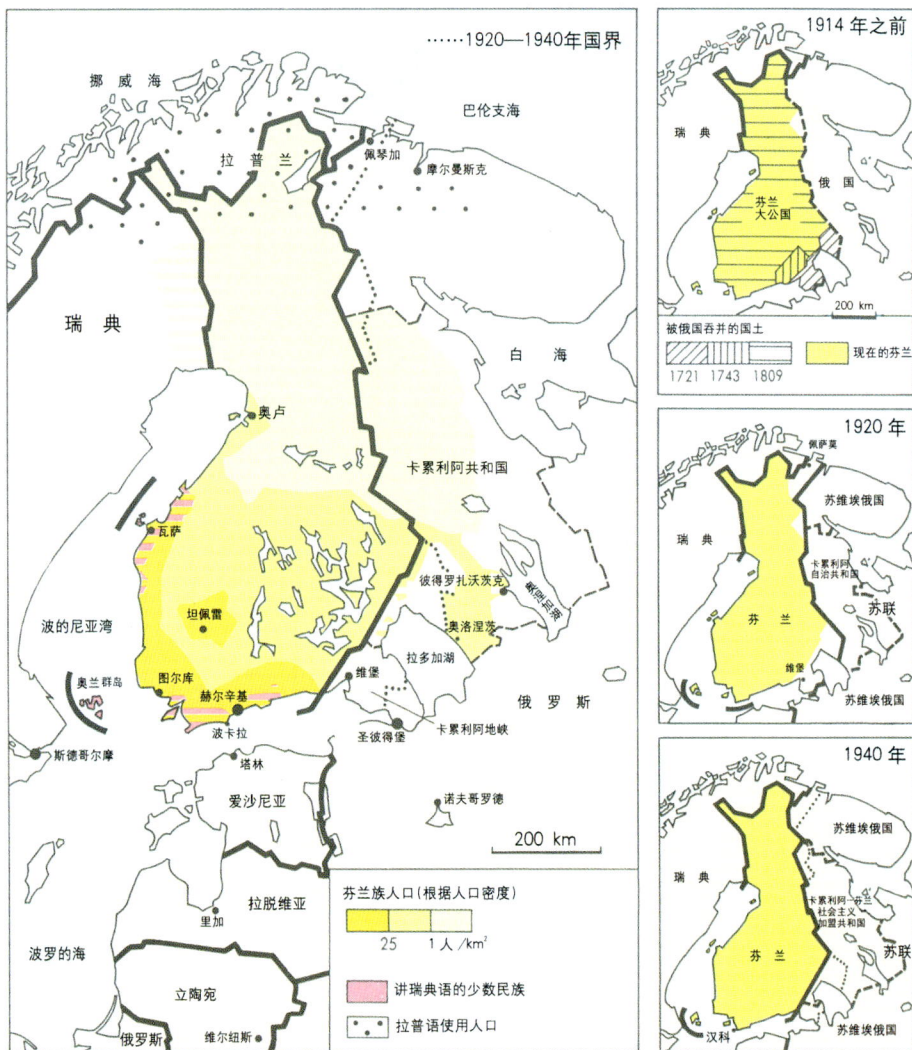

1945年以来的芬兰

战后，苏联人采取了严厉的措施。他们把卡累利阿地峡所有的芬兰人都驱逐出境，用俄罗斯人取而代之；芬兰于是被迫接纳40多万难民。此外，芬兰还必须缴纳巨额战争赔款，直至1952年。1945—1946年，苏维埃使得1941年6月在芬兰当权的领导人被起诉并判刑。总的来说，从那时起，芬兰的外交政策便处在苏联的监控之下，莫斯科甚至拥有否决权。这种监督的实行，既不依靠共产主义制度，也无须加入华沙条约组织，它被人们称为"芬兰化"。

斯大林逝世以后，压力逐渐减轻。苏维埃于1956年撤出了波卡拉半岛；芬兰于1962年被批准加入欧洲自由贸易联盟。由J. K. 帕西基维总统（1946—1956年在位）和后来的U. 吉科宁总统(1956—1981年在位）为代表的"帕西基维－吉科宁阵线"同样获得了成功——既巧妙地协调严格中立的立场，也谨慎地满足了苏维埃的要求，同时有助于独立的确立。由于芬兰被公认为东西两个政治团体的"桥梁"，1973年的欧洲安全与合作会议在此召开。1975年7月31日，欧安会在此签署了最终协定。

1991年的苏联解体结束了"芬兰化"的一切。为了加入欧盟，芬兰自1993年进入谈判，并在1995年1月1日正式成为欧盟成员国。

波罗的海国家

　　爱沙尼亚、拉脱维亚、立陶宛这几个波罗的海国家，其称谓只是在1920年获得独立之后才为世人所知。况且"波罗的海"这个定语本来就容易引起概念的混淆。从语言学的角度来说，拉脱维亚人和立陶宛人才算是真正的波罗的海人，而不包括芬兰族(从广义上说)的爱沙尼亚人。可是如果从历史学的角度来说，爱沙尼亚人和拉脱维亚人长久以来一直居于同一旗号之下——简而言之就是都在德国奴役之下。而立陶宛人却和波兰人、白俄罗斯人联系在一起。这也导致了一种宗教意义上的隔阂：爱沙尼亚人以及大部分的拉脱维亚人信奉路德教，而立陶宛人却是天主教徒。

　　但正如1989年8月23日为纪念《苏德互不侵犯条约》所组织的"人链"活动〔为了各自民族的独立，当时仍属于苏联的爱沙尼亚、拉脱维亚与立陶宛三个地区的群众于当天联合举行手拉手的"人链"活动。——译者注〕所表明的，上述的一切并不妨碍这三个国家之间的紧密联系：它们都被迫于1940年加入苏联，但并未从此忘记两战之间的独立时期，并于1990年正式宣布恢复"原来状态"。苏联国务委员于1991年9月6日最终承认了这一特殊的情况(与其他苏维埃共和国不同)，确认了它们的独立。这三个国家于当年9月17日成为联合国成员国，并于2004年参与了加入欧盟的谈判。

爱沙尼亚人

在组成独立国家的中欧民族中，爱沙尼亚人的人数最少，只有100万人。因为语言相似，他们很自然地从赫尔辛基的角度看问题。通过芬兰的电视，他们发现的是横在邻居芬兰和他们之间的巨大差距，虽然在两次世界大战之间他们的生活水平和方式还和对方不相上下。和邻国拉脱维亚一样，1991年之前，爱沙尼亚在1919—1940年的二十一年间享有过独立。这之前，在德国的统治之下，经常穿插着俄国的统治；这之后又是大约五十年的苏维埃体制。

佩剑骑士团的封建制度

12世纪末，爱沙尼亚族人（就是今天的爱沙尼亚人）和芬兰族人与波罗的海沿岸民族一样，都还是无宗教信仰者。但是在楚德湖的另一边，诺夫哥罗德和普斯科夫的俄罗斯人已经皈依了东正教。1200年后，一系列"十字军征伐"开始。丹麦人从北岸登陆；1219年，他们建立了雷维尔城（爱沙尼亚人称之为塔林，意即"丹麦人的城市"），并在那里建立了一个隶属于隆德大主教区（丹麦人）的主教区。从南面踏上了他们国土的，是1202年在里加成立的属于德国的佩剑骑士团。德国人和丹麦人很快就联合了起来，目的在于降服爱沙尼亚族，同时将俄国人隔离在远方。他们与俄国发生了若干战争（其中包括1242年亚历山大·涅夫斯基在楚德湖冰上取胜的战争），确定下了后来也未曾改变的国界线。1347年，丹麦人把属于他们的爱沙尼亚的领土卖给佩剑骑士团后离开了那里。

佩剑骑士团所建立的封建制度是基于一个简单的身份分配：信奉天主教的爱沙尼亚人就是农奴，而对应的德国人便是领主老爷。雷维尔和多尔帕特（即塔尔图，11世纪由俄国人建立）成为了汉萨同盟的繁荣都市，也是诺夫哥罗德商业贸易的前哨。

瑞典统治下的爱沙尼亚

1524年，路德教在塔林的宗教改革，给佩剑骑士团的统治区带来了很大的麻烦。沙皇伊凡四世认为征服的时机到来了，他占领了纳尔瓦和塔尔图。1558年又发起了对利沃尼亚的战争。沙皇军队所到之处都是一片恐慌。其他列强也不甘落后，1561年，它们瓜分了觊觎已久的领土：瑞典得到了爱沙尼亚（当时所说的爱沙尼亚是指今天的爱沙尼亚北部）以及达格岛；丹麦分到厄塞尔群岛；波兰则夺去了利沃尼亚（包括今天的爱沙尼亚南部）。这之后波兰皇帝便开始驱逐俄国人，这一过程持续了近二十年。

俄国人退出了战争之后，即将达到鼎盛时期的瑞典人显露出了野心——经过十二年的征战之后，1629年波兰不得不将利沃尼亚割让给了瑞典；丹麦也于1645年放弃了厄塞尔群岛。瑞典对爱沙尼亚的控制使路德教的改革在当地得以

爱沙尼亚的东国界线要追溯到13世纪：这是欧洲历史最悠久（也是最稳定的）的国界线之一。而南面的国界线仅始于1921年，是以民族为标准而划定的。俄罗斯人在该国东北部尤其多，但是所有的城市中均有一定数量的分布。对于爱沙尼亚的两个岛屿，人们对它们的斯堪的纳维亚名字更为熟悉：它们分别是达格（希乌马）、厄塞尔（萨列马）。在爱沙尼亚独立之前，塔林和塔尔图分别被称做雷维尔和多尔帕特。

顺利进行。尽管部分宗教经卷已被翻译成爱沙尼亚文，但是德国文化仍旧占据着统治地位。同样，社会仍然操纵在德意志后裔的土地贵族（即所谓的"波罗的海男爵"）和继承了汉萨同盟的有产者和大商贾的手中。1632年建立的多尔帕特大学使用德语进行教学。

俄国统治下的爱沙尼亚

沙皇彼得大帝决心要在波罗的海打开一个门户，于是在1700年发起了对瑞典的进攻。查理十二世很快击败了俄军，之后他出征波兰……但最终于1709年被俄国在波尔塔瓦打败。沙皇从此得以侵吞爱沙尼亚和利沃尼亚，并通过《尼什塔特条约》（1721年）确认了对两个地区的吞并。爱沙尼亚自此直至第一次世界大战一直是沙俄帝国的一部分。

实际上，俄国的统治并未给爱沙尼亚人的生活带来任何变化：德国人在社会上仍然处于显要地位。"波罗的海男爵"成为沙皇军队里的军官。只有那些路德教的牧师（本身是德国人）仍然关注着他们的爱沙尼亚教徒——1739年，爱沙尼亚文的《圣经》问世。它奠定了这一语言的基础，并在下一个世纪中得

在与西欧交界线上

纳尔瓦河左岸的海尔曼城堡对面，坐落着伊凡哥罗德城堡。前者的命名来自佩剑骑士团骑士海尔曼·冯·布吕根努－哈森次普，后者的名字则源于莫斯科公国伊凡三世大公。楚德湖与普斯科夫湖由一个冬季结冰的峡谷相连，1242年4月5日，亚历山大·涅夫斯基正是在此击退了前往诺夫哥罗德的佩剑骑士团。湖的南面，矗立着普斯科夫的前哨伊兹保斯克城堡。

这条交界线——作为西方天主教（后来是路德教）和西方东正教的交会点——多个世纪以来对于两地都具有重要的意义。1700年，瑞典皇帝查理十二世在纳尔瓦击溃了彼得大帝；1918年2月23日在同一个地方，俄罗斯军队以迅雷不及掩耳之势封锁了德军的去路——红军也就在同一天诞生了。对于爱沙尼亚来说，它又是一条民族分界线，尽管一部分爱沙尼亚人一直定居在伊兹保斯克区（即俄国境内）并信奉东正教，并自称为塞图人（Setuseked）。

以继续发扬，以至诞生了与邻国芬兰联系密切的民族文学，这便是与芬兰史诗《卡勒瓦拉》相对应的爱沙尼亚语的《卡列维波埃格》。

19世纪末，爱沙尼亚（跟帝国里的其他异族省份一样）遭受了俄国化暴政：俄语成为唯一的行政语言，并取代德语成为尤里耶夫大学（塔尔图

爱沙尼亚

爱沙尼亚语：Eesti

共 和 国

人口（2000年）·············· 1 393 000人

面积 ·············· 45 100平方公里

首都 ·············· 塔林

人口构成（1989年）

爱沙尼亚人 ·············· 65%

俄罗斯人 ·············· 28%

乌克兰人 ·············· 2.5%

白俄罗斯人 ·············· 1.5%

宗 教

爱沙尼亚人信奉路德教。

爱沙尼亚以外的爱沙尼亚人

俄罗斯（1989年）·············· 46 000人

爱沙尼亚的三色旗最初属于爱沙尼亚学生联盟（1881年），后来是民族主义者的旗帜。独立后的爱沙尼亚人民在1918年2月启用了这个蓝、黑、白三色旗。它于1940年5月被禁用，换为一面苏维埃旗帜，又于1988年6月被重新确立为法定国旗。

的俄语新名字）的教学语言。1900
年，人们甚至在塔林还建起了一座东
正教大教堂。

获得独立

十月革命爆发的时候，爱沙尼亚还
处在俄国掌控之中。1918年2月，为了
加快正在与布尔什维克进行的谈判进
程，德军一路进军，穿越了整个爱沙尼
亚直达纳尔瓦。在《布列斯特－立陶夫
斯克条约》（1918年3月3日)中，俄国把
包括爱沙尼亚和利沃尼亚在内的部分领
土出让给了德国。于是，德国试图在自
己的属地上组织一个"波罗的海公国"
（见"拉脱维亚人"一章）。

1918年11月11日的停战协议终结了
一切野心——停战后，国民议会就宣布
了爱沙尼亚的独立。但是布尔什维克政
府在11月3日单方面废止《布列斯特－
立陶夫斯克条约》，部署军队紧随撤退
的德军进入爱沙尼亚；1919年1月，俄
军已经到达了离塔林30公里处。爱沙
尼亚人奋起反击，在英国驻波罗的海舰队
和芬兰志愿军的支持下，迅速把俄军击
退至纳尔瓦。1920年2月2日与俄国签订
的《塔尔图条约》，确定了爱沙尼亚的

独立，并归还了它的国土：纳尔瓦右岸
及伊兹保斯克地区。几个主要强国也于
1921年1月承认了爱沙尼亚的独立。
1932年，爱沙尼亚与苏联缔结了互不侵
犯条约。

从1919年开始，一项土地法的颁布
消除了"波罗的海男爵"的势力。此后
爱沙尼亚又先后发生动乱及受到法西斯
的威胁，致使爱沙尼亚1934年建立了由
帕茨总统和独立战争英雄拉伊多内将军
领导的专制政权。

苏维埃的爱沙尼亚

1939年8月23日《苏德互不侵犯
条约》的秘密附加议定书把爱沙尼亚
划到了苏联势力范围内。9月底，苏
联要求并接管了以下的军事基地：希
乌马岛、萨列马群岛和帕尔迪斯基港
口。但是它与芬兰的"冬季战争"使
该进程中断，直至1940年重新继
续——6月17日，苏维埃军队进驻爱
沙尼亚；21日，民众游行，新政府被
任命，除共产党及其同盟者外禁止组
成任何其他党派，竞选中爱沙尼亚工
人同盟获得胜利。7月21日爱沙尼亚
苏维埃社会主义共和国宣告成立，并

向苏联提出加盟申请；8月1日获准加入苏联。东部边界线恢复到了1920年前的状态。说德语的少数民族（2.5万人）被迁移至德国。对旧政权领导人的系统化肃反行动发展成了1941年6月14日的大流放。

6月22日，德军入侵苏联，并在夏季夺取了爱沙尼亚。从1941—1944年，爱沙尼亚成为奥斯特兰"帝国特别专署区"的一部分，处于纳粹理论的奠基人罗森贝格（他本人就出生在塔林）的管辖下。1944年2月苏军进攻纳尔瓦，但直

1600年　瑞典、丹麦和波兰瓜分了前佩剑骑士团的领土。

1750年　爱沙尼亚1721被沙俄帝国吞并，直至1917年。

1925年　独立的爱沙尼亚由古老的爱沙尼亚以及利沃尼亚（主要人口为爱沙尼亚人）的半边国土组成。俄国人同意挪动东部的一条边界。

1950年　自从1940年起，与俄国的边界线又重新沿袭了传统的轨迹。爱沙尼亚成为了一个名副其实的苏维埃共和国。

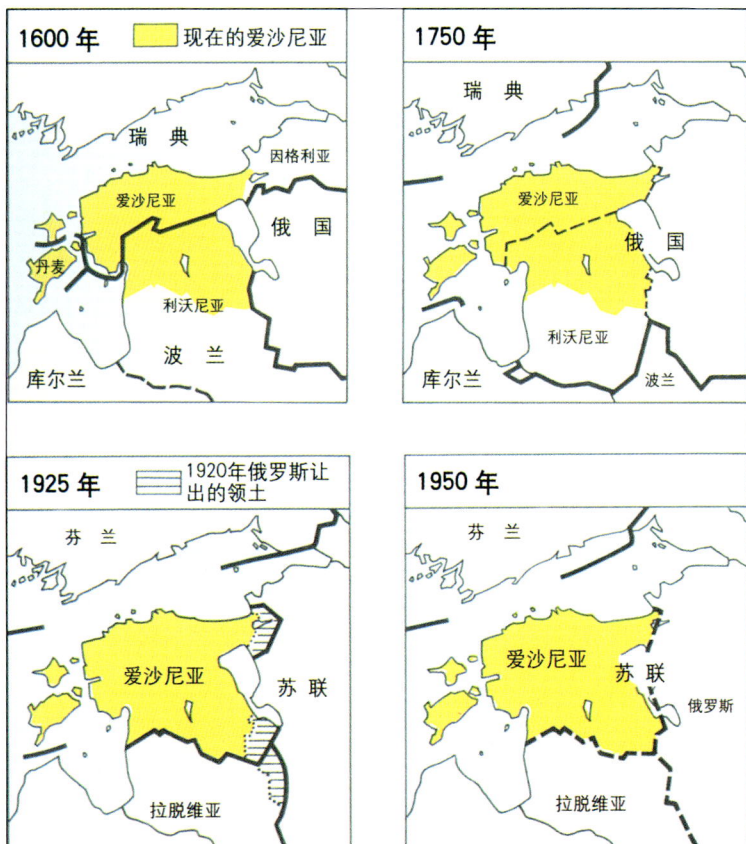

至9月才再次完全攻克爱沙尼亚(再次成为苏维埃社会主义共和国)。德军与残余的武装党卫队爱沙尼亚籍部队(德军为抵御苏军进攻纳尔瓦而组建的当地部队)通过海路撤离。

从1940年起,爱沙尼亚国内每次政权的转变都伴随着肃反、判决与流放。根据爱沙尼亚民族主义者的估计,受害者数目分别为:1940—1941年:5.2万人;1941—1944年:3.5万人;1944—1945年:5000人;1946—1953年:9.5万人。

苏维埃政权统治时期,除了对民族主义者进行镇压外,还有两种并存的重大现象:大型企业的建立必须遵照莫斯科指示;另外大批俄罗斯干部、技师、技工涌入爱沙尼亚。

重获独立

1991年3月通过全民公决,8月20日正式宣布,9月6日爱沙尼亚的独立得到苏联的承认。爱沙尼亚公民资格的问题随即出现。1992年,爱沙尼亚宣布唯有1940年前的公民及其后裔能够自动获得公民资格,这就把大部分在爱沙尼亚的俄罗斯人排除在外。于是引发了一些冲突,尤其严重的是1993年6月纳尔瓦(俄罗斯人占该地人口的大多数)的那一次冲突引起了与俄罗斯的紧张局势,致使前苏维埃军队推迟从爱沙尼亚撤退。

1992年,通过的宪法确立了议会制,并赋予总统较大的权力。1992年10月,伦纳特·梅里当选为共和国的总统,按替自80年代末起领导爱沙尼亚的阿诺尔德·吕特尔总统。

拉脱维亚人

拉脱维亚这个名字出现于20世纪。这之前人们只知道库尔兰和利沃尼亚。里加原来被看做一个德国城市，至少它不属于俄国……确实，拉脱维亚同立陶宛一样是真正的波罗的海国家，而其主要历史进程与爱沙尼亚是相同的。它获得独立的过程十分戏剧化，所经受的来自苏维埃政权的压力远比其他波罗的海国家的大，包括斯大林死后也是如此。今天，拉脱维亚族人只占其本国人口的52%。

德意志的统治

拉脱维亚的历史开始于道加瓦河河口——1198年，不来梅大主教派出的传教士即从这里被驱逐。两年以后，一支大型的商船队在这里设置了一个新的主教，他后来建立了里加这座城市。自1202年起，德意志人开始在此组建佩剑骑士团。他们很快便着手攻占利沃尼亚（这将他们引至爱沙尼亚，不得不和俄军进行较量）以及库尔兰（在那里他们遭遇了立陶宛人民的顽强抵抗）。（除了细微的差别，他们与立陶宛订立的边界线今天仍保持着13世纪的原貌。）

如同在爱沙尼亚一样，佩剑骑士团在拉脱维亚建立了封建制度，以当地人为奴役对象，而德意志大商人则支配着城市：

汉萨同盟的重镇里加、文茨皮尔斯、米塔瓦 (叶尔加瓦)、陶格夫匹尔斯。

1522年，路德教改革进入里加，然后是伊凡四世1558年发起的进攻，这一切导致拉脱维亚在一个世纪内分裂成了三个部分：1561年，利沃尼亚，包括里加在内，成为了波兰王国的属地。而佩剑骑士团最后一任总团长戈塔尔德·克特莱尔在承认波兰的宗主地位的同时，保留了对库尔兰的控制权，他将骑士团世俗化，自己皈依路德教，成为库尔兰大公。17世纪初，除了陶格夫匹尔斯地区 (被称做"内利沃尼亚") 仍旧属于波兰外，利沃尼亚被瑞典所占有。一直到18世纪末，这片领土的三个部分经历了不同的命运。

两个利沃尼亚和库尔兰

严格意义上的利沃尼亚从1561年到1629年属于波兰，然后归属瑞典 (是瑞典使路德教在利沃尼亚得以确立)。后来，彼得大帝攻占里加，利沃尼亚又于1710年被俄国吞并 (被1721年的《尼什塔特条约》以书面形式确认)。虽然在俄国的统治之下，但德国人却保留了他们所有的特权。

波兰对内利沃尼亚的统治持续了更长的时间。耶稣会教徒在此期间对内利沃尼亚影响深远 (他们在陶格夫匹尔斯建立了一所中学，注重拉脱维亚语的发展，以期限制路德教牧师传教，等等)，以至于今天仍有三分之一的拉脱维亚人信奉天主教，特别是在国家的东部地区。1772年第一次瓜分波兰时，内利沃

拉特加人、库罗尼安人和利夫人

13世纪，德意志人以里加为起点，教化无信仰的部落信奉基督教；这些部落分别是：西部的库罗尼安人，他们是斯堪的纳维亚人所惧怕的掠夺者，"库尔兰"这个名词即来自他们的名称；北边的利夫人，利沃尼亚的名称即起源于他们；东部沿道加瓦河流域而上居住的拉特加人，又叫拉脱维亚人。

利夫人属于芬兰大家族的一员，除今天仍生活在库尔兰北部的少部分人之外，他们已与爱沙尼亚人相融合；和拉脱维亚人同为波罗的海民族的库罗尼安人，已逐渐被前者所同化。

拉脱维亚

拉脱维亚语：Latvija

共 和 国

人口 (2000年) ···································· 2 421 000人

面积 ······································· 63 700平方公里

首都 ·· 里加

人口构成(1989年)

拉脱维亚人 ·· 52%

俄罗斯人 ·· 34%

白俄罗斯人 ······································· 4.5%

乌克兰人 ·· 3.4%

波兰人 ·· 2.2%

立陶宛人 ·· 1.3%

宗教信仰和教派

三分之二的拉脱维亚人信奉路德教，余下的三分之一则是天主教徒（尤其在该国东部）。

拉脱维亚以外的拉脱维亚人

俄罗斯 (1989年) ································· 47 000人

传说这个白紫双色旗的起源可以追溯到13世纪。它大约在1870 年由学生们首次使用，然后被民族主义者所采用，1918—1919 年成为独立的拉脱维亚的国旗。1940年被禁用并由苏维埃旗帜所代替，1988年10月又重新成为法定的国旗。

尼亚被沙俄帝国吞并。

在库尔兰,克特莱尔建立的王朝名副其实地掌握着一块德国封地——"波罗的海男爵"和牧师们完全掌握着这个地区,而且直到20世纪初仍然如此。库尔兰在17世纪经历了一个令人瞩目的繁荣时代,它甚至一度拥有殖民地(安第列斯群岛的多巴哥岛)。最后一位克特莱尔在1732年去世。从1711年开始守寡的安娜·伊凡诺夫娜〔Anna Ivanovna (1693—1740),1710年与库尔兰公爵结婚,次年丈夫即病故。1711—1730为库尔兰女公爵。——译者注〕于1730年成为俄国女沙皇。她把库尔兰封给了她宠爱的一个当地的德国人——比龙。安娜一登基就任命比龙为俄国总理。安娜离世(1740年)后,比龙先是在西伯利亚度过了一个短暂时期,之后在雅罗斯拉夫尔度过了二十一年的流放岁月。他于1763年重回库尔兰,1772年在米塔瓦告别了这个世界。1795年,当波兰被第三次瓜分,库尔兰被俄国吞并之时,比龙的儿子彼得被迫放弃了世袭的库尔兰公爵之位。

19世纪,沙皇政府的俄罗斯化政策最先在内利沃尼亚实行,由于该地区1772年以来就归属维捷布斯克〔位于现在的白俄罗斯境内。1569年开始归属波兰-立陶宛联盟,1772年在第一次瓜分波兰过程中被俄国夺取。——译者注〕"政府",因此被认为"属于俄国"。而利沃尼亚与库尔兰同爱沙尼亚的情况一样,俄罗斯化政策在这些地区直到19世纪末才变得严厉起来(多尔帕特大学的俄罗斯化波及了里加和库尔兰)。实际上,说德语的人比拉脱维亚人本身更遭殃,因为后者的民族文学当时刚刚从混沌中脱身出来,虽然公认的第一部书写体拉脱维亚文著作出现于16世纪(这是一部由耶稣会成员发起建立的宗教典籍),而《圣经》的翻译一直可以追溯到17世纪80年代。

从波罗的海邦国到独立

第一次世界大战期间,德国对拉脱维亚的占领分为三个阶段:1915年夏攻克库尔兰;1917年9月夺去里加;1918年2月占领利沃尼亚。根据《布列斯特-立陶夫斯克条约》(1918年3月3日),俄国将整个地区让给了德国人。当地的德国人随即开始筹划他们的未来:利沃尼亚和爱沙尼亚的德国人建立了"国家议会"(席位分布情况是:德国人34位,拉脱维亚人11位,爱沙尼亚人13位)。1918年4月13日国家议会号召把三个地区(包括库尔兰)合并,建立一个由普鲁士国王领导的波罗的海公国 (必须明确的是，普鲁士国王正是德国皇帝)。然而柏林的当权者一直犹豫不决，直到战争结束都未作出决定。

1918年11月11日的《停战协议》第12条规定，德军应当在协约国认为适当的时候立即从俄国前领土撤出。然而，拉脱维亚的局势很快便变得极为复杂。一部分拉脱维亚人 (农民和工人) 决意清除国内的德国贵族和资产阶级；在他们的支持下，布尔什维克军队于1919年1月3日攻克里加，然后又夺取了叶尔加瓦 (过去的米塔瓦)。战争如火如荼，分四个阶段进行。

在英国海军的庇护下，于11月18日建立的临时政府逃亡到利耶帕亚 (过去称"利包")，并与德国当权者缔结了一个协议。后者同意驻扎在库尔兰的德军延期回国；同时加快在德国国内招募志愿军以对抗布尔什维克红军。戈尔茨将军指挥德国军队，其中包括"波罗的海男爵"在当地招募和组织的"本土保护军" (由当地的德国人组成)。英国政府灵活实施《停战协议》第12条，同意了这些安排。1919年3月叶尔加瓦被政府军夺回。

但是很快，德国的干预方向就偏离了它原来的目标——渴望保持对波罗的海诸邦国支配权的野心朝着另外的方向扩展开。4月，"本土保护军"发动政变，推翻了拉脱维亚政府，并任命了新的领导人。德军在5月占领了里加，而后戈尔茨进军利沃尼亚，并朝彼得格勒挺进。行进80公里后，遭遇了爱沙尼亚和拉脱维亚军队的阻击。

协约国对此极为不满。7月，他们在柏林要求召回戈尔茨将军。在重新建立的拉脱维亚政府领导下，一支由协约

拉脱维亚坐落在道加瓦河的两岸。首都里加位于道加瓦河入海口，城内居住着全国三分之一的人口。在获得独立前，道加瓦河南岸被称做库尔兰 (首都：米塔瓦，拉脱维亚语：叶尔加瓦)；河北岸和今天的爱沙尼亚南部组成了利沃尼亚 (首都：里加)。今天，仍有大量的俄罗斯人生活在陶格夫匹尔斯地区 (即内利沃尼亚，1772年附属于俄国)。此外，里加和其他城市的俄罗斯人也很多。南边与立陶宛接壤的国界，从13世纪起就没有大的变动；北边与爱沙尼亚接壤的国界则始于1921年。

国配备的真正的拉脱维亚军队控制了国家的大部地区。戈尔茨的军队并未离开这片国土，而是加入了俄国阿瓦洛夫上校的"白卫军"。10月，这支白卫军试图占领里加。在英法舰队的支援下拉脱维亚军把他们击退了。11月，拉脱维亚人夺取叶尔加瓦，而剩余的德国军队则经过立陶宛到达普鲁士。

经过一年的磨难，其间夹杂了各个阵营的残暴行径，拉脱维亚人最终获得了独立。他们同时摆脱了俄罗斯人以及德国人的控制——与佩剑骑士团的关系最终于1919年被切断。爱沙尼亚在这个方面给予了不遗余力的支援。1922年，一场轰轰烈烈的土地改革运动结束了"波罗的海男爵"最后的特权。

在1920年8月11日的《里加条约》中，俄国承认拉脱维亚独立。此外，拉脱维亚还从俄国争取到了一些领土。其他主要强国也在第二年承认了它的独立。

1920年以后，从农民党到社会党，党派骤增，这种多党制导致内阁危机四伏。1934年5月，议会主席乌尔马尼斯[Karlis Ulmanis (1877—1942)，多次担任拉脱维亚政府总理，1936—1940年担任总统兼总理，是第二次世界大战前拉脱维亚卓越的政治家。——译者注]解散了各党派，建立了一个专制的个人政府。

苏维埃的拉脱维亚

与爱沙尼亚相同，《苏德互不侵犯条约》一经签订，拉脱维亚就处于苏联的掌控之中了。1940年6月到8月的局势发展，简直就和爱沙尼亚一模一样（见"爱沙尼亚人"一章）。1940—1941年，5万德国后裔被迫迁回德国。1941年6月之后，拉脱维亚成为奥斯特兰"帝国特别专署区"（首府为里加）的一部分。苏军在1944年10月重新夺取了里加，但是直到1945年5月8日，最后一支德国军队才彻底从海路撤出库尔兰，同时撤出的还有武装党卫队1944年在拉脱维亚、爱沙尼亚组建的当地部队的剩余兵力。以下是拉脱维亚民族主义者统计的被处死和流放的受害者人数：1940—1941年：3.65万人；1941—1944年：13.5万人（其中70%为犹太人）；1944—1945年：1万人；1946—1953年：12.5万人。

在30年代，拉脱维亚就已经有12.5%的人口是俄罗斯人，他们中的大部分很早以前就已定居在过去的内利沃尼亚。作为波罗的海的重要出口，里加在经济上的重要性更在战后使得"殖民活动"大大增加：1959年，俄罗斯人占拉脱维

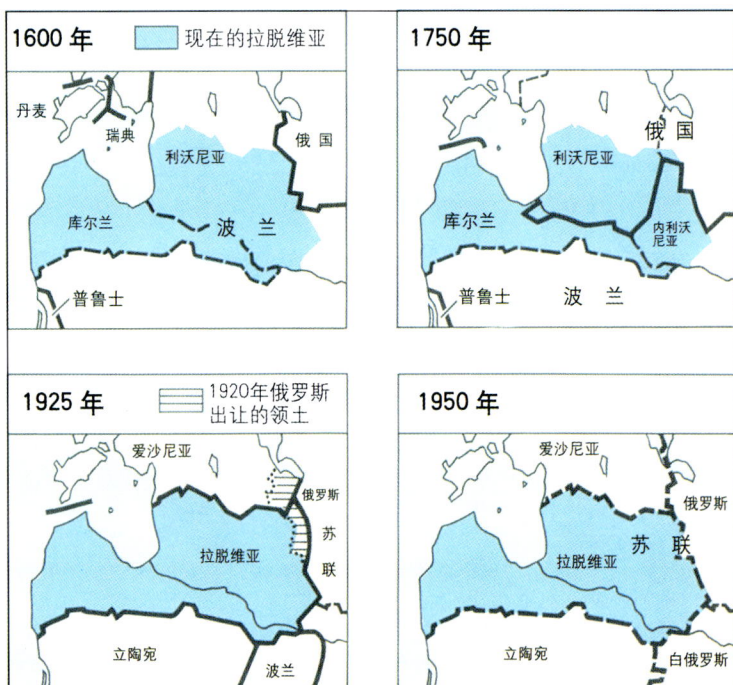

1600 年　波兰人吞并了利沃尼亚，而前佩剑骑士团则在几乎独立的库尔兰大公国繁衍生息。

1750 年　利沃尼亚几乎全部为俄国所有。波兰只保留了内利沃尼亚。

1925 年　独立的拉脱维亚合并了利沃尼亚的一半领土（居住人口为拉脱维亚人）、内利沃尼亚以及库尔兰。俄国人同意迁移东部的边界。

1950 年　东边的国界线重新恢复到1940年的传统边界。拉脱维亚成为一个名副其实的苏维埃共和国。

亚总人口的27%，三十年后俄罗斯人达到34%。如果加上白俄罗斯人和乌克兰人，就达到了42%。或许正因为这样，1959—1961年间的紧张局势使赫鲁晓夫对拉脱维亚共产党发起了一次大规模的清洗，他指控拉脱维亚共产党实行"拉脱维亚化"政策。于是，该党领导人被部分俄罗斯人和1945年回国的拉脱维亚籍苏维埃人所替代。之后拉脱维亚共产党内部的拉脱维亚人变为少数。

独　　立

从1989年起，拉脱维亚开始谨慎地效法它的两个邻国。1991年3月，全民公决通过了独立条例。拉脱维亚政府8月21日宣布独立，9月6日正式生效。对于公民权问题，拉脱维亚在1991—1992年采取了和爱沙尼亚同样的办法：1940年以前的公民以及他们的后裔可以直接获得公民资格。这就将里加的大部分俄罗斯人(人数大于40万)排除在外，但是并未排除那些18—19世纪就定居东拉脱维亚的俄罗斯人。与爱沙尼亚一样，拉脱维亚和俄罗斯的关系因公民权问题而变得紧张，俄军推迟了撤离时间。

1993年，政府重新启用了1922年的宪法。冈蒂斯·乌尔马尼斯[第二次世界大战前拉脱维亚政府总统乌尔马尼斯的侄孙。——译者注]当选为共和国总统。他接替了阿纳托利·戈尔布诺夫[Anatolijs Gorbunovs（1942—　），曾任拉脱维亚共产党中央委员会秘书长，1988—1995年任拉脱维亚政府议会发言人。——译者注]——正是后者保证了从苏维埃体制到独立共和国的顺利过渡。

波兰人、立陶宛人、
白俄罗斯人、乌克兰人

　　有这样四个民族，虽然他们如今各自不同，但都曾共同经历过一个很长的历史时期。他们是波兰人、立陶宛人、白俄罗斯人和乌克兰人。这段历史从14—18世纪，在波兰－立陶宛联盟的内部大约持续了四百年。这个联盟在后期被简称为"波兰王国"。

　　从1772年到1815年，"波兰王国"不断被它的邻国(俄国、普鲁士、奥地利)瓜分。国家虽已消失，但痕迹却保留了下来。在俄罗斯帝国(它占有了最大部分的领土)内部，人们在19世纪总能看到过去那些界线：在立陶宛、白俄罗斯、乌克兰西部，这些前王国的东部各省，波兰人的数量始终很多。前波兰王国以不无个性的方式继续存在着——尽管边界已不复存在——成为欧洲容纳犹太人最多的土地(人们几乎欲称之为"祖国")。这些犹太人与这片土地的渊源和波兰－立陶宛联盟一样，可以追溯到14世纪。

　　第一次世界大战以后，这些民族的人口地理分布并没有改变。重新获得独立的波兰把他们中的一部分聚合成了一个整体，其中包括所有的波兰人、三分之一的白俄罗斯人、六分之一的乌克兰人，以及犹太人的大部分。立陶宛人组成了一个独立的国家。其余的白俄罗斯人和乌克兰人，以及大量的犹太人，成为了苏维埃的公民。

　　彻底告别前波兰王国的历史是从第二次世界大战开始的。正是从这时起，纳粹当局开始对犹太人进行有组织的种族灭绝，随后苏维埃当局又迫使所有的(或者说几乎所有的)波兰人撤退到1945年规定的新国界线以内。

　　今天的波兰共和国、立陶宛共和国、白俄罗斯共和国以及乌克兰共和国(至少该国西部地区是如此)种族的单一性，是近期才出现的现象。

立陶宛人

于1990年3月11日宣布独立的立陶宛人，在1989年开始的摆脱苏联控制的进程中表现得最有勇气。确实，在前苏联的所有民族中，他们最有资格夸耀他们古老、悠久、显赫的历史。莫斯科公国还在向鞑靼－蒙古人进贡的时候，立陶宛就已经是一个欧洲强国了。作为天主教徒，立陶宛人后来又以"西方人"的身份与波兰人一起共存亡。而俄罗斯人对它的统治——其间又经历了1919—1940年的二十一年独立——是从1795年开始的。

伟大的立陶宛

作为欧洲最后的无宗教信仰的民族，立陶宛人于1236年击败佩剑骑士团，杀死其统帅沃尔钦，出现在历史的舞台上。立陶宛1239—1263年间的统治者明道加斯向邻国发起战争：西方和北方的德国、东方的俄国。他于1251年接受洗礼，1252年被封为大公。因为与条顿骑士团不和，于1262年公开宣布不再信仰基督教。在他统治时期，格罗德诺和新格鲁多克成为第一批归附立陶宛的东正教斯拉夫国家，从而摆脱了蒙古的领土托管。格迪米纳斯大公（1316—1341年在位）在维尔纽斯建都，并把波洛茨克、维捷布斯克、明斯克、莫吉廖夫和布列斯特——相当于现今白俄罗斯——并入了大公国。这之后阿尔吉达斯和凯斯图蒂斯分掌政权,立陶宛人又获得了沃利尼亚、波多利亚、基辅地区(1361年)和布良斯克地区。

如此大规模的扩张使立陶宛的统治者——始终无宗教信仰——声名远播。但1377年条顿骑士团把维尔纽斯洗劫一空。为了阻止德国人的推进,立陶宛人和波兰人来往更加密切。而波兰人恰好正希望找到一位国王,于是促使女王雅德维加于1386年和凯斯图蒂斯的儿子亚盖沃大公联姻。1401年签署的《维尔纽斯条约》成为波兰-立陶宛联盟的开始。皈依了基督教的亚盖沃(1377—1401年称亚盖沃)成为波兰国王(1386—1434年称弗瓦迪斯瓦夫二世),同时仍是立陶宛大公,但他把立陶宛的管理权托付给了他堂弟维陶塔斯(阿尔吉达斯的儿子)。

在维陶塔斯统治时期(1392—1430年),立陶宛大公国进行了它历史上规模最大的一次扩张:打败鞑靼人,攻占德涅斯特河与布格河之间的滨海地带(耶迪桑),使德涅斯特河和第聂伯河之间直到黑海都成为它的领土。它形成了这样一个国家:占人口少数的是波罗的海的天主教徒,即跟随亚盖沃皈依天主教的严格意义上的立陶宛人;占多数的是斯拉夫东正教徒,即区别于俄罗斯人的罗塞尼亚人,前者当时还处于鞑靼-蒙古人的托管下。由此看来,立陶宛大公国不仅仅是现今立陶宛共和国的前身,也是白俄罗斯和至少乌克兰部分国土的前身。最后一点,维陶塔斯效仿前任波兰国王卡齐米日三世,允许犹太人进入立陶宛,并在1388—1390年间给予他们优待。

从波兰人到俄罗斯人

从15世纪到18世纪末,立陶宛大公国历史与波兰历史融合在一起(见"波兰人"一章)。卢布林联盟(1569年)又使得两个国家组成的"共和国"(有共同的议会等)更加紧密。并且在这一时期,在结果有利于波兰的情况下,立陶宛大公国南部领土被分割出来(就是后来的乌克兰)。如此一来,立陶宛人在回顾历史时认为卢布林联盟是一种变相吞并也就不足为怪了。

17世纪和18世纪,维尔纽斯城以及维尔纽斯地区越来越波兰化——当大批

维陶塔斯

历史学家让·默韦尔这样谈及维陶塔斯的威望："后来有那么一天，他曾邀得波兰国王西格蒙德大帝、丹麦国王埃里克、莫斯科瓦西里王子、教皇特使、条顿骑士团总团长、希腊帝国特使和鞑靼汗国的可汗一同来到他的卢茨克城堡（位于沃利尼亚）。"

更令人钦佩的是，西格蒙德大帝同时还是波希米亚和匈牙利国王；而丹麦国王埃里克，依照卡尔马联盟，还同时掌管着挪威和瑞典。

纯正的波兰人来此定居时，立陶宛人采用了波兰语。仅有西部地区（萨莫吉提亚）仍然坚持使用立陶宛语。

前大公国分三个阶段落入俄国人的手中，与列强三次瓜分波兰相对应，分别为1772年、1793年和1795年。立陶宛本土在1795年才落入俄罗斯人之手，但涅曼河左岸土地先归并到普鲁士，1807年又归属华沙大公国，1815年后重新成为波兰王国的一部分，附属沙俄帝国。沙皇政权认为前立陶宛大公国中的罗塞尼亚人就是俄罗斯人；立陶宛人则因为信仰天主教而被等同于波兰人。事实上，维尔纽斯人也总是和波兰人保持一致。1831年的暴动发生后，立陶宛的波兰人遭到残酷镇压，4.5万个家庭被流放到高加索和伏尔加河地区。维尔纽斯大学于1832年被关闭，迁往基辅。1863年，波兰革命很快席卷了整个立陶宛，起义者再次要求他们的国家（以及部分罗塞尼亚地区）同波兰统一。起义被镇压，并伴随着猛烈的俄罗斯化政策，波兰语也被明令禁止。立陶宛自身的第一次单独起义行动——同样遭到镇压——直到1905年才发生。

独立和维尔纽斯问题

1915年夏，德军攻占了被撤退的俄军洗劫一空的立陶宛。应该给这片土地一个怎样的面貌呢？1917年9月，立陶宛组成议会，并很快选举产生了立法委员会。在与俄国签订《布列斯特－立陶夫斯克条约》（1918年3月3日）后，德国人承认了立陶宛国，甚至在一个较短的时期内还同意它向南的扩张（格罗德诺、比亚韦斯托克、布列斯特－立陶夫斯克）。5月，沃特姆伯格家族的乌拉赫公爵在柏林被（秘密地）封为立陶宛国王。为了避免与立陶宛人发生冲突，德国人特意选了一位天主教的王子，甚至让他使用明道加斯二世的称号。但这个计划并没有进一步实施。

1918年11月11日停战后，布尔什维克撕毁了《布列斯特－立陶夫斯克条约》，并于1919年1月夺回了维尔纽斯。立陶宛苏维埃社会主义共和国宣告成立。但是，立陶宛民族主义者在波兰人和德国人的帮助下，在当年夏天就结束

维尔纽斯

波兰兼并维尔纽斯（1920—1922年）使得两个民族间的关系长期不和。这个问题在当时几乎变得无法解决。维尔纽斯是立陶宛的首都（1322年正式成为首都），这一点是毫无疑问的；该城大部分居民说波兰语，而非意第绪语（约占全体居民的四分之一）。但是，许多讲波兰语的人又都认为自己是立陶宛人。人们甚至还可以说，在波兰的幻想文学中，在密茨凯维奇 [Adam Mickiewicz(1798—1855)，波兰最著名的作家、诗人之一，出生于新格鲁多克，在维尔纽斯接受了大学教育。——译者注] 以及其他很多作家的笔下，立陶宛都在扮演着"货真价实的波兰"。大小米沃什就很好地体现了这些模棱两可的特征。法语作家奥斯卡·弗拉迪斯拉斯·德·米沃什（大米沃什）是诗人和小说家，出生于1877年，1919—1925年在法国担任外交官。他的侄子切斯拉夫·米沃什（小米沃什），于1911年出生于立陶宛，青年时代在波兰的维尔纽斯度过，曾任驻巴黎外交官，后来定居美国。作为波兰语作家，他于1980年获得诺贝尔文学奖。

在同一个国家共同生活了四个多世纪，并没有使两个民族真正融合……维尔纽斯及附近区域例外。在1920年疑云重重的民族主义的笼罩下，不仅不能重建波兰－立陶宛联盟，而且维尔纽斯的归属也很难裁决。

由于《苏德互不侵犯条约》的签订，1939年维尔纽斯重新成为立陶宛的首都。1945年，大批立陶宛人移民华沙和波兰北部直到什切青市。至今城中还有27万讲波兰语的立陶宛人，其中大部分居住在维尔纽斯南部。尽管维尔纽斯曾被视为北方的耶路撒冷，有着非常活跃的意第绪语和希伯来语的知识分子群落，犹太人劳动者联盟党也在这里创建，但如今这里已几乎不再有犹太人了。

了这个共和国。立陶宛的命运从那时起便取决于波兰与苏联的战争。波兰人借助第一次反攻很快攻占了维尔纽斯。4月20日毕苏斯基（见"波兰人"一章）率军入城，举行了盛大的入城仪式。1920年6月，红军再次发起进攻，重新夺回了维尔纽斯。1920年7月12日，俄罗斯与立陶宛签署了《莫斯科条约》，它承认立陶宛的独立并把维尔纽斯交还给了立陶宛。但波兰于8月发起第二次反攻（于1920年10月12日停战），从而插入了立陶宛与俄罗斯之间的地带。

这样一来，立陶宛便要单独对抗波兰了。一些波兰人希望干脆把两个国家合并，但立陶宛人不同意。1920年10月7日签订的《苏瓦乌基协定》承认维尔纽斯属于立陶宛……但是，两天后，泽利戈夫斯基将军率领的波兰独立部队（非正规军）占领了维尔纽斯，并宣布自己是"中央立陶宛"的首席执政官。1922年1月，"中央立陶宛"的议会投票决定将其并入波兰。暂时设立在考纳斯的立陶宛政府拒绝承认这一事实，而协约国于1923年3月14日确认了这一既成事实。自此，波兰与立陶宛的外交关系直到1938年3月19日波兰下达最后通牒后才终于恢复。

立陶宛的另一个忧患就是它的滨海地带。《凡尔赛和约》（1919年6月28日）把德国的梅梅尔（立陶宛语：克莱佩达）及周围地区划为国际联盟管辖区。这个城市绝大多数居民是德国人，周围的乡村住着立陶宛人。因为对协约国承认波兰吞并维尔纽斯非常气愤，立陶宛"志愿军"于1923年2月15日攻占了克莱佩达。1924年5月8日在巴黎签订的协议，以城市自治和港口国际联合管理的方式承认了立陶宛对该城的兼并。

与爱沙尼亚和利沃尼亚不同，立陶宛在很长时间内并不临海。直到1923年，它才兼并了克莱佩达（德语中称为梅梅尔），该城建于1252年，原属于普鲁士。

在维尔纽斯附近，至今还存在一支规模较大的讲波兰语的少数民族，他们的起源可以追溯到16—17世纪。白俄罗斯境内也有部分与这支少数民族近似的人群。

立陶宛语的出现

已知的最早使用立陶宛语书写的文件可以追溯到1547年。条顿骑士团世俗化之后，作为普鲁士境内少数族群的立陶宛人，像该国其他居民一样皈依了路德教，这份文件就是部分牧师专为他们所写的路德教教理书的译本。在立陶宛大公国，耶稣会的成员成为1570年"反宗教改革"运动中的先锋，他们促使天主教教士像路德教的牧师一样使用立陶宛语。此外，16世纪在波兰逐渐兴起的加尔文教派对这个问题也很关心——1662年，第一本立陶宛语《圣经》（伦敦印刷）出版了。除了宗教书籍，立陶宛语的文件数量依然很小。首先是因为接受过良好教育的立陶宛人都使用波兰语；其次，19世纪沙皇政权禁止拉丁字母的立陶宛语出版物（这也一定程度地刺激了东普鲁士的印刷品经由梅梅尔走私入境）。

最终，还是欧洲语言学家对立陶宛语的浓厚兴趣——它是印欧语系中最古老的语言——使它得以重见天日。立陶宛语文学出现于19世纪末。

外部困难深刻地影响了立陶宛国内的政治局势。经过一个不稳定的时期后，沃尔得马拉斯于1926年掌权，而斯梅托纳为共和国总统。沃尔得马拉斯1929年被解职，斯梅托纳一人独掌政权至1940年。

立陶宛苏维埃共和国

希特勒于1939年3月20日下达最后通牒，强迫立陶宛把梅梅尔归还给德国。五个月后，《德苏互不侵犯条约》第一附加议定书把立陶宛划为德国势力范围，并把拉脱维亚置于苏联的势力范围内。与此同时，双方承认立陶宛在维尔纽斯地区的利益。因为德国在波兰取得的利益比原定的多，于是德苏的第二附加议定书（1939年9月28日）把立陶宛划分到了苏联的势力范围内，作为对它的补偿。议定书对此是这样陈述的："一旦苏联政府在立陶宛领土上采取了以保护自身利益为目的的特别措施，德、立边界将以达到简单且自然的界线为宗旨进行修订……"我们可以猜测文中所指的是按着涅曼河的走向划分边界。但无论如何，边界修订最终没有发生。而依照1941年1月10日的第三附加议定书，

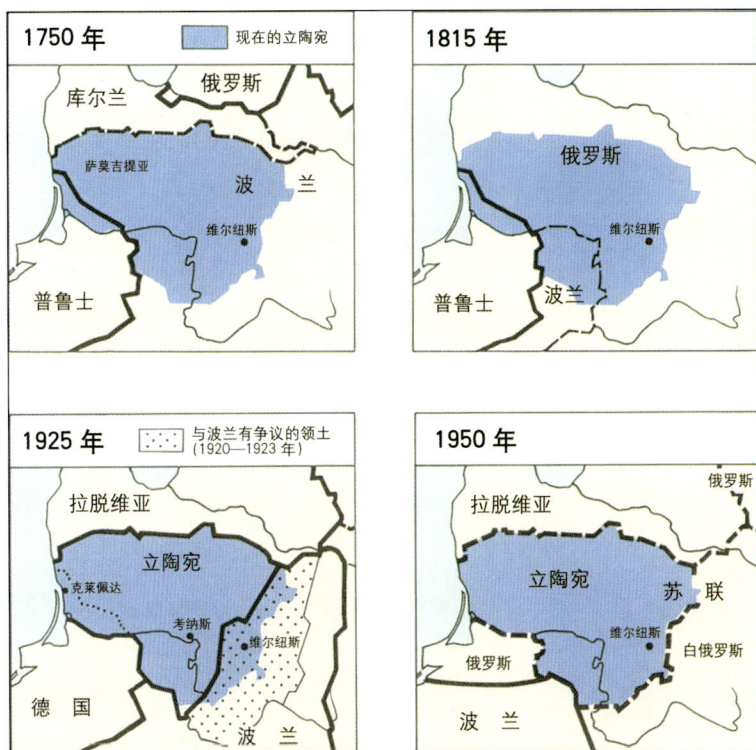

1750 年 现在的立陶宛	**1815 年**
库尔兰　俄罗斯　萨莫吉提亚　波兰　维尔纽斯　普鲁士	俄罗斯　维尔纽斯　普鲁士　波兰
1925 年 与波兰有争议的领土（1920—1923 年）	**1950 年**
拉脱维亚　立陶宛　克莱佩达　考纳斯　维尔纽斯　德国　波兰	拉脱维亚　俄罗斯　立陶宛　苏联　维尔纽斯　白俄罗斯　俄罗斯　波兰

1750 年　如今的立陶宛（除了克莱佩达）当时是波兰的一部分。

1815 年　立陶宛被并入沙俄帝国。涅曼河的左岸附属于维也纳会议后所建立的波兰王国。

1925 年　独立后的立陶宛不认可波兰对维尔纽斯的兼并。1923年，立陶宛吞并了被《凡尔赛和约》划为国际联盟管辖区的克莱佩达。

1950 年　立陶宛(包括维尔纽斯和克莱佩达)事实上已经成为一个苏维埃社会主义共和国。

附：如需了解1750年前和第二次世界大战期间的边界变化，请参看波兰的地图。

苏联向德国提供了有色金属和金子作为补偿。

在这期间，苏联和立陶宛签署了(1939年10月10日)互助条约，立陶宛以提供军事基地作为交换，苏联把维尔纽斯还给立陶宛。1940年6月，苏联采取了和对爱沙尼亚、拉脱维亚所采取的相同方法，把立陶宛纳入了它的疆域

(见"爱沙尼亚人"一章)。

1941年6月，在短短的几天之内，德国就攻占了立陶宛。在1944年7月苏联再次夺取维尔纽斯、返回立陶宛之前，它一直是德意志帝国奥斯特兰"帝国特别专署区"的一部分。在这三年中，纳粹当局——在部分立陶宛人的合作下——开展了有组织的灭绝犹太

立 陶 宛

立陶宛语：Lietuva

共 和 国

人口 (2000 年) ··· 3 696 000人

面积 ··· 65 200平方公里

首都 ··· 维尔纽斯

人口构成 (1989年)

立陶宛人 ··· 80%

俄罗斯人 ··· 9.4%

波兰人 ··· 7%

白俄罗斯人 ··· 1.7%

乌克兰人 ··· 1.2%

宗　　教

立陶宛人均信奉天主教。

立陶宛以外的立陶宛人

俄罗斯 (1989年) ··· 70 000人

拉脱维亚 ··· 35 000人

黄色代表麦田和自由，绿色代表森林和希望，红色是立陶宛人古老的象征，并代表对民族的热爱。三色旗于1918年4月定为国旗，1940年6月被禁用，为苏维埃旗帜所代替，1988年11月被重新启用。

人的行动 (战前，包括维尔纽斯地区在内，立陶宛有20多万犹太人)。

纯粹的军事行动结束(1945年1月)后，在立陶宛的战斗并未结束——直到50年代初，反苏维埃的民兵游击队还在继续抵抗。根据立陶宛民族主义者的估计，在这一时期被处决和流放的人数非常大：1940—1941年：4.6万人；1941—1944年：22万人 (特别是犹太人)；1944—1945年：1.5万人；1946—1953年：31万人。

重获独立

"立陶宛争取改革运动"——人们更多地称它为立陶宛改革运动或萨尤季斯 (Sajudis) 运动——发起于1988年6月。1990年2月，在立陶宛最高苏维埃 (相当于议会) 的换届选举中，立陶宛改革运动成员取得了141个席位中的88席。3月，立陶宛改革运动的主要领导人维陶塔斯·兰茨贝吉斯当选为议会主席 (相当于国家元首)。立陶宛即刻宣布独立 (1990年3月11日)。莫斯科不同意它独立。1991年1月，苏维

埃武装力量进驻维尔纽斯，而新生的立陶宛政府不为所动。直到1991年9月6日，即后来引发苏联解体的8月政变失败之后，苏联方面才正式承认立陶宛 (和其他两个波罗的海沿岸的共和国) 独立。

1991年12月通过的《公民资格法》将使用立陶宛语作为必要条件。和在爱沙尼亚和拉脱维亚一样，这部法律把大部分俄罗斯人排除在外，尽管他们在该国的人数并不多 (低于10%)；它同样也把维尔纽斯附近少数讲波兰语的人排除在外。当局将他们视为"波兰化的立陶宛人"，认为他们应该重新使用原来的语言。由此产生了民族间的紧张关系，加上过早实行土地私有化导致了农业的瓦解，立陶宛萨尤季斯运动逐渐失去了民心。

在1992年10月的立法选举中，民主工党 (前共产党改革派) 在141个席位中获得72席。该党主席阿尔吉达斯·布拉藻斯卡斯1993年2月当选为共和国总统。1993年8月31日，最后一支俄军撤离立陶宛。

白俄罗斯人

　　白俄罗斯是从1917年才开始使用这个名字的（白俄罗斯第一届议会），1919年才成立国家（白俄罗斯苏维埃社会主义共和国）。白俄罗斯人以前仅仅被当做俄罗斯人的一支，或者根据历史源流，被当做罗塞尼亚人的一支。然而，当前白俄罗斯共和国的边界最初的历史可追溯到1569年，这一年所建立的划分立陶宛大公国和波兰王国的界线，为当前白俄罗斯和乌克兰之间的界线（参见1569年波兰地图）奠定了基础。总之，人们可以把白俄罗斯人定义为东斯拉夫人，他们同立陶宛人一起，经历了几乎一半的历史旅程。

立陶宛的罗塞尼亚人

　　12世纪，基辅罗斯分裂出许多公国，这些公国在1239年被蒙古征服。而这时，无宗教信仰却很有能力的立陶宛君主们（他们刚刚战胜了条顿骑士团和佩剑骑士团）开始驱逐蒙古帝国——在一个世纪之内，整个现今的白俄罗斯都成了立陶宛的属地，罗塞尼亚的王子们似乎也都情愿接受立陶宛君主而不是他们自己中的某个人的管辖。

　　从那时起，白俄罗斯人与立陶宛人开始了永久性的协作，后又于1386年波兰－立陶宛联盟建立时与波兰人达成合

白俄罗斯

白俄罗斯语：Belarus

共　和　国

人口（2000年）………………………………………… 10 187 000人

面积 ……………………………………………… 207 600平方公里

首都 ……………………………………………………… 明斯克

人口构成（1989年）

白俄罗斯人 …………………………………………………… 77.9%

俄罗斯人 ……………………………………………………… 13.2%

波兰人 ………………………………………………………… 4.1%

乌克兰人 ……………………………………………………… 2.9%

宗　　教

白俄罗斯人信奉东正教；境内的波兰人信奉天主教。

根据1989年的统计，白俄罗斯境内有11.2万犹太人（被视为一个民族）。

白俄罗斯以外的白俄罗斯人（1989年）

俄罗斯 ……………………………………………………… 1 206 000人

乌克兰 ………………………………………………………… 440 000人

波兰（估计）………………………………………………… 190 000人

拉脱维亚 ……………………………………………………… 120 000人

立陶宛 ………………………………………………………… 63 000人

爱沙尼亚 ……………………………………………………… 28 000人

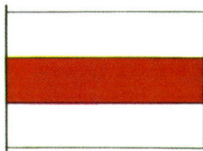

1917 年的第一次国民议会选择白旗作为国旗。因为白旗还象征着投降，就于同年在上面添加了一条象征革命的红色。在布尔什维克时期，旗帜改为红色，在靠近旗杆的一角，有使用西里尔字母表示的共和国的缩写（BSSR）。这种苏维埃红绿旗在1951—1991年间使用。1991年起，重新把1917年的红白旗作为正式国旗。1995年6月后又使用了一面与苏维埃时期的旗帜十分相似的国旗，但没有了原来的镰刀和斧头。

作——他们共同对条顿骑士团展开反击（1410年在坦嫩贝格），抗击俄罗斯人、鞑靼人或土耳其人，等等。我们可以说，直到18世纪，这是一个波兰－立陶宛－罗塞尼亚国家。

在这种背景下，白俄罗斯人经历了最初的演变。没有人对其语言和宗教的特殊性提出异议——直到1696年以前，他们的语言（一种接近于教会斯拉夫语的古语言，而不是立陶宛语）都是大公国的官方语言。并且没有人试图改变他们信奉的东正教。但是，从16世纪起，一部分罗塞尼亚贵族开始使用波兰语并信奉天主教，乃至加尔文教。更重要的是，1596年，一个教士团体和一些东正教信徒在布列斯特－立陶夫斯克聚会，宣布加入罗马天主教，但完全保留拜占庭式的礼拜仪式。虽然有一小部分人反对同他们一起皈依天主教，但这便是"东仪罗马天主教会"的开始。

重新归顺俄罗斯

波兰的三次被瓜分使现在白俄罗斯分三个阶段归并到了沙俄帝国：波洛茨克、维捷布斯克、莫吉廖夫、戈梅利于1772年；明斯克、博布鲁伊斯克、平斯克于1793年；格罗德诺、新格鲁多克、布列斯特－立陶夫斯克于1795年先后被沙俄吞并。对于沙皇来说，白俄罗斯人并不存在，他们和其他人一样都是俄罗斯人（从波兰夺取来的领土被称为"西俄罗斯"）。自1354年起便被称为"所有俄罗斯人的东正教大主教"的莫斯科大主教也这样认为。此外，东仪罗马天主教会也在1839年被强制归属东正教会。当时为此专门铸造的纪念币上刻有如下文字："分离于暴行（1596年）；和好于博爱（1839年)。"然而人种志学者和民俗学的爱好者对白俄罗斯人的传统很感兴趣，因为他们是当时俄罗斯欧洲地区最落后的农民；而他们的语言也慢慢地恢复了生命力，虽然当局对此采取敌视态度。

在波兰人与俄罗斯人之间

十月革命后，同盟国成为东部辽阔土地的主宰者，他们与乌克兰新政府会谈，承认立陶宛国（并把格罗德诺、比亚韦斯托克、布列斯特－立陶夫斯克让给了立陶宛），但是，同盟国什么都不为白俄罗斯着想。如同沙皇统治时一样，白俄罗斯的存在被漠视。在布尔什维克革命的一片混乱中，白俄罗斯于1918年3月25日宣布成立民族共和国，但没有任何政府回应。然而波兰人自1919年提出了明确的观点：他们要尽一切努力，恢复1772年时的国界。换句话说，重新使罗塞尼亚人回归他们的"祖国"。1920年，苏波战争以在明斯克以西划定边界而宣告结束。双方于1921年3月8日缔结的《里加条约》确定了该边界，白俄罗斯被波兰和苏联瓜分。

白俄罗斯的重生，最终在20年代以加入苏维埃联盟而得以实现。1919年1

白俄罗斯从立陶宛大公国继承了绝大部分土地，其中在维尔纽斯周围地区还居住着少数波兰人的后裔，他们的来源可以追溯到16—17世纪。白俄罗斯与俄罗斯的边界同沙俄帝国和立陶宛大公国在16世纪末的边界基本一致。这条界线一如既往地把俄罗斯居民和"罗塞尼亚"居民(即白俄罗斯人)区分开来。它与乌克兰的边界同样可以追溯到16世纪末——这条界线在那时把立陶宛大公国和波兰王国分开，并且与曾经成为长期"无人区"的普里皮亚沼泽相重合。白俄罗斯与波兰的分界线借鉴了"寇松线"〔1919—1920年俄波战争期间由英国外交大臣寇松提出的停战分界线，但当时并未被战争双方接受；第二次世界大战期间，斯大林将其作为主要依据向同盟国提出了领土要求。——译者注〕，它于1919年被提出，但直到1945才被实际运用。大量的俄罗斯人居住在白俄罗斯境内，他们与白俄罗斯人混居，并分布在几乎整个白俄罗斯。

月1日以明斯克和博布鲁伊斯克为中心成立了白俄罗斯苏维埃社会主义共和国，它将与俄罗斯、乌克兰、外高加索组成苏联 (1922年12月30日)。1924—1926年间，它的版图扩大，包括了波洛茨克、维捷布斯克、莫吉廖夫和戈梅利。白俄罗斯和俄罗斯之间确定下来的边界一直延续到今天，与波兰和俄国1772年前的边界差不多一致。白俄罗斯语同前帝国同一时期其他的语言一样，被重新使用。实际上，人们选择一种传统语言当做官方语言。很多的白俄罗斯人因此要到学校去学习。不过它造就了一批杰出的知识分子，但是斯大林很快把他们镇压了。

1914 年　现今白俄罗斯的整块领土当时都是沙俄帝国的组成部分。

1925 年　白俄罗斯被白俄罗斯苏维埃社会主义共和国和波兰分割成两部分。

1940 年　在波兰被德国和苏联瓜分后，白俄罗斯苏维埃社会主义共和国的版图大幅扩张，包括比亚韦斯托克。今天的白俄罗斯(参照上一页的地图)又恢复了1940年时的版图，但把比亚韦斯托克返还给了波兰。

1942 年　德国当局把白俄罗斯的大片土地划分给奥斯特兰和乌克兰"帝国特别专署区"。

另外，20世纪之前的情况，请参照波兰地图。

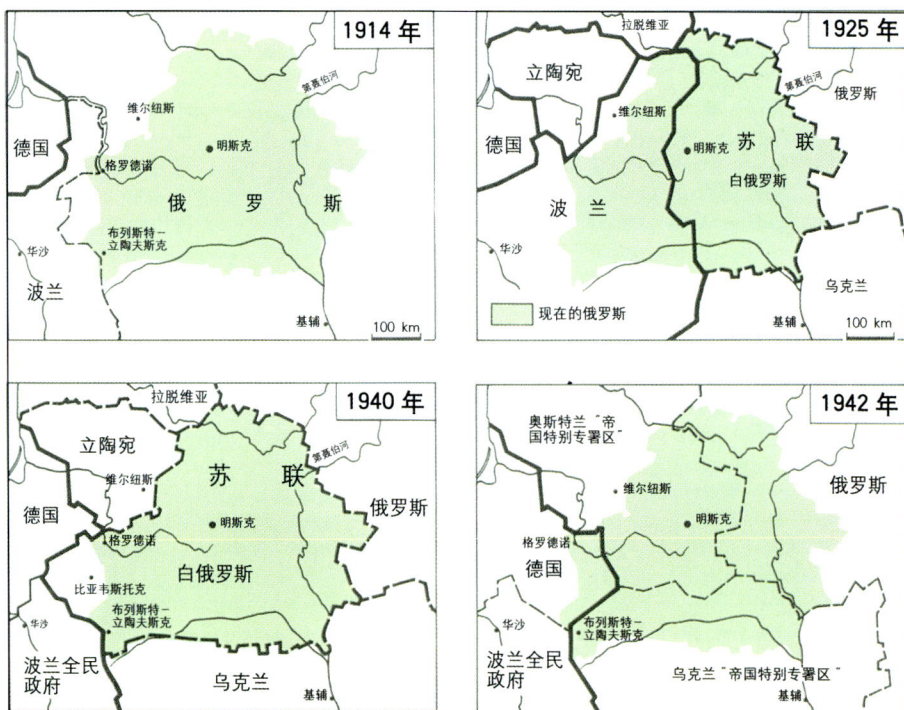

1939—1991年间的白俄罗斯

在波兰人看来，1939年的《苏德互不侵犯条约》导致了一场瓜分，而白俄罗斯人则认为这表现为一次重新统一。这个国家还是极大地遭受了战争之苦。先是1941年，随后在1944年白俄罗斯两次成为废墟（但是游击队的抵抗运动一直坚持到解放）。与在乌克兰一样，这是一些战斗在德军后方的"非正规军"。德军在白俄罗斯也对犹太人进行了种族灭绝行动。

1945年划定白俄罗斯与波兰边界时，自1919年起被视做民族分界线（波兰人并不这么看）的"寇松线"被启用。白俄罗斯拥有一个理论上独立于苏联的外交部，并且（和乌克兰一样）是联合国的创始成员之一，也是许多与之合作的国际组织的成员。但实际上，战争结束时这个国家几乎已被完全摧毁，对莫斯科的经济依赖也从未如此强烈。俄罗斯对它的政治文化控制因此变得极其强劲，例如，在20世纪80年代中期，明斯克不存在任何一所使用白俄罗斯语教学的学校。

独　　立

虽然反对政府的白俄罗斯人民阵线20世纪80年代末便已出现，但白俄罗斯获得独立更多的是局势变化的结果，而不仅仅源自国民的意愿。白俄罗斯人当然渴望改革：结束共产党的极权政治，进行自由选举，复活白俄罗斯的语言和文化；补救（尽最大的可能）切尔诺贝利事件（1986年）对白俄罗斯造成的生

布列斯特－立陶夫斯克

作为临近波兰边界的白俄罗斯城市，布列斯特从前被称为"立陶夫斯克"（立陶宛语），因为它曾经属于立陶宛大公国。

1917年，轴心国（德国和奥匈帝国）的东线总司令部就设置在这里。1918年2月9日，他们与乌克兰签订了和约，随后在3月3日与布尔什维克俄国签署了著名的《布列斯特－立陶夫斯克条约》。俄国的布尔什维克政权就这样放弃了18世纪以来沙皇在欧洲占领的土地。

同样在布列斯特－立陶夫斯克，1596年发生了东仪罗马天主教运动。

态和农业的灾难。但是他们不打算（与乌克兰的民族主义者不同）与俄罗斯决裂，宁愿把希望寄托在联盟条约的改革上。

1991年8月流产的政变为苏联敲响了丧钟。1991年12月8日，正是在明斯克，俄罗斯、乌克兰和白俄罗斯的总统们宣布苏联解体，同时结合到一个新的机构——独立国家联合体之中。在此之后，白俄罗斯还是与俄罗斯保持着良好的关系，并努力为乌克兰与俄罗斯保持良好关系扫清障碍。

1991年9月，共和国开始使用白俄罗斯语的名称（Belarus），代替了从前使用的俄语名称（Belorossija）。同时，国会（前最高苏维埃）主席斯坦尼斯拉夫·舒什克维奇成为国家元首。舒什克维奇被免职后，亚历山大·卢卡申科在1994年7月当选为共和国总统。卢卡申科恢复了强硬和独裁的体制，并加强了与俄罗斯在经济、军事、政治上的联系。

波兰的"边界地区"

人们把1921—1939年间"寇松线"以东的波兰领土称为"边界地区"。根据波兰1931年的统计，这个地区有100万白俄罗斯人、320万乌克兰人、120万罗塞尼亚人，以及70.7万"这儿的人"（波兰语：tutajszk）。"这儿的人"是指波列西耶（Polésie）及附近区域的农民，每当人们问起他们的语言，他们只是回答"我是这儿的人"，无法确定自己的语言属于罗塞尼亚语、白俄罗斯语还是乌克兰语。

但是因为一方面白俄罗斯人和乌克兰人之间的差别不明显，另一方面罗塞尼亚人和"这儿的人"也无明显区别，这些统计数据也很自然地受到了质疑。此外，人们还指责这次得出的统计结果过于草率。

至于定居在"边界地区"内的、1939年后成为白俄罗斯人的波兰人，他们中的大部分后来被流放到了西伯利亚和哈萨克斯坦。

乌克兰人

乌克兰保持了1945年后的领土，其面积达到历史上最大。乌克兰境内的各民族在各自经历了不同的历史后，重新聚集到一个国家里。他们中的大部分民族一个半世纪以来，甚至更长的时间里，都处在俄罗斯人的统治之下。其余的民族，在不同的时代，经历了波兰的统治、奥地利的统治、波兰的再次占领，甚至匈牙利、罗马尼亚乃至捷克斯洛伐克的统治。这给他们留下了深刻的烙印，例如在自认是"西欧人"的利沃夫城的居民和顿巴斯的矿工之间就存在很大差异。尽管如此，乌克兰民族的形成丝毫没有人为的痕迹。和其他的许多民族一样，其民族定义是相对于它临近的民族而形成的：西边对应着波兰人（或匈牙利人、罗马尼亚人）；中间和东部对应着俄罗斯人。

从基辅到波兰王国

到公元1000年后的基辅罗斯去寻找乌克兰的起源的确显得有价值，但实际上这有些为时过早，因为在这一时期，东斯拉夫人（乌克兰人、白俄罗斯人、俄罗斯人的共同祖先）

乌 克 兰

乌克兰语：Ukrajina

共 和 国

人口 (2000年) ········· 49 568 000人

面积 ············· 603 700平方公里

首都 ········ 基辅 (乌克兰语：Kyiv)

人口构成 (1989年)

乌克兰人 ············· 37 419 000人

俄罗斯人 ············· 11 356 000人

摩尔多瓦人和罗马尼亚人 ··· 460 000人

白俄罗斯人 ············· 440 000人

保加利亚人 ············· 234 000人

波兰人 ··············· 219 000人

匈牙利人 ··············· 163 000人

希腊人 ················ 99 000人

鞑靼人 ················ 87 000人

亚美尼亚人 ·············· 54 000人

茨冈人 ················ 48 000人

克里米亚鞑靼人 ······ 47 000 (＊)人

宗　　教

大部分乌克兰人信奉东正教。在该国西部 (加利西亚西部、布科维纳北部，以及外喀尔巴阡山乌克兰) 生活着数量众多的东仪罗马天主教教徒。

根据1989年的统计，乌克兰境内有48.6万犹太人 (被视为一个民族)。

乌克兰以外的乌克兰人

俄罗斯 (1989年) ·········· 4 363 000人

摩尔多瓦 (1989年) ········· 600 000人

白俄罗斯 (1989年) ········· 291 000人

波兰 (估计) ·············· 185 000人

拉脱维亚 (1989年) ········· 92 000人

罗马尼亚 (1992年) ········· 67 000人

爱沙尼亚 (1989年) ········· 48 000人

斯洛伐克 (1988年) ········· 48 000人

立陶宛 (1989年) 45 000人

(＊)1994年初其估计人数为25万。

1848 年，在利沃夫召开的乌克兰国会决定，采用古哈里茨公国 (加利西亚) 军队徽章的天蓝色和金色作为其国旗的颜色。乌克兰共和国在1917—1920年的独立期间，曾把它作为自己的国旗。当布尔什维克掌权时，以红底、印有西里尔字母 (古斯拉夫语) 所表示的乌克兰苏维埃社会主义共和国的缩写 (URSS) 的旗帜代替了天蓝色和金色国旗。1949—1991年使用红蓝的苏维埃旗。1991年后，天蓝色和金色的旗帜又成为了正式的国旗。

都集中在基辅政权之下，还没有开始分化。再者，基辅罗斯向北大幅延伸，只有通过第聂伯河与黑海（和拜占庭）保持联系。现今乌克兰的整个南部地区形成了一条宽阔的东西走廊，几个世纪以来都暴露在各种入侵之下，例如库曼人于1203年击退古捷克人，将基辅城洗劫一空。

蒙古人和立陶宛人

蒙古人和立陶宛人是随后在这个地区实行统治的两个非斯拉夫民族。他们的统治使得一方的白俄罗斯人和乌克兰人，以及另一方的俄罗斯人开始了民族间的分化。1223年蒙古人第一次入侵；1239年占领了俄罗斯北方各公国；1240年攻陷基辅，侵入加利西亚；1241年扫荡了波兰和匈牙利；1242年取道巴尔干半岛返回中亚。在返回的途中，他们建立了金帐汗国（它起初的领土由摩尔达维亚一直延伸到伏尔加河流域的中部），它强制所有继承了基辅罗斯的公国都要向其纳贡。

立陶宛人不久后就出场了，一个一个地夺取了许多在蒙古枷锁下的王国（见"立陶宛人"一章）。一个世纪后（1365—1370年），基辅落到了立陶宛人的手里；1400年前后，他们的势力范围扩张到了黑海。与此同时，波兰人吞并了被称为"红俄罗斯"的哈里茨公国，并将其命名为加利西亚。

大约14世纪末，在1386年波兰和立陶宛结盟后，现今的乌克兰被两个国家所瓜分：西部和中部归波兰—立陶宛联盟，南部和东部由鞑靼—蒙古王国占有。1438年，鞑靼—蒙古与他们的东部族亲分离，建立了克里米亚汗国。

直到俄罗斯和土耳其这两个新主角到来，才打破了这种平衡。俄罗斯人于1480年摆脱了鞑靼人的统治，缓慢却持久地一步一步向南部逼近。土耳其人活跃在黑海地区，于1475年从克里米亚汗国手中夺得热那亚，建立了一个针对鞑靼汗国的保护国。1484年，土耳其人来到了比萨拉比亚南部；1526年，他们又从波兰—立陶宛联盟夺取了德涅斯特河与布格河之间的滨海地带（耶迪桑），这样便确保了对沿海的控制权。

波兰—罗塞尼亚人

面对鞑靼和土耳其的威胁，1569年的卢布林联盟巩固了波兰和立陶宛的关系。这次联盟标志着乌克兰进入了一个重要的历史阶段：当时南方的罗塞尼亚贵族选择加入波兰，使得天平倾向了波兰，以至于立陶宛被逼无奈，只得接受加强联合。乌克兰和白俄罗斯的分界线也始于这一年（参见波兰1569年的地图）。

这一时期，另一个至今仍对乌克兰有现实意义的举措就是：1569年，一些东正教教士和信徒在布列斯特一立陶夫

乌克兰的领土比法国广阔，从东到西达1300公里。俄罗斯人在乌克兰的整个东部地区尤其众多，该地区实现高度工业化已有相当长的时间(顿涅茨煤田、顿巴斯、克里沃伊罗格的铁矿石，等等)；在克里米亚，绝大多数居民也是俄罗斯人。其他的少数民族，在一定地域相当集中：匈牙利人多集中在外喀尔巴阡山乌克兰的边缘，保加利亚人在南方的比萨拉比亚。其他民族居住分散：犹太人在西部和中部，希腊人在南部。

1945 年后，乌克兰共和国把所有乌克兰人统一到了自己的疆土。仅仅有极少数乌克兰人居住在罗马尼亚的北部边境上和斯洛伐克的东北部边境上。但是随后，乌克兰人像俄罗斯人(还有白罗斯人)一样，分散到了整个苏联。在前苏维埃社会主义共和国联盟的每个加盟共和国中，都有乌克兰人。摩尔多瓦是乌克兰人移居的第一个国家。

斯克聚集，宣布加入罗马天主教会。有两个主教 (一共八个) 表示反对，但是基辅大主教未予理睬。合并后的教会承认罗马教皇权威的同时，保留拜占庭的仪式(也可以说成"希腊仪式"或"东方仪式")，"东仪天主教"教会就这样诞生了。从多方面来看，这是天主教和波兰反宗教改革运动的胜利。但是持不同意见的人马上就作出了反应：1620年，君士坦丁堡牧首祝圣一个大主教（基辅）和一批真正的东正教主教。波兰国王不得不于1632年下决心承认他们与东仪天主教同级并存。新的东正教大主教彼得·莫希拉，马上着手进行一场名副其实的东正教的反宗教改革运动。

1649年，上匈牙利的罗斯人 (即目前的外喀尔巴阡山乌克兰) 建立了自己的东仪天主教教会。

哥萨克人时代

17世纪初，我们可以在如今的乌克兰土地上描绘出以下景象：

——整个国家的西部都在(高度波兰化的)罗塞尼亚贵族和波兰大贵族手中，他们把持了大片收益较好的领地。

——在东北部，俄罗斯在重点保护其南方一侧安全的同时逐步侵蚀着乌克兰土地。对此，他们有自己充分的理由：克里米亚鞑靼人于1571—1572年纵火烧了莫斯科，1591年还试图故技重施。因此，俄罗斯人在现在的哈尔科夫地区筑起有防御工事的边界线并建立屯兵营地 (在18世纪，奥地利人也沿着他们与土耳其的边界建起了一条差不多的军事边界防线)。这种类型的地区法语称为marche ("军事边境区")，德语为Mark，俄语为ukraina。但从那一时期起，俄罗斯习惯称之为"小俄罗斯"，即以莫斯科为中心的大俄罗斯向南方延伸的部分，他们把乌克兰人称为"小俄罗斯人"。

——在南部，土耳其人 (在鞑靼人的帮助下) 要维持对黑海，即他们整个北部沿海地区的绝对控制权。当时机成熟，他们更是冒险继续向北方尝试。

——最后，在乌克兰的东部中心，

扎波罗热－哥萨克人逐渐发展壮大起来，即将扮演重要角色。

扎波罗热人

作为游牧或半游牧人群——尤其要指出他们是斯拉夫人——哥萨克人逐渐出现在一侧是俄罗斯和波兰、另一侧是鞑靼汗国的"无人地带"。他们分为许多群落：伏尔加河哥萨克人、顿河哥萨克人、库班哥萨克人、特雷克哥萨克人……处于最西部的被称做"扎波罗热人"，乌克兰的当地语为"正统派"之意。他们占据了第聂伯河的河湾及其附近区域；他们的领地像楔子一样嵌入俄罗斯、波兰和鞑靼之间。

这种地理形势引起了两种后果：在领地的边界附近，波兰和俄罗斯都通过提供武器和粮食，把他们作为一种缓冲军事力量，并试图使他们归顺；在领地中部则恰恰相反，哥萨克大有成为逃亡者、不法之徒和其他反叛者聚集地的趋势。大约16世纪中叶，扎波罗热人建立了自己独特的组织机构：由资深者组成的委员会（Starchina），选举产生的统领（哥萨克的公选统领，乌克兰语为ataman），还有位于第聂伯河一座小岛上的防御工事和据点谢齐(Sietch，现在已被拦水坝形成的巴拉顿湖所淹没)；他们的吸引力也就更大了。

除了受到雇用者（被收服的前奏）的诱惑和独立的诱惑，哥萨克人还要面对他们自己地盘的转变。在见证了他们成长的"无人区"，渐渐出现了来自西部（波兰）和北部（俄罗斯）的逃避奴役的乌克兰农民。接踵而至的是波兰大贵族，他们有意实现其波兰宗主国的权力，名义上他们的宗主权也扩展到了这些扎波罗热人的头上。最后是反对基辅东仪天主教的东正教精英们，他们利用哥萨克人对抗波兰人，同时还寻求莫斯科的支持：扎波罗热人就这样被卷入了多股势力的较量中，很难完全掌握自己的命运。

俄罗斯人的手腕

1637年，在基辅南部的农民和哥萨克人同时发动第一次大规模起义，波兰镇压了这次起义，并加强了在第聂伯河右岸的统治。这使得局势更加紧张。满怀雄心壮志的波格丹·赫梅尔尼茨基试图从中获利。1646年1月，他当选为哥萨克人的统领。在鞑靼人的帮助下，他发起了对波兰的毁灭性的远征，并包围了利沃夫。波兰国王让出大片领土。但战争又一次爆发，这次的结果是哥萨克人战败。他们中很多人投降。但是，赫梅尔尼茨基仍然希望联合俄国对抗波兰。经过多次的谈判，他与沙俄在1654年签署了《佩列亚斯拉夫和约》。根据这个和约，扎波罗热人接受沙皇的统治，而沙皇承认他们的"独立"，即组成哥萨克民族机构。

这一和约是乌克兰历史上的一个转折点，但这一转折非常艰难 (沙皇亚历山大一世犹豫了两年才下定决心签署和约)，因为他们之间观点的一致只是表面上的：

——赫梅尔尼茨基希望建立一个整个乌克兰中部都由他统治的、并得到邻国承认的、真正的哥萨克国家；

——至于俄罗斯人，他们的目的是重新统治从前基辅罗斯的领域。他们认为哥萨克人只是这一地区的民族之一。因此，他们直接管理非哥萨克民族的人，同时派遣他们自己的军队驻扎在这个地区。

由此则引起了一系列的冲突。这些冲突向人们说明了：为什么1657年赫梅

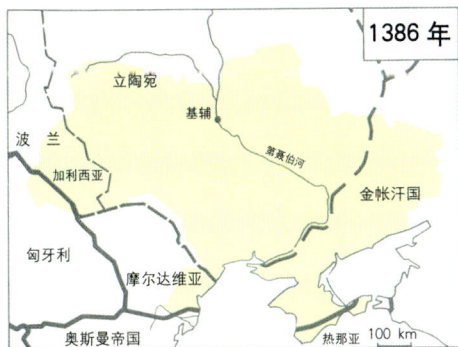

了利沃夫。波兰国王让出大片领土。

1386 年　波兰－立陶宛联盟囊括了现今乌克兰的大部地区。到14世纪末，立陶宛人的势力范围直达黑海。东部虽没有边界，却是"无人地带"。

1569 年　卢布林联盟建立时，波兰－立陶宛联盟中所有乌克兰的土地归属了波兰本土。土耳其人拥有沿海地区，包括受其保护的鞑靼人克里米亚汗国。

1689 年　扎波罗热－哥萨克人来到了俄罗斯人的范围内，后者则向前推进到了基辅。土耳其人占领了波多利亚(又于1699还给了波兰)。

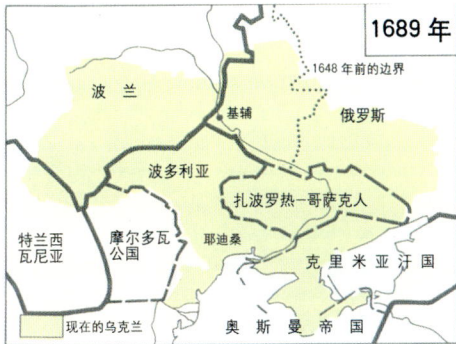

马 泽 帕

马泽帕的一生给浪漫主义者带来了无限灵感，比如拜伦、普希金、维克多·雨果、画家贺拉斯·维尔纳、弗朗兹·李斯特，等等。他在波兰宫廷里通奸时被当场抓住，被绑在一匹野马上拖到了乌克兰。哥萨克人收留了他，还推选他为哥萨克的公选统领。尽管他是一个喜欢摆阔的君主（基辅许多建筑的建造者），但面对强大的邻国，他采取了一种曲折政策，其中包括对彼得大帝，并最终与瑞典的查理十二世结盟。1709年，俄罗斯人在波尔塔瓦战役中先后打败哥萨克人和瑞典人。不久，马泽帕服毒自杀。

尔尼茨基死后，哥萨克的首领们所采取的对外政策会摇摆不定。例如，从1676—1681年，他们自动成为土耳其的保护国。

回顾历史，俄罗斯人把赫梅尔尼茨基当做一位爱国者。而乌克兰民族主义者则认为是他向莫斯科大公国打开了他们国家的大门。乌克兰人说得没错——17世纪末，也就是经历了大大小小的俄波战争之后，一种新的势力关系在乌克兰形成了。波兰仍占据着西部地区，但1655—1658年间的瑞典人入侵瓦解了波兰的统治；第聂伯右岸遭到破坏，波多利亚在1672—1699年间落到了土耳其人的手中。而俄罗斯人则占据了牢固的阵地：他们拥有基辅（1684年，基辅的东正教主教承认了莫斯科主教的权威）和整片第聂伯河左岸地区，乌克兰农民从第聂伯河右岸逃回这里。俄国便是通过扎波罗热人的领地——他们实际上附属于俄国——来迎接土耳其人的。最后一个哥萨克首领马泽帕希望乌克兰获得解放。他和查理十二世结盟，于1709年在波尔塔瓦和他一起被击败。

沙皇统治下的乌克兰

叶卡捷琳娜二世统治时期（1762—1796年），现在乌克兰的大部分地区被俄罗斯帝国占有。沙俄帝国的扩张使奥斯曼帝国付出了代价，也在波兰引起了一系列的后果。

土耳其于1768年挑起了战争。几年之内，俄罗斯军队占领了克里米亚汗国和克里米亚半岛，随后深入到了摩尔达维亚公国、瓦拉几亚公国直至保加利亚公国。通过《凯纳甲湖条约》(1774年7月16日签订)，俄国获得了土耳其的亚速、刻赤(在克里米亚的最东端)，还有第聂伯河和布格河之间的滨海地带。克里米亚汗国宣告"独立"，并于1873年并入俄国版图。

俄国的这次入侵立刻引起了奥地利人的恐慌，他们与普鲁士人一道，要从俄国人那里获得补偿，俄国放弃独霸波兰，三国第一次瓜分波兰(1772年)。奥地利由此占领了罗塞尼亚人的土地(即乌克兰)——东加利西亚(利沃夫地区)。《凯纳甲湖条约》签订后，奥斯曼帝国把布科维纳让给了奥地利(1775年)。这里的部分地区也居住着罗塞尼亚人(布科维纳是从摩尔达维亚分离出来的)。

哥萨克人的"自治"渐渐跟不上时代发展，再也无法抵抗俄国的扩张：最后一个哥萨克统领只得在1764年放弃权位；十一年后，俄国军队摧毁了

谢齐(直到今天，乌克兰民族主义者还会为此组织游行示威活动)。他们对鞑靼人也毫不手软。1783年，俄国吞并了他们所有的领土；土耳其人在第二年承认了既成事实。总之，在波将金的指挥下，殖民化已经开始：1778年建立了赫尔松，1779年建立了马里乌波尔，1784年建立了塞瓦斯托波尔，1786年建立了伊兹雅斯拉夫(今天的第聂伯罗彼得罗夫斯克)……土耳其在1787年再次发动战争，这完全是个错误——俄国又一次获胜，吞并了耶迪桑，并且因此把边界定在德涅斯特河(《雅西条约》，1792年1月9日)。

列强的目光再次投向波兰王国：第二次和第三次瓜分波兰时(1793年和1795年)，俄国占领了当时还属于波兰的乌克兰领土(沃利尼亚和波多利亚)。1812年，俄土战争结束后(1806年发动)，俄国兼并了比萨拉比亚，也就是说一半的摩尔达维亚领土和奥斯曼帝国控制下的布德加克(南比萨拉比亚)。除了一块面积较大的领土被奥地利帝国占有外，整个现在的乌克兰，从那时起都处于俄罗斯帝国境内了。

波将金

作为叶卡捷琳娜二世的宠臣，波将金在对土耳其的战争中战功赫赫。1774年任殖民区总督后，他立即表现出了天才的组织才能。叶卡捷琳娜二世1787年巡视"新俄罗斯"时，他准备了著名的"陶里德胜利之旅"，陪同女皇出巡的有奥地利国王约瑟夫二世、波兰国王斯坦尼斯拉斯·奥古斯特、利涅王子，以及法国特使塞古尔伯爵。

"新俄罗斯"

在俄罗斯人眼中，在被占领的南方领土中，乌克兰不再是乌克兰 (从"边境"意义上来说)，而是一个"新俄罗斯"。它实际上意味着：

——不久后就成为帝国"小麦粮仓"的肥沃的土地 (即著名的黑土地，俄语 tchernozium)；

——新的海上大门。它处于塞瓦斯托波尔海军基地的守护下，并因为大型贸易港口敖德萨而繁荣。敖德萨港口建于1796年，1803—1814年，在首任总督黎塞留公爵的管理下，以惊人的速度发展起来。

——大面积的可移民的土地。

殖民活动由波将金一手组织，从18世纪末开始，主要表现为乌克兰人(来自基辅和哈尔科夫之间的"小俄罗斯")和俄罗斯人的大量涌入。其他民族也参与其中：从奥斯曼帝国移民而来的希腊人和亚美尼亚人；为逃避前波兰王国的传统犹太教而来到敖德萨的犹太人；被沙皇政府当做移民而发送到陶里德、耶迪桑和克里米亚的德意志人(后来这些人被称做"黑海的德意志人")。在南比萨拉比亚，乌克兰人、俄罗斯人、保加利亚人、扎波罗热人(巴尔干人的祖先)、德意志移民取代了撤退到奥斯曼帝国的穆斯林。一批小镇由此纷纷建起，并冠以别列津纳、莱比锡、巴黎、阿尔西等类似的名称，以纪念俄罗斯人对抗拿破仑的战役。

从19世纪中期开始，特别是随着1870年后铁路的飞速发展，"新俄罗斯"得到了长足的发展：顿涅茨河流域丰富的煤炭资源，以及克里沃罗格的铁矿，为重工业的迅速崛起奠定了基础，并见证了1914年前俄国"原始资本家"和工人无产阶级的出现。

东加利西亚

在乌克兰的历史上，东加利西亚具有特殊地位。蒙古入侵基辅后，哈里茨公国（加利西亚由此得名）成为基辅一部分杰出人才（牧师、文人和商人）的避难所。这个地区当时被称为"红俄罗斯"，后来被波兰人吞并，首府为利沃夫。在第一次瓜分波兰时（1772年），加利西亚被划分给奥地利帝国，而就是在该国的统治下——其制度相对自由——乌克兰的民族运动于19世纪发展了起来。

1914年，俄国军队一度从奥地利帝国手中夺取了加利西亚。沙俄政府想了结这个被称为"乌克兰谷"的地方，于是对这个地区实行了残酷的镇压：报纸停刊，学校停办，东仪天主教主教被流放到俄国。

在两次世界大战之间，这个地区又重新归波兰所有，1939年成为乌克兰苏维埃社会主义共和国的组成部分；1941年归于联合政府之后，东加利西亚在1946年又一次遭受镇压，如同当年沙皇在沃利尼亚和波多利亚的所作所为，斯大林在该地查封和迫害东仪天主教教会。

如今，在乌克兰的民族运动中，加利西亚扮演了一个非常活跃的角色。

19世纪的乌克兰西部

当东部乌克兰经历"美国式"的蓬勃发展的时候，西部的发展却很缓慢。19世纪时，从波兰划分过来的省份（沃利尼亚和波多利亚）与北方的白俄罗斯地区一样，除1839年东仪天主教教会被强行重新纳入东正教会外（见"白俄罗斯人"一章），基本没有发生重大事件。这促使这些省份与奥地利帝国境内的乌克兰地区（东加利西亚、北布科维纳、内喀尔巴阡山罗塞尼亚）更加疏远。当然，奥地利境内的罗塞尼亚人都处于社会底层——他们都是农民——但该国的多种族背景，即每个民族都在某种程度上与其他民族相制衡，令他们保持了自己的民族特性。到了1846年，克拉科夫起义 [1846年2月，波兰人为获得主权发动了克拉科夫起义，但起义最终被奥地利帝国镇压。——译者注] 波及加利西亚的波兰人，而罗塞尼亚农民又起义反抗波兰贵族……奥地利军队恰好利用这个机会打发了双方并恢复其统治。更重要的是，东仪天主教教会在奥地利的土地上继续巩固并坚持下来，进一步使得罗塞尼亚人保持了与波兰人 (天主教) 和俄罗斯人 (东正教) 的异族感。

1917—1920年

拉达 (乌克兰议会)

沙皇政权倒台之后，一个拉达 (议会) 于1917年3月15日在基辅成立，很快得到了人民的广泛支持。它的成员来自乌克兰进步者协会 (或与其关系密切)。从1908年起，该党就试图通过合法手段为乌克兰人争取权利，获得自治地位。

1917年11月，拉达宣布成立乌克兰民主共和国，并组建政府 (以社会民主派人士彼特留拉为战争部长)。布尔什维克曾一度力图参与政权，但随后放弃了这一打算。他们在顿涅茨河盆地的苏维埃支持下，于12月25日在哈尔科夫建立了一个与之抗衡的共和国。1月，苏维埃向基辅发起攻击。撤退到日托米尔的拉达于28日宣布乌克兰独立，并开始与德意志和奥匈帝国谈判。三方于1918年2月9日在布列斯特－立陶夫斯克签署了条约。同盟国承认乌克兰独立(并许诺战后奥匈帝国的罗塞尼亚人拥有自治权)。3月3日，布尔什维克政府也在布列斯特－立陶夫斯克签署条约，承认了 (作为对同盟国的让步之一) 乌克兰独立。

但是，德意志和奥匈帝国更关心的是将来的收益，于是他们自3月起占领了整个乌克兰国家。效忠于同盟国的斯科洛帕迪斯基于4月28日成为哥萨克首领。第二天，拉达解散，彼特留拉被监禁。

乌克兰的大混战

1918年11月德国和奥匈帝国军队撤退，在乌克兰掀起了一场触目惊心的大混战：哥萨克式的狂热突然遍布各地，伴随而来的是它的残暴。这场乌克兰惨剧 (1919年初) 的始作俑者，不可避免地有布尔什维克、拉达中幸免于难的彼特留拉、马赫诺领导的无政府主义者、格雷戈里耶夫的"哥萨克族帮"、俄国"白卫军"、法国和希腊联军以及波兰军队。

——在东加利西亚，11月初，利沃夫的主人——罗塞尼亚人要求加入独立的乌克兰共和国。但意欲吞并这一地区的波兰于11月22日占领了利沃夫。然而直到1919年5月，他们才完全控制了加利西亚。

——被德国释放的彼特留拉于1918年12月14日夺取了基辅。1919年2月6日他被布尔什维克赶走，4月逃往卡缅涅茨——波多利斯基。8月，他再次试图反攻，1920年5月投靠了波兰。

——布尔什维克1918年11月28日在俄罗斯的库尔斯克组建了一个乌克兰临时政府。1919年1月3日迁往哈尔科夫，2月6日又迁往基辅。3月14日乌克兰苏维埃社会主义共和国宣告成立。

——在第聂伯河河口，格雷戈里耶夫帮的首领作为扎波罗热人的继承者，在亚历山大建立了自己的总司令部，并长途进军直到黑海。

——再往东，无政府主义的年轻首领马赫诺于1917年4月在马里乌波尔西北部的古里雅依—波列的一个村庄组织了"农民联盟"。他在这个地区组织了一支游击队，1918年整整一年，反抗德国和奥地利的统治。1919年初，他控制了在亚速海和伊兹雅斯拉夫之间的广阔地带。他反抗邓尼金将军率领的俄罗斯"白卫军"的压迫，邓尼金依靠库班哥萨克军，驻扎在顿河下游地区。

——1918年12月，联军部队登陆，但很快遭到失败。1919年2月，希腊人在赫尔松和尼古拉耶夫成为格雷戈里耶夫进攻的牺牲品。法国人在敖德萨和克里米亚半岛立足未稳，由于缺乏当地政权的支持而被击退，仅剩下英国人在黑海东部的沿海地区坚持。他们支持邓尼金，以格鲁吉亚为起点，力求控制巴库的石油。

——法国军队的撤退使得布尔什维克占据了敖德萨（格雷戈里耶夫在此之前洗劫了敖德萨），随后占领克里米亚半岛。5月，他们终于打败了格雷戈里耶夫（7月27日被谋杀）。

"白卫军"与红军的对抗

1919年春天，形势似乎已经明朗。但7月3日，邓尼金发起了大规模进攻。整个夏天，克里米亚、敖德萨、基辅等地都处于白卫军的控制之下。于是邓尼金决定武装占领莫斯科。10月13日，邓尼金的军队攻占奥哈，但随后在土拉战败。红军迅速强烈反击，在马赫诺的支持下，很快夺回了除克里米亚之外的整个地区。克里米亚还控制在退缩回来的白卫军手中（1920年后由兰格尔统帅）。

然而战争还没有结束，1920年4月，波兰人依靠彼特留拉的军队向西发起进攻，于5月6日占领了基辅。兰格尔重新开始对乌克兰展开攻击，占据伊兹雅斯拉夫和马里乌波尔。7月，红军把波兰人

1914 年　沙俄帝国（纯粹行政上的）的划分反映出各阶段的战果：小俄罗斯（乌克兰发源地）；从土耳其和鞑靼人手中夺取的南俄罗斯；得自瓜分波兰的西俄罗斯。奥匈帝国则集结了东加利西亚最西端、布科维纳和上匈牙利的乌克兰人。

1925 年　在乌克兰苏维埃社会主义共和国之外，乌克兰人成为波兰、捷克斯洛伐克或罗马尼亚公民。

1940 年　在《苏德互不侵犯条约》之后，除了内喀尔巴阡山罗塞尼亚在1939年被匈牙利兼并外，苏联将乌克兰西部所有土地都纳入了其领土。

1942 年　加利西亚东部被划分给波兰或者说由波兰监管。罗马尼亚得到了德涅斯特河东岸。德国得到了乌克兰地图上最大的一部分，即帝国特别专署区。东部地区，接近前线的地方直接由军方掌管。

1945年后　所有乌克兰地区都统一在了一个共和国内。

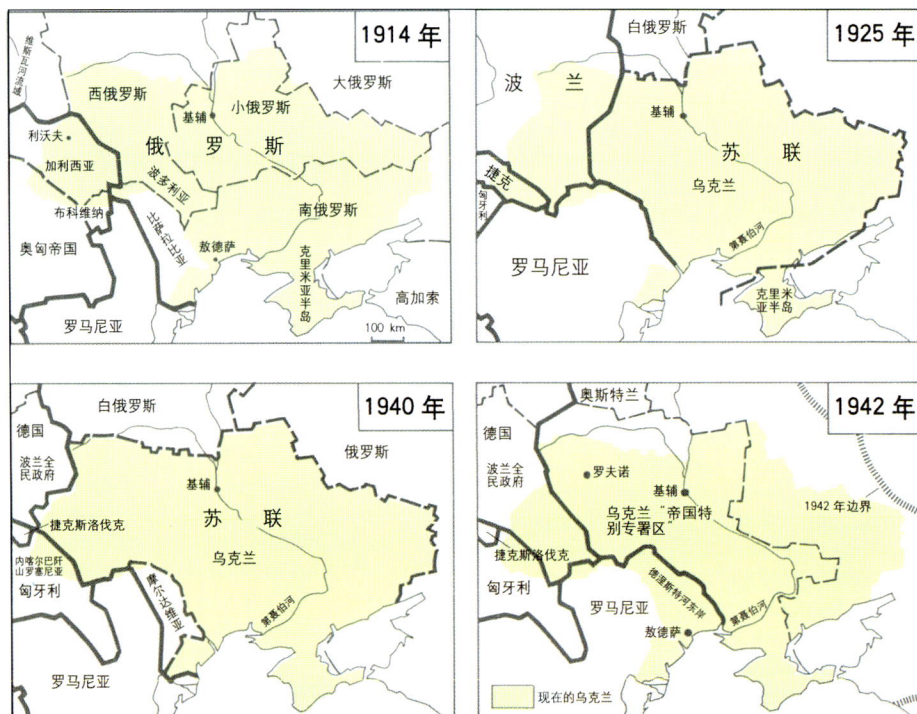

克里米亚

克里米亚半岛(现称克里木半岛)一直都分为两个部分:由于有山脉作为屏障,其东南部属地中海气候;半岛的其余部分是草原。古希腊人曾在东南部海岸建立殖民地,之后这里又先后居住过拜占庭人、威尼斯人、热那亚人(14—15世纪)和土耳其人(1475年后)。在内陆,鞑靼人于15世纪建立了自治的汗国。俄罗斯人在1783年吞并了整个地区。他们的塞瓦斯托波尔海军基地于1854—1855被英国人、法国人和皮埃蒙特人包围,成为克里米亚战争的中心。自沙俄时代起,东南海滨就成为了度假之地,后来改造成为"苏维埃的里维埃拉"〔里维埃拉"指从法国东南部延伸到意大利西北部的沿海地区,在法国又被称为"蓝色海岸",是一个深受欢迎的旅游胜地。——译者注〕,其中包括旅游胜地雅尔塔,1945年2月在这里曾召开了由丘吉尔、罗斯福、斯大林参加的著名会议。

作为少数民族,鞑靼人直到1944年5月一直生活于克里米亚地区。当时斯大林指责他们与德国人合作(他们中的某些人确实如此),并把他们都流放到了中亚。1921年克里米亚成为俄罗斯联邦内的自治共和国;1946年成为其中的一个省。1954年,在《佩列亚斯拉夫和约》签订三百周年之际,克里米亚被重新划归乌克兰,而当时该地区三分之二的人口是俄罗斯人,1991年2月,克里米亚建立了自治共和国。

1991年底苏联解体后,克里米亚的大部分鞑靼人重新回到了他们的发祥地。

逼退到利沃夫。8月,波兰军队作最后的反攻。10月,双方停战。在接下来的一个月里,红军进军克里米亚。13.5万人(其中兰格尔的士兵7万人)从海上溃逃。11月15日,红军攻占了塞瓦斯托波尔,最后只剩下马赫诺不肯投降,被布尔什维克追击,1921年8月逃亡到了罗马尼亚,1934年死在巴黎。

战争结束后,乌克兰满目疮痍。

三年之中(1917—1920年)基辅九易其主。与扎波罗热人的时代一样,敌对的骑士匪帮到处都是,特别是在1919年,白卫军军队的叛逃者越来越多,甚至作战时也有人叛逃。(库班哥萨克军从邓尼金的军队中叛离。)所谓的正规军的军纪也是一团糟,邓尼金和兰格尔在失败后坦白承认了这一点,抢劫屠杀更不在话下。从1919年2月到4月,彼特留拉手下的乌克兰人在波多利亚展开对犹太人的大屠杀(虽然他个人的责任看起来并不重,但彼特留拉还是于1926年在巴黎被俄罗斯犹太人暗杀了),接着就是邓尼金的军队在1919年7月至8月间对犹太人大屠杀。

苏维埃乌克兰

"乌克兰化",斯大林主义

乌克兰苏维埃政权于1919年3月14日建立,并在1922年12月30日与俄罗斯、白俄罗斯和外高加索一起组成苏维埃社会主义联盟。1923年,乌克兰定都哈尔科夫,1934年迁至基辅。20年代是乌克兰化的时代——有步骤地建立起了本民族的语言和文化系统。从1920年9月起,乌克兰颁布了一项法令,规定在教学中使用乌克兰语。1923年8月,乌克兰语的使用扩展到政府的各个领域。在实践中,乌克兰语和俄语同为正式语言。

语言方面的迅速发展,也得益于苏联"新经济政策"的实施,促使乌克兰民族真正复兴。但是后来的斯大林时代是可怕的:农业集体化转变为国内战争(城市与乡村之间的争斗),继而在1932—1933年间导致了可怕的饥荒(乌克兰民族主义者所提供的死亡人数是700万)。与此同时,知识分子精英也遭到迫害。

第二次世界大战期间

德军于1939年9月入侵波兰之后,苏联把一部分前波兰"边界地区"并入乌克兰,如沃利尼亚和东加利西亚。1940年6月苏联对罗马尼亚下最后通牒之后,又吞并了北布科维纳和南比萨拉比亚(比萨拉比亚的其余部分成为摩尔达维亚苏维埃共和国)。随后不久这些地区里占人口少数的德国人被迁移到了德国。

1941年6月22日起,德国人在罗马尼亚人的帮助下进攻乌克兰,10月占领了乌克兰。随之而来的是重新划分领土:

——尽管东加利西亚的居民大多数是乌克兰人,但仍被归并到波兰全民政府。

——罗马尼亚收回北布科维纳和比萨拉比亚并且得到了德涅斯特河东岸（位于德涅斯特河与布格河之间），这是包括敖德萨在内的纯属乌克兰的区域。

——乌克兰的其余部分（主要部分）形成了乌克兰"帝国特别专署区"，首府在罗夫诺。

作为占领者，德国有很多军事（军队和通信的安全）乃至经济方面的忧虑，因为乌克兰拥有大量的资源，无论是农业还是矿产（诸如克里沃罗格的铁矿，尼科波尔的锰矿，等等）。

德国进展的速度之快令当地和其他地方的居民都没能及时作出反应。纳粹"别动队"就这样轻而易举地展开了对犹太人的大屠杀，直到1942年底犹太人被完全灭绝；而此时弗里茨·绍克尔下属的战时劳工部门也加快了

乌克兰的语言和文学

有一种接近白俄罗斯语、从教会斯拉夫语派生而出的文学语言，曾经长期存在于乌克兰。但是这种语言逐渐被波兰化，与通俗语言脱离，最终于18世纪被沙皇政府禁止使用，几乎被人们遗忘了。从现存的口头语言出发，一种新的乌克兰现代文学语言就这样重新开始发展。

19世纪初，乌克兰现代文学语言振兴的先驱I. P. 柯特利亚列夫斯基选择幽默手法使用小俄罗斯语编成滑稽诗集《艾涅伊达》。此举获得巨大成功。塔拉斯·谢甫琴科（1814—1861）是重要的作家，真正的民族英雄。这个伟大的诗人、热诚的民族主义者受到沙皇尼古拉一世的迫害，被强制作为普通士兵编入乌拉尔军团并被禁止写作或绘画，迫害持续了十多年。另外一位著名作家是加利西亚的伊凡·弗兰克（1856—1916），他因个人的政治观点而遭到奥地利政权的迫害。但是他仍然在维也纳度过了他大半人生，并在那儿完成了他的主要著作。

20世纪，美国和加拿大，就像沙皇时期奥地利的加利西亚一样，成了乌克兰作家的圣地，那里有一个规模很大的乌克兰社群，在苏联被禁止的大量作品在那里得以出版发行。

对男女劳动力的征用。乌克兰人和波兰人构成了"东部劳工"的主体，被大量送往德国的劳动营，甚至集中营。而因为没有大片的森林和沼泽地带，乌克兰人不能像白俄罗斯的民众那样对德军组织有力的反抗。

一些乌克兰人加入了德国军队。罗塞尼亚民兵追捕东加利西亚的犹太人，身着黑色军装的乌克兰人在波兰替种族灭绝集中营做看守。

在沃利尼亚兴起了一场同时针对苏联人和德国人的地下抵抗运动，其领导人是斯特凡·邦德拉。德国人最终将其拘捕并送进了集中营。然而，邦德拉主义者在1945年后仍继续坚持斗争了几年。

1943年8月至1944年7月，苏联的军队夺回了乌克兰。这一阶段的战争，特别是德国人在撤退期间，对乌克兰造成了极大的破坏。苏联在第二次世界大战期间一半的物质损失是在乌克兰造成的(生态环境、工业、交通，等等)。乌克兰人的死亡人数高达600万。

1945年后的乌克兰

1945年，所有的乌克兰人第一次会聚到一个共和国之中，他们分别来自：战前的乌克兰苏维埃共和国，1939年从波兰并入的领土，或者1940年被从罗马尼亚并入的领土，以及新近加入的、由捷克斯洛伐克人1945年6月29日让给苏联的内喀尔巴阡山罗塞尼亚。人口迁徙随即开始，海乌姆地区(波兰卢布林东边)的乌克兰人越过边境回到乌克兰，而西乌克兰的波兰人(超过100万)反方向回到波兰。

乌克兰和白俄罗斯一样，是联合国的创始国之一。但这只是事物的一个方面，真实的情况是，战后的几年同战前的几年一样，乌克兰人的生活十分艰难。1946—1947年，乌克兰又一次遭遇饥荒。直至苏联实现非斯大林化，一场民族复兴运动才得以显现，并且扩展到了工人阶层，这在苏联历史上是超乎寻常的。由于赫鲁晓夫本人就是乌克兰人，所以对此表现了一定程度的宽容。但是，该运动后来波及到共产党。于是勃列日涅夫于1972年对运动进行镇压和肃清。当时的乌克兰共产党第一书记谢列斯特被怀疑是民族主义分子，不得不让位于保守的谢尔比茨基，谢尔比茨基在乌克兰执政到1989年。

独立自主的乌克兰

民族主义的崛起

1989年，除共产党迅速演变之外，两股新的政治力量也产生了。鲁赫党（Roukh，乌克兰人民改革运动党），由带有民主主义和民族主义思想的知识分子于1988年建立，1989年成为主张独立的政党。该党在国家西部与中部都是势力最大的。1990年1月21日，为了纪念1918年拉达的《独立宣言》，他们组织乌克兰人手拉手形成一条将近500公里长的人链，横穿整个共和国。"顿巴斯矿工独立工会运动党"，源于1989年7月的罢工，它一开始就提出了同样具有民主主义和民族主义倾向的政治要求。

1990年7月，乌克兰在俄罗斯之后宣布自己拥有"主权"。但是，同苏联的其他地区一样，1991年8月失败的政变成为一个决定性的转折点。

独　立

1991年12月1日，一次由全体居民（包括俄罗斯人）参加的全民公决，以90%以上的赞成票通过了乌克兰独立的原则。一周后，俄罗斯、乌克兰和白俄罗斯结束了苏维埃联盟，建立了独立国家联合体（独联体）。

前乌克兰共产党的第二号人物克拉夫丘克，在1991年12月1日的普选中当选共和国的总统。他不得不面对许多困难，尤其是如何处理与不甘心让乌克兰"脱离"出去的俄罗斯的关系。除此之外还有经济(乌克兰大量依靠俄罗斯的能源供应)、有争议的核武器以及克里米亚半岛等问题。

在从苏联军队继承来的核武器之中，乌克兰民族主义者看到了在特殊形式下抵制俄罗斯的强大压力，并获取美国补偿的手段。由于美国非常担心持有核武器的国家数量增多，1994年1月，他们以高额的经济援助为交换条件使乌克兰放弃了拥有核武器。

关于克里米亚半岛，有两个相互关联的问题：半岛的地位问题和前苏联黑海舰队的前途问题。在官方层面上，俄罗斯并不否认克里米亚半岛属于乌克兰。但是，俄罗斯的民族主义者中总希望有那么一天，利用克里米亚半岛俄罗斯人占多数这一优势，使之重返本土。此外，1994年1月，在克里米亚（自治）共和国举行的普选中，多数人支持克里米亚半岛独立于基辅政府。黑海舰队的问题（随着基地的老化，已失去战略意义）也来自两国民族主义间的矛盾：黑海舰队究竟应该由乌克兰和俄罗斯分享，还是全部归属俄罗斯，而由俄罗斯在财政上对乌克兰进行补偿，还是将塞瓦斯托波尔海军基地租给俄罗斯？

经过艰苦的谈判，最终俄罗斯承认克里米亚半岛归乌克兰所有，同样，塞瓦斯托波尔也归属乌克兰，但作为补偿，把海军基地的一部分租给俄罗斯。

波 兰 人

1945年以后，波兰人基本上重新掌管了大约在公元1000年时曾属于他们的领土。在这两个时间点之间，波兰的发展随着它的邻居们——日耳曼人及俄罗斯人——的进与退发生着变化。

邻邦的第一次推进——由日耳曼民族发起——迫使波兰人向东迁移。当时波兰人借俄国臣服蒙古之后的慌乱，联合立陶宛人，谋求在这一地区的发展壮大。辽阔的波兰王国日渐强盛，16世纪达到了它辉煌的顶峰。此后国势一路下滑。18世纪末，在俄德两国的共同压迫下，波兰被邻国瓜分，王国不复存在。

第一次世界大战期间，俄国革命爆发，这在某种意义上表现为俄罗斯的撤退。同时日耳曼族列强（德国、奥地利）战败，利用这一契机，独立的波兰国家建立起来。但是二十年后，苏德两国签订的盟约导致波兰再一次被瓜分。由此，在历史的长河中，波兰第二次消亡了。

1945年，苏德两国的平衡格局被打破：在苏军的强大攻势下，德军溃退。德国人又被赶回到奥得—尼斯一线以西地区。波兰人借机向西挺进，从德国人手中夺回了原本属于波兰，却在八个世纪前被德国强占、侵略、殖民的土地。

波兰王国的起源

西斯拉夫人的三个部落是波兰人的祖先，包括"大波兰"地区（波兹南）的波兰人，"小波兰"地区（克拉科夫）的维斯兰人和生活在西里西亚地区的希莱赞人。波兰人梅什科一世（960—992年在位）统一了三个部落，建立皮亚斯特王朝。为了摆脱来自日耳曼的政治宗教压力，梅什科一世在966年皈依天主教，并于968年在波兹南设立主教。"勇敢者"博莱斯瓦夫（992—1025年在位）继续推行其父的政策，扩大了波兰的疆土：公元1000年，博莱斯瓦夫在格涅兹诺建立大主教府，波兰成为罗马的直属教会省。1025年，博莱斯瓦夫的王位得到罗马教会的认可，他是波兰历史上成就最高的国王。

在德意志人和蒙古人之间

11—12世纪，波兰危机重重。尽管有几代君主的不懈努力，但皮亚斯特家族成员的割据最终还是导致了波兰王国走向分裂，尤其是在西里西亚，这使得日耳曼人有了可乘之机。邻国基辅罗斯也在这一时期分裂成12个公国。13世纪初，由于国家秩序混乱，波兰和东斯拉夫不得不面对外界越来越大的威胁。

西面，德国加紧对波兰施压：西里西亚名义上虽仍属波兰，但却在逐渐日耳曼化。另外，出于福音布道和领土扩张两方面考虑，德国还在波罗的海沿岸修建了两座桥头堡：一座位于里加，1201年，根据不来梅大主教的指示，里加设立主教管辖区，与此同时佩剑骑士团开始组建，并很快占领了利沃尼亚和库尔兰；另一座桥头堡在库姆兰，在一个波兰人（马佐维亚公国的康拉德公爵）的提议下，条顿骑士团于1224年进驻库姆兰以迫使古普鲁士人皈依基督教。

波兰东部仍然受到来自大草原方向的威胁，先是1203年库曼人将基辅洗劫一空，此后蒙古人又给波兰带来了更大的灾难。1239—1242年，蒙古人大举进攻波兰，在波兰境内肆意破坏，在西里西亚的里格尼卡打败波德联军，此后又战胜了匈牙利。虽然蒙古人只是从波兰的本土穿过，但他们控制了整个东斯拉夫人，对加利西亚和维斯瓦河近郊造成了很大的威胁。

14 世纪的历史转折

13 世纪末，波兰土崩瓦解，国家陷入无政府状态。波兰大贵族势力扩大，而小贵族则骚动不安；波兰君主体制逐渐演变为选举制。天主教会的地位越来越重要，成为维系民族统一的唯一力量。同时，德国方面的压力仍然没有减轻。13 世纪时，条顿骑士团迫使古普鲁士人服从他们的统治、皈依基督教并日耳曼化，建立起一个独立的普鲁士国家；西里西亚被并入神圣帝国；1308 年，条顿骑士团兼并但泽和波美拉尼亚东部，切断了波兰在波罗的海的出海口。

在皮亚斯特王朝最后几任国王统治时期，波兰的情形有所改观："矮子"弗瓦迪斯瓦夫（1320—1333 年在位）及后来的卡齐米日三世（1333—1370 年在位）都对国家的发展作出了巨大的贡献。尤其在卡齐米日三世统治时期，波兰恢复了繁荣景象。波兰接纳了部分外来移民——包括被德国人驱赶的犹太

人——并在 1349 年得到了罗塞尼亚人的哈里茨公国（即加利西亚），从而扩大了领土范围。1320 年，克拉科夫成为波兰首都。1364 年，克拉科夫大学成立。

波兰人几经周折，终于走上了复兴之路，而与他们相邻的立陶宛人（当法国开始建立哥特式教堂的时候，立陶宛人还是一群"异教徒"）却显现出惊人的活力。从 13 世纪中叶起，立陶宛人将斯拉夫人从鞑靼—蒙古人的奴役中解放了出来，他们的土地扩大了十倍，一直延伸到基辅。不过，条顿骑士团仍没有停止对立陶宛人和波兰人的骚扰。

波兰－立陶宛联盟

卡齐米日大帝没有子嗣，1370 年，他的侄子安茹的路易继位（他当时已是匈牙利国王）。路易同样无子，却有两个女儿。他死后（1382 年），长女玛丽成为匈牙利王后，小女儿雅德维加则继承了波兰王位。遵照波兰人的提议，雅德维加于 1386 年嫁给立陶宛大公嘉莱拉（即亚盖沃）。后来，亚盖沃皈依天主教，很快当选为波兰国王，称弗瓦迪斯瓦夫二世·亚盖沃。1399 年雅德维加去世后，1401 年签订的《维尔纽斯条约》

使波兰和立陶宛成为无限期的君合国
(两个国家共有一位国王)。

　　波兰和立陶宛的联盟在当时可谓所
向披靡。它庇护着不同的民族,面对鞑
靼人或德国人的威胁,他们相信"团结
才是力量",才能保证国家的安定。除
了长期以来信仰天主教的波兰人,以及
正在改宗的立陶宛人,波兰-立陶宛联
盟境内还有东斯拉夫的众多民族,他们
摆脱了鞑靼人的控制并归顺立陶宛大公
国(在加利西亚的东斯拉夫人则并入
波兰)。不过他们(无论是平民还是贵
族)仍保留着自己的宗教信仰(东正教)
和语言,与波兰人有明显的区别。他
们被称为"罗塞尼亚人",而那些被鞑
靼人统治了更久才获得解放的、居住
在莫斯科附近的斯拉夫人则被称为
"俄罗斯人"。

　　在弗瓦迪斯瓦夫二世·亚盖沃
(1386—1434年在位)及他的堂兄维陶塔
斯(受任管辖立陶宛)统治期间,波兰取
得了辉煌的战果。首先是对德方面:
1398年,条顿骑士团占领萨莫吉提亚
(立陶宛境内)以保证普鲁士与库尔兰
之间的联系。但在1410年7月15日,骑
士团在坦嫩贝格被波兰、罗塞尼亚和
立陶宛联军打败,萨莫吉提亚重归立
陶宛。其次,对鞑靼人作战也同样取
得了成功,由维陶塔斯指挥的军队一
直推进到黑海。

　　亚盖沃家族声名显赫,以至于匈
牙利人在1440年推选弗瓦迪斯瓦夫三
世——他已继承父亲弗瓦迪斯瓦夫二
世的波兰王位——作为他们的国王,
率军与土耳其作战。不过,这却使他
在1444年的瓦尔纳(位于保加利亚境
内)战役中丢了性命。他的兄弟卡齐
米日四世继承王位,直到1492年。卡
齐米日四世支持波美拉尼亚东部的波
兰贵族、普鲁士有产者及但泽海军起来
反抗条顿骑士团。这就是"十三年战
争"(1454—1466年)的开始,这场战
争以波兰大获全胜而告终,后来签订
的《托伦条约》迫使条顿骑士团接受
波兰国王管辖,并将波美拉尼亚东部、
但泽和瓦尔密(即埃姆兰)归还波兰。
波兰重新拥有了波罗的海的出海口。
卡齐米日的一个儿子弗瓦迪斯瓦夫在
1471年成为波希米亚国王,1490年为
匈牙利国王。

尼古拉·哥白尼

波兰的"黄金时代"对整个欧洲思想的发展都产生了巨大的影响，其中贡献最大的当属1473年出生在托伦的尼古拉·哥白尼。哥白尼在克拉科夫和博洛尼亚(意大利)完成学业后，在瓦尔密做了议事司铎，后来回到意大利，在教区省定居。在那里，哥白尼完成了太阳中心论学说，后收入《天体运行论》。但是出于谨慎，哥白尼本人没有出版这部作品。他的朋友们承担起了出版的任务，并且历史似乎注定这部作品的首版(在纽伦堡印制)要在1543年，即他去世前几天才送到他的手中。

波兰的和平

黄金时代

波兰在15世纪进入鼎盛时期，这种辉煌一直延续到下个世纪。其中杰出的亚盖沃王朝——往往同时出现在波希米亚和匈牙利的历史中——起了决定性的作用。这一时期外患少了：随着"东进运动"的结束，条顿骑士团一蹶不振；不久以前还在威胁波兰西部的德国也自顾不暇；鞑靼民族分裂成三个汗国；莫斯科公国宣布独立。此时的纷争主要发生在边界附近。总而言之，波兰—立陶宛联盟实现了国内和平、人民安定及宗教自由。波兰—立陶宛境内的天主教徒(16世纪出现新教徒)、东正教徒和犹太民族也和平共处，相安无事。

波兰的"黄金时代"同时伴随着文化的飞跃，天主教会与罗马教廷的联系加强，波兰与意大利的关系也更为紧密(犹如当时的匈牙利)。波兰甚至自称为"拉丁国家"。同时波兰语不断发展，立陶宛贵族和部分罗塞尼亚贵族逐渐"波兰化"了。

对奥斯曼和俄国的斗争

当波兰进入"黄金时代"时，波兰边界上新的威胁也开始出现了。奥斯曼人向前挺进。摩尔达维亚(匈牙利和波兰都曾费尽心机地想对它加以控制)进入了它的保护圈。1456年，摩尔达维亚开始向奥斯曼帝国缴纳岁供；1480年，岁供增加；1538年，苏莱曼一世征服了摩尔达维亚。黑海沿岸也落入奥斯曼人手中。1475年，他们从热那亚人手里夺走了克里米亚南部地区，把汗国纳入其保护圈；为了确保与鞑靼人的领土之间有陆路相连，奥斯曼人在1484年吞并了布德加克（位于比萨拉比亚南部，从摩尔达维亚手中夺得），1526年吞并了耶迪桑（一个世纪以前，维陶塔斯把耶迪桑并入立陶宛大公国）。同年，奥斯曼人入侵匈牙利：匈牙利国王路易二世（他也是亚盖沃皇族）在莫哈奇战败被杀。

1480年以后，莫斯科公国不再向鞑靼人进贡，变得大胆起来。莫斯科亲王伊凡三世先后攻占维亚兹马、布良斯克、诺夫哥罗德－塞维尔斯基及切尔尼戈夫；他的儿子瓦西里三世则于1514年

1386年　波兰与立陶宛开始了它们的君合政体。条顿骑士团正处于巅峰时期：它吞并了东波美拉尼亚，阻断了波兰与波罗的海的联系，并于1398年从立陶宛夺取了萨莫吉提亚。但是波兰与立陶宛联军于1410年在坦嫩贝格重创条顿骑士团，立陶宛大公国的东部边界即为"无人地带"，并没有军事边境。15世纪初，立陶宛获得了黑海的出海口。

1386年波兰－立陶宛君合国

占领斯摩棱斯克。

在波罗的海沿岸，路德教改革运动给条顿骑士团带来打击。在普鲁士，问题很快得到解决：1525年条顿骑士团世俗化，大团长勃兰登堡的阿尔伯特成为普鲁士公爵（从属于波兰国王）。相反在利沃尼亚，问题却迟迟没有得到解决，这刺激了伊凡·雷帝（即伊凡四世），他按捺不住想要一试运气。1558年，他率军攻占了纳尔瓦和多尔帕特。波罗的海沿岸的问题最终以瓜分的形式得以解决（1561年）：骑士团团长克特莱尔成为库尔兰公爵，从属于波兰国王，波兰一立陶宛联盟兼并利沃尼亚，瑞典占领爱沙尼亚，厄塞尔群岛归属丹麦。剩下的就是把践踏了这片土地的俄罗斯人驱逐出境了。

卢布林联盟

西格蒙德一世于1506—1548年统治

1569年　这一年卢布林联盟成立。联盟成立后，南部的罗塞尼亚地区（也就是乌克兰）被并入波兰本土。1466年，波兰重新获得了通往波罗的海的通道。1561年，利沃尼亚并入波兰，但又于1629年落入瑞典手中（"内利沃尼亚"除外）。条顿骑士团的继承者们——库尔兰和普鲁士的公国，当时是波兰国王的附属国，但实际上享有相当的独立权。1526年，土耳其人攻占了德涅斯特河与布格河之间的滨海地带（耶迪桑）。

1569年卢布林联盟
现在的波兰、白俄罗斯、乌克兰、立陶宛

波兰。他的儿子西格蒙德·奥古斯特 (1548—1572 年在位) 无嗣，从而成为亚盖沃王朝的最后一位国王。西格蒙德·奥古斯特在世时，国际形势日趋严峻，因此波兰与立陶宛的联合加强了。1566 年，立陶宛仿照波兰国会的形式，建立了自己的国会。三年后，两国国会在卢布林合并，成为一个新的政府机构。其实合并过程并非一帆风顺，因为立陶宛的大贵族曾一度中止和平谈判，而南立陶宛的贵族要求并入波兰，他们的愿望很快得到了满足。最终波兰和立陶宛签署《卢布林合并条约》(1569 年)，这使得两国成为共有一位国王、拥有一个议会及共同选王制的永久性联盟。统一联盟中的每个国家保留独立的法律、法院、国库、军队和勋位……另外，双方公民共享两国权利。

1596 年，华沙取代克拉科夫及维尔纽斯，成为波兰－立陶宛联盟的唯一首都。

宗教改革，反宗教改革，东仪天主教

1520 年开始的路德宗教改革迅速在波兰境内的德国少数民族和部分波兰人中蔓延开来。随后出现的加尔文教义影响了包括天主教教徒 (如首相拉德兹维) 和东正教教徒 (恰尔托雷斯基家族) 在内几乎六分之一的波兰贵族。由于人文主义者的影响，当时波兰当权者对多种宗教并存采取了比较宽松的政策：1572 年，当国会召开之时，华沙同盟宣布各种教派将长期和平共处。但是这并没阻止天主教教会作出反应 (16世纪上半叶，瓦尔密主教，即未来的红衣主教斯坦尼斯瓦夫·赫斯尤茨就是反抗队伍的主要人物)，耶稣会教徒也发动了反宗教改革运动。他们于1570年在维尔纽斯设立学院 (1578年改为大学)，大力开展教育、传道 (彼得·斯卡尔加 [Piotr Skarga (1536—1612)，波兰天主教耶稣会传教士、作家，波兰反宗教改革的代表人物。——译者注]) 和出版活动 (《圣经》波兰文版本)。许多信仰加尔文教派的贵族重新皈依天主教，如拉德兹维 (首相之子) 后来便成为维尔纽斯的主教。

16 世纪时，罗塞尼亚地区的东正教教徒——他们的主教由信奉天主教的君主直接任命——产生了某种不满情绪，人们认为这种不满情绪导致了这些教徒的改宗 (皈依加尔文教派或天主教教派)。1596 年，部分东正教神父和忠实信徒在布列斯特一立陶夫斯克召开会议，决定归属罗马教皇管辖，但仍保留原有的拜占庭仪式。东仪天主教教会由此产生了（见"乌克兰人"一章）。

波兰和平的终结

　　1572年，亚盖沃王朝最后一位国王西格蒙德·奥古斯特去世，寻找新君主成为当务之急。波兰主教成为"代理执政官"，人们开始在国外寻找君主人选（这种做法一直延续至18世纪中期）。那时哈布斯堡家族的几位候选人均未入选。1573年6月，法国人亨利·德·华洛瓦成为波兰国王继承人，但他在克拉科夫待了几个月后就"连夜逃跑"了。人们重新开始考虑杰出的特兰西瓦尼亚省总督史蒂芬·巴托里。他于1575年击败马克西米连二世，继承王位。巴托里的继承人是信奉天主教的瑞典人——瓦萨的西格蒙德三世（1587—1632年在位），其母出自亚盖沃家族。之后继位的是他的儿子弗瓦迪斯瓦夫四世（1632—1648年在位）。

　　史蒂芬·巴托里深受波兰人民爱戴，他才干过人，曾打跑了伊凡·雷帝，还率军队将俄军一直赶回莫斯科公国。1582—1583年，俄国放弃了对利沃尼亚的领土要求。在伊凡·雷帝死后俄国所经历的"骚乱时期"中，波兰军队甚至于1610—1612年间在克里姆林宫驻扎军队，收回斯摩棱斯克、诺夫哥罗德一塞维尔斯基和切尔尼戈夫。1618年波俄签订为期十五年的《杰乌利诺停战协定》，巩固了战果。1634年，在新一轮波俄战争后，双方又签订了《波罗诺夫和约》，重申《杰乌利诺停战协定》的合法性。俄国的威胁被遏制住了。但从1600年开始，瑞典人又表现出占据利沃尼亚的野心。1617—1629年，瑞典国王古斯塔夫·阿道夫发动对波兰的战争，导致了《阿尔特马克条约》的签订，瑞典得到利沃尼亚的大部分地区及波兰一普鲁士沿海地带，而利沃尼亚东南部，即内利沃尼亚仍归波兰所有。

　　1635—1648年，处于和平之中的波兰人有幸避开了"三十年战争"。之后，灾难便降临了。

战争与衰落

1648—1676年的一系列事件使波兰遭受了沉重的打击，此后不可避免地走向衰落。扎波罗热－哥萨克人的叛乱，揭开了波兰危机的序幕，但真正给波兰人民带来深重灾难的还是瑞典人。

哥萨克民族起义

黑海北部地区在蒙古－鞑靼人来此长期盘踞以前，是各国入侵者的理想通道。16—17世纪，这块土地一直是三股势力争夺的对象：与其盟友克里米亚鞑靼人长期驻扎在黑海沿岸的土耳其人；关注其南部安全的俄国人（俄国南部正对着鞑靼人的聚居地）；而波兰人则想进一步开发位于基辅东部和南部的领土，这块土地正属于他们。

扎波罗热－哥萨克人居住在三大势力觊觎的中心地带，即第聂伯河的河套地区。他们在16世纪享有自治权。1648年，赫梅尔尼茨基领导他们展开了反对波兰统治的起义（见"乌克兰人"一章），并带领他们归顺了沙皇，其时，俄国刚于前一年与波兰开战。

第一次"北方战争"

第一次"北方战争"纷繁复杂，波兰、俄国、瑞典、丹麦，甚至日耳曼帝国国王和特兰西瓦尼亚均被卷了进来。1653年，俄国在哥萨克人的帮助下进攻波兰，夺得基辅、斯摩棱斯克和维尔纽斯等地。三年后，瑞典从利沃尼亚入侵波兰。考虑到瑞典是波兰与俄国的共同敌人，俄国在1656年与波兰签订停战协定（《尼米扎和约》）。当时波瑞两国就波兰瓦萨和瑞典瓦萨的继承问题展开争论，而波兰王国的国王约翰·卡齐米日（1648—1668年在位）即来自瓦萨家族。1655—1658年，瑞典侵略者大举进攻波兰，几乎占领了除但泽、利沃夫以外的所有地区：华沙于1655年被占，1656年夺回，此后在1657年、1658年两度易手。1660年，波瑞两国在奥利瓦签订和约，波兰将利沃尼亚一带割让给瑞典，从而结束了"北方战争"。然而这三年在波兰人民的脑海中留下了惨痛的记忆，史称"大洪水"时期。

勃兰登堡（1618年占领普鲁士公国）也在这场纷争中分了一杯羹。它与瑞典结盟，于1657年迫使波兰让出对普鲁士的宗主权，另外还得到波美拉尼亚东部边缘的小片土地。

尽管波兰人遭受了太多不幸，但他们还是在鞑靼人的支持下于1658年重新对俄开战，结果无功而返。1667年，波俄签订《安德鲁索沃停战条约》：波兰被迫放弃斯摩棱斯克及第聂伯河以东的地区，基辅也暂归俄国所有，为期两年，但是俄国此后再未归还这片土地。这还不够，由于哥萨克人的挑唆，土耳其也于1672年出兵波兰，并围攻利沃夫。国会拒绝了第一份和约，约翰·索别斯基（后于1674年当选为波兰国王）率兵反击，结果失败而归。1676年，波土签订《佐拉诺条约》，土耳其得到了波多利亚。

对于波兰来说，二十五年的纷争损失惨重，国土丧失只是其次——普鲁士公国（波兰对它的宗主权已有名无实）、斯摩棱斯克、基辅、第聂伯河东岸及波多利亚（1699年被波兰收回）都被他国占领，重要的是因为腹背受敌，波兰已是千疮百孔，满目创痍，与"三十年战争"结束后德国北部的情形相同。在此后的一个世纪里，波兰这片曾长期享有和平的乐土，虽没有成为血肉横飞的战场，但也是各邻国军队的来往通道。

波兰人仍应当感谢约翰·索别斯基（1674—1696年在位），他的统治其实是君主统治最后的辉煌时期。当土耳其人于1683年包围维也纳时，是他率领援军在卡伦堡打败了土耳其，由此引发神圣同盟（奥地利、威尼斯、波兰）与土耳其旷日持久的战争。波兰军队挺进匈牙利、瓦拉几亚和波多利亚，并以永久出让基辅作为交换，使俄国加入神圣同盟，参加了对土耳其的战争。由于他的努力，1699年的

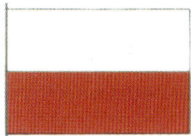

国旗采用13世纪以来波兰军队的颜色：一只白色的雄鹰飞翔在一片深红的背景之上。

1750 年

现在的波兰 / 神圣帝国的边界

《卡尔洛维茨条约》使波兰收回波多利亚。

第二次"北方战争"

虽然签订了一系列和约，波兰仍不太平。约翰·索别斯基之后，萨克森选帝侯腓特烈·奥古斯特继承波兰王位，称"强力王"奥古斯特二世（1697—1733 年在位）。这是波兰历史上第一次选择一位德国王子掌权（另一位候选人是法国王子孔蒂），而且他此前已经执政，掌握着训练有素的军队。

由于沙皇彼得大帝对波罗的海的入海口垂涎已久，借波兰王位交替之机，他与奥古斯特二世（意图收回利沃尼亚）及丹麦结盟，出击瑞典，第二次"北方战争"爆发。1700 年，瑞典 18 岁的新王查理十二世从丹麦手中夺得哥本

1750 年　扎波罗热哥萨克人归顺俄国（17世纪），迫使波兰放弃基辅及其腹地。从 1657 年起，普鲁士公国（即东普鲁士）不再是波兰的附属国。

哈根，在纳尔瓦击退俄军，并将里加从波兰—萨克森军队的围攻中解救出来。次年，瑞典再次出兵波兰，并在那里长期驻守至 1709 年。他们大肆抢掠，约 1710 年又爆发了鼠疫，波兰陷入十分可怕的局面之中。1704 年，查理十二世强迫国会选举斯坦尼斯瓦夫·莱什琴斯基为波兰国王。他派兵追捕奥古斯特二世至萨克森；1706 年，奥古斯特被迫放弃王位。1707 年，查理十二世联合哥萨克（起义地区）的公选首领马泽帕展开对俄战争。然而 1709 年，俄军在波尔塔瓦击退瑞马联军，查理十二世逃亡土耳其。

彼得大帝是第二次"北方战争"中唯一的赢家。1709 年，他在华沙扶植奥古斯特二世重新登上波兰王位；由于他的军队占领着波兰，彼得大帝得以裁决波兰各派系间的纷争。事实上，他对波兰的扶植一直持续到 1733 年。另外，只有俄国从战争中获得了土地，而且那是多大的一片土地啊！根据《尼什塔特条约》，瑞典让出利沃尼亚、爱沙尼

亚、因格利亚 (彼得大帝在此处建立了圣彼得堡) 和卡累利阿地峡。自此，波俄边界便形成了从里加至基辅的一道弧线。

波兰此后的历史黯淡无光。奥古斯特二世去世 (1733年) 后，出现了两位王位候选人：法国支持的斯坦尼斯瓦夫·莱什琴斯基 (法王路易十五在1725年娶了他的女儿) 和俄奥两国推选的奥古斯特二世之子。由于俄国军队干涉，后者被残缺不全的国会推任国王，称奥古斯特三世，被困在但泽的莱什琴斯基出逃。法、奥继续展开波兰王位继承战，直至1738年签订《维也纳条约》，莱什琴斯基放弃波兰王位，成为洛林的终身大公。

俄国再次火中取栗。从那时起，俄国军队出入波兰领土就像进出自家一般大摇大摆。1748年，奥地利王位继承战接近尾声之时，俄国经波兰前往德国；而在"七年战争"期间(1756—1763年)，波兰也成为俄军对普鲁士作战的大后方。

瓜分波兰

1764 年，斯坦尼斯瓦夫·奥古斯特·波尼亚托夫斯基继承波兰王位，其母出生在声名显赫的恰尔托雷斯基家族。他得到了俄国女皇叶卡捷琳娜二世 (1762年继位) 的支持。1755年，他成为叶卡捷琳娜的情人，当时他在圣彼得堡担任英国大使馆秘书。斯坦尼斯瓦夫·奥古斯特企图重建波兰，但遭到多方阻挠，并且俄军于1767年以"救援"东正教人民为由介入波兰局势。1768年，信仰天主教的波兰贵族组成"巴尔联盟" (巴尔是位于波多利亚的小城市) 反对斯坦尼斯瓦夫，不久演变为近于战争的内乱。俄国、普鲁士、奥地利相继入侵波兰以求获得土地。对波兰的第一次瓜分就此展开，三国最终在圣彼得堡签订条约 (1772年7月5日)，但尤以普鲁士的意愿为主。

普鲁士在这次瓜分中扩大了国土，它将波美拉尼亚东部与东普鲁士之间的土地收归己有，这片土地包括：波美拉尼亚东部 (但泽仍属波兰)、库姆兰地区

(除托伦以外)、瓦尔密。波兰再次失去1466年从条顿骑士团夺回的通向波罗的海的"走廊地带"。奥地利吞并了所谓的"加利西亚和洛多梅里亚"地区——位于维斯瓦河以南的西加利西亚(这里一直是波兰人的领土),以及利沃夫周围的东加利西亚(原本是罗塞尼亚人生活的地方)。俄国最终还是得到了内利沃尼亚(波兰在1629年保留了该地)以及现今白俄罗斯的北部和东部地区(波洛茨克、维捷布斯克、莫吉廖夫、戈梅利)。而在尚未被瓜分的波兰内部地区,俄罗斯仍对其影响甚深。

"波兰灭亡"

国土面积的缩小并没有使斯坦尼斯瓦夫·奥古斯特灰心丧气。1773年,他提出改革的主张,并创建国家教育委员会,这也是欧洲第一个公共教育部。在他的努力下,大议会拟订自由宪法,于1791年5月3日投票通过。新宪法遭到波兰大贵族的反对,他们甚至请求俄国军队的帮助。斯坦尼斯瓦夫先是抵抗,等待时机,最后也不得不放弃。可惜为时已晚,列强开始了对波兰的第二次瓜分,并签订《格罗德诺条约》(1793年

7月22日)。当时奥地利正与法国在荷兰开战,无暇东顾,因此这一次,普鲁士取得了"大波兰",即波兹南与罗兹、琴斯托霍瓦等地,另外还有但泽和托伦;俄国获得了大片土地,包括白俄罗斯中心地带(包括明斯克)、波列西耶、东沃里尼亚及波多利亚。

波兰人再也无法忍受了。1794年3月,以柯斯丘什科为首的波兰爱国力量揭竿而起,与俄国、普鲁士军队抗战数月,最后以失败告终。1795年10月24日,第三次,也可以说是最后一次对波兰的瓜分开始了。这回奥地利也有份儿,夺取了包括克拉科夫、卢布林在内的"小波兰";普鲁士占领华沙、马佐维亚和波德拉切;俄国则兼并立陶宛、西白俄罗斯、西沃里尼亚和库尔兰。

波兰不复存在了。为了进一步申明这个事实,俄、普、奥三国在1797年1月26日联合签订了一份条约,宣告波兰亡国。条约规定:"(条约各方)认定有必要消除一切可能唤醒……波兰王国之存在的事物,从即刻起……波兰王国的……国名称谓将被永远废除。"

1795年11月25日,斯坦尼斯瓦夫·奥古斯特逊位。

华沙大公国

1806 年，拿破仑打败普鲁士，随后借助"波兰军团"的力量，在1807年弗里德兰战役中击败俄军。之后拿破仑将目光转向波兰。如此说来，他与波兰贵族玛丽·瓦莱夫斯卡伯爵夫人的情人关系也就不足为奇了。在与沙皇亚历山大一世签订《蒂尔西特和约》之时，拿破仑从普鲁士抽取领土，建立了一个从属于法兰西帝国的华沙大公国，这些土地分别是：

——普鲁士在第三次瓜分波兰时夺得的土地 (比亚韦斯托克被划分给了俄国)；

——普鲁士在第二次瓜分中夺得的土地(但泽被设为自由市)；

——普鲁士在第一次瓜分中得到的领土的一小部分。

1772 年第一次瓜分 ——神圣帝国边界

1772 年　第一次对波兰的瓜分使俄国得到了内利沃尼亚和白俄罗斯人的部分领土；普鲁士获得了除但泽以外的"走廊地带"(或称西普鲁士)，奥地利得到了加利西亚。

1793 年　第二次瓜分时，俄国得到的土地最多。普鲁士获得了"大波兰"(或称南普鲁士)和但泽。

1795 年　第三次瓜分，波兰已不复存在。奥地利得到了"小波兰"(或称"新加利西亚")和克拉科夫；普鲁士获得了"新东普鲁士"和华沙；俄国得到了库尔兰、立陶宛，以及白俄罗斯和乌克兰的剩余地区。

1793 年第二次瓜分

1795 年第三次瓜分

为了安抚沙皇亚历山大，拿破仑既没有使用"波兰"的字眼，也没有使用"王国"的称呼。拿破仑的忠实同盟萨克森国王出任华沙大公。

1809 年，奥地利在瓦格拉姆附近战败，将大片领土出让给华沙大公国，包括：

——奥地利第三次瓜分波兰时夺得的全部土地；

——奥地利第一次瓜分波兰时获得的扎莫希奇，而第一次瓜分波兰时取得的捷尔诺波尔则划入俄国版图。

"华沙"军队，即波兰军队——由斯坦尼斯瓦夫·奥古斯特的侄子约瑟夫·波尼亚托夫斯基统帅——曾积极参与拿破仑发动的一次次战役：对西班牙、对俄国，等等。约瑟夫后来在1813年的莱比锡战役中阵亡。

"会议王国"

如果将拿破仑的介入视做对波兰的第四次、第五次瓜分，那么1815年维也纳会议确定的结果则可以说是对波兰的第六次瓜分。1814年，沙皇亚历山大一世成为华沙公国的主人。他虽然想保留

1809 年 1807年，拿破仑以部分原普鲁士国土组建华沙大公国(比亚韦斯托克归俄国所有)。1809年，奥地利也让出了部分土地给华沙大公国(其中捷尔诺波尔划入俄国版图)。

1815 年 相对于1795年而言，维也纳会议确立的瓜分波兰的方案对俄国更有利。奥地利没有收回1772年分得的所有土地(但重新得到了捷尔诺波尔)。普鲁士保留了1772年分得的全部土地，以及1793年分得的部分土地。克拉科夫共和国实际上处于奥地利的控制之下。俄境内的"波兰王国"则没有真正意义上的自治。

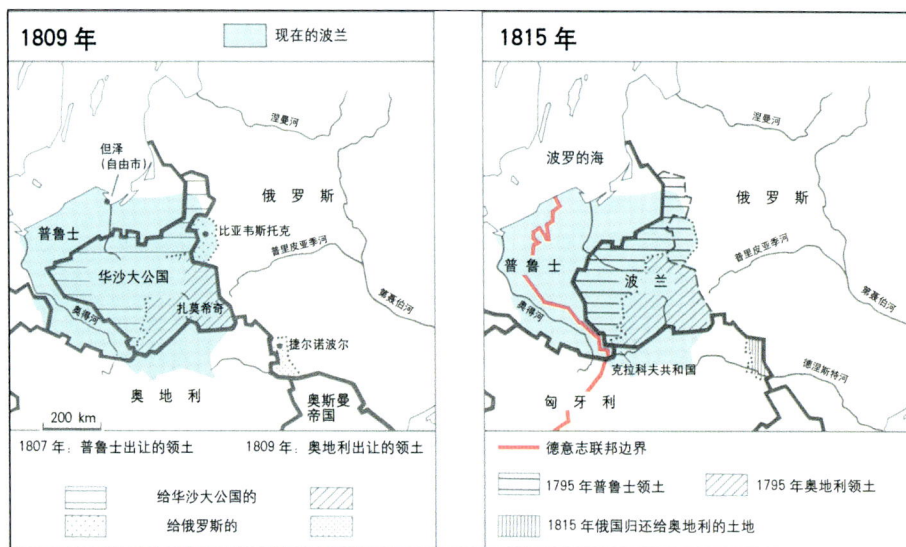

"自由战士"柯斯丘什科

柯斯丘什科生于1746年，立陶宛人，早年曾作为志愿战士参加北美独立战争，1784年回到波兰。1792年，柯斯丘什科参加了波兰军队反抗俄国的战争（斗争失败）。次年，他前往巴黎，见到了吉伦特派和雅各宾派的领袖。波兰第二次被瓜分前夕，柯斯丘什科秘密回国，于1794年3月24日领导克拉科夫武装起义。他采取了有利于农民的种种措施，得到波兰农民的热烈支持，从而建立起一支起义军，并很快带领军队控制了整个国家。可惜好景不长，俄、普、奥三国军队展开迅猛反击。10月10日，柯斯丘什科在马切约维采决战中身负重伤被俘入狱，关在圣彼得堡的彼得保罗要塞，直至1796年沙皇保罗一世下令才重获自由。此后，柯斯丘什科回到美国，1798年定居巴黎。拿破仑曾邀他合作，但他不信任拿破仑，拒绝了邀请。其后柯斯丘什科一直在瑞士隐居，直至1817年去世。

华沙大公国的全部领土，但却不得不把波兹南和托伦还给普鲁士，为了安抚已收回捷尔诺波尔的奥地利，他又将但泽辟为自由市。剩余的"永远与俄国相联合"的国土，又奇怪地重新使用了"波兰王国"（即"会议王国"）的称号。

会议的最终协议里又称："最高陛下（沙皇）保留在其认为适宜之时给予波兰王国扩张其领地的权利。"这给了波兰人些许希望，他们以为至少在俄国内部，有可能与立陶宛及罗塞尼亚的省份重新合并。

支离破碎的波兰

从1815年开始，分别处在沙皇俄国、奥地利帝国及普鲁士王国统治之下的波兰人经历了大不相同的历史。

在俄国境内，波兰人当然占据了波兰王国人口总数的大部分，此外王国中还有众多犹太人，少数罗塞尼亚人（主要生活在海乌姆）和立陶宛人（生活在苏瓦乌基北部）。另有一部分波兰人分布在"西俄"（即三次瓜分时划入俄国疆界的前波兰王国领土）。他们聚集在维尔纽斯及其附近，还有许多人散布在白俄罗斯、沃利尼亚，一部分拥有土地的贵族生活在波多利亚。

"华沙秩序井然"

沙俄统治下的波兰最初几年还比较平静。沙皇亚历山大一世委派康斯坦丁（其妻是波兰人）掌管华沙地区。1818年，华沙设立了一所大学，当时维尔纽斯大学也在继续开办。但是正如当时欧洲其他各处一样，政府的独裁统治最终激起了民众的反抗，各类秘密会社陆续建立起来。1830年末，革命运动席卷华沙，叛乱爆发了，波兰全国沸腾了。1831年1月25日，波兰议会宣布废黜兼任波兰国王的沙皇（尼古拉一世，1825年继位），随即组建一个由五人组成的民族政府。1831年2月，一场真正的战争打响了，当时立陶宛地区也正在起义，波兰和俄国由此完全对立起来。1831年9月7日，俄国将军帕斯克维奇攻占华沙，战争结束（当时的一位法国部长即宣称："华沙秩序井然。"）。1832年，帕斯克维奇任波兰总督，他采取严

厉政策，其中包括关闭华沙大学。在某些"附属省"的镇压尤其残酷，如死刑，流放西伯利亚，将破落的波兰贵族及其家属流放到高加索荒原，关闭维尔纽斯大学，规定在学校、法院必须使用俄语，等等。

"维斯瓦河国"

俄政府专制独裁的统治使俄属波兰与1848年革命完全绝缘，这种统治一直持续到沙皇尼古拉一世及俄属波兰总督帕斯克维奇在1855年和1856年相继去世。克里米亚战争后，在总督戈尔恰科夫将军（1861年死于华沙）和继任总督波兰人维列波尔斯基统治期间（1861—1862年），波兰开始了自由化的进程。华沙大学重新开放。但这一切还是引起了"红党"的不耐烦情绪。1863年1月，他们在华沙掀起了一场新的起义。5月，起义席卷立陶宛，"白党"也卷入战争。1864年春天，战争失败，波兰人民不得不经受比1831年之后更为严酷的镇压。1861—1862年的改革措施被取消，甚至连"波兰王国"也被易名为"维斯瓦河国"，更加突显此后政策的俄罗斯化倾向。1869年，这种政策也波及了华

沙大学。波兰语教学在各处被禁止,以至文盲比例从1862年的64%上升至1910年的82%。另一方面,俄属波兰的天主教会也遭到镇压:没收财产,关闭隐修院,解散天主教的宗教协会,主教被关入监狱或流放(1870—1872年,波兰境内没有一位天主教主教)……一座巨大的东正教教堂在华沙中心地带修建了起来。

1882年以后,政府放宽压制,一系列政党涌现出来,如民族同盟(1886年)、波兰国家民主党(1897年)、波兰社会党(1892年)、波兰社会民主党。在1906年4月第一届杜马(下议院)选举中(1905年俄国革命后),国家民主党取得"维斯瓦河国"36个议席;另外,20名波兰人入选"西俄同盟"。

享有特权的加利西亚

奥地利统治下的波兰地区称"加利西亚王国"。从人种来看,王国可分为:

——西加利西亚,几乎全部居民都是信仰天主教的波兰人。

——东加利西亚,主要居住着信奉东正教的教徒,尤其是东仪天主教的罗塞尼亚人。这一地区波兰人占少数,但身居要职,主要是城市居民和乡村土地贵族。另外该区城乡中还有许多犹太人。

与柏林和圣彼得堡政府不同,维也纳政府没有采取民族同化或要求民众改宗的政策。奥地利本来就民族众多,斯拉夫人、天主教徒、东仪天主教徒、东正教徒、犹太人……那些信仰天主教的有钱又优雅的波兰贵族自然得到宫廷的礼遇。简言之,在其管辖的众多民族之外多加一个波兰民族,对哈布斯堡来说没有特别的困难。而因为波兰人在此受到比普鲁士和俄属波兰人更好的待遇,他们也没有想过起义造反,收复土地。

根据维也纳会议建立的克拉科夫共和国却骚动不安,1836—1841年该共和国受奥地利军队管辖。1846年2月22日,一个"民族政权"在克拉科夫号召全民起义,反抗席卷整个加利西亚,可惜起义期间罗塞尼亚农民将矛头转而指向波兰贵族。奥地利军队最终镇压了起义,结束了屠杀,同年克拉科夫并入奥地利版图。两年后,尽管加利西亚的波兰人不再希望反抗,但他们中的一些人还是参加了1848—1849年的匈牙利起义(这次起义也被俄国人帕斯克维奇镇压了下去)。

"流亡的先知"亚当·密茨凯维奇

这位波兰最著名的诗人一生中从未到过华沙。1798年，密茨凯维奇生于新格鲁多克附近，他和克修兹科 [Tadeusz Kościuszko (1746—1817)，波兰民族英雄，1794年波兰人民反抗俄国起义的领袖。——译者注] （及后来的毕苏斯基）一样都是立陶宛人。密茨凯维奇在维尔纽斯大学求学，后于考纳斯任教。1822年，他的第一部诗集出版，很快密茨凯维奇成为波兰浪漫主义文学的带头人，同一时期，他创办了一个秘密爱国组织。1823年被捕后，密茨凯维奇被流放到敖德萨，随后前往莫斯科，在那里他和诗人普希金建立了深厚的友谊。

1829年，密茨凯维奇获准离开俄国。从1832年起，他定居巴黎，自此再也没有回国。1855年，密茨凯维奇在君士坦丁堡死于霍乱；在那里，他曾与拿破仑三世达成协议，参与了一支波兰志愿军的组织工作，以在克里米亚战争中对抗俄国。

尽管他的救世主降临说和神秘主义思想备受争议，但密茨凯维奇在保持同胞的民族意识方面所作出的贡献还是无人可比的。此外，他引入立陶宛人的性格精神，使其在波兰的"灵魂"塑造中扮演了重要的角色，从而给予波兰的民族意识以独特的解释。

波兰贵族与哈布斯堡之间的关系继续改善。1860年，加利西亚人格鲁霍夫斯基成为国家总理。1861年，加利西亚法令承认波兰语为官方语言。波兰人在加利西亚国会中占多数席位。克拉科夫大学和利沃夫大学（1784年建立）吸引了大批普、俄统治地区的波兰人。1867年，根据《奥匈帝国条约》，加利西亚成为内莱塔尼亚（即奥匈帝国中位于奥地利境内的领土）的一部分。在维也纳的议会中，波兰裔的保守人士组成了一个执政党派——杜纳杰夫斯基曾任财政部长，巴德尼伯爵任总理（1895—1897年在位），格鲁霍夫斯基之子则担任过外交部长（1900—1906年在位）。

普鲁士统治下的波兰

原普属波兰在1871年后划归德国管辖。那里的波兰居民必须履行某些义务（特别是兵役），但同时也拥有选举权，波兰议员在德意志帝国国会中占有席位。

柏林政府（普鲁士政府或称皇家政府）从学校、军队入手，全面推进德国化。另外，政府投入大量资金，有步骤地向波兰人的土地殖民。但波兰人仍以顽强的斗志保卫他们的语言、宗教、土地，并在其间表现出极强的人口扩张趋势。后来他们也开始向德意志各地"殖民"——19世纪中后期，工业革命迅猛发展，吸引了大量波兰劳工(主要是矿工)涌入上西里西亚和鲁尔区。

波兰重建

战争赌注

1914年战争爆发，战争动员顺利进行。在德、奥匈、俄军队里随处可见波兰人的身影。1915年后，同盟国控制了原依附于俄国的"波兰王国"(并且按照1795年那样划分各自的管辖区：德国占领华沙，奥地利占领卢布林)。此后，他们开始积极鼓动波兰人民对抗俄国(就像毕苏斯基那样，于1914年作为军团首领加入奥地利共同对俄作战)。但波兰人却显得犹豫不定，1917年的征兵活动未取得任何成果，而毕苏斯基本人也越来越不合作，并最终在马格德堡被俘。

事实上，虽然在1916年11月德、奥两国曾发表"声明"，允诺波兰人可以在战后重获和平，并建立一个君主立宪的独立王国，但同盟国对波兰的态度仍然是十分含混的。1917年1月，波兰成立了一个国家议会，却于同年7月解散。9月，一个三人的摄政委员会接替了国家议会，直至1918年11月。

同一时期，波兰重建事业再次触及西方国家，在这方面，伊格纳西·帕德雷夫斯基就在美国起了重要的作用。美国总统威尔逊提出《十四点计划》，其中第八条明确指出："建立一个有出海口的独立波兰。"1917年，波兰民族委员会在巴黎成立。1918年5月，波兰军队在法国参战。

波兰人重建秩序

六个月后，第一次世界大战结束，以"会议王国"为框架，波兰的重建得以顺利实现。1918年11月14日，1917年建立的摄政委员会将波兰政权重交给才出狱不久的毕苏斯基，很快毕苏斯基成为波兰军队的指挥。在和约缔结之前，协约国通过德国领土，经但泽与华沙保持联系。在原波兰王国的领土上很快又加入了西加利西亚——由于捷克斯洛伐克建国，西加利西亚从维也纳划分了出来。

1919年1月16日，波兰民盟内阁在帕德雷夫斯基的领导下成立，部分在西方参加过战争的波兰人也加入其中。随后，前波兰王国及西加利西亚进行了一系列选举并组成了国会，原奥匈帝国议会的部分议员补充了国会席位；另有部分来自东加利西亚(当时波兰人与乌克兰人还在当地争夺不休)的原维也纳政府议员也补充进了国会。1919年2月20日，首部宪法诞生了。

此时军队的重建也成为波兰政府的当务之急。事实上，随着1918年11月11日停战协定生效，德军溃退，布尔什维

1925年　第一次世界大战后，许多波兰人希望恢复1772年之前的边界。他们在南方的确实现了这个想法。靠近德国的"走廊地带"重归波兰，但是不少已经被高度日耳曼化的地区(如瓦尔密)没能被收回。但泽作为自由市由国际联盟管辖。东面，波兰与苏联发生冲突，最终确立了一条位于原1772年界线与"寇松线"之间的新国界线(在协约国看来，这是一条区分波兰民族与白俄罗斯、乌克兰民族的界线)。另外，波兰还兼并了维尔纽斯，而刚独立的立陶宛则要求收回该地。另有两块土地划入波兰版图：上西里西亚的部分土地(原属普鲁士所有)和切申的一半土地(原属匈牙利管辖)。

1925年

- ······ 1914年边界
  (在波兰以内)
- 全民表决地区
  (1920—1921年)
- 波兰与立陶宛争夺
  的地区(1920—1922年)
- 波兰与捷克斯洛伐克
  争夺的切申地带
- 1772年前的波兰
  (第一次瓜分前)
- M. 马利恩维德
  A. 阿伦施泰茵
- 现在的波兰

200 km

克政府也决定收回原在沙皇统治下丧失的土地。自1919年2月11日起，波兰军队便在布列斯特－立陶夫斯克与红军两相对峙，随后击败了红军，收复了平斯克及格罗德诺。4月20日，毕苏斯基的军队进驻维尔纽斯。8月，波兰军队越过明斯克。同时，他们从乌克兰人手中取回了对东加利西亚的控制权。

边界定在哪儿?

就在波兰人重建秩序、展开反击的时候，协约国正在重新划定欧洲版图。参照民族分布的标准，《凡尔赛和约》(1919年6月28日)在德、波两国间划定了一条还算公正的国界线：德国让出波兹南大部分地区以及东波美拉尼亚(也就是"走廊地带")。但泽，虽然绝大部分居民为德国人，但一直是关系波兰经济命脉的重要出口，因此被辟为国际自由市，受国际联盟保护。

两个悬而未决的地段，最终通过全民公决决定其归属：

——马利恩维德 (Marienwerder) 和阿伦施泰茵 (Allenstein，现称奥尔什丁，波兰东北部城市) 地区，1772年以前曾分属普鲁士和波兰，1772—1914年并入普鲁士。尤其值得注意的是这两个地区居住着信奉路德教派的斯拉夫人，他们既不是真正的德国人，也不是真正的波兰人。

钢琴家与爱国者帕德雷夫斯基

作为闻名世界的钢琴家，帕德雷夫斯基于1914年离开波兰远赴美国，并立刻在那里建立了一个专为波兰战争受害者所设的救济委员会，400万原波兰裔美国人纷纷解囊，为委员会提供了大量资金；他本人也利用自己的影响力，孜孜不倦地为波兰的独立事业奋战。

1919年1月，帕德雷夫斯基回到华沙，在波兰独立后当选为民盟内阁总理兼外交部长，并代表波兰在《凡尔赛和约》上签字。帕德雷夫斯基曾想与俄国布尔什维克签署和平条约，但在军队(处于毕苏斯基领导下)的阻挠下，1919年11月，帕德雷夫斯基辞去政府职位，此后极少涉足政界。

1940年，帕德雷夫斯基再次离开乐坛，担任波兰流亡政府主席，并前往纽约，直至1941年在那里去世。

——上西里西亚地区。该地区1772年以后由普鲁士掌管（从而成为神圣帝国的一部分），但居住着大量波兰人（矿工及其他人）。

另外，有待商议的地界还有：协约国认为应由其划分的波兰东部国界，以及波兰人和捷克人争执不下的前奥属西里西亚的小城切申。波兰认为此地主要居住着波兰人，因此应划归波兰管辖，而捷克人则强调不放弃波希米亚王国遗留的任何一寸土地。

对俄战争

解决边界问题的种种方案之间原本并无联系，但后来却彼此产生了影响。所以我们还是按照时间顺序来反观边界问题。

首先是东部边界。以英国为首的协约国不愿该边界超过一定范围，因此委任英国外交大臣寇松为波兰划一条"没有争议的"领土分界线。他尽其所能，于1919年12月提出了方案。但这条边界却遭遇了奇特的命运——它并没有立即派上用场，寇松死后，它却于1939年和1945年被苏联利用，使其利益得到了充分的满足。事实上，"寇松线"以东是以白俄罗斯人和乌克兰人为主要居民的土地，其中东加利西亚地区根据《圣日耳曼条约》（1919年9月10日）已由奥地利交还给"各联盟国"，而非波兰。

波兰人当然不这么看，他们想使国界尽可能恢复到1772年时的情形，并因此向俄国发起了战争。1920年4月，沉寂一段时间的波兰人在乌克兰人彼特留拉的协助下进攻俄国，5月6日攻占基辅。红军迅速展开反攻，图哈切夫斯基率军在白俄罗斯作战，叶戈罗夫（和布琼尼领导的骑兵）直奔加利西亚。波兰全线溃退。7月2日，图哈切夫斯基下达了他那条著名的命令："让世界大战的战火从波兰王国的尸体上烧过……"

另外，这一时期还有两处波兰国界的问题有待解决。1920年7月17日，马利恩维德和阿伦施泰茵地区进行了全民投票：绝大多数居民表示赞成将这两个地区划归德国所有，而当时红军已打到了东普鲁士边界。在切申的问题上，协约国也于7月28日给出决定：该城东部划归波兰，而西部（居住着大量波兰少数民族）划入捷克斯洛伐克版图，捷克方面答应重新考虑扎科帕内（现波兰南部小城）地区的边界划分。但这并没有缓和波捷两国的关系。8月9日当红军挺进托伦时，捷克斯洛伐克拒绝一切军需物资过境运往波兰。

8月12日，波兰军队在法国的援助下大举反攻，并迅速取得了胜利（"维斯瓦河的奇迹"），苏联红军溃退。10月12日，波兰与苏维埃政府开始了前期的和平谈判，最终于1921年3月18日签订《里加条约》。波兰与俄国的新国界线与"寇松线"相比，向东推进了许多：相对于1793年瓜分波兰时划定的边界而言，这条新的国界线对波兰人来说还是比较有利的。

上西里西亚和维尔纽斯

波兰的国界粗具雏形，但仍有两处地区的边界线划分存在争议，即与德国交界的上西里西亚地区和与立陶宛交界的维尔纽斯地区。

从1918年底开始，几个秘密组织在上西里西亚发生冲突：一方面是"波兰战斗组织"，另一方面是德国独立部队（非正规军）。在经过几次交火之后，协约国于1920年2月决定接管进行全民投票的地区的政府机关，由1.5万人组成的协约国联军接替了德国军队。全民投票（1920年3月20日）的结果令人为

难——德国得到70.7万票（德国驱使12万名原籍上西里西亚但已移居别处的德国人参加投票），波兰仅得到47.8万票。协约国未作表决。5月，波兰非正规军开始采取强硬措施，德国独立部队也予以反击。协约国不得不再次出面干预，最终还是国际联盟于1921年10月20日将上西里西亚在波德两国间一分为二。

维尔纽斯也纷争不断。1919年4月，毕苏斯基大举进驻维尔纽斯。一年以后，红军将这一地区的波兰人驱逐出境，7月，苏维埃政府放弃维尔纽斯，交于立陶宛管辖。8月，波兰展开强大反攻，一度靠近城市。10月9日，一支由泽利戈夫斯基将军领导的独立部队攻下维尔纽斯。1922年1月，波兰最终兼并维尔纽斯。1923年3月，协约国承认维尔纽斯属波兰所有。

毕苏斯基统治下的波兰

和那个时期其他中欧国家一样，在两次世界大战期间波兰也出现了一位强权人物，那就是约瑟夫·毕苏斯基元帅。毕苏斯基出生在维尔纽斯附近（当时此地隶属俄国），并在那里度过了他的中学时代。那时，任何使用波兰语的人都

但泽，也就是格但斯克（波兰语）

1308 年，条顿骑士团攻克了但泽，与此同时还取得了波美拉尼亚东部。后来，波兰人打败了骑士团，于1466年收复失地，并给予这座城市极大的自治权。1772年波兰被第一次瓜分时，普鲁士取得了整个"走廊地带"，然而但泽却依然属于波兰。1793年在第二次瓜分中，普鲁士得到了但泽，但1807年，根据《蒂尔西特和约》，拿破仑将但泽辟为自由市，由拉普率军防守，直至1813年12月13日，但泽被围攻了11个月后拉普投降。此后但泽一直归属于普鲁士，直到1919年的《凡尔赛和约》将但泽重新辟为自由市，并由国际联盟托管。当时，但泽96%的居民为德国人。1939年9月1日，德国再次占领但泽，同时还取得了波兰西部。1945年3月，苏军攻克但泽，随后该城又回到了波兰的怀抱。

1980 年，格但斯克再次出现在人们的视野中——由里奇·瓦文萨领导的造船厂工人罢工标志着团结工会的建立。

会被制裁。毕苏斯基的政治观点使他被流放到西伯利亚五年，但这并没有让他回头，回国后他组建了波兰社会党，这使他又一次被捕。

1914 年，毕苏斯基创建了波兰军团，并站在奥地利一边与俄国交战，后因与同盟国产生不和而告终。1918年11月起，他被尚在酝酿之中的波兰政府委以军事大权，指挥了对红军的战斗。1920 年他晋升为元帅。

1921 年3月17日，受到法兰西第三共和国宪法影响的波兰宪法颁布，该宪法与毕苏斯基的思想很不相宜。此外他没有成为1922年共和国总统的候选人。随后一场严重的经济危机席卷波兰，毕苏斯基得以在1926 年5月发动了一场真正的军事政变，这次政变得到了社会党人和工会的支持（至少前期如此）。他的朋友莫希齐茨基成为共和国的总统。实际上，由于军权在握，毕苏斯基从那时起便开始实施独裁统治。在他去世前不久，即1935年，他颁布了新的专制宪法。毕苏斯基死后，"军人独裁"便开始了，尤其集中体现在军队司令雷德兹·斯米格利元帅，和亲德外交部部长约瑟夫·贝克上校身上，此二人均为毕苏斯基从前的合作者。

在希特勒和斯大林之间

波兰第七次被瓜分

尽管看上去希特勒和波兰的"军人独裁"政府交情不错（他们都参与了对捷克斯洛伐克的瓜分，并且于1938年9月30日发出最后通牒，迫使后者让出切申西部土地），但波兰还是成为了他发起第二次世界大战的第一站。

从和平到战争共经历了三个阶段：

——1939年3月，希特勒提议将但泽并入德意志帝国（经济上仍归属波兰），并要求穿过波兰境内的"走廊地带"，自东向西连接波美拉尼亚和东普鲁士。华沙政府拒绝了，这是希特勒的领土要求首次被拒绝。

——8月23日，莫洛托夫和里宾特洛甫在莫斯科签订了《苏德互不侵犯条约》。其后附加的一个秘密议定书事实上已计划对波兰进行瓜分。此时，希特勒已拟定了入侵波兰的时间。

——9月1日凌晨5时45分，德国军

1940 年　波兰再次被瓜分，瓜分的一方是德国，另一方是苏联。1939年9月23日划定的边界位于8月23日所划定的边界（即纳雷夫河—维斯瓦河—桑河一线）以东。在德意志帝国内部建立了波兰全民政府。

1942 年　全民政府把东加利西亚并入版图。比亚韦斯托克地区被并入德意志帝国。

1939 年的苏德秘密议定书

在1939年8月23日，莫洛托夫和里宾特洛甫在莫斯科签订了《苏德互不侵犯条约》之后，又签订了一个附属秘密议定书，其第二条指出："当波兰发生领土或政治上的重组时，德国和苏联的势力范围将大体以纳雷夫河—维斯瓦河—桑河一线为界。今后独立的波兰王国是否依然需要存在取决于缔约双方的利益，而未来的波兰国界亦由政治发展格局决定。但在任何情况下，两国政府都要通过友好协商的方法来解决这个问题。" 该协议也将芬兰、爱沙尼亚、拉脱维亚、比萨拉比亚划归苏联的利益范围，立陶宛划入德国的利益范围。

由于德国向协议商定界线以东前进了不少，9月23日，第二个议定书签署，重新划定了瓜分波兰的分界；作为补偿，立陶宛被划入苏联的利益范围。

队越过波兰边界。这是一场闪击战：16日，德军已抵达纳雷夫河—维斯瓦河—桑河一线，第二天，苏军打着保卫乌克兰和白俄罗斯的名义入侵波兰东部各省。由于德军深入波兰的程度远远超过了议定书规定，9月23日，苏德签订了第二个秘密议定书：界线的划定继续遵循"寇松线"，但将比亚韦斯托克和普热梅希尔划归苏联。9月27日，华沙宣布投降，波兰第七次被瓜分。

殉难的波兰

苏联将得到的领土分配给了立陶宛（它已占领了维尔纽斯）、白俄罗斯和乌克兰。苏联政府似乎决意要消灭波兰

人：150万当时定居在白俄罗斯和乌克兰的波兰人被流放到西伯利亚和哈萨克斯坦。此外，4000多名被囚禁的波兰军官于1940年春在斯摩棱斯克附近的卡廷森林被处决。

再来说德意志帝国，它不仅吞并了1914年起便已成为德国领土的几个省份（如"走廊地带"、波兹南），更取得了前"会议王国"的部分领土。瓜分后剩下的波兰领土则组建成一个全民政府，由德国直接管理，其政府设在克拉科夫。

在被占区，纳粹政府加紧了当地900万居民的日耳曼化进程，城市相继改名：如格丁尼亚改为格登哈芬，罗兹改为里兹曼市。那些来自苏占区（比萨

拉比亚，波罗的海沿岸国家）的德裔移民定居在了这里。

在有1200万居民的全民政府中，德国人控制了政府部门，只让波兰人担任次要职位。即使在波希米亚－摩拉维亚，甚至塞尔维亚，摧毁一个民族有生力量的想法也没有被实施到如此程度。肉体摧残或送入集中营，这些都大大损害了行政、司法以及大学体系，重创了政府官员的主体。

波兰本土相继出现了抵抗运动。AK（Armia Krajowa，家乡军）成为其中最重要的一支力量。1944年8月1日，当苏军还在布拉加，即维斯瓦河的另一边时，AK在华沙发动了一次大规模的起义，德国军队用了9个星期才将其镇压。代价是惨重的，25万波兰人殉难，城市被夷为平地。苏军没有出动兵力，一方面因为缺乏足够的力量，另一方面，斯大林知道波兰爱国者仇视苏联，旁观他们的这种"自杀"行为又何乐而不为呢？

从临时政府到政府的最终确立

在国外，战争刚一打响便在伦敦成立了一个由西科尔斯基将军（卒于1943年）领导的波兰流亡政府。波兰军队逐步重建起来，第一支军队于1940年从法国开往英国。第二年，根据莫斯科和西科尔斯基达成的一个协议，另一支由弗瓦迪斯瓦夫·安德尔斯领导的军队在苏联建立了。这支军队由战俘和波兰被占地的流亡人士组成，1942年，它历经磨难，经由伊朗来到西欧战场，随后便闻名于意大利的卡西诺山战役和法国。在苏联人的鼓动下，1943年第三支波兰军队组建，取名为柯斯丘什科师。苏联在卢布林建立民族解放委员会（1944年7月22日）前不久，此师开进波兰。

由共产党人博莱斯瓦夫·贝鲁特领导这个波兰民族解放委员会，实际上是莫斯科一手策划的未来波兰政府的雏形，但它必须与流亡政府合并，并得到英美的支持。经过艰难的谈判，同盟国在1945年6月达成了一个协议：斯坦尼斯瓦夫·米科瓦伊奇克，农民党主席及西科尔斯基的接班人（直至1944年11月），不顾其同僚的反对，同意与博莱斯瓦夫·贝鲁特一道参与建立波兰民族"临时统一政府"。正如当时其他东欧国家一样，国家内务及国防部门的重要职位均由共产党人担当。《关于被解放的欧洲的宣言》所宣称的普选直到1947年1月才得以实现：共产党人(波兰工人党)及其联盟获得了压倒性多数的支持。

新边界

与此同时，波兰领土格局再次变更。东部的"寇松线"在被搁置二十五年后，于1945年2月的雅尔塔会议上才真正成为被同盟国承认的新边界。在西部，苏联决定将德波边界移到奥得—尼斯河一线。该议题是由苏联在雅尔塔会议上提出的，7月在波茨坦会议上进入详细讨论阶段。英国和美国同意将苏占奥得—尼斯河以东领土置于"波兰的管理之下"，但不承认该地将完全从德国分割出去。而另一方面，在东普鲁士的问题上——苏、波两国平分该地——美英宣称支持苏联在和谈期间的观点。

事实上，从1945年年中起，所有悬而未决的领土看起来已经被瓜分殆尽

了——德国居民被逐出紧临奥得—尼斯河以东的地区(斯德丁、纽马克、勃兰登堡、下西里西亚)，这也成为未来领土收复主义者瞄准的靶心。这次驱逐发生在战争最后几个月的大逃亡之后。苏军快速挺进，于1945年1月到达奥得河，将德国军队和平民赶回波罗的海沿岸，在那里，他们登上舰队，被送到梅克伦堡和石勒苏益格—霍斯坦。其他的人取道陆路，穿过被占区，向西或逃往波希米亚—摩拉维亚地区。1939年在波兰人离去(犹太人被屠杀)后，被德意志帝国吞并的日耳曼化地区在1945年重新波兰化。如今，仍有几十万德国人生活在一些纷争较少的地区，比如上西里西亚的乡村地带。

德国人离开之后，波兰人从苏联回来了，这些波兰人，有些是被苏联赶出边界地区的，有些是1939年被流放到西伯利亚和哈萨克斯坦而现在返乡回国的，还有些波兰劳工(矿工或其他劳工)离开西欧回到自己的祖国。这种人口的巨变进一步打破了波兰社会的传统结构。

波 兰

波兰语：Polska

共 和 国

人口（2000年）··· 38 605 000人

面积 ·· 312 700平方公里

首都 ······································· 华沙（波兰语：Warszawa）

人口构成（估计）

波兰人 ··· 99%

德国人 ··· 500 000人

乌克兰人 ··· 300 000人

白俄罗斯人 ··· 200 000人

宗教（1992年）

天主教（＊）··· 93.5%

东正教 ··· 1.5%

东仪天主教 ··· 0.5%

波兰以外的波兰人

白俄罗斯（1989年）····································· 418 000人

立陶宛（1989年）··· 258 000人

乌克兰（1989年）··· 219 000人

俄国（1989年）··· 95 000人

捷克共和国（1988年）································· 73 000人

（＊）受洗的天主教徒。

1947 年后的波兰

1947 年大选后不久，米科瓦伊奇克因为担心个人安全而离开了波兰。弗瓦迪斯瓦夫·哥穆尔卡因此成为波兰共产党 (从1948年起改名为波兰统一工人党) 的领导人。他关于农业集体化的保留态度和"通向共产主义的波兰化道路"的构想，被斯大林指责为"铁托主义"。1948 年他只好让权给博莱斯瓦夫·贝鲁特 (克格勃成员)，博莱斯瓦夫对莫斯科方面只会唯命是从。哥穆尔卡从1951 年底到1954年底被囚禁。

生活状况的恶化导致了1956 年6 月的波兹南暴动。经赫鲁晓夫同意后，哥穆尔卡于10月重掌大权。但他的改革迟迟未见成效，经济进一步恶化，政府也逐渐变得越来越专制。大规模的暴动于1970 年底在多个城市又一次爆发。哥穆尔卡下台，爱德华·盖莱克掌权十年。这十年有三个显著的事实：

——盖莱克推出的大规模投资政策 (以及西欧经济援助) 在相对见效的几年后，以完全失败和负债累累而告终。

——1976年，发生在拉多姆及其他地区的罢工使保护劳工委员会 (波兰语：KOR) 得以成立，这是第一个与共产党制度抗衡的工人组织，它的成立预示着团结工会的成立。

——1978年10月，克拉科夫的大主教卡罗尔·沃提亚被选为罗马教皇，称约翰·保罗二世，原本已经相当强大的波兰天主教会的地位更巩固了。

1980 年夏初，突如其来的食品价格飞涨引起全国范围的罢工。格但斯克造船厂内的斗争领导人里奇·瓦文萨成为了运动的领袖。盖莱克选择了谈判，但于9 月被迫离职。几天后团结工会成立，10 月得到政府承认。共产党政权经历了这样的灾难，以至于10月继任的波兰统一工人党主席沃伊切赫·雅鲁泽尔斯基将军在1981年12月13日宣布国家进入战争状态，危机才得以缓解。这个决定既是为了重塑政府形象，也是为了预防很可能出现的苏联武装干预。团结工会的大部分领袖被监禁，1982年10中世纪中

1945 年，波兰的版图被向西移动。自此，波兰位于两条界线之间：东部是1919年制定的"寇松线"，西部是奥得—尼斯河一线。现在波兰领土有很大一部分是1945年从德国抽出来的，如西里西亚、东波美拉尼亚、东普鲁士的南部地区（即奥尔什丁地区）。（东普鲁士的北部地区连同柯尼斯堡——后改称加里宁格勒——被并入苏联。）战前波兰的东部边界地区，即从维尔纽斯至利沃夫一带则被并入苏联。在以上边界地区，至今仍有少数密集的波兰人群落生活在立陶宛和白俄罗斯边境。但在白俄罗斯的其他地方和西乌克兰，波兰人的数量很少：曾在此居住的他们于1945年前往"新波兰"了。在捷克斯洛伐克，原切申地区西部的少数波兰人依旧生活在那里。在波兰国内也生活着少数异族居民，但因太分散而无法以地图显示。比如上西里西亚的德语居民；东北部的白俄罗斯人；西南部，特别是原德国领土上的乌克兰人，他们于1945 年被强制迁移到了这里。

1921—1939 年
波兰边界

瑞典

波罗的海

拉脱维亚　里加　俄罗斯

立陶宛

道加瓦河

俄罗斯

维尔纽斯

明斯克

格但斯克　加里宁格勒　苏瓦乌基　格罗德诺　白俄罗斯

波美拉尼亚　奥尔什丁　马祖里　涅曼河

什切青　维斯瓦河　比亚韦斯托克

波美拉尼亚　比得哥什　托伦　马佐维亚

奥得河

柏林　格涅兹诺　华沙　布列斯特　普里皮亚季河

波兹南　瓦尔塔河

德国　尼斯河　罗兹　拉多姆　卢布林

弗沃茨瓦夫克　维斯瓦河

苏黎世　琴斯托霍瓦　奥得河　加里西亚　利沃夫

卡托维兹　普热梅希尔　德涅斯特河

布拉格　克拉科夫　乌克兰

俄斯特拉发

捷克共和国　斯洛伐克　普鲁特河

伏尔塔瓦河

维也纳　匈牙利

多瑙河　蒂萨河

100 km

月，该工会被禁。

尽管采取了缓和的措施（1983年解除紧张状态，1984年、1986年分别进行大赦），但波兰社会仍处于僵滞状态。因此在1988年，政府决定开始对话，1989年初，社会各界代表与政府开始了第一次"圆桌会谈"。在同年6月的选举中，团结工会在国会中取得35%的议席（另外65%的席位预留给统一工人党及其友党），在上议院的100个席位中取得99个席位。权力进行了重新分配：雅鲁泽尔斯基在7月被选为共和国的总统，里奇·瓦文萨的顾问之一塔德乌什·马佐维耶茨基在8月成为总理。

1990年末发生了两起重要事件：11月14日，德国和波兰在华沙签订了一项条约，保证互不侵犯已划定的奥得—尼斯河边界。12月9日，里奇·瓦文萨经普选成为共和国总统。

在1993年的选举中，前共产党及其联盟在国会和参议院中占了上风。1995年，出身共产党的亚历山大·克瓦希涅夫斯基成为共和国总统，2000年获得连任。1999年，波兰成为北大西洋公约组织成员，后计划于2004年加入欧盟，与其开始了谈判。

前波兰王国的犹太人

中世纪末，波兰王国的四个本土民族（波兰人、立陶宛人、白俄罗斯人、乌克兰人）里又加入了第五个民族——犹太人。在遭到纳粹灭绝（1936—1945年间）之前，该民族呈现出三个显著的特点：

首先是数量，无论是从相对的角度（就欧洲犹太人聚居地总体而言）还是从绝对的角度，波兰犹太人在数量上都占绝对优势。在1800年，45%的欧洲犹太人居住在前波兰－立陶宛联盟，而到了1880年，这个比例增加到75%。到了世纪之交，波兰大概有500万犹太人。尽管有移民潮的出现（主要流向北美），但在第二次世界大战前夕，约二分之一的欧洲犹太人仍然居住在这片土地上。

其次，这些犹太人的母语都是意第绪语，这种语言是由日耳曼语和希伯来语混杂而成的，约于1000年左右出现在莱茵兰地区。他们与西欧的犹太人一样都属于德系犹太人（而西班牙和地中海盆地的犹太人则是西班牙或葡萄牙裔犹太人的后代）。

最后，由于历史原因，这群犹太人中的大部分长期居住在农村或半农村地区，散布在许多小镇里（意第绪语称shtetl）。19世纪后期的经济巨变使他们沦为赤贫人口，把他们推向了城市犹太人聚居区。

波兰—立陶宛联盟的犹太人

从14—15世纪开始，西欧的犹太人（包括德裔犹太人）成为被驱逐的对象。而同一时期，波兰国王和立陶宛大公希望在他们的国家发展城市、商业和手工业。波兰的卡齐米日三世（1354年）和立陶宛的维陶塔斯（1388—1390年）为了吸引犹太人，给予他们特惠的社会地位，将他们置于政府的保护之下，并为他们开展各自的事业提供便利。

刚开始，犹太侨民代替了曾一度为波兰的城市发展作出贡献的德国侨民。但是，新生的本地资产阶级和那些占有土地的贵族之间的竞争逐渐改变了情况，由于被排挤在城市经济之外，犹太人成为波兰贵族的助手（和客观上的同盟）。在农村经济仍占统治地位的社会里，他们担任了所有管理者、中介人、商人、工匠的角色。

16世纪时，波兰宽容的思想使西格蒙德二世·奥古斯特在1551年颁布了一个宪章，承认犹太人在其小范围居住区、大地区，甚至整个犹太民族范围内享有自治权。波兰的黄金时代也是波兰犹太人的黄金时代。

同样，17世纪中期的"大洪水"，对犹太人和其他所有人而言都宣告了幸福年代的结束。在哥萨克人赫梅尔尼茨基的大屠杀（犹太人在屠杀中受害更严重）之后，瑞典军队的洗劫导致了经济的衰退（这使犹太人和非犹太人之间的竞争更加恶化），并削弱了波兰的国力。波兰王国作为保护者的角色就此越来越弱。这还不够，人口的激增——在当时的欧洲是一个普遍现象——丝毫没有放慢速度，更加重了贫困化。18世纪时，少数富裕的犹太人与生活条件越来越差的大量农村犹太人之间的差距越来越明显。

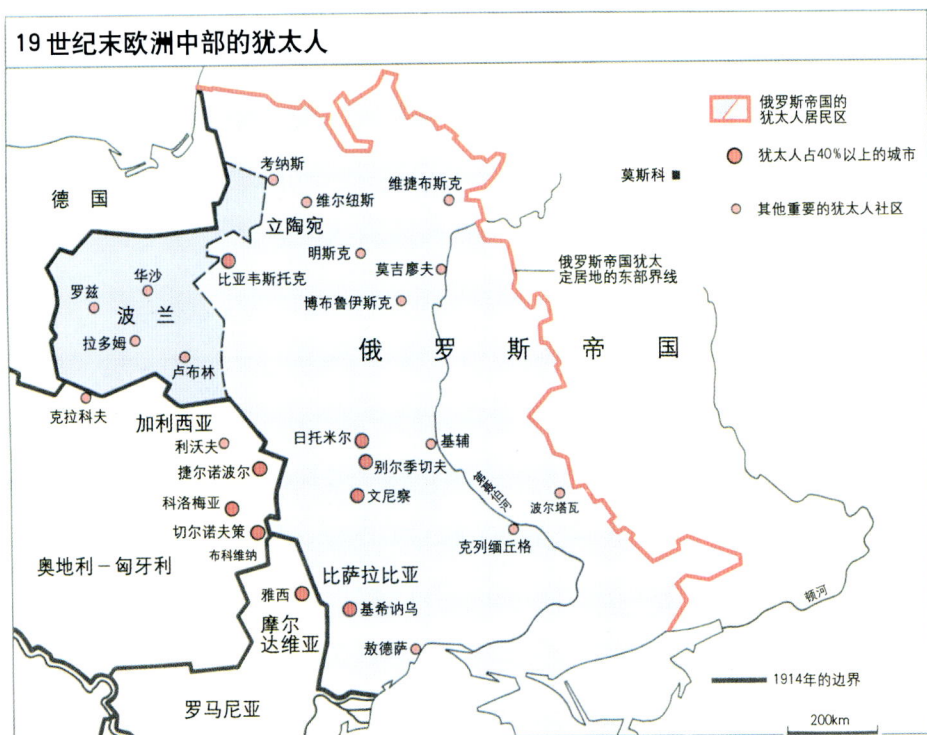

19世纪末欧洲中部的犹太人

19 世 纪

对波兰的数次瓜分将犹太社群分入四个地区：普鲁士、奥属加利西亚、小波兰王国 (即所谓"会议王国")，以及直接并入俄国的各省。

——在普鲁士，犹太人很轻松地从使用意第绪语过渡到德语，并比较顺利地融入了社会。这是一种"教会化"的现象，除去宗教属性，犹太人与其他民族已无区别。

——在奥属加利西亚，政府的态度开始显得有些举棋不定，1868年时开始实行权利平等制度。事实上，富裕的犹太人像在德国那样被推向"教会化"。其他犹太人只得面临传统社会的巨变，或踏上移民之路。

——"会议王国"自19世纪中期起在工业上经历了重大飞跃，波兰有产阶级和犹太有产阶级从中受益。但同时它也引起了农村传统社会结构的瓦解，导致两大无产者 (非犹太人和犹太人) 汇集到城市——犹太无产者主要聚集在犹太人聚居地。另外，犹太无产阶级在工业产业中所占比例不大，他们主要从事

"第三产业"(商业和服务行业中的各种职业)，或做手艺人(家庭作坊)。与俄罗斯帝国其他地方一样，1881年，在沙皇亚历山大二世被暗杀之后，波兰爆发了危机，同年在华沙发生了对犹太人的大屠杀。

——在俄国，犹太人被安置在犹太人聚居区内，这些聚居区集中在被俄国吞并的前波兰王国各省内(外加陶里德和克里米亚)。尼古拉一世(1825—1855年在位)制定的政策强迫他们俄罗斯化，并同时将他们由农村赶到城市。亚历山大二世统治期间，对犹太人的政策虽然比较温和，但自1881年起排犹主义就变得比较公开化了。1887年，犹太人在中学和大学中所占比例受到限制；1889年，他们被禁止从事某些行业。简而言之，犹太人要么选择被同化，要么选择移民他国，要么在人口越来越多，也越来越贫穷的犹太聚集地继续拥挤下去。许多人选择移居海外。有些人开始改用俄语并"教会化"。其他人则选择了一种更为特别的道路，于1897年发起欧洲犹太人社会主义运动(创建了"立陶宛、波兰和俄国犹太工人联合会")，其目标为：既不同化也不移民，在当地与

生活在俄罗斯的劳工和其他民族群体的社会主义者并肩作战。因此，犹太人社会主义运动从一开始就表现出它的双重性——在社会和政治方面具有革命性，同时又从种族的意义上强调犹太人始终是一个"民族"。

在两次世界大战之间

俄国方面，十月革命很早就承认了犹太人享有平等的公民权。"拉达"(议会)领导下的乌克兰也给了犹太人完全的文化自治权。然而在1919—1921年的内战中，彼特留拉领导的乌克兰军和俄罗斯白卫军却对犹太人进行了大屠杀。只有红军没有实施反犹主义的暴行。

边界地带稳定之后，苏联的政治环境迫使犹太人不得不在以下两者中选择：要么被同化，要么放弃宗教信仰，就与托洛茨基(生于乌克兰)、季诺维也夫(生于乌克兰)和李维诺夫(生于比亚韦斯托克)一样。

直到1991年，苏联犹太人仍被视为一个"民族"，尽管大部分犹太人已将俄语作为母语。

大部分前波兰－立陶宛联盟的犹太人(约250万～300万)在两次世界大

波兰犹太人的四种日耳曼式命运

从19世纪起，沙皇俄国的犹太人开始使用俄语，而波兰的犹太人则深受柏林和维也纳的吸引，正像以下四位杰出人物截然不同的命运所显示的那样。

罗莎·卢森堡，1870年出生在扎莫希奇，在华沙度过了她的青年时代并在苏黎世接受大学教育。1898年到达柏林后，她很快成为德国社会民主党的一名活跃分子和重要的理论家，同时也参加了（多数时候是秘密活动）波兰社会党的活动。她采取了国际化和革命化的立场，拒绝与犹太人社会主义运动有任何联系。她于1919年1月在对斯巴达克革命的镇压中被杀害。

恩斯特·坎托罗维奇，1895年生于波兹南，德国籍犹太人，是一个坚定的爱国主义者。他于1919年加入德国民族主义者的自由组织。作为历史学家，他写了一部关于腓特烈二世的重要著作。1938年他离开德国去了美国，在那里继续研究历史并反对麦卡锡主义。他于1963年去世。

约瑟夫·罗特，1896年生于加利西亚，于1916年加入奥地利军，随后从事政治新闻工作。他写了许多小说，其中《拉德茨基进行曲》（1932年）和《嘉布遣修士墓室》（1938年）被历史学家们认为是对奥匈帝国最出色的描写（从1859年的索尔费里诺战役一直写到1934年对维也纳社会主义党人的清洗）。他于1933年定居在法国，1939年死于绝望和酗酒。他同时赢得了奥地利保皇党和社会主义者的敬意。

马奈斯·斯佩贝尔，这位非常仰慕罗特的人1905年出生于加利西亚，1927年加入德共之前，他曾在维也纳担任心理学家阿尔弗雷德·阿德勒医生的助理。他于1933年在柏林被捕，并被作为奥地利人遭到流放，后来定居法国并为共产国际工作，1937年与斯大林断交。战争期间，他秘密留在法国，并在那里写下小说三部曲《木已成灰》，该书于1949—1953年用德语发表，并在德国获得了巨大的成功。在法国的一家出版社担任了一段时间的文学指导后，于1984年在巴黎去世。

柏林和维也纳像对待其他许多人一样抛弃了他们。

战之间重返波兰共和国。自1918年11月开始的大屠杀使波兰的民族主义复兴，并在波兰共和国内举行了抗议活动。《凡尔赛和约》中的确有一些保护波兰犹太人的条款（应英国和美国犹太人组织的要求），但它并没有起到作用，并于1934年被波兰政府废除。总的来说，当时流行于波兰的观点为波兰人是国家的主人，而犹太人只不过是过客。

1939—1942年的波兰犹太人

1939年9月底，波兰被分为三个部分。西边的领土直接并入德意志帝国；在中部，建立了一个由德国管理的全民政府；东部领土划归苏联。

为了使并入德国的波兰西部领土日

耳曼化，纳粹政府首先把该地区所有的犹太人和波兰人赶进了全民政府管辖下的中波兰，并向西部安置了被苏联从其境内或势力范围内（波罗的海沿岸国家、比萨拉比亚）遣返回来的德国人。这次人口迁移行动从1939年11月开始，此后一直问题百出，到1940年3月不得不停止。在此期间，20万人已被迁移，大多数去了卢布林地区。

随后新政策出台了，犹太人（有时还包括茨冈人）被集中到常常被高墙包围的犹太人聚居区——在罗兹、华沙、卢布林……1941年底，所有被占区及全民政府（包括东加利西亚）的犹太人都被封闭进了犹太人聚居区（在劳动营里工作的犹太人除外）。聚居区内的死亡率极高。随着聚居区的居民被遣送到死亡集中营，犹太人聚居区也开始逐步消失。例如，1942年8月至9月间，居住在华沙聚居区的38万犹太人中，有30万人丧命于特雷布林卡集中营。聚居区爆发起义（1943年4月到5月）之后，少数幸存者躲了起来，但其他人都在同一个集中营里被杀害了。

对苏联境内犹太人的屠杀

1941年春，在侵略苏联的同时，对

集中营

波罗的海
奥斯特兰"帝国特别专署区"
波兰
柏林
奥得河　瓦尔塔河
比亚韦斯托克
特雷布林卡
海乌姆诺
华沙
索比堡
马伊达内克
乌克兰"帝国特别专署区"
德国
奥斯威辛
维斯瓦河
贝乌热茨
波兰全民政府
1942年的德国边界
斯洛伐克
100 km

奥斯威辛集中营

人们估计死于奥斯威辛的犹太人有100万，波兰人近25万。

奥斯威辛集中营建在德占波兰领土内，上西里西亚地区。它的管理方式和德意志帝国的其他集中营一样，起初均直接听从奥拉宁堡集中营的命令，而非隶属于全民政府推行"莱茵哈特行动"的指挥机构。此外，奥斯威辛集中营包括三个营地：奥斯威辛一号营（主营）、奥斯威辛二号营（比克瑙屠杀集中营）、奥斯威辛三号营（莫诺威辛"工业"集中营），该集中营与一家工厂和其他的劳工营相连。

在一号集中营关押着不同国家的非犹太侨民（包括法国的），但以非犹太波兰人居多，这也说明了为什么奥斯威辛对于波兰人也意味着痛苦的回忆。1941年秋天，集中营内开始使用俄国囚犯做毒气实验。此后建立的二号营用以关押各国已被抢掠一空的犹太人：斯洛伐克犹太人、希腊犹太人、波兰被德国接管地区的犹太人以及法国和荷兰犹太人……最后是1944年匈牙利犹太人。经过"挑选"之后，大多数犹太人被直接送进了毒气室，其他的则被强迫在集中营内干活或在监管下外出工作。

毒气室一直使用到1944年11月。1945年1月苏军抵达前夕，奥斯威辛中的苦役犯只剩下6.7万人，他们中又有很多人在苏军撤离时相继死去。

犹太人实施清洗就被提上日程，那时德国甚至还未考虑到实施"最后决议"。四个"任务团"（Einsatzgruppen）由此建立起来，他们紧随入侵苏联的德军，以对犹太人（及神经病患者与非正常儿童，与1941年在德国境内的做法一样）实施灭绝为主要任务。这些"任务团"起初使用枪决的方式，从1941年底开始改用毒气卡车。大屠杀紧随在德军的军事胜利之后：1941年10月在敖德萨、在基辅（巴比沟）、在克里米亚……在德涅斯特河东岸的罗马尼亚军队和在考纳斯及维尔纽斯的立陶宛民兵也同样参加了大屠杀。据统计，1941年有50万人被杀，逃往东部的犹太人则有150万。

1942年，对犹太人的第二轮灭绝行动开始，纳粹使用了多种方法。实施行动的德军得到了当地武装的支持，并与专门镇压游击队的党卫军（如在白俄罗斯对躲在森林里的犹太逃亡者进行屠杀）

协调行动。到1942年底，德占苏联境内可以说已没有了犹太人的踪影。

对波兰犹太人的灭绝行动

从1941年底至1943年3月，在德占波兰西部领地中，纳粹使用毒气卡车，在海乌姆诺集中营内对犹太人进行了屠杀。除住在罗兹犹太人聚居区内的7万名犹太人（他们于1944年夏被送往奥斯威辛）外，这一地区所有聚居区内的犹太人悉数被害。

在全民政府统治下的波兰，"莱茵哈特行动"（即"最后决议"行动）在1942年3月开始。此项行动得名于1942年5月在波希米亚被暗杀的莱茵哈特·海德里希（戈林曾亲自负责此事的调查）。"莱茵哈特行动"旨在对所有全民政府统治下的犹太人，及从德意志帝国遣送到卢布林的犹太人（梅达奈克集中营）实施灭绝行动。

在1942年的第一季度，位于全民政府东部边界的三个备有毒气室的集中营开始投入使用（即贝乌热茨、索比堡以及特雷布林卡）。不久以后，梅达奈克集中营也有了毒气室。一些犹太人于1943年成功地逃出了特雷布林卡和索比堡集中营，战后他们公布了纳粹德国屠杀犹太人的真相。同年，这三个集中营被拆毁，并在其上种上了树木。而梅达奈克集中营则一直维持原状，直到1944年苏军到达卢布林。

捷克人和斯洛伐克人

　　虽然第一次世界大战结束后，捷克和斯洛伐克被合并成一个国家，但实际上这两个民族一直界线分明，尽管从1526年起哈布斯堡家族就开始了对这两个民族的统治。事实上，捷克人曾一度处于辉煌的波希米亚王国的中心，而斯洛伐克人只不过是臣服于匈牙利王国、生活在王国周边的平常百姓之一。捷克很久以来一直是神圣帝国的一部分，而斯洛伐克却从来都不是。捷克人有他们的首都布拉格，这是中世纪欧洲最大的城市之一，而斯洛伐克人中的大多数只不过是农民……这种对比在1914年仍然很明显。

　　捷克语和斯洛伐克语很接近，所以尽管他们的历史大有不同，但捷克和斯洛伐克的合并便也算是顺理成章了。然而它们的合并并不能阻挡斯洛伐克地方主义倾向的抬头。在1969年1月1日成立联邦共和国后，1990年捷克斯洛伐克易名为"捷克和斯洛伐克联邦共和国"。在1993年1月1日，它最终还是分裂为了两个独立的国家（捷克共和国和斯洛伐克共和国）。

哈布斯堡王朝统治前的波希米亚

普热美斯王朝

传说波希米亚家族的后裔莉布谢公主嫁给了"庄稼人"普热美斯。他们的第一个后代，博里奥伊王子，与他的妻子卢德米拉约于880年共同接受了美多德的洗礼（见"中部欧洲的基督教化"一节）。博里奥伊王子的儿子拉迪斯拉夫继承了王位。拉迪斯拉夫死后，他的遗孀德拉霍米拉（未皈依基督教）下令绞死了卢德米拉。921年，从小由卢德米拉带大、受基督信仰影响的小孙子瓦茨拉夫登上王位。然而他的兄弟波列斯拉夫（又称"残暴者"）废黜了他并将他杀害，随后皈依了基督教。瓦茨拉夫和卢德米拉后被封圣，并成为了波希米亚王朝的主保圣人。

962年，奥托一世的加冕标志着神圣罗马日耳曼帝国统治的开始，波希米亚地区首先成为帝国的一部分，一直持续到1806年帝国完全消失。"残暴者"波列斯拉夫的儿子——"虔诚者"波列斯拉夫于973年创建了隶属于美因茨大主教区的布拉格主教府。随后，普热美斯家族也与他们的近邻匈牙利和波兰统治者一样，力争成为国王。虽然若干统治者确实从皇帝那里以个人名义取得了国王的头衔，但直到13世纪初鄂图卡一世统治时期，波希米亚才最终成为王国，这也是神圣帝国统治之下的唯一王国。1222年，摩拉维亚（波兰与波希米亚一直在争夺该地）被鄂图卡一世并入版图。

波希米亚　摩拉维亚　"捷克"

确切地说，波希米亚意指一个行省，其中心便是布拉格。捷克其他各省为摩拉维亚和18世纪时由哈布斯堡家族管辖的西里西亚。13世纪时，摩拉维亚并入波希米亚王国内，随后遭遇了与它的邻省同样的命运。

他的孙子鄂图卡二世经过努力成为现今奥地利大部领土的主人，并有意获得帝国王位。但是选帝侯们觉得他过于强悍，倾向于哈布斯堡家族默默无闻的鲁道夫。1273年，鲁道夫被选为帝国皇帝，立即对鄂图卡的权力提出了质疑。在1278年的迪恩克鲁特战役中，鄂图卡被杀，其后奥地利便处于哈布斯堡王朝的统治之下，直到1918年。

1306年，瓦茨拉夫三世被杀，由于他没有继承人，普热美斯王朝宣告终结。

波希米亚盛世

1291年，鲁道夫的去世引起了哈布斯堡王朝友党和敌党的冲突。多位国王竞相即位，甚至互相争斗，其中也包括卢森堡的亨利。亨利掌权时间虽不长，但1310年却成功地使自己的儿子约翰当选为波希米亚国王，约翰娶了瓦茨拉夫三世的妹妹埃利什卡为妻，约翰将国家事务交给妻子和捷克贵族处理，自己辗转在欧洲战事之中。1346年，他死于克雷西战场。其子查理（出生于布拉格，在法国宫廷长大）继承了波希米亚王位，于1355年成为德国国王，又称查理四世。

查理四世的统治使捷克王国达到鼎盛。查理以布拉格为居住地，并曾将布拉格一度上升为神圣帝国的首都。1356年，他编纂的《黄金诏书》规定了国王选举制度。然而他热衷的还是自己的帝国，因此进行了一系列领土扩张：西里西亚（以正式放弃波兰王位为代价）、卢萨蒂亚南部（1329年卢萨蒂亚北部已并入罗马帝国）、海布地区（波希米亚最西部）以及兹诺伊莫（南部）。

布拉格是当时欧洲最大的城市之一，1344年起还成为大主教府的所在地，波希米亚从此不再从属于美因茨教省。在罗马教皇克雷芒六世（在法国宫廷里曾是查理的家庭教师）的支持下，查理在1348年创办了布拉格大学，这是中欧的第一所大学（克拉科夫大学创办于1364年），也是罗马帝国的第一所大学。同年，他决定扩大城市规模，1357年又着手修建著名的石桥，至今此桥还以他的名字命名。1378年查理去世。

胡斯战争

查理死后，瓦茨拉夫四世继位，成为波希米亚国王和罗马帝国皇帝。同年，"教会大分立"使天主教会一分为三，产生了三个教皇：阿维尼翁教皇、罗马教皇和比萨教皇 (约翰二十三世)。这场运动跌宕起伏，直到1415—1417年的康斯坦茨宗教会议召开，问题才得以解决。14世纪时，教会饱受批评，其中英国神学家约翰·威克里夫的批判显得尤为引人注目。布拉格的哲罗姆完成了牛津大学的学业后，回到波希米亚宣扬威克里夫的思想。他的朋友扬·胡斯在布拉格用捷克语布道，由于言论极富改革性，最终被驱逐出教会。因为受到康斯坦茨主教会议的传讯，扬·胡斯携带着皇帝西格蒙德颁发的安全通行证，于1414年来到康斯坦茨，并在主教会议上作了辩论。但他还是遭到了逮捕，并于1415年7月6日被活活烧死。第二年，哲罗姆也遭受到了同样的命运。

随着神圣帝国权力危机的加剧，教

捷克民族英雄扬·胡斯

扬·胡斯约于1372年出生于波希米亚南部的一个小村庄里，求学于布拉格，1400年成为教士。自1402年起，他开始宣传教会改革，并向人们宣称可以直接研习《福音书》(他着手将其翻译成捷克语)。1409年，他得到瓦茨拉夫四世的许可，使布拉格大学摆脱了德意志人的控制，他也并被任命为该大学的校长。然而第二年，由于他拒绝禁止威克里夫 [John Wycliffe (1320—1384)，英国神学家，欧洲新教改革先驱，反对教皇权力至上。——译者注] 的作品，被逐出教会。但是在1412年，他又传道反对伪教皇 [或称假教皇、对立教宗，罗马天主教会用语，通常指反对合法选举出的教皇并力图攫取教皇宝座而在一定程度上得逞的人。——译者注] 约翰二十三世所实行的赎罪制度 (发放赎罪券)，因此受到更加严厉的处罚 (布拉格也受到连累，胡斯居住在城内时，布拉格不得进行宗教活动)。于是他离开了此地，最终因为坚持自己的信仰受到宗教裁判所的审判。扬·胡斯最后被烧死，这将他要求宗教改革的号召演变为一场全国性的革命。

扬·胡斯的著作唤醒了捷克人的民族意识，从而使捷克涌现出了许多反教权主义者。不仅如此，他翻译的《圣经》还奠定了文学语言的基础，确立了句法 (消除了日耳曼语的表达形式和结构) 和拼写法。

至今捷克还有一个胡斯教会，并且拥有五个主教。

会危机也愈演愈烈。扬·胡斯死后,波希米亚的局势急转直下,瓦茨拉夫四世失去了对局面的掌控(他在1400年被废黜),胡斯派要求宗教改革,百姓要求社会改革(废除农奴制度,土地均分)。1419年7月30日,愤怒的胡斯派教徒将若干天主教的重要人物从布拉格城堡的窗户中扔了出去,成为第一桩"投人出窗"事件。瓦茨拉夫四世几天后便去世了。

遵照原则,接替他登上波希米亚王位的是他的弟弟西格蒙德,即当时的匈牙利国王(自1387年)和神圣帝国皇帝(自1410年)。但捷克人拒绝承认这个国王,于是他与教皇达成一致,组织十字军试图征服捷克人。在维特科夫(今天的布拉格近郊),西格蒙德被扬·杰士卡的军队打败。波希米亚大议会指定了一个由20名成员组成的督政府(10名贵族,10名资产阶级),没收了皇室和教会的财产充公。1424年,杰士卡去世后,军事指挥权落到普罗科普手中,这支"上帝之师"在1431年打败了进攻他们的十字军。

西格蒙德利用胡斯教徒分裂为塔波尔派(激进派)和酒饼同领派(即僧俗平等派,温和派)这一时机缓解了危机。1433年,巴塞尔主教会议制订了

酒饼同领派和塔波尔派

所有的胡斯派教徒都主张:神父和普通教徒同受面饼和葡萄酒两种圣餐(即同时领取圣体和圣血),拉丁文为subutraque specie("酒饼同领派"之词源)。而在天主教仪式里,只有神父才能同时领这两种圣餐。

除此之外,1420年胡斯派提出的"四条款"还规定:《圣经》讲道自由;教会财产还俗归公;对罪恶深重的人进行严惩。

1420年,在布拉格南部的塔波尔爆发了胡斯派信徒千禧年运动,很多穷人都加入该阵营。塔波尔派在社会立场和政治立场上态度强硬。他们的军事力量使他们在杰士卡和随后的普罗科普的领导下统治了整个波希米亚,直到1431年。

与塔波尔派相对立的是酒饼同领派,主要来自较富裕阶层,他们主张在四条决议中只保留触及天主教仪式的部分,同时希望能与天主教会达成妥协。

《巴塞尔协定》，使天主教和酒饼同领派之间关于礼拜仪式达成一致。塔波尔派被孤立了，1434年他们在利帕尼被打败，普罗科普战死。西格蒙德同意不追究皇室与教会财产的损失，并承认捷克语为官方语言。他登上王位后不久便于1437年去世。

从卢森堡王朝到哈布斯堡王朝

阿尔伯特二世——德意志国王、波希米亚国王与匈牙利国王——于1439年去世，只留下一个遗腹子拉迪斯拉斯五世。于是，哈布斯堡家族另一个成员腓特烈三世当选为德意志国王。波希米亚进入摄政时期，但在1452年，一名酒饼同领派的捷克贵族——波杰布拉德的乔治掌握了实权，在拉迪斯拉斯五世死后于1458年即位。他的势力范围一直扩展到西里西亚(在那里建立了一家印刷厂，出版了第一本捷克语书籍)。而教皇们一直对他采取敌视态度——1466年，保罗二世唆使匈牙利国王马提亚一世(天主教贵族选他为波希米亚国王)发起了

一场新的十字军东征。波杰布拉德的乔治作为捷克最后一任统治者于1471年去世，由于没有指定继承人，波兰国王卡齐米日四世的儿子弗瓦迪斯瓦夫不久即当选为国王。于是波希米亚便有了两位争夺王位的国王。弗瓦迪斯瓦夫把摩拉维亚、西里西亚和卢萨蒂亚让给了马提亚，马提亚去世后，弗瓦迪斯瓦夫当选为匈牙利国王并重建了波希米亚王国。

这期间，腓特烈三世并未进行干预，但哈布斯堡家族没有就此罢休。在腓特烈的孙子辈中，除查理五世外还有斐迪南一世 (1521年，娶了路易二世的姐姐安娜为妻) 和奥地利的玛丽公主 (1522年嫁给弗瓦迪斯瓦夫之子路易二世)。自1516年起，路易成为了波希米亚和匈牙利国王，后来死于1526年的莫哈奇战役。哈布斯堡王朝的斐迪南一世因此成为了波希米亚国王，后又几经努力成为匈牙利国王。

这便是由哈布斯堡王朝统治的"多瑙河君主政体"的开始，波希米亚隶属其中，直到1918年。

哈布斯堡王朝统治下的波希米亚

新教的崛起

1526—1618年，尽管宗教改革发展迅速，但哈布斯堡王朝统治下的波希米亚依然风平浪静，只有被路德教义征服的德国人、捷克人（大部分为酒饼同领派）逐渐分成了"新酒饼同领派"（受到宗教改革的吸引）和罗马教廷信徒。

斐迪南（1556年，查理五世让位后成为国王，称斐迪南一世）优待天主教徒，并鼓励耶稣会教徒在布拉格建立一所与查理大学抗衡的大学。另外，在胡斯运动过去一个半世纪后，斐迪南于1561年重设天主教大主教。但他的执政方式一直比较谨慎，毕竟波希米亚的财政收入占哈布斯堡王朝收入的三分之二。随后的马克西米连二世（1564—1576年为神圣罗马帝国皇帝）采取了同样的政策：他认可了（口头上）《波希米亚信纲》（捷克酒饼同领派1575年制订的教义纲要），实现了路德派与新酒饼同领派的和解（在225位波希米亚国会贵族和骑士成员中，有119位加入了该

信纲）。

他的继任者鲁道夫二世于1582年迁往布拉格并在当地定居。他的思维颇具创造性：大力支持艺术和科学，将天文学家第谷·布拉赫和约翰内斯·开普勒（他们都是新教徒）接到了布拉格，并于1609年准许所有接受宗教改革者拥有信仰自由。鲁道夫于1612年去世。他的兄弟马蒂亚斯（即马蒂亚斯二世）在1611年将他赶下波希米亚王位，马蒂亚斯死于1619年，死后没有继承人。

从布拉格"投人出窗"到白山战役

天主教徒和新教徒之间的关系越来越紧张。在关于是否关闭两座新教教堂的问题上发生冲突后，新教徒和王国的摄政官们（天主教徒）在布拉格城堡会晤，此次会晤于1618年5月23日不欢而散，官员们被扔出了窗户。幸好窗外有一堆肥料，两名摄政官和一名秘书没有造成重伤。天主教徒将此看做一个奇迹，还感谢圣母玛利亚。"三十年战

捷克兄弟会

在15世纪中期的胡斯派运动中出现了新基督律法兄弟联合会，也称捷克兄弟会或摩拉维亚兄弟会。他们的非暴力和宽容理念吸引了大量信徒，但他们很快便遭到了天主教徒和所谓的胡斯派爱国信徒的迫害。

直到20世纪，兄弟会在道德与知识方面仍有巨大的影响。他们的神父之一扬·布拉霍斯拉夫就是《捷克语法》（1571年）的作者，而兄弟会所翻译的《圣经》（1579—1593年）更是构筑了古典捷克语的丰碑。

17世纪20年代，兄弟会惨遭流放，当时他们的首领就是著名的教育学家夸美纽斯（1592—1670），他的《大教学论》（1649捷克语版，1657年拉丁语版）奠定了现代教学法的基础。法国历史学家米什莱称他为"教育界的伽利略"。

争"由此打响。

1618年，哈布斯堡王朝的斐迪南二世被指定接替马蒂亚斯，此人曾是耶稣会信徒，也是个坚定的天主教徒。教派间的决裂很快就开始了：1619年马蒂亚斯死后，波希米亚国会（尽管处于半运转状态）废黜了斐迪南，赶走了哈布斯堡人，剥夺了耶稣会教徒的权力，选择加尔文教徒腓特烈五世为具有选帝侯权力的国王。这个举动是冒险的：捷克人得不到任何德国新教王公的支持，唯一的盟友是特兰西瓦尼亚公爵拜特伦。腓特烈五世才智平平，平民和贵族都没有全力支持他，他只得求助于外国雇佣兵。斐迪南二世也委托巴伐利亚著名将领蒂利帮他招募军队。1620年11月8日，蒂利在白山（布拉格西部）大败起义者，腓特烈五世逃跑。拜特伦也在第二年被赶回特兰西瓦尼亚。

"黑暗时期"

镇压刻不容缓，27名国会成员被砍头。捷克和德意志的小贵族们被处以罚金和没收财产。他们的财富源源不断地滚入了那些坚定的天主教贵族的腰包，比如捷克人瓦尔兹廷，斐迪南于1625年将他任命为"战争统帅"。波希米亚的司法机构迁至维也纳，国会从此便掌握在大贵族和高级神职人员手中。斐迪南任凭"反宗教改革"运动大肆扩张：耶稣会教徒控制了查理大学。3万贵族和有产者家庭由于拒绝改宗而遭流放。

这期间,在波希米亚爆发的"三十年战争"很快蔓延到德国:斐迪南试图追捕腓特烈五世,信奉新教的王公们加入了战争,丹麦也介入其中,接着是瑞典。1631年至1632年、1647年和1648年,布拉格均被瑞典人占领。1648年的《威斯特伐利亚条约》结束了战争。

17世纪末,波希米亚已面目全非,85%的土地被大贵族们占有。德国人控制了商业和手工业,包括布拉格地区。被奴役的捷克农民于1680年、1693—1695年分别进行了大规模起义。

回顾这段历史,捷克的民族主义者们称之为"黑暗时期"。白山战役的失败确实给胡斯派统治下骄傲的、几乎独立的捷克敲响了丧钟。不过"三十年战争"之后的时期也是捷克的一个重建时期,在这一时期出现了大量壮丽的巴洛克风格建筑。

奥地利的统治

奥地利王权继承战(1740—1748年)标志着一个新的转折。1740年,普鲁士人入侵西里西亚(自14世纪起归属波希米亚)。五年后的《德累斯顿条约》承认,除东南部的数块土地,西里西亚为日耳曼人的领地。自此,西里西亚便被称为"奥属西里西亚"。1741—1742年,法国和巴伐利亚的军队占领了波希米亚,他们在那里受到热烈欢迎。其间没有人表现出对哈布斯堡王朝的眷恋——斐迪南二世试图利用宗教统一奥地利的企图失败了。制度改革势在必行。在玛丽·特雷西亚(1740—1781年在位)及约瑟夫二世(1781—1790年在位)掌权期间,各项改革接踵而至。

名副其实的集权制在维也纳得以实现,其权限覆盖了奥地利本土、波希米亚和摩拉维亚,这些地方因此丧失了地方特性(匈牙利未被维也纳直接管辖,因而保留着地方特性)。作为社会地位上升的重要途径,官僚制度开始发展,对捷克人也不例外。1773年,罗马教廷废除了耶稣会,第二年,中等教育改革开始实施,而使用捷克语的初等教育也再次出现。约瑟夫二世推行的改革中虽然规定唯一官方语言为德语,但在波希米亚却没能改变人们的习俗。1781年颁布的《宽恕令》对新教徒们而言是个喜讯,也改善了犹太人的命运;同年,农

"启发者"

在赫尔德(1744—1803，德国诗人、批评家、哲学家，德国浪漫主义运动的先驱)等一批激发了民众智慧的人物的影响下，许多捷克知识分子于19世纪初开始投身于母语(捷克语)的搜集整理工作，包括起源、语法、词汇等。另一些人则专注于历史写作，其中特别要提到的是帕拉茨基，从1836年到1876年，他出版了五卷本的《波希米亚历史》(一直写到1526年，即捷克民族失去独立为止)。1848年起，帕拉茨基积极投身于政治活动中。

捷克人把这些知识分子称为"启发者"。

奴制被废除(封建制并未改变)，这些都意味着真正的进步。

虽然仍处于君主专制政体下，但波希米亚却从19世纪初起，一方面在"启发者"们的推动下经历了知识复兴；另一方面又经历了与东德意志和邻国奥地利相似的经济腾飞。

民族的觉醒

1848年，德意志联邦(波希米亚包括在内)举行全民投票普选，而包括帕拉茨基在内的捷克领导人却拒绝参加，这与波希米亚和摩拉维亚境内的德意志人要求并入统一德国的愿望相左。法兰克福议会的一位德国代表甚至宣称："必须采取武力去制伏捷克主义。"而帕拉茨基则于6月在布拉格组织了一次斯拉夫人大会(捷克人、斯洛伐克人、波兰人，等等)。一场持续三天的暴动席卷了城市，最后被温迪施格雷茨将军镇压下去。

与此同时，在维也纳，奥地利(不含匈牙利)议会(该议会也由普选产生)也召开了会议，其中包括多位斯拉夫代表。9月，会议投票通过废除农奴制和领主权力。但革命党引发的维也纳暴动被新首相施瓦岑贝格(他本人为波希米亚大贵族)平息，随后议会与政府迁至摩拉维亚。人们试图制定一部尊重民族权利的宪法。由摩拉维亚众议员卡耶坦·梅耶提出的方案(保持历史上的各个地区，根据民族划分行政管辖区)虽得到了议会的青睐，但却遭到来自弗兰茨·约瑟夫一世(1848年12月登上王位)和施瓦岑贝格的反对。1849年3月，议会解散，宪法颁布，但这是一部极其反动的宪法。

奥地利在索尔费里诺 (1859年，在意大利对阵法军) 和萨多瓦 (1866年，对普鲁士人作战) 战役中的失败导致了1867年奥匈之间相互妥协，成立奥匈帝国，这让捷克人难以接受。在新帝国中，捷克人被纳入内莱塔尼亚地区 (即奥匈帝国中属于奥地利的部分)，却不享有任何自治权；而他们指出波希米亚和匈牙利一样，仅在名义上与帝国相关联。由此，捷克议员们拒绝参与内莱塔尼亚议会的工作。

与此同时，一些捷克人仍在政府中工作。1871年，首相霍恩瓦尔特提出了妥协的方案，弗兰茨·约瑟夫 (于布拉格加冕) 也有意重申波希米亚王国的权力。但由于匈牙利人坚持其唯一的二元帝国，波希米亚境内的德国人又拒绝和捷克人面对面谈判，该方案不得不被放弃。

虽然如此，形势还是有所变化的：1882年，波希米亚的政府官员被要求使用双语办公，这对捷克人是有利的；查理大学被分割为捷克语部和德语部两个部分。民族自由党 (1874年建立) 的捷克青年们发挥着越来越大的社会影响；捷克社会民主党也开始组建。但是民主化进程仍然缓慢，直到1906年，内莱塔尼亚地区才开始实行普选。

尽管1914年之前捷克人一直没有享受到他们所要求的政治自治，但19世纪对于捷克人而言仍是个进步的时代。无论是文化教育程度、农业效益，还是工业发展 (例如1859年在皮尔森建立的斯柯达工厂 [奥匈帝国最大的工业企业，也是当时欧洲最大的综合企业，以兵器工业为主要产业。——译者注])，捷克都与西欧处于同一层面上。工人阶级自然也就出现了——1911 年的选举中，社会民主党赢得了37%的选票。另外，捷克人重新实现了文化自治，至少在波希米亚和摩拉维亚的当地政府中是如此：1914年，"奥地利政府"中95%的行政官员是捷克人。国家治理得很好，如果根据文学讽刺作品来判断，甚至有点儿过头。处于黄金时代的捷克不仅使哈谢克写出了《好兵帅克》一书，也成就了用德语写作的布拉格犹太人卡夫卡。

匈牙利帝国中的斯洛伐克

10世纪初，匈牙利人给大摩拉维亚王国画上了句号，如今的斯洛伐克领土在当时也逐步被他们控制。大约11世纪末，斯洛伐克已完全臣服于匈牙利，由于这里山峦起伏，斯洛伐克因此得名"匈牙利高地"。虽然大部分居民为斯拉夫人，但当地的统治方式与王国内其他地区并没有不同（如分为州等）。尽管斯洛伐克也存在少量本地贵族，但占统治地位的仍然是匈牙利贵族。

1300年左右，德国人开进匈牙利高地，主要是为了开发矿产为匈牙利国王提供重要资源，以及发展城镇(如现今的班斯卡－什佳夫尼察、克雷姆尼茨等)。

捷克的宗教运动影响了斯洛伐克人：15世纪初，胡斯运动的理念渗入匈牙利高地，当地的塔波尔派开始组建武装。匈牙利国王马提亚一世直到1467年才通过科斯托拉尼战役的胜利平息了此事。而这些事件促使斯洛伐克语逐渐发展，并于1473年出现了第一份用斯洛伐克语写成的文件。宗教改革伊始，便有大量德国人（特别是矿工）改信马丁·路德教义，不同新教团体也吸引了一批斯洛伐克人（如同当时的某些匈牙利人）。

16世纪时，土耳其的入侵未涉及匈牙利高地，它仍然处于哈布斯堡家族统治下的"皇家"匈牙利之中。当时匈牙利的行政中心位于波若尼（即后来的布拉迪斯拉发，当时还不是一个斯洛伐克城市），而匈牙利首席主教则迁往特尔纳瓦，耶稣会教徒丁1635年在此建立了一所大学。反宗教改革很快就在这里取得了胜利，但其方式却比波希米亚的反宗教改革更为温和。18世纪初，当土耳其人撤离匈牙利时，许多斯洛伐克人（特别是新教徒）再次移民到被战争破坏的地区，如伏伊伏丁那、匈牙利平原(如今那里还生活着他们的后人)等。但在匈牙利高地，多数斯洛伐克人仍处于被奴役的状态中，这也是造成19世纪中期（1831年）许多农民起义爆发的原因。

滞后的斯洛伐克

总体而言，斯洛伐克——特别是与波希米亚比较而言——在19世纪是比较落后的。因此到1914年时，斯洛伐克的文盲比例是27%，而捷克却只有3%。人口占少数的德国人（和犹太人）控制着当地的经济命脉，而匈牙利贵族控制着政权。自1875年起，和匈牙利王国内其他非匈牙利民族一样，斯洛伐克人被强制实行匈牙利化。另外，纳税选举制也限制着他们参政；1914年，仅有三名斯洛伐克议员在匈牙利国会中占有席位。这些因素都导致了大批斯洛伐克人移民国外，二十五年中有50万斯洛伐克人去了美国。而与此同时两股政治力量也孕育而生，他们分别是信奉天主教的人民党，由教士安德烈·赫林卡（1864—1938）领导；以及霍德泽（1878—1944）领导的《呼声报》团体，后者主张与捷克结成联盟，并且与捷克的马萨里克联系密切。

捷克斯洛伐克的诞生

1914年，奥匈帝国军队招募捷克人和斯洛伐克人参军的工作进展顺利，而一些政治领袖去了国外，在那里扮演了重要的角色。这些人中首先有托马斯·马萨里克（1850—1937），他出生于摩拉维亚的一个普通家庭，父亲是斯洛伐克人，母亲是捷克人。他从事过许多平凡的职业，后来到维也纳和莱比锡上大学，并在莱比锡娶了一位加尔文教派后代的美国人为妻，自己也改信新教。1882年，他成为查理大学的哲学教授；1891年，以捷克青年党成员的身份当选为议员，成为民族权利、罢工权、普选权的活动家，并与维也纳的反犹太主义作斗争。他在查理大学的学生爱德华·贝奈斯（1884—1948）出生于波希米亚西北部，1908年在第戎获法律博士学位，1909年起在布拉格任教。除了此二人以外，斯洛伐克人米兰·斯特凡尼克（1880—1919），在查理大学结业后来到法国（他是个天文学家）并取得了法国国籍。

此三人于1916年在巴黎联合法国大学当教员，创办了捷克斯洛伐克民族理事会，其中包括历史学家埃尔内斯特·德尼斯 (1849—1921)，他的博士学位论文 (1878年) 研究的便是扬·胡斯和胡斯战争 (捷克斯洛伐克人亦将胡斯看做其独立运动的主要推动人之一)。

民族理事会的行动促成了由志愿者和囚犯组成的捷克斯洛伐克部队的组建 (转战于法意前线)，不久后，在俄国也成立了命运多舛的捷克斯洛伐克军团。在参加了俄国1917年7月的战斗后，军团向西伯利亚撤退，意图在符拉迪沃斯托克 (即海参崴) 登船回家，但他们与布尔什维克的关系在短短几个月内迅速恶化，5万名捷克斯洛伐克军团士兵被当做"人质"修建横穿西伯利亚的铁路。

1914 年　波希米亚王国各地区：波希米亚、摩拉维亚和奥属西里西亚(1745年末被普鲁士兼并的西里西亚)构成内莱塔尼亚，以及奥匈帝国内的奥地利部分。

1925 年　除1920年并入波兰的切申以外，前波兰王国已完全并入捷克斯洛伐克。

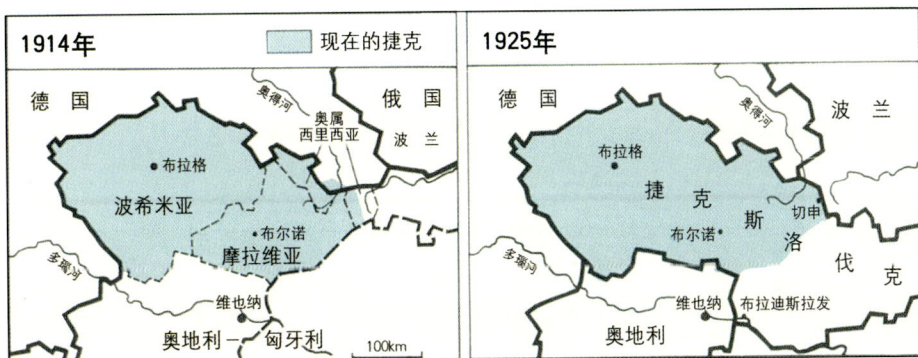

1914 年　奥匈帝国境内，斯洛伐克各地组成外莱塔尼亚，即匈牙利王国。

1925 年　1914年前成为"上匈牙利"的地区并入捷克斯洛伐克，"上匈牙利"指原斯洛伐克和罗塞尼亚地区。

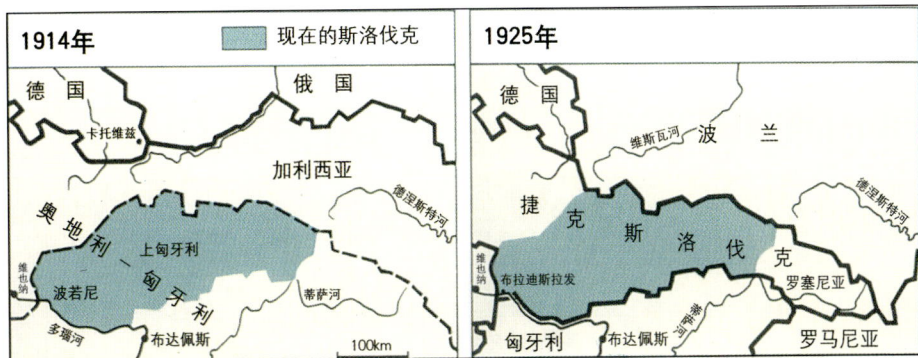

他们直到1919—1920年才被遣返回国。

协约国对捷克人和斯洛伐克人的态度始终模糊不清。美国总统威尔逊(1918年1月)发表了著名的宣言，其中的第五条同意奥匈人民享有自治权，却没有任何实施细则。法国政府于1918年6月承认了捷克斯洛伐克民族理事会的合法性。

此时的奥匈帝国，查理一世登上王位(1916年)，收回了一部分政治权力。1917年5月，捷克议员建议成立联邦，有心将斯洛伐克并入波希米亚，成为联邦成员国之一，然而这个计划遭到了匈牙利议员的反对。

当奥匈帝国的军事失败已不可挽回时，1918年10月各种事件接踵而至。查理一世把帝国转变为民族联邦国家的企图最后还是失败了。10月14日，马萨里克在华盛顿宣布捷克临时政府成立，并得到了协约国的承认。28日，在布拉格宣布成立共和国；30日召开了斯洛伐克民族议会；31日，民族联盟临时政府在布拉格组建。

边界线的确定

对前内莱塔尼亚(原属捷克)与前外莱塔尼亚(匈牙利王国)的边界划定各不相同。

——捷克人明确提出他们的国家应该拥有其在波希米亚王朝时的"历史"领土，严格来说，包括摩拉维亚与前奥属西里西亚。1918年末，协约国拒绝了苏台德区的德国人进行公民投票来表决他们是否归并德国(此时已吞并奥地利)的要求。布拉格官方立刻重新控制了局势。波兰要求收回切申地区(原奥属西里西亚的一部分，主要居民为波兰人)。这个问题在两国间引起了很大争议。直到1920年7月28日，协约国仲裁机构将这片领土分给两国，问题才算解决。

——在前匈牙利帝国内部，斯洛伐克国界没有划在有历史争议的地方，而是参照了按民族划分的标准，并且也考虑到了经济和战略因素。按照《特里阿农条约》(1920年6月4日)，捷克斯洛伐克取得了多瑙河流域的一块地方(其中混杂了许多匈牙利少数民族)。此外，《特里阿农条约》将前匈牙利高地的东部即罗塞尼亚，还给了捷克斯洛伐克，该地区的人口构成不是斯洛伐克人，而是罗塞尼亚人，即乌克兰人。1919年9月，罗塞尼亚被委托给捷克斯洛伐克管理，条件是享有自治区地位。

由此构成的捷克斯洛伐克成为多民族国家，有人将其称为小奥匈帝国。20世纪20年代，其人口（共146万）根据母语划分为：

——捷克语或斯洛伐克语：66%（其中四分之一讲斯洛伐克语）；

——德语：22%（其中十分之九强聚集于波希米亚和摩拉维亚）；

——匈牙利语：5%（聚居于斯洛伐克和罗塞尼亚）；

——乌克兰语：4%（聚居于罗塞尼亚）；

——波兰语：1%（聚居于西里西亚）；

——意第绪语：1%（聚居于罗塞尼亚）。

1920—1992年的捷克斯洛伐克

从1920年颁布宪法，到1938年捷克斯洛伐克的国会民主政治，这些措施在中欧均属先例。1918年11月上任的共和国总统马萨里克于1935年（当时他已85岁）离职，1918年起一直担任外交部长的贝奈斯接替了他。贝奈斯后来扮演了一个相当重要的角色：1920—1921年，他与南斯拉夫和罗马尼亚协商达成了"小协议"；1924年，他又同法国结为防御联盟；1935年，他和苏联政府订立了互助条约。

国内方面，和平条约中对少数民族进行保护的条款有效地得到了实施，这在两次世界大战期间的中欧绝无仅有。

因此，国际联盟中少数民族委员会从未听到过该国任何由民族问题引起的不满和抱怨。

然而捷克人和斯洛伐克人之间的关系还是日趋紧张。1919年后，斯洛伐克地区的捷克官员寥寥无几，而捷克这一方面由于太强调统一，又不能接受斯洛伐克的地方主义。赫林卡民粹党中的重要人物约瑟夫·提索主张采取自治，因而变得越来越法西斯。20世纪20年代已退居其次的德语区问题，在亲纳粹党人康拉德·亨莱因的影响下，又有了抬头的趋势，1935年，他所在的政党在德语区的选举中得到了三分之二的选票。

1938—1939年的瓜分

奥地利被德国吞并后，紧接着在1938年3月12日便出现了"捷克斯洛伐克危机"。凭借着和希特勒的关系，亨莱因逐步对优柔寡断的布拉格政府施压，9月，政府对在苏台德区发生的暴力活动已无能为力。英国首相张伯伦(他担心若法国支持捷克斯洛伐克会引发欧洲战争)开始跟希特勒进行协商。但是国际形势越来越紧张，9月30日，希特勒、墨索里尼、张伯伦和达拉第在慕尼黑会议上达成协议。

协议使捷克斯洛伐克向德国让出了波希米亚、摩拉维亚和西里西亚的日耳曼人语区(即苏台德区)。接着恶果来了，9月30日，波兰下了最后通牒，要求捷克斯洛伐克让出切申西部领土。10月5日，贝奈斯辞职，前往美国。他的职位不久便被司法官员埃米尔·哈夏取代。10月6日，提索宣布斯洛伐克和罗塞尼亚实行自治。11月2日，"维也纳仲裁会议"就将斯洛伐克南部和罗塞尼亚南部划归匈牙利。希特勒控制下的斯洛伐克愈加法西斯化，并很快与布拉格发生冲突：1939年3月14日，布拉迪斯拉发议会在第三帝国的保护下宣告独立。

1938年末 | 现在的捷克

德 国 · 布拉格 苏台德山脉 捷 克 斯 洛 伐 克 布尔诺· 苏台德山脉 奥得河 波 兰 维斯瓦河 多瑙河 维也纳 匈牙利 100km

1938年 苏台德区(居民讲日耳曼语)，即波希米亚和摩拉维亚周边地区，1938年10月被德国吞并。

1942年 捷克剩余各地组成"波希米亚－摩拉维亚保护国"，1939年3月被德国吞并。

1969—1992年 1945年两次世界大战之间的边界重新确立。前波希米亚王国在1969—1990年建立了捷克社会主义共和国(后改为捷克共和国)。

1942年

德 国 · 布拉格 苏台德山脉 波希米亚－摩拉维亚保护国 苏台德山脉 ·布尔诺 奥得河 波兰全民政府 多瑙河 维也纳 斯洛伐克 匈牙利

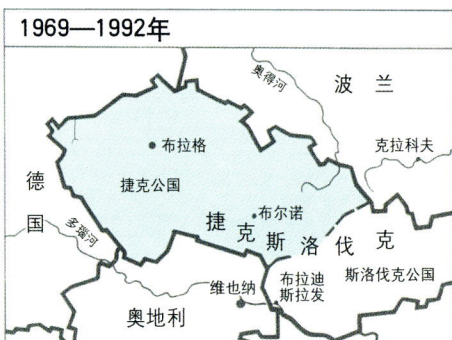

1969—1992年

奥得河 波 兰 · 布拉格 捷克公国 克拉科夫 德 国 捷 克 斯 ·布尔诺 洛 伐 克 多瑙河 维也纳 布拉迪斯拉发 斯洛伐克公国 奥地利

14日晚至15日晚，总统哈夏前往柏林，在德国方面"立即宣战"的威胁下，他签署了一份文件，"将……捷克各个地区归还元首……"。15日，希特勒在布拉格城堡签署法令，由第三帝国对波希米亚—摩拉维亚实行保护国制度。瓜分的最后一步：接下来几天，匈牙利人占领了罗塞尼亚。

第二次世界大战期间

在整个战争期间，捷克各地均被纳粹党严格控制。从1939年11月起，各大学相继关闭。1941年1月，占领者创建强制工作服务机构，成千上万的捷克人被送往德国工厂。集中营里出现了各种抵抗运动组织者，其中就有后来的总统萨波托斯基和诺沃特尼，以及未来的布拉格大主教贝尔伦。随着1941年9月希姆莱的直接助手——以保护者自居的莱茵哈特·海德里希来到布拉格，镇压手段不断升级。他在1942年5月27日被暗杀后，为了报复，利迪泽的当地居民在6月10日遭到了大肆屠杀。

波希米亚的欧洲大陆中心位置使得捷克斯洛伐克成为被世界军事活动所遗忘的角落，这种情况一直持续到1945年5

　　1938年　期洛伐克南部和罗塞尼亚（居住的多为匈牙利人）南部于1938年11月并入匈牙利。

　　1942年　斯洛伐克成为独立国家。1939年，匈牙利吞并了罗塞尼亚剩余地区。

　　1969—1992年　斯洛伐克在两次世界大战之间的国界被重新确认，但苏联兼并了罗塞尼亚（罗塞尼亚划归乌克兰苏维埃社会主义共和国）。斯洛伐克社会主义共和国后改名为斯洛伐克共和国。

1938年末　■ 现在的斯洛伐克

1942年

1969—1992年

苏台德区的德国人

普热美斯时代就有一些德国佃农移民到波希米亚和摩拉维亚周边的丛林地区，如苏台德一带，大量从事开荒工作，并开采煤矿。这种情况，在"东进运动"的背景下，没有引起任何冲突。同在波兰和匈牙利的情形一样，德国人对城市的发展起了关键作用。中世纪末，波希米亚和摩拉维亚中心多居住着捷克人，而周边地带则是德国移民。这种情况一直持续到第二次世界大战结束。

但是时代不同了，由语言的不同来划分民族显得太简单了，在语言因素以外，往往还有其他因素在起作用，如宗教因素 (在哈布斯堡王朝的支持下，反宗教改革运动对信仰路德教的德国人和捷克胡斯派同样采取了严厉措施) 或者社会因素 (17世纪与18世纪时家史渊远的大贵族更加国际化，从而削弱了自身的德国或捷克民族属性)。

随着民族主义的复兴，种族对立在19世纪真正兴起了。德国人尤其不愿意的是波希米亚脱离日耳曼帝国的圈子，因为从波希米亚登上历史舞台开始，它就一直隶属于日耳曼体系。作为回应，捷克人则希望波希米亚自治，这样他们才能在其中扮演主角。

1918—1919年，捷克占上风；而1938—1939年，德国已遥遥领先，一方面吞并了苏台德区 (苏台德山脉一带)，另一方面则将波希米亚－摩拉维亚并入第三帝国。1945—1946年，大部分讲日耳曼语的人被驱逐，这结束了七百年来的和平共存。

捷克斯洛伐克犹太人的命运

波希米亚－摩拉维亚的犹太人很早以前就日耳曼化了，他们受到跟帝国内部的犹太人同样的对待：先被拘留，后被关押到奥斯威辛及波兰其他集中营里，其中大部分人都被杀害了。1942年，纳粹将特莱西恩施塔特小城的所有居民迁走，在那里布置了一个可以向红十字会交代的集中营，关押一些前犹太战士与少数贵族，他们当中只有极少数人最后逃脱了被送进奥斯威辛毒气室的命运。

斯洛伐克犹太人的命运和匈牙利犹太人十分相似，1942年，他们是第一批被挑选出来进行强制性劳动的人，其中只有少数人幸免于难。

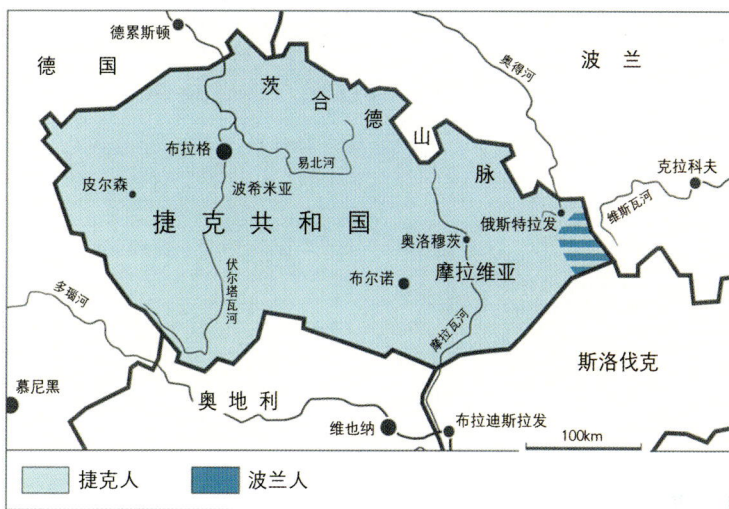

神圣帝国时期已存在的一条边界将捷克共和国和斯洛伐克共和国分开。在捷克共和国内只有极少数波兰语居民（居住在原切申地区），1945—1946年间，大部分居住在苏台德区的德国人被强制迁移（今天这里只剩下不到10万德国人，而战前却有超过300万德国人居住于此）。

月。在苏联军队到来的几天前，布拉格爆发了起义，与此同时，美国军队已经推进到了皮尔森。

提索——他小心谨慎地执行着神圣帝国的反犹政策——领导下的斯洛伐克也卷入了对苏战争。1944年8月，抗击纳粹的游击队员的抵抗运动在班斯卡—比斯特里察周边地区演变为一场持续数月的起义。苏联军队在1945年3月底抵达科希策，4月抵达布拉迪斯拉发。

1939年10月，贝奈斯（从1940年4月起居住在伦敦）成立了一个捷克国家委员会。他后来重新成为共和国总统，使得政府在1941年6月后得到了苏联的承认。1943年12月，他在莫斯科同苏联政府签订了《苏捷友好互助条约》，并且在莫斯科会见了捷共领导人哥特瓦尔德。1945年3月到4月间，贝奈斯把捷克斯洛伐克政府从伦敦迁至科希策，新政府成立了，总统由社会民主党的兹德涅克·费林格担任，副总统是哥特瓦尔德。1945年4月通过的协议被称做《科希策纲领》，规划了同苏联结盟、土地革命以及一场重大的国有化改革。

重建和平使捷克斯洛伐克恢复了1937年时的边界。然而1945年6月29日苏捷签署了一个协议，捷克斯洛伐克仍得将罗塞尼亚出让给苏联。另外，波茨坦会议决定驱逐居住在捷克斯洛伐克的德国人。到1947年底，捷克斯洛伐克只剩下不到10万德国人。

从"二月事件"到"天鹅绒革命"

1946年5月，捷克斯洛伐克举行了自由选举。共产党以38%的得票率处于领先地位。总统贝奈斯任命哥特瓦尔德组建新的民族阵线联合政府（其中内政部长由共产党人扬·马萨里克担任，他是外交部长托马斯的儿子）。1947年，危机的兆头出现了，原本已经接受了马歇尔计划的政府在几天后又按照莫斯科的指示拒绝了这项计划。社会民主党不顾费林格的努力拒绝同共产党合并。

为了抗议内政部长这种有损国家利益的行为，11位非共产党籍的部长在1948年2月提出了辞职。在工会领导人萨波托斯基的推动之下，声势浩大的罢工运动爆发了，这就是著名的"布拉格二月事件"。贝奈斯让步了，改换新部长，共产党人取得了对政府的控制。随后整个局势迅速变化：3月，扬自杀（至少表面看起来他是自杀的）；4月，通过了进行大规模国有化改革的法案（98%的工业部门都将进行国有化改革）；5月，

新宪法规定建立"人民民主共和国"，新议会也随之建立起来（候选名单却只有一份）。6月，贝奈斯辞职，哥特瓦尔德成为共和国总统，萨波托斯基当选为共和国总理，共产党制度被确立起来。

1951年，一场肃反运动席卷捷共。这场运动主要针对弗拉基米尔·克莱蒙蒂斯（斯洛伐克人，前外交部长）和鲁道夫·斯朗斯基（1945年任捷共总书记），他们是1952年被判死刑的11人中的两人，但也打击了居斯塔夫·胡萨克（斯洛伐克共产党前主席）和其他人。这些人中大部分都是犹太人（如斯朗斯基），后来，阿杜尔·伦敦作为当年众多被告之一，写了一部著作《供词》，记下了诉讼过程中的种种恐怖之事。

哥特瓦尔德于1953年去世后，萨波托斯基（1957年去世）和诺沃特尼（自1953年起任捷共总书记）先后担任共和国总统。在20世纪50年代，捷克斯洛伐克没有丝毫去斯大林化的迹象，恰恰相反，当1960年宣布成为"社会主义共和国"时，捷克斯洛伐克重申他们将在共产主义道路上继续前进。

1963年，捷克斯洛伐克的情况有了一些松动，克莱蒙蒂斯和斯朗斯基得到

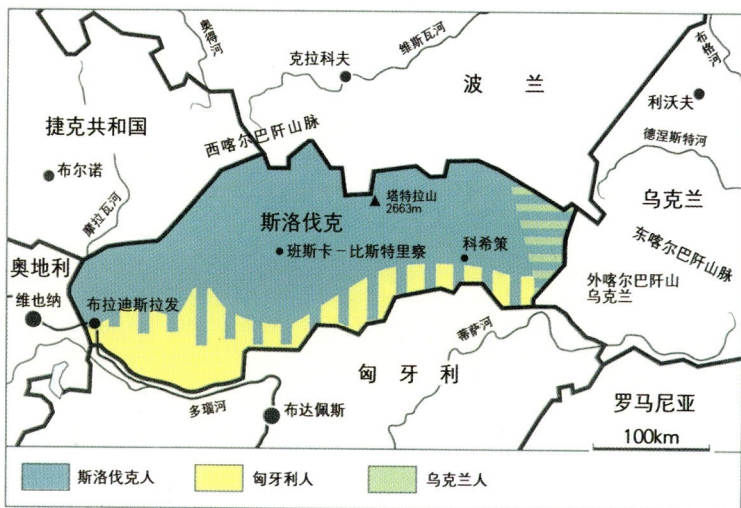

地图标注：
奥得河　克拉科夫　维斯瓦河　波兰　布格河
捷克共和国　西喀尔巴阡山脉　利沃夫　德涅斯特河
布尔诺　摩拉瓦河　斯洛伐克　塔特拉山 2663m　乌克兰
奥地利　班斯卡-比斯特里察　科希策　东喀尔巴阡山脉
维也纳　布拉迪斯拉发　外喀尔巴阡山乌克兰
多瑙河　布达佩斯　蒂萨河　匈牙利　罗马尼亚
100km

斯洛伐克人　匈牙利人　乌克兰人

平反，从1948年便被软禁在官邸的布拉格大主教贝尔伦也重获自由。在整个1967年里，各种批评的声音都出现了，以至于1968年1月亚历山大·杜布切克（斯洛伐克共产党主席）取代诺沃特尼成为了捷克斯洛伐克共产党主席。3月，共和国总统辞职。

随后的一个月里，杜布切克采取了捷克斯洛伐克共产党提出的"捷克斯洛伐克特色社会主义道路"的改革计划，这就是"布拉格之春"。苏联对此感到非常不满，7月，苏联联合保加利亚、匈牙利、波兰和民主德国等国政府共同对捷克斯洛伐克施压，杜布切克仍然不肯让步。8月20日、21日两天，苏军及其盟军侵入捷克斯洛伐克，迫使局势恢复"正常化"。抗议苏联入侵的运动发生了（如1969年1月扬·巴拉切自焚），并一直持续到4月胡萨克（1963年被恢复权利）取代杜布切克。胡萨克在1975年5月当选为共和国总统。从1969年1月1日起，捷克斯洛伐克成为联邦共和国，由捷克社会主义共和国和斯洛伐克社会主义共和国组成。

20世纪70年代和80年代知识分子进行了抗议（《77号宪章》），并开始了诉讼（如1982年和1989年瓦茨拉夫·哈维尔的诉讼）。在1989年11月17日布拉格学生示威运动被镇压后，由"人民论坛"领导的"天鹅绒革命"迅速蔓延开来。11月30日，共产党的统治地位被取消，12月9日胡萨克辞职，29日瓦茨拉夫·哈维尔上台，成为共和国总统。

捷　　克

捷克语：Česka Republika

共 和 国

人口（2000年）·· 10 272 000人

面积 ·· 78 900平方公里

首都 ·· 布拉格（捷克语：Praha）

人口构成

捷克人 ·· 94%

斯洛伐克人 ·· 3.1%

波兰人 ·· 60 000 人

德国人 ·· 49 000人

宗　　教

1991 年进行的人口普查表明捷克有100万天主教徒，18万捷克兄弟会教徒和17.5万胡斯信徒。

捷克以外的捷克人

斯洛伐克（1991年）·· 55 000人

19 世纪末期确立的双色捷克国旗后来添加了波希米亚王国徽章（深红底色上有一头金色的狮子）的颜色。1920 年，捷克斯洛伐克国旗（三色）是由原捷克国旗加一个代表斯洛伐克的蓝色三角形构成。捷克共和国的国旗后来继续保留了这三种颜色。

斯洛伐克

斯洛伐克语：Slovensko

共 和 国

人口 (2000年) ……………………………………… 5 400 000人

面积 ……………………………………… 49 000平方公里

首都 ……………………………………… 布拉迪斯拉发

人口构成

斯洛伐克人 (*) ……………………………………… 86%

匈牙利人 ……………………………………… 11%

捷克人 ……………………………………… 55 000人

乌克兰人 ……………………………………… 31 000人

宗　教

斯洛伐克人和匈牙利人都是天主教徒。

斯洛伐克以外的斯洛伐克人

捷克 ……………………………………… 320 000人

匈牙利 (估计) ……………………………………… 120 000人

塞尔维亚 ……………………………………… 74 000人

(*) 包括没有被单独计算出来的50万茨冈人。

在斯洛伐克徽章上描绘着塔特拉、玛特拉和法特拉三座山峰，其上有主教十字架标识 (与匈牙利徽章一样)。

分　　裂

1990年4月，捷克斯洛伐克更名为捷克和斯洛伐克联邦共和国，尽管如此，斯洛伐克民族主义者仍不满意，他们在1992年6月的议会选举中斯洛伐克一方取得了绝大多数议席，随后投票通过了《主权宣言》，哈维尔辞职，两位总理（捷克总理瓦茨拉夫·克劳斯和斯洛伐克总理弗拉基米尔·梅西亚）开始就分裂问题展开了谈判。在11月联邦议会投票通过后，1993年1月1日捷克斯洛伐克正式分裂成两个国家。

国家一分为二造成了许多遗憾，也使得两个共和国在分裂初期向着不同的方向各自发展起来。捷克共和国坚定地向西方国家靠拢，而斯洛伐克共和国则首先希望扮演东西方交流桥梁的角色，其次它还得安抚国家南部的少数民族匈牙利人(他们相当眷恋自己的文化)的担忧情绪，使之能够和国家荣辱与共。

捷克共和国于1999年正式成为北大西洋公约组织的成员国。为了能够在2004年成为欧盟正式成员国，捷克和斯洛伐克均于1999年开始了加入欧盟的谈判。

匈牙利人

从《特里阿农条约》（1920年）开始，匈牙利人便被圈围在狭小的国土内。匈牙利王国，这个由圣伊斯特万于公元1000年左右建立起来的国家，这个在1867年到第一次世界大战期间在奥匈帝国内部重新建立起来的国家，其最初的疆土是现在的3.5倍。事实上，匈牙利王国原来的外族人数量众多，大约在19世纪末，这些异族人都被马扎尔化(匈牙利化) 了。

相反，在第一次世界大战的战败国中，按照比例来说匈牙利的损失最重，因为说马扎尔语的人有四分之一生活在匈牙利以外的国家 (斯洛伐克、乌克兰、罗马尼亚、塞尔维亚)。

从七个部落到黄金时代

阿尔帕德的伟业

从公元5世纪开始，潘诺尼亚盆地先后经历了匈奴人、日耳曼侵略者以及阿瓦尔人。被查理曼击败并征服后，阿瓦尔人大约于800年退出了历史舞台。多瑙河地区的斯拉夫人由此摆脱了被统治的命运——大摩拉维亚王国自此建立，并逐渐扩展到如今的斯洛伐克。

895 年，匈牙利人——他们自称为马扎尔人——在刚刚统一七大部落的阿尔帕德的带领下开始侵入潘诺尼亚盆地。他们大多数是通过喀尔巴阡山脉东北部的山口地区进入盆地的，还有一小部分取道特兰西瓦尼亚的阿尔卑斯山（喀尔巴阡山脉的南部）。这批新侵略者——不像匈奴人和阿瓦尔那样来自阿尔泰语系，而是属于芬兰－乌戈尔语系——是一个多世纪以前从乌拉尔山地区和伏尔加河流域迁移过来的。他们定居于平原地区，其目标和他们的祖先一样——

征服当地居民，抢掠周边国家。大摩拉维亚王国消亡于906年。从899年一直到955 年，有史料记载的匈牙利人发起的对西方的攻掠就有33次之多，军队一直西征到布莱姆（918 年）、图卢兹（924—925 年）、奥尔良（937年）和奥特朗托（947年）。日耳曼帝国皇帝奥托一世最终成功地组织了一支联合抵抗力量，于955年8月10日在奥格斯堡旁的莱希费尔德重创了匈牙利军队。这次惨败结束了匈牙利人烧杀劫掠的生活，使他们开始定居下来。

匈奴人和阿瓦尔族在西方吃了败仗，后来就消失了，而匈牙利人则正好相反，他们不但继续生存下来，还建立

圣伊斯特万王冠

在取得了教皇西尔维斯特二世同意后，由奥托三世加冕，圣伊斯特万成为匈牙利神圣的国王。加冕仪式是在1001年8月15日举行的（而非传统认为的1000年12月25日）。国王所戴的王冠被称为"圣伊斯特万的神圣王冠"，实际上并没有那么古老，不过至今依然保存完好。它包括了上下两个部分：王冠下部由拜占庭皇帝于1073年奉献；上部具有拉丁风格，可能是13世纪时补上去的。这项王冠一直是民族的象征，使人回想起从前"辽阔的匈牙利王国"，而匈牙利直到第一次世界大战之前还拥有包括现在的特兰西瓦尼亚和斯洛伐克的广袤土地。

1978 年1月6日，美国人正式把王冠归还给匈牙利政府，王冠被存放在安全的地方（必要时还会被转移到诺克斯要塞）。

起了一个国家。他们得到了国内被很快同化的斯拉夫原住民的支持，这也许是他们能取得如此成就的原因之一，而另一个重要因素是他们皈依了天主教。阿尔帕德 (死于907年) 的后人们在955年后依然统治着匈牙利人，其中国王吉查 (970—997年在位) 同奥托签订了和平条约，准许基督教传教士进入匈牙利王国。985 年，他和他的儿子瓦杰克共同接受了洗礼，他的儿子取教名为伊斯特万，娶巴伐利亚公爵的女儿为妻，并最终于997年登上了王位。1001 年 8 月 15 日，他正式被加冕为匈牙利国王。由于在宗教和政治上得到了双重承认，匈牙利最终成为了强大的基督教国家中的一员。1083 年，伊斯特万被封圣。

多民族王国

阿尔帕德家族的君主们对匈牙利的统治一直持续到1301年。杰出的组织者伊斯特万一世 (死于1038年) 给他的国家制定了各种法律 (《圣伊斯特万法令》) 和各种组织制度，包括建立议会制度，选举负责司法的有王权的伯爵以及以"州"来进行国家行政区域划分，这些法律和制度延续了八个世纪。公元1000年之后不久，在埃斯泰尔戈姆和考洛乔创立了两个大主教区。至此，匈牙利拥有了一直延续到1918年的国家基本构架。对于西方的基督教国家而言，曾经对他们进行劫掠的强盗国家，现在则成为了他们防御来自东方新威胁的盾牌，如古捷克人及11世纪末库曼人的威胁。在这些防卫战中，特兰西瓦尼亚发挥了前沿堡垒的重要作用。

从阿尔帕德家族的统治开始，匈牙利王国就为不同民族不同信仰的人民提供了一个安居之所，如特兰西瓦尼亚的匈牙利人和萨克森人 (德国人)、斯洛伐克农民 (天主教徒)、上匈牙利的罗塞尼亚人 (东正教徒) 以及从王国西部边境迁移过来的德国移民，这些德国移民同拉丁商人 (即意大利商人) 一道，对城市的最初发展作出了极大的贡献。总体来说，匈牙利国内的各民族都被逐渐同化了，而德国移民却保留了他们的特性，但又对匈牙利国王忠心耿耿。

匈牙利与处于南部的斯拉夫人的关系是以另一种方式建立起来的。皈依了天主教的克罗地亚人于10世纪时自组王国。11 世纪末，一位克罗地亚王后 (匈牙利人) 在国王被暗杀后，转而求助自己的娘家，于是匈牙利国王成为克罗地亚国王，并与12个克罗地亚部落代表于1102年共同签订了《联盟条约》(*Pacta conventa*)，决定在匈牙利王国和克罗地亚王国之间建立"君合国"（即同一位君主的两个国家的联合），并给予克罗地亚王国相当大的自治权，这个条约一直持续到1918年。

匈 牙 利

匈牙利语：Magyarország

共 和 国

人口（2000年）········· 9 968 000人

面积 ············· 93 000平方公里

首都 ············· 布达佩斯

人口构成

匈牙利人 ·················· 92%

茨冈人 ··············· 500 000人

德国人 ··············· 170 000人

斯洛伐克人 ··········· 120 000人

克罗地亚人 ············ 30 000人

罗马尼亚人 ············ 25 000人

宗教（在人口中所占的百分比）

天主教 ·················· 66%

加尔文教 ················ 21%

路德教 ··················· 4%

犹太教 ··················· 1%

匈牙利以外的匈牙利人

罗马尼亚（1992年）······ 1620000人

斯洛伐克（1991年）······ 570 000人

塞尔维亚（1981年）······ 390 000人

乌克兰（1989年）········ 163 000人

克罗地亚（1981年）······· 25 000人

匈牙利国徽有三种颜色：红色（阿尔帕德王朝军旗的颜色）、白色（主教十字架象征着皈依基督教和至高无上的王权）、绿色。这三种颜色呈水平条纹出现在国徽上，是1848年革命以后设计出来的。1949年以前，匈牙利国徽（上有象征圣伊斯特万的王冠）一直印在三色国旗的中央。该国徽后来被象征人民共和国的标志代替，1957年被取消。

蒙古的入侵

13世纪时，匈牙利王国突然面临来自蒙古人的威胁。1241年，组织严密、军纪严明的蒙古远征军占领了加利西亚，随后兵分两路，一路在西里西亚击溃了波德联军，之后又通过摩拉维亚侵入匈牙利；另一路人马则直接通过喀尔巴阡山脉。随着两路大军会师，整个潘诺尼亚盆地都落到了蒙古人的手中，匈牙利国王逃亡到达尔马提亚。尽管取得了如此辉煌的胜利，蒙古人还是于1241年12月踏上了返回中亚的道路。在欧洲，蒙古军所到之处均实行焦土政策，造成了巨大的破坏与骚乱，因此匈牙利人试图控制摩拉维亚和瓦拉几亚，以便在鞑靼人（居住在克里米亚和乌克兰的蒙古人）入侵时能有一个缓冲地带。

选　王

阿尔帕德王朝的最后一任统治者死于1301年，在经过了几年的犹豫反复之后，匈牙利贵族们终于在1308年统一了意见，选安茹的查理·罗伯特为新王。此人乃那不勒斯王"瘸子"卡洛二世的孙子。查理·罗伯特被称为查理一世（1308—1342年在位），之后他的儿子拉约什一世（又译路易一世）继位，拉约什一世在1370年成为波兰国王，同时管理着两个王国。由于没有儿子，拉约什一世为女儿们的婚事费尽了心机，他的小女儿雅德维加在1386年嫁给立陶宛王子，后来成为波兰王后，这是波、立两国"君合国"的开始。长女玛丽则在1387年嫁给卢森堡王朝的西格蒙德（德国皇帝兼波希米亚国王查理四世的儿子）为妻，成为匈牙利王后。西格蒙德后来成为匈牙利国王（1387—1437年在位），并于1419年成为波希米亚国王，第二年成为德国皇帝。

西格蒙德的女婿、奥地利公爵哈布斯堡的阿尔伯特二世分别于1437年和1439年继承了西格蒙德的波希米亚和匈牙利国王的王位。但他的遗腹子拉迪斯拉斯五世虽然出生后很快便被封为波希米亚国王，却一直没有成为匈牙利国王。事实上，相对于他来说，匈牙利贵族们更倾向于波兰国王弗瓦迪斯瓦夫三世，他于1440年当选为匈牙利国王，1444年死于抗击土耳其人的瓦尔纳战役中，死后约翰·匈雅提摄政六年（1446—1452年）。最后波希米亚国王，遗腹子拉迪斯拉斯终于如愿以偿，当上了匈牙利国王，直到1457年去世。

拉迪斯拉斯死后，匈牙利人最终选择了一个匈牙利人来做他们的国王，此人名为马提亚·匈雅提，别名马提亚·科尔维努斯 (即马提亚一世)，他一直掌权到1490年。随后继位的是波希米亚王弗瓦迪斯瓦夫 (波兰国王卡齐米日四世的儿子)，再后来是他的儿子路易二世 (既是波希米亚国王又是匈牙利国王)，路易二世于1516年继位，1526年死于莫哈奇战役。路易二世娶的是斐迪南一世的妹妹奥地利玛丽公主，斐迪南则娶了路易二世的姐姐安娜为妻。1526年，斐迪南被波若尼国会选举为匈牙利国王，又被布拉格议会选为波希米亚国王。直到1918年，哈布斯堡家族一直保留着这两个王位。

1920 年，匈牙利地盘的大量缩减使许多匈牙利人从此变成了外国人。有些人生活在边境地区，如斯洛伐克南部、外喀尔巴阡山乌克兰一带、罗马尼亚西北部和伏伊伏丁那 (塞尔维亚自治区)。而大约在特兰西瓦尼亚生活了十个世纪的塞克勒人现在则和罗马尼亚人共属一国。所有匈牙利人 (塞克勒人包括在内) 在1918年以前都是匈牙利王国 (或称"圣伊斯特万王国") 的居民。在匈牙利共和国内，讲德语和斯洛伐克语的少数民族则在土耳其人退走的18世纪才大量迁入。

匈牙利、波希米亚和波兰

这些繁杂的皇族家谱表为我们勾勒出匈牙利历史的三个特点。

在整个14世纪和15世纪，神圣罗马帝国同匈牙利的边界都没有任何变动(这些国界线直到1918年才被更改)。但这并不妨碍某些君主兼任两国国王。因此，从1419年到1439年，从1452年到1457年，从1490年一直到1918年，波希米亚和匈牙利这两个不同的国家却处在同一位君主的统治之下。由于从1419年便出现了一人兼任数国国王的趋势，因此从1526年开始，奥地利、波希米亚和匈牙利(还有克罗地亚)成为君合国(即一人兼任数国国王)便显得不足为怪了，这也是后来奥匈帝国的雏形。

第二个方面则涉及了匈波关系。1370年，匈牙利国王取得了波兰王位；1440年，波兰国王同时也成为匈牙利君主。在他的统治之下，匈牙利控制了克罗地亚(与匈牙利成为"君合国")和立陶宛(与波兰成为"君合国")，国土面积越发广袤。总体来说，中欧的这两大强国有联合的趋势，两国人民之间的关系更亲善一些。

第三个方面，就是在选择国王时，匈牙利贵族们普遍没有民族主义方面的考虑，在多次选王过程中，他们都选了波希米亚国王为匈牙利国君。在1387年，他们更是推选有法兰西血统的西格蒙德为王；1437年，又选择了有奥地利血统的阿尔伯特；1490年，推选波兰人弗瓦迪斯瓦夫为匈牙利国王。从1301年一直到1918年的六百多年里，居然只有一位匈牙利国王是纯正的匈牙利人，他就是马提亚一世。

匈牙利的黄金岁月

史学家们普遍认为，匈牙利王国在14—15世纪达到了鼎盛时期。由于对金、银、铜矿的开采(主要依靠德国移民)，匈牙利成为欧洲大陆较为富庶的国家之一，且国内基本没有战争。由于受到意大利文艺复兴运动的影响，匈牙利的文学艺术有了很大的发展。这种大发展在马提亚一世统治时期(1457—1490年)尤为明显，建立了布达大学和科尔文那国家图书馆，1437年在布达还建了一座印刷厂。

马提亚一世

马提亚·科尔维努斯 (1440年出生于特兰西瓦尼亚地区的科洛兹堡) 的后人们无不赞颂这位匈牙利六百年历史中唯一的一位匈牙利裔君王。当然了，有些历史学家也对他过分的野心和专横的统治持批评态度。1457年，他当上了匈牙利的国王，两年后，他被天主教贵族们选为波希米亚国王，试图赶走刚登上布拉格王位的捷克胡斯信徒波杰布拉德的乔治。虽然这个企图没有实现，但他却在1479年强迫波希米亚新国王弗瓦迪斯瓦夫把摩拉维亚、西里西亚和卢萨蒂亚割让给他。1485年，他甚至从神圣罗马帝国皇帝腓特烈二世的手里夺走了下奥地利和施蒂里亚。除此以外，在1463年他还从土耳其人那里夺来了波斯尼亚和摩尔达维亚，1467年又取得了瓦拉几亚。虽然这些征服行动都没有持续很久，但他 (及他的妻子贝阿迪斯，那不勒斯王的女儿) 在匈牙利文化发展上所发挥的作用却是毋庸置疑的。

土耳其人的时代

土耳其人的进犯

15世纪，处于鼎盛时期的匈牙利受到了越来越多的威胁。由于其同立陶宛王国 (今乌克兰境内) 及波兰王国联合起来共同发展，也由于它在摩尔达维亚及瓦拉几亚建立了罗马尼亚公国，鞑靼人的威胁在14世纪时的确减弱了很多。但是此时土耳其人却推进到巴尔干半岛，造成了基督教世界的骚动，引起匈牙利人的干预。拉约什一世在1371年虽然获得了第一次胜利，但1396年，这支主要由法国和匈牙利士兵组成的十字军却在尼科波尔遭到了惨败。结果，保加利亚和塞尔维亚的大部分地区落入了土耳其人手中 (1389年在科索沃战败)，而此时的匈牙利人则必须保住贝尔格莱德以防其失陷。

1440年，当波兰国王弗瓦迪斯瓦夫成为匈牙利国王之时，战争又重新开始了。保加利亚大捷之后，1444年波匈联军在瓦尔纳遭受重创，弗瓦迪斯瓦夫本人也在战斗中被杀。1456年，特兰西瓦尼亚总督约翰·匈雅提成功地击溃了土耳其人，拯救了贝尔格莱德，但他本人却重伤而死。他的儿子马提亚一世继续辗转于波斯尼亚、塞尔维亚、瓦拉几亚和摩尔达维亚等地作战，但没能阻止这些地方一步步落入土耳其人的控制之中。从1504年开始，土耳其人又开始了新一轮对匈牙利的进攻。苏莱曼一世在1520年成为苏丹，继而又领导了1521年夺取贝尔格莱德的战役。1526年第二次土匈战争时，匈牙利在莫哈奇大败而归，路易二世也死在了那里。匈牙利的历史掀开了新的篇章。

匈牙利的分裂

1526年，匈牙利分裂成了三个部分：西部的受哈布斯堡家族统治的"皇家"匈牙利、中部的土耳其匈牙利王国以及东部的特兰西瓦尼亚。这三个国家之间的边界是到了16世纪末期才逐渐确立下来的。在此期间，由于匈牙利自身的分裂，使得军事优势和主动权仍然掌握在土耳其人手中。接下来局势将如何变化呢？

在波若尼国会指定哈布斯堡王朝的斐迪南一世为匈牙利国王之前的几个星期，另一个由小贵族阶层控制的国会在塞克什白堡召开会议，推选特兰西瓦尼亚总督约翰·扎波利亚为路易二世的继任者。然而此时的苏莱曼一世似乎并不很想征服匈牙利，而更希望把它变成与瓦拉几亚和摩尔达维亚（15世纪末两地成为进贡国）相类似的进贡国。扎波利亚同意向奥斯曼帝国进贡。他在被斐迪南驱逐出匈牙利后，不久便重新返回，并在1529年得到了苏莱曼一世的承认。由此，非土占匈牙利地区的界线划分被确定下来了。从那时起，苏莱曼一世开始步步推进：1529年，他攻占布达，却放弃了进军维也纳的计划；1532年，他迫使斐迪南跟其他臣属国家一样也向他进贡。在16世纪的40年代，苏莱曼一世控制了西部地区和多瑙河肘部（包括匈牙利宗教首府埃斯泰尔戈姆）。最终在1595年，土耳其军队占领了在1552年曾英勇抗击土军的埃格尔（埃格尔战役是匈牙利历史上光辉的一页）。

在这段时间里，匈牙利人彼此之间试图进行和解。第一份和解协议出现于1538年，斐迪南把特兰西瓦尼亚给了扎波利亚，他死后再决定其归属。随着扎波利亚在1540年去世，争吵和辩论重新开始，最后土耳其人出面了。斐迪南不得不在1562年放弃特兰西瓦尼亚，把它让给扎波利亚的儿子约翰·西格蒙德，这是因为扎波利亚的拥护者们实际上早已牢牢控制了特兰西瓦尼亚的统治权。1570年，轮到西格蒙德承认马克西米连(斐迪南的儿子)的统治权了。1571年，史蒂芬·巴托里取代约翰·西格蒙德，1576年，由于他具有顽强的意志，被波兰人民推选为波兰国王，以对抗入侵利沃尼亚的伊凡四世。由他开始，巴托里家族开始了对波兰的统治，直到1601年。

土耳其在这方面改变了政策，根据《席特瓦托罗克条约》(1606年)的规定，匈牙利被占领土归并入奥斯曼帝国，作为回报，匈牙利可以不再对苏丹缴纳任何岁供。

宗教改革和反宗教改革

16世纪正当匈牙利处于分裂状态时，与欧洲大陆的其他地方一样，宗教问题也逐渐凸显出来。路德派改革首先得到了德国移民的支持(特兰西瓦尼亚的萨克森人及上匈牙利的矿工)，随后又赢得了一部分匈牙利人。1558年，特兰西瓦尼亚的图尔达(现属罗马尼亚)国会正式宣布人民可以自由信仰天主教或路德教。

加尔文派改革紧随路德派改革。它主要出现在德布勒森，随后又在特兰西瓦尼亚赢得了一些信徒，这主要得益于特兰西瓦尼亚从1572年便开始实施的宗教信仰自由政策。然而，由于1579年巴托里家族在科洛兹堡建立了一所耶稣会修道院，因此这一地区仍保留着天主教徒。

"三十年战争"打响的时候，匈牙利和特兰西瓦尼亚之间也出现了紧张局势。1613年，加尔文教徒拜特伦成为特兰西瓦尼亚地区的总督，而顽固的天主教徒哈布斯堡家族的斐迪南二世在1619年3月登上了权力顶峰。六个月之后，

1640年 匈牙利被一分为三：哈布斯堡家族统治下的"皇家"匈牙利；土耳其占领的匈牙利中部；由匈牙利人领导的实际独立的特兰西瓦尼亚。

拜特伦便对斐迪南二世宣战，并企图围攻维也纳。1620年初，拜特伦成为匈牙利国王，但不久以后，斐迪南便又重新控制了局势，1621年局面又回到战前状态。1645年签订的《林茨条约》确认了特兰西瓦尼亚的自治权和宗教仪式自由。在乔治一世·拉科奇（拜特伦的继任者，1630—1648年在位）的统治下，特兰西瓦尼亚达到了鼎盛时期。此时，红衣大主教帕兹玛尼也把特兰西瓦尼亚带回了天主教世界。

摆脱土耳其的统治

从17世纪中期开始，匈牙利又卷入了欧洲大陆新的政治混战中：乔治二世·拉科奇在瑞典的支持下企图夺取波兰王位；土耳其军队卷土重来，却在圣戈特哈德被打败（1664年）；匈牙利和克罗地亚的一些贵族也开始蠢蠢欲动，他们的密谋起初得到了路易十四的支持，但没过多久就被其抛弃了。1683年，各种事件接踵而至：土耳其军队在打败了波兰人之后，对奥地利发起进攻，并于7月14日把维也纳团团围住。在波兰国王约翰·索别斯基的带领下，一支多国援军于9月12日在卡棱贝格击溃土耳其

军队，此后，土耳其人节节退败。在由罗马教皇当局连同波兰、威尼斯以及随后加入的俄罗斯组成的"神圣同盟"的支持下，奥地利军队进军神速。1686年攻克布达，1688年攻下贝尔格莱德，奥军一直推进到科索沃，在那里，塞尔维亚人发动了大起义。从1689年开始，土耳其军队发动了极为猛烈的反攻，迫使奥地利军队不得不放弃塞尔维亚，与佩奇的东正教大主教及其门徒一起退守多瑙河。1697年，萨伏依的欧仁公爵在森塔率领军队同土军展开了一场新战役，并取得了最终胜利，迫使土耳其于1699年6月签署《卡尔洛维茨条约》，收复了匈牙利和克罗地亚（除巴纳特和萨尔米亚南部地区，土耳其在1718年签订《帕萨罗维茨条约》后才最终放弃了这两个地方）。

奥地利军队的胜利终于使特兰西瓦尼亚（从17世纪50年代起便开始衰落了）游离于匈牙利之外的局面结束了，但也引发了激烈的冲突。由于急于找到解决办法，1691年哈布斯堡王朝的利奥波德一世签署《利奥波德文书》，维持了特兰西瓦尼亚的自治地位，同时申明他的世袭王子将成为匈牙利国王。但在1703

年，总督弗兰茨二世·拉科奇却号召匈牙利人起来反抗。第二年他被指定为特兰西瓦尼亚大公，1707，起义军宣布废黜哈布斯堡家族世袭匈牙利国王的权利，选举弗兰茨二世·拉科奇为匈牙利国王。奥地利方面立刻出兵，控制了特兰西瓦尼亚，1711年签署的《索特马尔和约》使起义军中的降兵获得赦免，而弗兰茨二世只得踏上流亡之路。哈布斯堡家族获得了完全胜利。

与奥地利人共存

不同种族的杂居

通过《帕萨罗维茨条约》，匈牙利摆脱了土耳其的统治，1739年的《贝尔格莱德条约》确定了匈牙利的南部边界（一直持续到1918年），后来的军事分界线便是沿着这条国界线建立起来的。另一方面，匈牙利平原南部地区由于连年争战已是荒无人烟，因此必须大量地迁入移民，这样一来，从斯拉沃尼亚到特兰西瓦尼亚一带形成了多种族相互杂居的情形，这种杂居一直持续到现在，并成为这部分欧洲地区的显著特征。（见"语言和宗教信仰"一章）

由于匈牙利民族众多，宗教各有不同，不同宗教均有举行自己宗教仪式的自由。在天主教徒（克罗地亚人、斯洛伐克人和匈牙利西部的大部分匈牙利人，以及巴纳特地区的日耳曼移民）聚居的地方，可以找到加尔文教徒（主要是聚居在德布勒森地区和特兰西瓦尼亚地区的匈牙利人）和路德教徒（特兰西瓦尼亚的萨克森人和上匈牙利地区的德国人）。而那些依然保持东方仪式的基督教徒却分为东仪天主教信徒以及真正意义上的东正教徒。1649年，上匈牙利的罗塞尼亚人效仿波兰罗塞尼亚人的做法（他们在1596年得到教皇特许保留自己的宗教仪式），建立"东仪天主教会"（一直保存到第二次世界大战）。1698年，罗马尼亚东仪天主教会也在特兰西瓦尼亚的阿尔巴尤利亚大主教区的支持下建立起来。而与此同时维也纳不仅督促罗塞尼亚和罗马尼亚东正教徒承认教皇权威，同时也扶植了塞尔维亚的东正教会。塞尔维亚东正教会的大主教定居在斯雷姆斯基－卡尔洛夫齐(即卡尔洛维茨)，在18世纪时成为匈牙利所有东正教徒(包括非"东仪天主教会"的罗马尼亚人和罗塞尼亚人)的精神领袖。

忠诚与复兴

直到19世纪中叶，匈牙利对哈布斯堡家族仍显得十分忠诚。1722—1723年，查理三世希望匈牙利国会认可他于1713年起草的《国事诏书》(保证他女儿玛丽－特雷西亚继承王位的权利)，于是发誓尊重王国各项既定制度。作为回报，1741年，当女王玛丽－特雷西亚号召"为我们的女王玛丽－特雷西亚奉献生命与鲜血"，要求招募6万名勇士时，匈牙利国会给予了支持。人们注意到，这篇宣言是以拉丁文写成的，并且在字里行间玛丽－特雷西亚都表现得像匈牙利国王而不是女王。

同样的效忠还表现在拿破仑战争时期。战争期间，匈牙利领土的大部分幸运地远离了战火和占领。

自从同哈布斯堡家族所拥有的其他领土一样被维也纳统治后，匈牙利就逐渐觉醒了。约瑟夫二世想把德语作为整个帝国官方语言的图谋没有得逞。与此相反，到了1792年，匈牙利语取代拉丁语成为教学语言；1830年它成为地方行政和法庭用语；1840年成为民间用语；1844年更是成为行政官方语言。同时，匈牙利文学得到了大发展，载入了欧洲浪漫主义文学史册，并激发了匈牙利民

科 苏 特

拉约什·科苏特1802年出生在一个斯洛伐克籍信仰新教的小贵族家庭。起初他是个律师，后来涉足政坛，并于1841年创办了《佩斯自由报》。他倡导匈牙利实行政治与经济独立，成为自由左翼联盟的领导人。

1848—1849年，他的不妥协态度遭到了天主教教士和拥有土地的大领主的批评，以及少数民族的记恨。在1849年离开匈牙利之前，他反对任何和解，并谴责1867年建立的奥匈帝国联盟。1879年，他丧失了匈牙利国籍，晚年时开始反省在民族问题上的看法，并提倡建立多瑙河联邦体系，1894年死于流亡途中(都灵)。

族主义的恢复。匈牙利涌现出一批杰出的诗人，其中就包括弗勒斯马尔蒂和裴多菲，后者在1849年的战斗中牺牲时，年仅26岁。伴随着文化与政治的复兴，由塞切尼伯爵实施的种种措施使经济也开始复兴了。这个开明的贵族在多瑙河上建起了一座连接布达和佩斯的吊桥，开创了汽船河运，并建立了一所科学院。

匈牙利民族复兴了，而此时匈牙利却依然隶属于保守的维也纳帝国政府，这种巨大的反差使匈牙利人走上了革命的道路。其实，处在同样焦虑状态下的除了匈牙利之外，还有克罗地亚、塞尔维亚和罗马尼亚。匈牙利的多民族性虽然在玛丽－特雷西亚用拉丁文要求他们效忠于她时没有引起任何麻烦，但在此时却起到了重要作用。

1848—1849年革命

正如当时欧洲许多国家以及维也纳本地的情形一样，1848年3月爆发于匈牙利的革命是一场为自由而战的斗争。在波若尼召开的国会要求起草一部宪法（并从一名匈牙利籍部长那里得到颁布新宪法的承诺），同时也争取到了在佩奇召集国民议会的权利。但在最激进的

一些成员（其中包括科苏特）的压力之下，新政府很快就对非匈牙利裔居民采取了强硬的态度，而这些非匈牙利人都渴望拥有自治权。

从1848年3月开始，克罗地亚人、斯洛伐克人、塞尔维亚人、罗马尼亚人都向维也纳政府提出了他们的要求。萨格勒布国会选举了被帝国皇帝所承认的克罗地亚籍官员耶拉契奇为克罗地亚的领导人。随后，布达佩斯同维也纳及萨格勒布的关系恶化了：匈牙利国会招募了20万人组成军队；耶拉契奇统率的军队入侵匈牙利；在帝国皇帝宣布解散匈牙利国会之后，科苏特最终掌握了所有权力。

战争初期，奥、克联军打了几次胜仗，对布达形成围困之势。随后（在波裔军官的协助之下），匈牙利军队进行整编，夺回了布达和泛多瑙河地带。国会撤退到了德布勒森，成员缩减了大半，只剩下最激进分子，他们在1849年4月宣布废除哈布斯堡家族的统治。于是奥地利皇帝接受了由帕斯克维奇统率的8万俄军的支援（此人于1831年在华沙重建秩序后一直是波兰的统治者）。俄军于7月从加利西亚和瓦拉几亚出发，

开始军事干预，同时奥地利人重新夺回泛多瑙河地带。科苏特移民国外后的匈牙利军队统帅格尔盖伊，于1849年8月13日在维拉戈斯被俘。

各民族的互不理解

针对对"巴赫体系"（1849—1859年间表现为整个奥地利帝国的日耳曼化）的反抗，镇压活动马上开始了。匈牙利人和其他民族的人民均在镇压之列。不过，对于匈牙利王国内的外族人来说，此时的日耳曼化只不过是马扎尔化（即匈牙利化）威胁的延续而已。1849年7月，科苏特主持颁布了一部关于民族的法律，可惜为时已晚，匈牙利民族主义者和国内少数民族之间的互不理解已经无法弥补。事实是这两个群体始终都没有站在同一立场上。

匈牙利从阿尔帕德王朝开始便一直存在着。虽然匈牙利国会在1526年选择了一个哈布斯堡家族的人来代替亚盖沃家族，但将匈牙利王国与奥地利帝国其他领土联结在一起的始终是"私人联盟"（即联姻）。因此，从那时起匈牙利政府命令王国内部所有居民使用匈牙利语的政策便也显得很正常了。从这种角度来看，斯洛伐克人的匈牙利化与布列顿人和巴斯克人的法国化并没有很大的不同。不过外族人当然不作此想。克罗地亚人会认为，根据1102年共同签订的《联盟条约》，克罗地亚和匈牙利王国只不过是"君合国"；特兰西瓦尼

温和派：戴阿克和安德拉斯

与科苏特的极端性情不同，费朗克·戴阿克（1803—1876）和纪尤拉·安德拉斯（1823—1890）的性格非常现实圆滑。戴阿克是温和自由派的领导人，他没有参与1848年的革命运动。安德拉斯与科苏特是同一阵营的，但在科苏特集团中始终是一个二流角色。在维拉戈斯沦陷后，他移居国外，在缺席的情况下他被判处死刑，1858获得特赦后随即返回匈牙利。从1865年开始，戴阿克和安德拉斯便在维也纳为和谈奔波，并最终促成1867年奥匈帝国的和解。安德拉斯成为匈牙利政府总理（1867—1871年在位）。1871—1879年担任奥匈帝国外交部长，他是1878年奥匈帝国占领波斯尼亚—黑塞哥维那的始作俑者。

亚的萨克森人则会追溯他们古老的特权，根据这项特权，萨克森人可以自组一个"国家"；而斯洛伐克人、罗塞尼亚人和罗马尼亚人就没有历史可遵循了。他们与匈牙利人唯一的不同就是语言，而由于国外的斯洛伐克人、罗塞尼亚人和罗马尼亚人也讲斯洛伐克语、罗塞尼亚语和罗马尼亚语，这一论据便显得强有力了。匈牙利于是一时决定自治，一时又决定进行领土收复运动。

奥匈和解

1859年，奥地利在意大利战败，巴赫体系瓦解。奥匈之间经历了几年和谈（匈方参加和谈的是戴阿克和安德拉斯），1866年，奥地利在萨多瓦又吃了败仗，自此以后，奥地利帝国才真正转变为奥匈帝国。伊丽莎白皇后（即茜茜公主）在奥匈和解中扮演了重要角色，使匈牙利人对她心存感激——在经历了政体更迭之后，以伊丽莎白命名的大桥依然屹立在布达佩斯。

1867年2月18日，奥匈之间签订和约，这是匈牙利历史上的重大事件之一，标志着匈牙利从维也纳政府中独立出来。奥匈帝国由两个王国组成，其中

大 都 市

塞克什白堡（又称皇家白城）直到1527年一直都是匈牙利国王加冕和安息的地方。

传统上，匈牙利国会（主要由贵族组成）通常在波若尼集会，推选新王。在土耳其人占领期间，波斯尼亚成为匈牙利首都。不过，匈牙利人一直把布达（老城，位于多瑙河右岸）和佩斯（位于多瑙河左岸）当做他们真正的国都。1848年的国民议会在佩斯召开。在奥匈帝国建立后，两城于1872年合为布达佩斯，新城包括奥布达（此处有古罗马城市阿坎库姆的遗迹）。在佩斯，新议会在多瑙河畔建立起来，而国家各部则位于布达。1896年，在英雄广场上竖起一座"千年纪念碑"（纪念阿尔帕德王朝建立匈牙利）。19世纪末开始，布达佩斯的发展居欧洲各大城市之冠。这座过度膨胀的大都市在1918年后被分解。现在，城内居住着全国37%的人口。

至于波若尼，在第一次世界大战后成为捷克斯洛伐克的城市，改名为布拉迪斯拉发，现在是斯洛伐克共和国的首都。

匈牙利部分（或称"外莱塔尼亚"）对应历史上的匈牙利王国（克罗地亚包括在内）。1867年4月，这一和约被匈牙利国会批准生效。6月8日，弗兰茨·约瑟夫在布达佩斯加冕成为匈牙利国王。

奥匈帝国在对外关系、军队以及共同经济方面采取联邦制。匈牙利人一直积极参与其中，直至1918年。安德拉斯在1871—1879年担任奥匈帝国外交部长，卡拉伊在1882—1903年负责波斯尼亚—黑塞哥维那的行政事务，匈牙利王国内的其他领土组织得也像一个国家。1875—1890年，一位加尔文教派的贵族卡尔曼·提萨任匈牙利总理（他的对手都称他"处变不惊"），后来他的儿子伊斯特万·提萨在1903—1918年接替他担任

匈牙利总理一职。

1867—1914年的匈牙利

自从匈牙利实行自治之后，政府在布达佩斯和外省大力发展初等教育、中等教育和高等教育。这使得20世纪初的一代人在文学、艺术和科学方面取得了极大的成就，匈牙利籍的六位诺贝尔获奖者有五位即出自这一代人。但是匈牙利的转变同时也引起了社会紧张。众多的小贵族掌控了行政和军队，而经济和财政则被资产阶级（绝大多数是犹太人）控制。事实上，匈牙利的犹太人像德籍城市手工业者一样，已被彻底地匈牙利化了。他们有的人被封为贵族，有的甚至改宗。1893年，他们获得平等的社会

1878年　1867年，"历史上"的匈牙利王国（外莱塔尼亚）得以在奥匈帝国内部重建。克罗地亚享有一定的自治权。阜姆港由布达佩斯政府直接管理。

1924年　1920年，匈牙利不得不将大片领土让给邻国：捷克斯洛伐克、罗马尼亚、南斯拉夫以及奥地利。

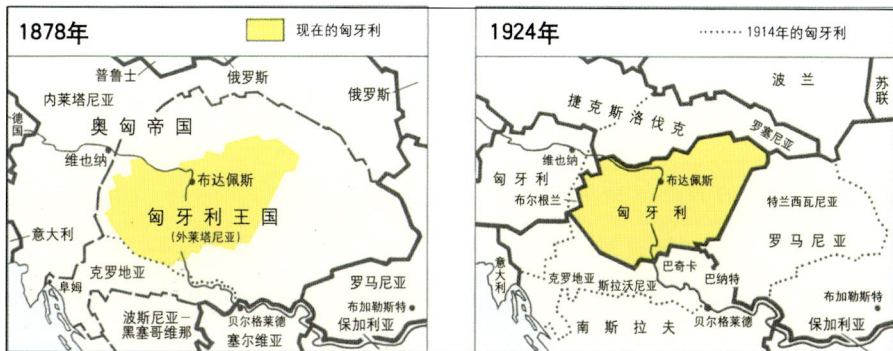

地位。这种情况在中欧是很少见的，它导致了匈牙利人排犹主义的产生。

匈牙利当时的政治发展令人不敢恭维，因为1867年奥地利和匈牙利的和解并没有解决民族问题，只有纳税人才有权参加选举，因此国会中少数民族代表的议席受到限制。

重建的"大"匈牙利包括(1910年人口普查)48.1%的匈牙利人，北部9.4%的斯洛伐克人和2.3%的罗塞尼亚人，东部14.1%的罗马尼亚人，南部5.3%的塞尔维亚人和8.8%的克罗地亚人，9.8%的分散在各处的德国人和2.2%的其他人口。如果说克罗地亚人像以前一样拥有特惠政策的话(作为1868年11月匈、克和解的条件)，1868年12月6日通过的关于少数民族的法律使其他外族人也得以在地方行政、教堂和社会团体中使用本族语言。不过只有匈牙利语可以通行全国。事实上，这个条款在实施过程中遭受了很多阻力。1879年通过了一项教育法令，规定匈牙利少数民族学校必须保证匈牙利语的最低授课时限；1907年，政府加强了这项法令的实施力度。此外，引起民族矛盾的事还有：政府取消了军事边境区及生活在该区域的克罗地亚人和塞尔维亚人的特权。

由于匈牙利政府实行中央集权统治，民族运动不断兴起(匈牙利邻国也有此倾向)。1829—1856年处于俄国保护下的瓦拉几亚和摩尔达维亚在1866年组成罗马尼亚，1878年获得独立；与此同时，塞尔维亚也获得独立。另外，奥匈帝国占领(从1878年起)并吞并了(1908年)波斯尼亚—黑塞哥维那，此举激起了南部斯拉夫人的反抗。简而言之，少数民族的视野越来越开阔了。

孤立的匈牙利

从1914年到奥匈帝国的解体

1914年，奥匈帝国参战，后来匈牙利及其国内的少数民族退出了奥匈同盟。匈牙利军队先是对塞尔维亚和俄国宣战(在加利西亚和布科维纳)，后又从1915年开始对意大利宣战。然而战火一直没有烧到匈牙利境内，直到1916年8月罗马尼亚加入协约国作战并侵入特兰西瓦尼亚为止。罗马尼亚人很快被打败了，在1918年5月7日签订《布加勒斯特条约》，暂时停火，但又在1918年11月10日重新加入战争。此时，奥匈帝国已不复存在——11月3日奥匈帝国签署的《吉斯蒂城堡停战条约》解散了军队。南部的斯拉夫人、捷克人和斯洛伐克人都获得了独立；12日，奥地利共和国宣布成立；16日，匈牙利共和国宣布成立。

此时的匈牙利国内危机四伏，周边地盘丧失殆尽：驻扎在南部的协约国军队（主要是法国）在11月13日与奥地利政府签署了一项协约，准许罗马尼亚、塞尔维亚和捷克军队进入匈牙利并保证各国军队与相应的国民议会保持联系。由此，塞尔维亚、克罗地亚和斯洛文尼亚王国于12月1日建立，12月24日，罗马尼亚国王同意特兰西瓦尼亚并入该国。

与此同时，在布达佩斯，社会与政治骚乱不断，布尔什维克革命在其中发挥了重大作用。根据1918年3月3日签订的《布列斯特—立陶夫斯克条约》而回国的战俘往往成为革命思想的先行者，在犹太人中影响尤其巨大。卡罗伊政府很快就变得束手无策，在1919年3月21日把政权移交给人民委员会，该委员会由贝拉·库恩领导，主要由共产党组成。这个"人民委员会共和国"实际上只控制了国家的一部分，后来又不得不组建一支人民军，来对抗在塞格德建立并得到协约国扶植的捷克军队、罗马尼亚军队和国民政府海军上将霍尔蒂（前奥匈帝国海军统帅）统率的匈牙利军队。贝拉·库恩和他的战友在1918年8月1日离开匈牙利，"人民委员会共和国"消亡。已占领匈牙利东部的罗马尼亚利用这一时机，在8月3日侵入布达佩斯，直到11月15日才撤离，在此期间做了许多加深匈牙利人对他们敌视的事情。

最终霍尔蒂丁11月16日进入布达佩斯。1920年3月1日，一个由选举组成的议会任命他为匈牙利摄政王，而此时协约国也反对哈布斯堡王朝的查理一世复辟。不过查理一世还是在1921年3月至4月以及10月间寻找重返王位的途径。于是在协约国的要求下，匈牙利在1921年11月6日通过了一项废黜君主的法令。作为海军上将的霍尔蒂，就在这样一个既无国王亦无海军的国家担任摄政王，成为一个天主教国家的加尔文教派首领，统治匈牙利直至1944年。

特里阿农强制订约

在此期间，被完全孤立的匈牙利别无选择，只得于1920年6月4日签订《特里阿农条约》，这项条约对它来说完全是强制性的：战前匈牙利的国土面积有32.5万平方公里，战后只剩下9.3万平方公里。外族人定居的地区都丧失殆尽——克罗地亚、斯洛伐克及靠近奥地利的日耳曼人聚居区（布尔根兰）。而民族混居区的归属问题尚待讨论，主要是特兰西瓦尼亚和巴纳特。至于马扎尔人（即匈牙利人）聚居的地方，被肢解的匈牙利希望把这些地方全划入版图之内。

战胜国为了使新的结盟国（捷克斯洛伐克、罗马尼亚、南斯拉夫）满意，不惜侵犯匈牙利人的利益，当然这样做与结盟国分别对应的少数民族的利益是一致的。捷克斯洛伐克想把它的边界划在多瑙河边。它的要求得到了满足，成千上万居住在多瑙河左岸的匈牙利人被迫和他们的祖国分离。同样，在匈牙利保留的外特兰西瓦尼亚地区，罗马尼亚取得了一系列城市（蒂米什瓦拉、阿拉德、奥拉迪亚、萨图马雷），这些城市中居住着很多匈牙利人，城市之间由公路和铁路线相连。同样，南斯拉夫在巴奇卡－巴兰尼亚地区划定的边界也居住着大量的匈牙利人。简而言之，在《特里阿农条约》之后，约275万匈牙利人成为侨民，其中150万在罗马尼亚，75万在捷克斯洛伐克，50万在南斯拉夫。缩减的匈牙利国内有740万匈牙利人，

1942年　在德国和意大利的支持下，匈牙利得以收回斯洛伐克南部、内喀尔巴阡山罗塞尼亚、北特兰西瓦尼亚、巴奇卡和穆尔河地区。

1946年　1945年，匈牙利的版图恢复了它在1938年之前的面貌。唯一的新变化是在东北部与苏联共享一条边界。

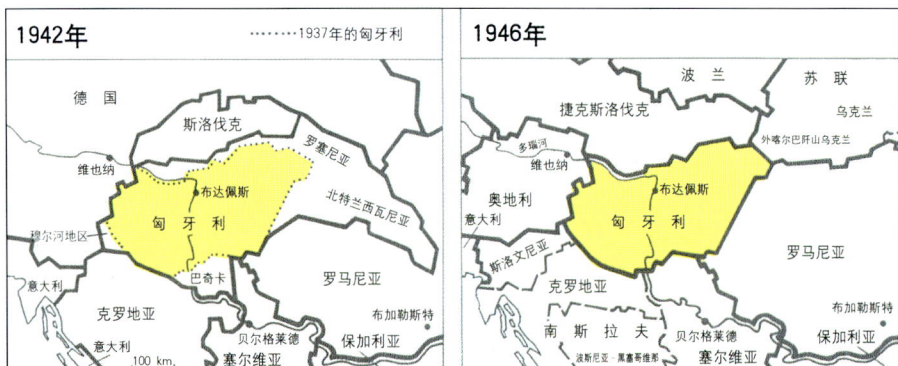

48万德国人 (主要分布在巴兰尼亚和巴拉顿湖以北的小块聚居区内) 及大约10万定居于匈牙利东部的斯洛伐克人。在意大利的提议下，肖普朗及其周边地区开始全民公决，1921年12月，根据公决结果，肖普朗归属匈牙利。

德国的影响

温和派保守党伊斯特万·拜特伦伯爵在1921—1931年执政。他的继任者有的很专制 (根伯什)，有的却实行相对宽松的政策 (泰莱基)，不过总的来说，极端右倾的排犹主义 (由费朗克·萨拉斯领导的"十字运动") 加强了。

从1938年开始，纳粹政府的精心策划使匈牙利的对外政策变得模糊不清——匈牙利发现自己有机会(虽然可能只是部分地)收回《特里阿农条约》中失去的领土，但很难脱离德国的控制。事实上，匈牙利共有四次这样的机会。

——德国吞并苏台德地区后，匈牙利在1938年11月2日得到了斯洛伐克和罗塞尼亚所有南部边境地区，这个地区主要居住着捷克斯洛伐克的匈牙利少数民族。

——当捷克斯洛伐克分裂成波希米

匈牙利犹太人的命运

从1938年4月开始，匈牙利政府对犹太人采取了歧视的态度 (在某些职业中限制犹太人人数)，1941年，政府组织了犹太劳工营 (犹太人必须穿统一制服)，并把匈牙利军队派到了俄国前线。但是卡拉伊 (1942年3月至1944年3月出任国家总理) 顶住了纳粹当局的压力，拒绝把犹太人交给他们。

德国于1944年3月19日对匈牙利进行军事干预以后，一支由艾希曼率领的党卫军特别小队开始负责把匈牙利外省及被兼并领土 (如特兰西瓦尼亚北部、罗塞尼亚) 中的犹太人运往奥斯威辛，当准备开始处置布达佩斯犹太人的时候，由于1944年7月10月霍尔蒂的干涉及随后采取的军事行动，这项运送活动中断了。"十字运动"随即在被围的布达佩斯开始大屠杀，不过，当佩斯和布达被解放的时候，许多犹太人都逃过了大劫。

战后，一批犹太人回到了以色列，但中欧大部分犹太人还是定居在匈牙利，他们实际上已完全马扎尔化了。

亚－摩拉维亚保护国及斯洛伐克时，匈牙利于1939年3月19日占领了罗塞尼亚剩余地区 (主要居住着罗塞尼亚人)。

——第三次机会也是最重要的一次复仇之机。1940年8月30日，根据维也纳的德国、意大利仲裁，匈牙利取得了包括整个塞克勒人居住地区在内的北特兰西瓦尼亚。

——德国入侵南斯拉夫 (在泰莱基总理自杀后——他生前没有同意德国借用匈牙利领土进行这场侵略的要求) 使匈牙利得到了最后一次扩张领土的机会：1941年4月16日，它得到了穆尔河地区、巴兰尼亚南部及巴奇卡。

1941年6月，匈牙利与斯洛伐克和罗马尼亚同时卷入对苏战争。1943年初，匈牙利军队在莫斯科南部沃罗涅日地区战败，几万士兵牺牲被俘。卡拉伊政府试图不再与德国结盟，然而在1944年3月19日，德国人占领了整个国家，控制了政府，施泽托杰成为总理。1944年8月，摄政王霍尔蒂摆脱了德国的控制，于10月同莫斯科签署停战协议。但是德国人却于10月15日逮捕了霍尔蒂，并把他的权力移交给施泽拉斯，匈牙利只好继续同苏联作战。匈牙利成为德苏战场，并于1944年12月在德布勒森建立临时政府。布达佩斯于1944年12月25日被包围，1945年2月13日苏军攻下了布达，此时城市已是满目疮痍。4月4日经过激战后，苏军控制了匈牙利全境。

与此同时，匈牙利1938年以前的边境线全面恢复，这一点在1947年2月10日的《巴黎和约》中也得到了确认。不过情况还是起了一点儿变化，罗塞尼亚原属捷克斯洛伐克，战后被纳入苏维埃乌克兰的领土范围，因此匈牙利成为苏联的邻国 (苏联在得到罗塞尼亚时，也同时得到了罗塞尼亚境内的匈牙利少数民族)。

1945年以后的匈牙利

在大战结束以前，临时亲苏政府就开始了农业改革，并将亲信安插到警察及军队部门的重要职位上。但是1945年11月5日进行的普选却完全符合2月在雅尔塔通过的《关于被解放的欧洲的宣言》之精神，即普选是完全自由的：

独立的小地主政党获得了57％的选票，共产党占17％。然而盟国委员会的全权主席伏罗希洛夫元帅 ［Kliment Voroshilov（1881—1969），苏联领导人，苏联元帅（1935年），曾于斯大林死后出任苏联名义上的国家元首七年。——译者注］却强行要求建立一个联盟政府，并将内政部部长一职授予一名共产党人（这一职务陆续由依穆尔·纳吉、拉斯罗·拉吉克、亚诺什·卡达尔担任，直至40年代末）。

共产党总书记马加什·拉科西实行了"色拉米香肠战术"，目的在于瓦解、分裂和解散其他政治组织。在1947年的年中——和平条约签署后不久——联盟政府实际上就已经名存实亡。因此在1947年8月31日的预选中，共产党成为唯一一支可以参选的政治力量。剩下的其他政党在不到一年的时间里或被吸收到共产党内，或被解散。从1948年3月起，共产党开始单独执政。

匈牙利人民共和国成立（1949年8月）伊始就开始了大规模的集体化运动，与此同时反响巨大的各诉讼案也相继开庭了，其中拉吉克（拉科西潜在的对手）被指控信奉"铁托主义"，同年被处决。匈牙利政体完全走上了斯大林主义路线。

人民民主的四十年

斯大林的去世动摇了拉科西的地位。1953年7月，依穆尔·纳吉成为政府首脑，采取了自由化政策，实行大赦，关闭拘禁营，停止农业集体化，宗教宽容。这位年迈的战士于1955年春天辞职，而拉科西也在1956年7月迫于苏联的压力辞去共产党总书记的职务 ［他在1956年10月逃到苏联，1971年死于高尔基市（今俄罗斯下诺夫哥罗德市）］。

不过，非斯大林化运动还是在继续发展，反抗人士主要在一个被称为"裴多菲俱乐部"的政治圈子内集会。拉吉克的葬礼——他当时已被平反——及随后的波兰事件（哥穆尔卡重掌政权）成为引发冲突的导火线。10月23日，一次规模浩大的游行示威在晚上演变成暴动。依穆尔·纳吉成为政府首脑，但很快便身处革命委员会及苏联威压的夹缝中。他要求苏联撤军（莫斯科方面开始是同意的），之后又宣布匈牙利中立。11月4日，匈牙利风传在亚诺什·卡达尔领导下成立了一个反政府武装组织，苏联的坦克经过外喀尔巴阡山乌克兰大举进攻匈牙利。匈牙利革命被镇压了。

在随后的几年中，卡达尔实行了严厉的镇压政策。接着，他逐步推行了一个在东欧十分新颖的体制：共产党的绝对权力在某种意义上被经济自由化削弱了。匈牙利的进步在80年代末期显得愈加宝贵了。

民主的匈牙利

从1988年起，共产党政体迅速瓦解。1989年10月23日，即1956年革命大庆之日，匈牙利重新宣布成为共和国。1990年3月到4月间的立法选举建立了中右派联合政府，总理为约瑟夫·安托尔。8月，阿尔帕德·根茨被选为共和国总统。

1993年7月，匈牙利出台了一项保护少数民族的法律，这项法律促使匈牙利邻国（尤其是斯洛伐克、罗马尼亚和塞尔维亚）实行有利于本国使用匈牙利语的少数民族的措施。该法律适用于在匈牙利生活了至少一个世纪以上，拥有自己的语言、文化和传统的各民族。匈牙利政府保证少数民族可以使用自己的语言进行教学，可以建立自己的文化组织并实行地区自治。涉及的民族有德国人、斯洛伐克人、克罗地亚人、罗马尼亚人以及茨冈人等。

1999年，匈牙利成为北大西洋公约组织成员国，并已开始同欧盟进行磋商，以期于2004年加入该组织。

特兰西瓦尼亚的各"民族"

法语中的特兰西瓦尼亚（Transylvanie），罗马尼亚语中的阿德尔（Ardeal），匈牙利语中的埃尔德利（Erdely），德语中的施本布根（Siebenbürgen），该地从10世纪起直到1918年都是属于匈牙利王国的领土，现已划归罗马尼亚。从中世纪起，在这块土地上就居住着四种人：塞克勒人、德意志人(或称"萨克森人")、匈牙利人和罗马尼亚人。

——讲匈牙利语的塞克勒人居住在喀尔巴阡弓形山脉的山谷里(奥尔特河和穆尔河流域的高大山谷)。他们的起源一直是一个谜，一些历史学家认为，他们是跟着阿瓦尔人一起到来的，因此早于匈牙利人；其他的历史学家认为他们是马扎尔(匈牙利)化的哈扎尔人。不过，无论他们的起源如何，匈牙利国王从很早就开始让他们保卫喀尔巴阡山脉的边界了。

——相反，萨克森人的起源却是没有疑问的。在匈牙利国王的鼓动下，他们从12世纪中叶就开始占领喀尔巴阡南部山脉北面的奥尔特河上游流域。虽然他们被称为"萨克森人"，但他们可能来自莱茵地区。这个地区的德语名字"施本布根"起源于他们的自治司法组织(由七位法官组成)。在萨克森城市中，最重要的是今天的布拉索夫(德语作Kronstadt)及锡比乌(又称Hermannstadt)。德国人也深入匈牙利更北的地方，12世纪克卢日(又称Klausenburg)的建立，就是德国矿工们开采比霍尔山脉矿藏的结果。

——纯粹意义上的匈牙利人是在10世纪时陆续到特兰西瓦尼亚定居的，这跟他们进入匈牙利其他地区的时间相同。他们当时是征服了当地人(罗马尼亚人)，还是占据了无人区，这一点仍有待商榷。

——罗马尼亚人在12世纪时开始出现在特兰西瓦尼亚，他们很可能是——这一点仍有待证实——达契亚人罗马化居民的后代。

不管怎么样，在中世纪末，特兰西瓦尼亚已经有了三个"民族"：匈牙利人(他们中的贵族阶级统治整个国家)、塞克勒人以及萨克森人。后两个民族享有匈牙利国王承认的特殊地位。相反，罗马尼亚人却不能算做一个"民族"，他们中的大多数都是农民，多多少少受匈牙利贵族阶级的奴役控制。至于罗马尼亚小贵族阶级，即使存在，也被马扎尔化了(例如约翰·匈雅提就是这种情况)。

在奥斯曼帝国征服匈牙利中部时，特兰西瓦尼亚享有自治权，由匈牙利人领导。特兰西瓦尼亚罗马尼亚人的民族意识直到19世纪才真正觉醒。1848—1849年，他们要求匈牙利政府承认他们是一个"民族"，然而1867年成立的奥匈帝国政府对此根本置之不理。第一次世界大战后，特兰西瓦尼亚划归罗马尼亚，1940年又重新成为被争夺的对象：北部和东部(包括塞克勒人所住地区)划归给匈牙利；南部(包括萨克森人所住区域)仍然是罗马尼亚领土。1944年，苏联军队收复了北特兰西瓦尼亚，并防止罗马尼亚社群和匈牙利社群对抗(相反，德语区居民则跟随德军撤走了)。至于特兰西瓦尼亚南部的萨克森人(与塞尔维亚巴纳特河流域的"施瓦本人"不同)，在战争中则没有被德国当局拉拢。但是从1944年开始，他们中的很多人为了满足苏联的劳动力需求而被迫前往苏联，从此再也没有回到故乡。

罗马尼亚人民共和国时期，1952年特兰西瓦尼亚成为"匈牙利自治区"，之后在1968年的新一轮行政划分中取消。1978年，罗马尼亚和联邦德国达成协议：德语区居民可以以每年1万～1.2万的数目离开本国。相反，匈牙利语区居民却未被允许移居国外。90年代初，在特兰西瓦尼亚共有160万匈牙利语居民、12万德语居民。

罗马尼亚人

罗马尼亚语起源于拉丁语，不过与该语系里的其他兄弟语种相比，它显得十分特别。今天，欧洲共有大约2300万人讲罗马尼亚语，是当今中欧大陆上使用人口最多的语言之一，地位仅次于波兰语和乌克兰语。尽管如此，在19世纪以前的历史上，罗马尼亚人只能在匈牙利、土耳其和俄罗斯三国势力的夹缝中求取生存之道，地位之低可想而知。事实上，罗马尼亚到1880年才首次获得了真正意义上的民族独立。

在两次世界大战之间，罗马尼亚曾被统一成完整的国家（即"大罗马尼亚"），从那以后，它一直被分成罗马尼亚共和国和摩尔达维亚共和国两部分，后者还曾隶属于前苏联。

起　源

颇具争议的罗马尼亚起源

公元前1世纪左右，达契亚人首领布雷比斯塔创建了一个国家，位置就处在罗马尼亚现有版图的西部。那时，这个国家在德凯巴鲁斯的统治下逐渐发展壮大，并对罗马帝国构成威胁。公元101年至106年，罗马皇帝图拉真征服了该邦国，并在那里建立行省，取名为"达契亚"。至此，第一个疑点产生了——达契亚人是被屠杀、驱散，并被来自罗马帝国的侵略者们取代了呢，还是他们仅仅被罗马化了？没有人知道确切答案。唯一可以知道的是，由于达契亚总是受到哥特人的骚扰，奥勒利安皇帝（270—275年在位）放弃了这块土地，从那时起这里便一直饱受侵扰。一千年后，讲拉丁语的人口才重返此地（从瓦拉几亚开始）认祖归宗。这段时间内到底发生了什么事情呢？人们依然不得而知。

在两次世界大战之间，所有使用罗马尼亚语的人都属于"大罗马尼亚"（南斯拉夫少数民族除外）。而今，这些人口却分布在两个国家，即罗马尼亚和摩尔达维亚。以喀尔巴阡山脉的山脊和南喀尔巴阡山脉（或称特兰西瓦尼亚地区的阿尔卑斯山）为界，罗马尼亚被一分为二。东南部是摩尔达维亚平原和瓦拉几亚平原，这一地区居住的基本上都是讲罗马尼亚语的人；而在特兰西瓦尼亚西部地区（1918年之前隶属于匈牙利王国），情况则有所不同。自中世纪以来，那里就一直混居着罗马尼亚人、匈牙利人和德国人。作为两支十分重要的少数民族力量，来自苏维埃摩尔达维亚的乌克兰人（和俄罗斯人）直到1945年以后才陆续来此定居，而嘎嘎乌兹人则是在18—19世纪时移民过来的。

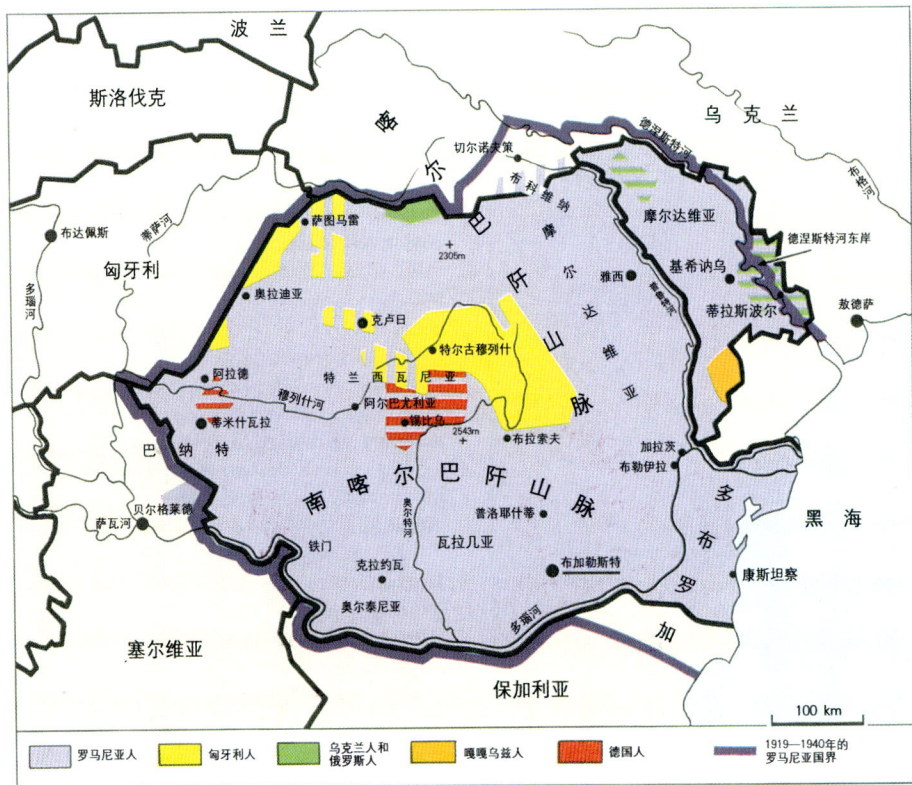

罗马尼亚

罗马尼亚语：Romania

共 和 国

人口（2000年）·· 22 438 000人

面积 ·· 237 500平方公里

首都 ··································· 布加勒斯特（罗马尼亚语：Bucuresti）

人口构成

罗马尼亚人 ··· 90%

匈牙利人 ··· 7%

茨冈人 ··· 410 000人（＊）

德国人 ··· 119 000人

乌克兰人 ··· 67 000人

宗教（1992年）

东正教 ··· 87%

天主教（＊＊）··· 5%

东仪天主教 ··· 1%

加尔文教（＊＊）··· 3.5%

其他新教徒 ··· 2.6%

罗马尼亚与摩尔达维亚以外的罗马尼亚人

乌克兰（1989年）··· 460 000人

塞尔维亚（1981年）··· 47 000人

匈牙利（估算）··· 25 000人

（＊）1992年人口统计官方数字。据茨冈人社区负责人统计，罗马尼亚茨冈人超过100万。

（＊＊）绝大多数是罗马尼亚境内的匈牙利少数民族。

1848 年，人们将摩尔达维亚公国的国旗颜色（蓝、红）和瓦拉几亚公国的国旗颜色（黄、红）融合在一起，设计成水平条纹，以此构成罗马尼亚国旗的主要图形样式。1866年，水平条纹被竖直条纹所取代。在共产党政权建立之前，旗帜的中央一直有皇家军队的形象，但是共产党执政后，便用象征人民共和国的标志取代了原有图案，该标志在1989年12月28日被正式取消。

罗马尼亚人与许多历史学家一样认为，当年被罗马化的达契亚人后裔在数百年内一直生活于此（尤其是在特兰西瓦尼亚地区），只是当侵略者来临之时，他们才离开家乡，逃往山区（南喀尔巴阡山脉）。

另一种猜测与匈牙利人有关，认为罗马化的达契亚人在奥勒利安皇帝统治时期搬到了多瑙河以南地区，并在那里同其他民族杂居，久而久之，便形成了瓦拉几亚人。这些人也许只能在13世纪蒙古人经过这里之后（1242年）才重新渡过多瑙河，然后将这块地方命名为"瓦拉几亚"。按照这种解释，罗马尼亚人（又称瓦拉几亚人）只能是在匈牙利人到达特兰西瓦尼亚后的第四个世纪才进入同一地区，而这正是最具争议的核心问题。

瓦拉几亚与摩尔达维亚的出现

13世纪下半叶，匈牙利人为了保护自己不受鞑靼－蒙古人的侵犯，率先控制了瓦拉几亚。1330年，罗马尼亚总督巴萨拉伯出兵打败了匈牙利国王，解放了瓦拉几亚，并由此建立起一个东正教国家。1359年，东正教大主教来到阿尔杰什（位于罗马尼亚首都布加勒斯特西北部）定居。

起初，摩尔达维亚与邻近的俄罗斯公国都须向鞑靼－蒙古人缴纳岁供，1299年起，摩尔达维亚停止岁供，此后归匈牙利控制。1359年，波格丹一世解放了摩尔达维亚，并成为该国历史上的第一位总督，此后摩尔达维亚处于波兰－立陶宛联盟的保护之下。1400年，东正教大主教正式到苏恰瓦（位于雅西西北部）定居。

1750年　从16世纪开始，瓦拉几亚和摩尔达维亚成为奥斯曼帝国的附属国。1538年，奥斯曼帝国吞并了摩尔达维亚位于黑海沿岸的领土（重新冠名为"布德加克"）。

独立之前的罗马尼亚

奥斯曼帝国控制时期

罗马尼亚人刚刚关上自家大门没多久，就不得不再次面临新的威胁，而这股力量来自强大的土耳其。在攻克保加利亚之后，土耳其又于1395年对瓦拉几亚发动了进攻。赶来救援的基督教十字军（由匈牙利人、法国人组成）于1396年在尼科波尔（位于多瑙河保加利亚段沿岸）遭到惨败。从那以后，瓦拉几亚总督不得不按期向奥斯曼帝国缴纳岁贡。

在随后的一百年里，人们不断地在瓦拉几亚及其周边地区展开反抗土耳其人的斗争。1444年和1448年，匈牙利人先后在瓦尔纳和科索沃遭到失败。1456年，特兰西瓦尼亚总督约翰·匈雅提（瓦拉几亚的匈牙利人）虽然成功地保卫了贝尔格莱德，却在那场战争中不幸身亡。三年后，瓦拉几亚公国总督威拉德三世（吸血鬼德拉库拉伯爵的原型）拒绝再向土耳其缴纳岁贡。由于没有得到他期望的匈牙利人的援助，他在1462年的战斗中被土耳其人打败。1476年，他重新掌握了政权，同年死于一场战争。从那时起，瓦拉几亚臣服于奥斯曼帝国的统治，一直到18世纪。

1420年，土耳其人开始向摩尔达维亚发起进攻，但是直到1453年，他们才在克里米亚鞑靼人的帮助下控制了这一国家。1456年，土耳其开始对摩尔达维亚征收岁贡。1472年，摩尔达维亚总督史蒂芬三世拒绝向土耳其人缴税，摩尔达维亚于1475年划归匈牙利王国（当时的匈牙利国王为马提亚一世）。然而到了1480年，摩尔达维亚除了更沉重的岁供负担外，还得提防波兰兼并主义者的野心，国家几欲崩溃。1526年，苏莱曼一世在莫哈奇击溃匈牙利人。1538年，他又成功地阻止了摩尔达维亚人的一次独立计划，兼并了摩尔达维亚沿海地区，取名为布德加克（Boudjak，土耳其语）。

从奥斯曼帝国到哈布斯堡家族的控制

在奥斯曼帝国的统治下，各个公国并不是完全失去自由的，不过却由土耳其人来任命各地总督。作为匈牙利中部的主人，土耳其人还控制了特兰西瓦尼亚，或至少他们对这一地区形成了威慑。在这个历史时期，罗马尼亚总共只爆发了一次由"勇敢者"米哈伊领导的反抗斗争。1593年，"勇敢者"米哈伊登上瓦拉几亚公国王位，并于1599年成为特兰西瓦尼亚王储；次年，他又当上了摩尔达维亚公国总督，1601年8月遇刺身亡。如今，每当罗马尼亚人回顾这段历史时，便会将"勇敢者"米哈伊看做一位伟大的英雄，因为正是他第一个实现了罗马尼亚的"统一"。

1683年，奥斯曼帝国对维也纳城发动围攻，不料遭遇失败，这成为奥斯曼溃退的标志。奥地利人征服了匈牙利和特兰西瓦尼亚，1699年签订的《卡尔洛维茨条约》使土耳其人最终放弃了这两块地盘。1718年，再次被打败的土耳其人不得不将巴纳特和奥尔泰尼亚割让给奥地利（《帕萨罗维茨条约》），后者于1739年得到了瓦拉几亚（《贝尔格莱德条约》）。

尽管被并入了哈布斯堡的版图，但特兰西瓦尼亚仍然保持着鲜明的地方特色，即在克卢日设有自己的议会（由匈牙利贵族控制）。1698年，仿照一个世纪以前的波兰（1596年的布列斯特一立陶夫斯克联盟），一个"东仪天主教"教会在克卢日成立。而阿尔巴尤利亚的天主教大主教仍然承认罗马教皇的权力。居住在特兰西瓦尼亚的罗马尼亚人并未改变自己的命运——1784年，大规模的农民起义爆发了。

在瓦拉几亚和摩尔达维亚，土耳其人的失望情绪使他们加强了对这两个地区的控制。苏丹们开始直接从法纳尔人（指居住在君士坦丁堡法纳尔区的富有的希腊望族成员）中物色人选来担任大公，并规定每届任期三年。尽管这些大公们受西方思想影响深重，但法纳尔人还是完成了奥斯曼帝国交给他们的任务，把这两个公国分割成有规则的各部分以便更好地进行统治。

俄国人登上历史舞台

从18世纪中期起，彼得大帝统治下的俄国逐渐成为欧洲强国，并把目光投向了由土耳其人及其盟友克里米亚鞑靼人控制的黑海沿岸地区。俄、土矛盾逐渐变得不可调解，1768年，土耳其人首先挑起了冲突，后被俄国人打败。俄军

罗马尼亚语

尽管借用了丰富的斯拉夫语词汇，并大量吸收了巴尔干表达法（巴尔干不同方言中的共同表达法），但罗马尼亚语仍然无可争议地属于拉丁语系。

历史上第一篇用罗马尼亚语写成的文本出现于1521年，那是一封由一位名叫尼亚斯索的波雅尔（俄语，指旧时斯拉夫国家及罗马尼亚的特权贵族成员）写给布拉索夫市长（萨克森人）乔汉纳·本科纳的信函。这位市长专注于传教事业，为了印刷《圣歌集》和《福音书》，他特地从瓦拉几亚找来一位印刷匠科尔西。当年印刷出来的作品使用的是瓦拉几亚语，不过，为了能让所有的罗马尼亚人都看懂，他们尝试着将几种语言融合在一起。这些作品是从"教会斯拉夫语"（东正教礼拜仪式所用的一种语言，既有斯拉夫语的痕迹，也有罗马尼亚语的影子）翻译过来的，成文使用西里尔字母表达。

1698年，东仪天主教会的诞生是罗马尼亚语言发展史上的又一个重要标志，特兰西瓦尼亚的罗马尼亚人在与天主教徒的接触过程中，以及在前往罗马游历的旅途中，再次找到了他们的拉丁属性。

19世纪，真正意义上的现代罗马尼亚语开始形成了，其中法语对罗马尼亚语的演变产生了不可忽视的影响。正因为如此，后来人们把这一过程称为"罗马尼亚语的再次拉丁化"。与此同时，拉丁字母逐渐取代了西里尔字母，并被一直使用至今。

征服了摩尔达维亚的沿海地带、摩尔达维亚和瓦拉几亚，后于1772年深入保加利亚。1774年双方签订的《凯纳甲湖条约》使俄国人不仅得到了乌克兰的大片领土，还拥有了对苏丹控制各公国的各项政策的"谏言权"。在上述条款的实施过程中，罗马尼亚的封建贵族们于1802年取得了一项胜利，即"大公"的任期将由原来的三年变为至少七年，且大公的任免由奥斯曼帝国和俄罗斯政府共同决定。

在此期间，奥地利也从中分到了一杯羹，从摩尔达维亚公国手里取得了布科维纳（居住着罗塞尼亚人和罗马尼亚人）。

1787年，俄、土战争再次爆发。这一次，土耳其人仍未获胜，不得不在1792年将德涅斯特河以外的领土割让给对方，俄罗斯开始成为摩尔达维亚的邻国。后来，由于苏丹罢免了瓦拉几亚大公，新一轮战争于1806年再次爆发。俄军一路推进到各个公国。1812年，《布加勒斯特条约》的签订使俄国取得了比萨拉比亚，即摩尔达维亚的沿海地带 (从奥斯曼帝国手里获得) 以及普鲁特河以东摩尔达维亚的部分领土。这意味着一部分罗马尼亚人从此成为沙皇的子民，这种情况一直持续到第一次世界大战才

布科维纳

18 世纪末之前，布科维纳一直是摩尔达维亚最北部的省份。起初布科维纳是一个独立行省，后被奥斯曼帝国侵占。此后的数百年间，它一直是加利西亚波兰人垂涎的对象。1772 年，在第一次对波兰的瓜分中，奥地利吞并加利西亚，并利用签订《凯纳甲湖条约》时土耳其人的软弱，于1775年占领了布科维纳。从此布科维纳成为奥地利最前沿的东方堡垒。

布科维纳农村人口的基本构成是：北部多为罗塞尼亚人，南部则以罗马尼亚人为主。这两个民族在当时的主要城市切尔诺维茨 (今乌克兰城市切尔诺夫策) 混居在一起。那时，由于很多德国人到切尔诺维茨定居，当地犹太人都被逐渐日耳曼化了。在内莱塔尼亚地区边缘的布科维纳，日耳曼文化逐渐形成。

1918 年底，随着奥匈帝国的瓦解，布科维纳重归摩尔达维亚，成为＂大罗马尼亚＂境内的领土。然而切尔诺维茨仍然保持着人口混居的状态：犹太人 (绝大多数)、罗马尼亚人、罗塞尼亚人和德国人。在这座城市曾涌现过不少用德语写作的著名作家，如诗人保罗·策兰 (1920—1970)，小说家格雷戈尔·冯·雷佐伊。

这种平衡状态在1940—1941年被打破。1940年7月，罗马尼亚被迫将布科维纳北部及其首府 (更名为切尔诺夫策) 让给苏维埃乌克兰。此后，布科维纳分成两部分，即北部的罗塞尼亚区和南部的罗马尼亚区。苏联政府与德国政府后又达成协议，将所有非犹太籍德国人送回德意志帝国。至于犹太人，在罗马尼亚军队重占布科维纳的1941—1944年，他们不是被驱散就是被屠杀。1944年，布科维纳被彻底分成两部分：北布科维纳同东加利西亚及前罗塞尼亚合并，构成远离俄罗斯传统的西乌克兰；南布科维纳则与摩尔达维亚的北部地区合并。

有所改变（摩尔达维亚苏维埃共和国前身）。

俄、土的共同管制

发生在1821年的公国暴动有两个方面的原因。一方面，效忠俄国沙皇的大公之子亚历山大·伊普希兰蒂斯依靠一个希腊秘密社团"友好会社"（在敖德萨地区有很大的势力），企图摆脱巴尔干的东正教组织；另一方面，亲塞尔维亚的杜多尔·弗拉迪米雷斯库以奥尔泰尼亚为根据地，领导了一场社会民族起义。他指挥的军队对法纳尔政体的痛恨比起对土耳其人的憎恨有过之而无不及，当起义军攻克布加勒斯特后，弗拉迪米雷斯库却想着与土耳其人谈判，他犯了众怒，被伊普希兰蒂斯处决。

尽管暴动平息后，奥斯曼帝国迅速重建了社会秩序，但法纳尔政体并未在那场考验中幸存下来。1826年，俄土签订《阿克曼协议》，用"共同管制"取代了法纳尔人的统治，只要取得苏丹和沙皇的肯定，当地人就可以被选为大公，任期七年。然而，该协议也很短命，第二年土、俄战争再次爆发，一直

打到1829年《安德里诺堡条约》的签订，俄国取得了多瑙河河口地带，公国的版图被再次修改。

这些公国从此移交给被选举出的终身制君主管理，获得了充分的行政自治。1830年的《建制条例》还规定每个公国的宪法都将由圣彼得堡和君士坦丁堡共同批准，然后再提交议会审议通过。由于新政体实施之际正值俄国军队占领摩尔达维亚和瓦拉几亚期间（1834年俄军撤离），因此君主们不得不在沙皇领馆的严密监控下行使职权。

1848—1849年大事记

1848年的社会动荡以其迅雷不及掩耳之势波及了整个罗马尼亚。在摩尔达维亚，斯图尔札王储费尽气力才平定了4月份在雅西发生的三天骚乱。在布加勒斯特，一场真正的革命运动在6月来临，迫使彼贝苏王储组织临时政府。与此同时，特兰西瓦尼亚发生大规模的匈牙利人暴动，罗马尼亚人趁机于5月14日在靠近阿尔巴尤利亚的布拉日举行了包括东仪天主教大主教和东正教大主教在内的显贵会议。数天之后，大约2万名罗马尼亚农民在"自由田野"集会请

愿，要求建立罗马尼亚"民族"，拥有宗教自由（对于东正教教徒而言，他们当时还隶属于卡尔洛维茨的塞尔维亚大主教），赋予特兰西瓦尼亚特别的地位，及其他的自由等。这次针对克卢日国会及皇帝的请愿行动可算是雷声大，雨点小——5月29日，克卢日国会作出决定，把特兰西瓦尼亚并入匈牙利的版图。

在各公国里，反抗活动立刻爆发了。7月，俄军进驻摩尔达维亚；9月，土耳其和俄国军队先后入侵瓦拉几亚。1849年5月，土、俄签订的《巴尔塔泻湖条约》使《建制条例》成为一纸空文，大公任命制又被重新启用。1848年10月，在皇家军队的支持下，大批罗马尼亚农民在特兰西瓦尼亚地区成立军团，反抗匈牙利的贵族势力。这场斗争持续了六个月（1849年1月至7月），结果以匈牙利军队（由波兰人统帅）占领锡比乌而告终。此前，锡比乌一直都是罗马尼亚国会的所在地。尽管科苏特最终还是于同年8月10日与农民军达成了协议，但为时已晚。早在7月就攻入匈牙利的俄国军队迫使格尔盖伊在13日投降。

风波平息之后，大批遭到流放的罗马尼亚人来到巴黎定居，并竭力交好拿破仑三世，试图让他关注罗马尼亚民族的命运。

1880 年　1775年，奥地利从摩尔达维亚夺走了布科维纳。

1815 年　1812年，俄国吞并比萨拉比亚，即布德加克和摩尔达维亚公国的一半领土。

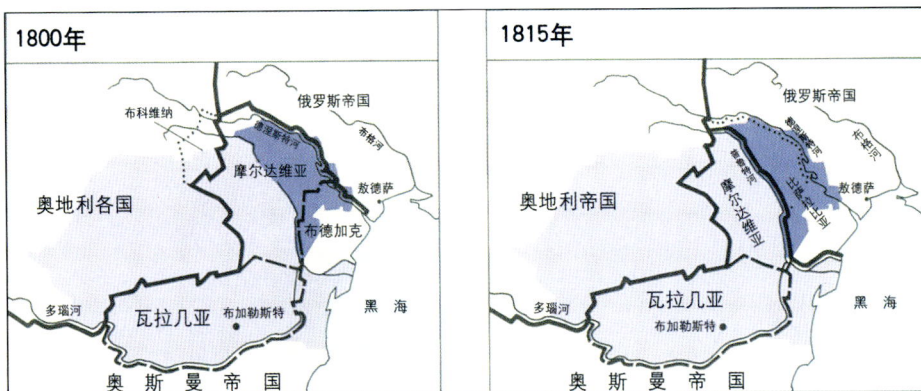

从小罗马尼亚到"大罗马尼亚"

自　治

1853 年，俄国人再次将触角伸向各个公国，土耳其又一次对俄宣战，并且取得了法国和英国的支持。盟军袭击了克里米亚，于1855年攻占塞瓦斯托波尔。根据1856年签订的《巴黎条约》，俄国被迫将多瑙河河口地区归还给奥斯曼帝国。除此之外，俄国还让出了位于比萨拉比亚南部的土地，使摩尔达维亚获得了通往黑海的出海口。至于公国地位，各国决定召开国际会议来讨论这个问题。与此同时，《建制条例》于1857年获得修改和通过，选举活动开始了，联合主义者随即把它应用到摩尔达维亚和瓦拉几亚。1858年签订的《巴黎协定》采取了息事宁人的态度，即允许"摩尔达维亚和瓦拉几亚联合公国"拥有各自的王储（当地人）、各自的政府、各自的议会和共同的法院。不过，1859年两个公国的议会却选出了同一位统治者，即亚历山大·库札，意味着摩尔达维亚和瓦拉几亚实现了统一。奥斯曼帝国于1861年正式承认了这一事实。

从小接受法式教育的亚历山大·库札出台了一部波拿巴主义宪法，并着手推进国家的现代化进程。然而到了1866年，他迫于保守党和自由党联盟的压力，不得不逊位。人们开始寻找新君主，当时罗马尼亚政坛上的风云人物扬·布拉提阿努说服了霍亨索伦王室德国人查理，查理于1866年的5月当选为摄政王，称卡罗尔一世（天主教徒，其妻为路德教徒，子女们则是东正教徒）。同年7月，新宪法获得通过，"罗马尼亚"这一称呼也被正式确立下来。10月，苏丹承认了新政权。

独　立

卡罗尔一世与德国皇帝出身于同一家族，一直觉得罗马尼亚对奥斯曼帝国的附庸是一段耻辱的历史。因此当1877年俄国再次向土耳其宣战时，罗马尼亚站到了俄国人一边。尽管根据1878年的《柏林条约》，罗马尼亚不得不将南比

扬·布拉提阿努

布拉提阿努早年曾在巴黎接受教育，后来他以瓦拉几亚临时政府成员的身份参加了1848年的革命。后来，为寻求政治避难，他重新回到巴黎。1856年，布拉提阿努来到布加勒斯特，参与了罢黜库札的活动。随后，他推行霍亨索伦王室查理的各项政策，并担任了1866—1870年的部长职位。1876年，布拉提阿努组建了一个自由政府，并亲自掌权到1888年。1878年在柏林会议上，他为罗马尼亚争取到了真正的独立。

萨拉比亚地区出让给俄国，但同时，它却从奥斯曼帝国那儿得到了多布罗加地区。不过直到1880年修改1866年制定的宪法的时候，罗马尼亚才获得真正的独立。修订后的宪法的第七条规定："只有那些信奉基督教的外国人才能取得罗马尼亚身份。"由于多布罗加地区居住着大批穆斯林，因而上述修正案实际上并不符合国情。1881年5月，卡罗尔一世加冕为罗马尼亚国王，1885年，自治独立的东正教会成立。

罗马尼亚没有介入第一次巴尔干战争（与土耳其作战，1912年10月至1913年5月），但它参加了第二次巴尔干战争（与保加利亚作战，1913年6月至8月），后在布加勒斯特签订和平条约，取得了多布罗加南部地区。

当摩尔达维亚和瓦拉几亚的罗马尼亚人获得独立的时候，特兰西瓦尼亚的罗马尼亚人仍在为让他人承认自己的存在而斗争。1860年，由于奥地利政府在政策实施方面趋于温和，特兰西瓦尼亚得以在1863年选举自己的代表参加克卢日国会。但1867年，奥匈两国达成妥协，特兰西瓦尼亚的自治就此宣告终结。从1875年起，布达佩斯政府开始在该地区强制推行马扎尔化政策。为了抵制这种统治，一支罗马尼亚民族党派于1881年应运而生，但仅过了三年便遭当局查禁。1905年，该党派恢复了它的组织活动。1868年，罗马尼亚东正教会（非东仪天主教教会）自治独立，其主教府设立在锡比乌。

1916 年的重创

第一次世界大战爆发时，罗马尼亚保持着中立国的身份。但是，随着卡罗尔一世在1914年10月的辞世和他侄子斐迪南的上台，罗马尼亚的当权者们逐渐按捺不住了，却不知道到底应该参加哪一方作战——同盟国许诺要将比萨拉比亚送给他们，而协约国则以特兰西瓦尼亚为诱饵。1916年，协约国许诺将罗、匈边界划到相当靠西的德布勒森—塞格德一线，终于拉拢了罗马尼亚参加他们的阵营。1916年8月27日，罗马尼亚正式向奥匈帝国宣战，罗马尼亚军队深入到特兰西瓦尼亚，并占领了布拉索夫(引起了匈牙利人的逃亡)。然而从这年9月开始，罗马尼亚军队在战场上节节败退，结果导致8万罗马尼亚人流亡。

恰在此时，同盟国开始大举反攻。由德国、匈牙利和保加利亚组成的联军于1916年12月夺取了布加勒斯特，随后又攻占了整个瓦拉几亚和多布罗加。罗马尼亚政府败退到雅西，在俄军的帮助下才好容易保住了摩尔达维亚。俄国十月革命后，罗马尼亚孤立无援，只得于1917年12月9日在福克沙尼同德国和奥匈帝国签署停战协议。与此同时，摩尔达维亚民主共和国在基希讷乌成立，并于1918年3月宣布独立，一个月后，这一新政权回到罗马尼亚的怀抱。1918年3月3日，在罗马尼亚与布尔什维克俄国签订《布列斯特—立陶夫斯克条约》之后，同盟国与罗马尼亚的关系开始升温，1918年5月7日，《布加勒斯特条约》签订，根据这　条约，罗马尼亚不得不将南多布罗加割让给保加利亚，将喀尔巴阡

1860年　克里米亚战争后，俄国把位于多瑙河北部的出海口让给了摩尔达维亚。1859年，两公国合并。

1878年　罗马尼亚独立。它将多瑙河北岸让给俄国，作为回报，它从奥斯曼帝国手里取得了多布罗加地区。

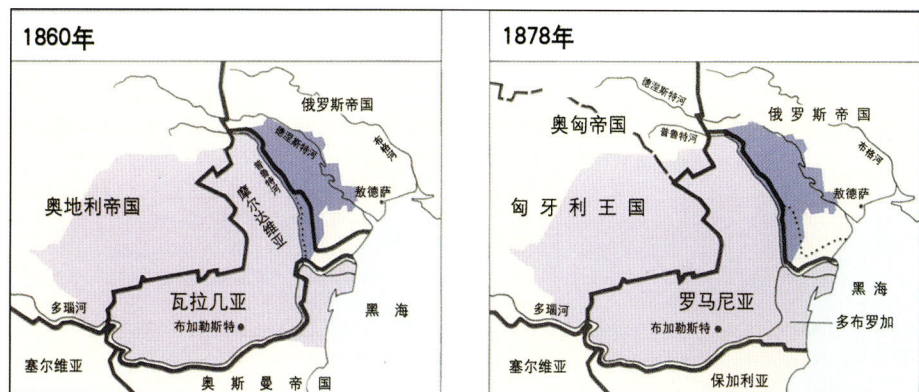

山区的170座城镇交给匈牙利，而一直被占领的瓦拉几亚则须向德国和奥匈帝国供应小麦和石油。

"大罗马尼亚"的形成

1918年11月3日，《吉斯蒂城堡停战条约》的签订导致了奥匈帝国的崩溃。11月10日，罗马尼亚政府便再次恢复了敌对态度。15日，罗马尼亚军队重新深入特兰西瓦尼亚。28日，布科维纳（原属奥地利）要求归附罗马尼亚。12月1日，特兰西瓦尼亚和匈牙利境内的罗马尼亚人在阿尔巴尤利亚举行集会，并通过选举产生了一个"全国性委员会"，在14日要求回归罗马尼亚，实现统一。一向都是保皇党的萨克森人也于1919年1月8日对上述提议表示了支持。24日，布加勒斯特议会认可了所有的归附请求，其中就包括比萨拉比亚的回归（苏联从来没有承认过比萨拉比亚归属罗马尼亚）。

接下来的问题就是划定疆界了。根据与奥地利在1919年签订的《圣日耳曼条约》，布科维纳并入罗马尼亚，与保加利亚签署的《讷依条约》使罗马尼亚得到了南多布罗加。但在匈牙利方面，问题仍然没有得到圆满解决。罗马尼亚坚决要求取得协约国在1916年允诺给他们的德布勒森－塞格德一带的土地，而根据协约国在1918年11月13日同匈牙利签订的停战协议，他们只是要求对方归还特兰西瓦尼亚。除此之外，罗马尼亚和南斯拉夫还在巴纳特的归属问题上争论不休。

1919年3月，由贝拉·库恩领导的共产党革命派政权在布达佩斯建立。同年4月，罗马尼亚以此为由出兵匈牙利，结果贝拉·库恩不得不在8月1日宣布下野。两天后，罗马尼亚军队占领布达佩斯，直到11月15日才撤离。这段历史无疑使两国的关系雪上加霜。后来，霍尔蒂上将重新控制了匈牙利，促成了1920年6月4日《特里阿农条约》的签订。根据该条约，罗马尼亚取得了特兰西瓦尼亚，巴纳特的一半土地和位于匈牙利境内的一条狭长地带，其中包括阿拉德、奥拉迪亚和萨图马雷等城市。

1920 年以后的罗马尼亚

两次世界大战之间

形成于1919—1920年的"大罗马尼亚"与1914年时期的罗马尼亚相比,领土扩大了一倍多,国内种族的相对单一性被打破了:罗马尼亚裔人口只占到全国总人口的72%左右,而在外族人口中,匈牙利人占7.9%(特兰西瓦尼亚地区的塞克勒人,分布在西北边境),德国人占4.1%(包括特兰西瓦尼亚的萨克森人、巴纳特的施瓦本人),犹太人占4%(居住在比萨拉比亚,摩尔达维亚和布科维纳),乌克兰人占3.2%(分布在北布科维纳),俄国人占2.3%(集中在比萨拉比亚),保加利亚人占2%(主要在多布罗加和比萨拉比亚),土耳其人和鞑靼人占1.7%(居住在多布罗加和比萨拉比亚),茨冈人占1.5%。与此相比,宗教的多样性也显得更为突出。除了占全国总人口数73%的东正教徒外,还有7.9%的天主教徒,6.8%的东仪天主教徒,3.9%的加尔文教徒,2.2%的路德教,1%的穆斯林教徒。

1919 年,罗马尼亚在和平会议上签署了《少数民族协约》,根据该协约的规定,1923年宪法中也有了保护少数民族的条款。然而在罗马尼亚,民主政治不断瓦解,使上述条款的实施很难得到保障,人们对这个多民族国家抱怨不断。

在战后初期改革(以一系列重要土地法的颁布为标志)之后的几年中,罗马尼亚实行的其实是议会政体,且政府办事能力日益低下。还有王朝更迭方面的困难:驾崩于1927年的斐迪南不想把儿子卡罗尔扶上王位,而更倾向于让他的孙子,时年6岁的米哈伊继位。在他死后,布加勒斯特东正教大主教主持的摄政委员会暂时处理国家大事,但卡罗尔二世在1930年6月成功地发动了政变,迫使议会宣布其为新国王。1930—1938年,卡罗尔二世任用不同的政治人物,结果却使自己威信扫地,与此同时,一个具有法西斯倾向的组织——由科德雷亚努领导的"铁卫团"——影响不断扩大。1938年2月，卡罗尔二世收回全部权力，取缔各个党派，以"民族复兴阵线"取而代之。他还下令囚禁科德雷亚努及他的部分拥戴者。1938年11月，政府声称这些人在一次试图越狱的过程中被枪毙。

第二次世界大战期间

1939年9月，罗马尼亚像1914年那样采取了中立政策（不过它还是接纳了波兰政府和10万波兰逃亡者）。8月23日，苏德两国签署《苏德互不侵犯条约》，并在其中附加秘密议定书，听凭苏联在比萨拉比亚为所欲为。1940年6月26日，苏联向罗马尼亚发出最后通牒，强制其放弃比萨拉比亚和布科维纳北部的领土（尽管布科维纳并未包括在苏德议定书中，但当时希特勒还是采取了默许态度）。第二天，苏军出兵占领了上述地区。摩尔达维亚苏维埃社会主义共和国在比萨拉比亚中部建立，其他领土归属乌克兰苏维埃社会主义共和国。于是，卡罗尔二世准备打德国牌，并让"铁卫团"的新领袖赫里亚·斯马进入政府。但从7月15日开始，希特勒又向特兰西瓦尼亚提出了领土要求。对此，维也纳

的德意仲裁（第二次）在1940年8月29日给出了方案：罗马尼亚将特兰西瓦尼亚北部地区割让给匈牙利。9月7日，保加利亚根据《克拉约瓦协议》收复了多布罗加南部领土。

北特兰西瓦尼亚的丧失引起了强烈反响。上台的扬·安东尼斯库将军于9月6日要求卡罗尔二世让位给他的儿子米哈伊，并让卡罗尔二世流亡。此后，安东尼斯库掌握了大权，赫里亚·斯马做了政府副总统，德军进驻罗马尼亚。1941年1月，"铁卫团"企图发动一场政变，并在布加勒斯特展开大屠杀（主要针对犹太人）。不过安东尼斯库在德国的支持下，依靠军队的力量重新控制了局面，"铁卫团"从此退出了罗马尼亚政坛。

1941年6月，罗马尼亚卷入对苏战争，安东尼斯库任元帅。军队从乌克兰一直打到斯大林格勒，但在那里遭遇了重创，损失惨重。不过罗马尼亚重新收回了比萨拉比亚、布科维纳以及包括敖德萨在内的德涅斯特河东岸地区（位于德涅斯特河和布格之间）。

苏联于1944年4月大兵压向罗马尼亚边界，8月20日便已深入内地。三天

后，一场政变将米哈伊国王推上权力舞台。他上台后下令逮捕安东尼斯库，接着便改旗易帜，25日，罗马尼亚同时对德国和匈牙利宣战。随后，罗马尼亚军队开往特兰西瓦尼亚（于10月收回）、匈牙利和斯洛伐克，联合苏军对敌作战。

9月12日，交战双方在莫斯科达成停战协议。根据协议规定，苏联仍然保有比萨拉比亚和布科维纳的北部地区；南多布罗加则仍归保加利亚所有。此

1920年　"大罗马尼亚"包括南多布罗加（保加利亚先后于1913和1918两次割让）；比萨拉比亚（从俄国取得）；布科维纳（由奥地利割让）；特兰西瓦尼亚和部分巴纳特（由匈牙利割让）。

1940年　从1940年6月到9月，罗马尼亚先后将比萨拉比亚和北布科维纳割让给苏联；北特兰西瓦尼亚割让给匈牙利；南多布罗加割让给保加利亚。1940年，摩尔达维亚苏维埃社会主义共和国成立。

1942年　1941年对苏宣战，罗马尼亚先后收回了比萨拉比亚和北布科维纳地区。另外，还从乌克兰手里收回了特兰西瓦尼亚。

1955年　第二次世界大战末期，罗马尼亚虽然收回了特兰西瓦尼亚北部地区，但却再次把北布科维纳和比萨拉比亚（摩尔达维亚苏维埃社会主义共和国在此重建）让给了苏联。1952年匈牙利自治区成立，1968年又被取消。

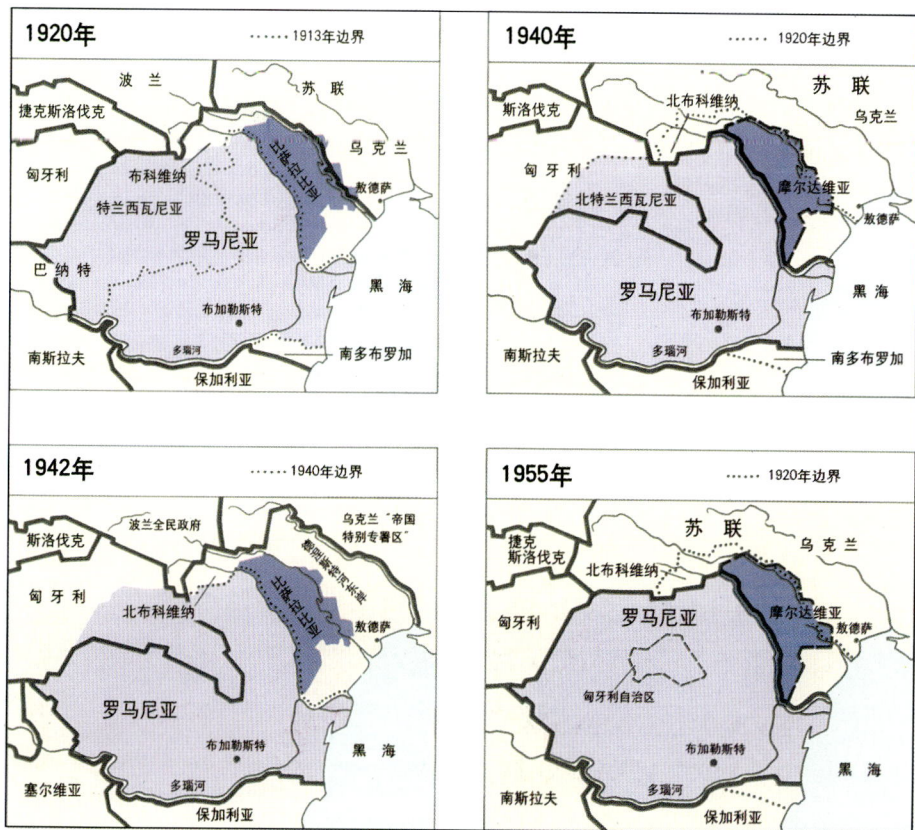

时，在1940年丧失的大片领土中，罗马尼亚仅仅收回了特兰西瓦尼亚北部地区。签订于1947年2月10日的《巴黎条约》确认了上述所有条款。

共产党政权

1944年9月的停战协议实际上把罗马尼亚的所有权力都交给了苏联占领当局。1945年3月，苏联当局组建了一个由彼得鲁·格罗查领导的政府，成立伊始便出台了一系列土地改革措施，同时遣散了罗马尼亚军队，并在美英的压力下于1946年11月组织大选。三天后，选举结果公布了，共产党及其拥护势力大获全胜。

1947年12月30日，米哈伊国王被迫退位，同一天，罗马尼亚人民共和国宣告成立。随后，罗马尼亚仿效苏联，国家迅速进行社会主义改造，旧政权的残余势力也几乎在同时消失殆尽。1948年，特兰西瓦尼亚的东仪天主教被并入罗马尼亚东正教(此时正值1698年的《联合法令》250周年)。

在战后的那个历史时期中，罗马尼亚最关键的人物不是彼得鲁·格罗查，而是格奥尔基·乔治乌－德治。从1945年到他去世的1965年间，他一直担任着罗马尼亚共产党主席一职。在他的领导下，罗马尼亚自20世纪50年代末期起逐渐摆脱了苏联的影响。1958年，苏军撤离罗马尼亚。不久后，罗马尼亚拒绝了赫鲁晓夫在经济互助委员会中提出的任务分配提议。根据这项提议，罗马尼亚应着重发展农业。相反，罗马尼亚政府采取了强有力的工业化政策，并获得了西方大国越来越多的支持。

从1965年开始，尼古拉·齐奥塞斯库接替德治的职位，贯彻并强化了前任领袖的政策。1967年，罗马尼亚正式承认德意志联邦共和国；1968年，罗马尼亚拒绝参与对捷克斯洛伐克的干预活动。不过，独立并不意味着自由化，事实上，发生在罗马尼亚的一切正好与此相反。齐奥塞斯库不仅加强了对政党和政治警察系统(国家安全)的控制，还将政府变得单一化及极端民族主义化(1968年，匈牙利自治区被撤销)。

从20世纪70年代末期开始，罗马尼亚逐渐陷入经济困难的泥沼，外债沉重。随后实行的限制政策变得越发严厉，国家开始"系统化"，措施之一就是取消村落，建立集体住宅供农民居住。

1989 年后的罗马尼亚

1989 年 12 月，蒂米什瓦拉爆发动乱。为了声援一名拒绝调职的匈牙利神父拉斯洛·特凯什，人们组织了大规模的示威游行。17 日，负责维持公共秩序的武装力量向正在游行的人群开枪射击；22 日，齐奥塞斯库在布加勒斯特的一次会议上遭人起哄，后来他就带着妻子埃列娜逃走了。时隔不久，二人就被军队截获，并被送往军事法庭接受审判。同年 12 月 25 日被枪决。

"救国阵线"在此背景下很快成立，由前共产党员扬·伊利埃斯库所领导。

1990 年 5 月，伊利埃斯库当选为共和国总统，救国阵线也在立法选举中获得了绝对多数，当时，罗马尼亚亟待解决的问题非常多，其中最令人忧心的便是经济局势。极端民族主义也大有死灰复燃的趋势，其中就有反犹、反匈、反匈牙利吉卜赛人的"罗马尼亚马尔政党"（又称"大罗马尼亚政党"）。

在救国阵线内部，担任共和国总理的彼得·罗曼（直到 1991 年 9 月）与总统伊利埃斯库明争暗斗，后者只得与政府分裂。1992 年，伊利埃斯库在总统大选中成功胜出；在埃米尔·康斯

罗马尼亚犹太人的命运

罗马尼亚犹太人——除了那些在 1944 年遭到跟匈牙利犹太人一样命运的北特兰西瓦尼亚犹太人外——基本上都逃过了德国纳粹的种族灭绝。

罗马尼亚当局采取的政策其实颇为矛盾。1941 年夏，政府开始将居住在布科维纳、摩尔达维亚北部以及比萨拉比亚地区的犹太人全部转移到德涅斯特河以外。犹太人在迁徙途中及关押地点大批死亡。那些躲过 1944 年德军和罗马尼亚军队大屠杀的幸存者后来被苏联军队解放。今天，部分幸存者的后裔还居住在摩尔多瓦。

对于剩下的罗马尼亚犹太人来说，1942 年 8 月至 9 月间开始的商谈意图把他们运往奥斯威辛。不过罗马尼亚人一直拒绝交出犹太人，这种情况一直维持到 1944 年 8 月德国战败投降，苏军到来。

存活下来的罗马尼亚犹太人后来差不多全部去了以色列，这也是得益于布加勒斯特政府和耶路撒冷签订的协议。

坦丁内斯库 (1996—2000年) 和联盟政府期满后，他又在2000年的立法选举和总统大选中大获全胜，第二次当选总统。

1993年7月，罗马尼亚政府同该国的匈牙利人社团代表达成一项协议，旨在通过共同的努力来促进和发展国内的匈牙利语教学事业。

摩尔多瓦共和国

俄罗斯帝国在1812年吞并比萨拉比亚，使摩尔达维亚公国被一分为二，也使这里的罗马尼亚人经历了一段与罗马尼亚其他地方不同的历史。比萨拉比亚曾在1918年回归"大罗马尼亚"，1940年又被苏联占领，1941年回归罗马尼亚，1944年再次成为苏联领土。在苏联内部，比萨拉比亚罗马尼亚人居住区成立了摩尔达维亚苏维埃社会主义共和国（该共和国亦包括摩尔达维亚自治共和国的主要部分，自治共和国设在德涅斯特河左岸，成立于1924年，曾隶属于乌克兰苏维埃社会主义共和国）。

字母往往能够反映一个国家的历史。19世纪，当罗马尼亚人采用拉丁字母的时候，沙皇却强迫摩尔达维亚人使用西里尔字母。1918年，摩尔达维亚并入罗马尼亚，此地居民开始使用拉丁字母，

但在1940年和1944年，苏联政府两次迫使他们使用西里尔字母。所以人们不难理解为什么在1989年3月，一份使用拉丁字母的报纸《声音》的出版就能在摩尔达维亚引起一次示威游行。后来，拉丁字母在1991年成为官方使用的字母。

总的来说，第二次世界大战以后，摩尔达维亚成了殖民对象：

——乌克兰人和俄国人大批迁入（1989年，他们已占全国人口的27%之多）。

——俄国人和乌克兰人控制政治、行政机构。所有摩尔达维亚共产党总书记职位都由其他"民族"（依据苏联的意图）担任。勃列日涅夫本人也曾在1951—1952年担任此职位。

——由于俄语被定为共和国官方语言，罗马尼亚语的教学水平严重退

嘎嘎乌兹人

嘎嘎乌兹人既算不上罗马尼亚人，也不是斯拉夫人，直到苏联实施改革政策之后，在摩尔达维亚，他们才被人注意到。嘎嘎乌兹人实际上是使用土耳其语的基督教徒，直到18世纪时还生活在保加利亚。后来，他们跨过多瑙河河口，移居北方。传统上，嘎嘎乌兹人使用希腊字母，1958年起开始使用西里尔字母。

当摩尔达维亚在1991年获得独立时，嘎嘎乌兹人也要求享有自治权利，1994年他们获得自治，不过仍没有真正涉及制度上的权限。

步，直到1989年，它才重新获得官方语地位。

独　　立

在亲罗马尼亚（甚至要求与罗马尼亚统一）的"摩尔达维亚人民阵线"的压力下，摩尔达维亚议会于1990年7月宣告摩尔达维亚成为主权国家。作为回应，一个月后，嘎嘎乌兹人宣告建立自己的"共和国"，同时俄语区（主要是俄国人和乌克兰人）也宣布建立"德涅斯特河左岸共和国"，并定都蒂拉斯波尔。

1991年8月27日，即乌克兰宣告独立后的第三天，摩尔多瓦也宣告独立。同年12月，摩尔多瓦人米尔恰·斯涅古尔当选为共和国总统，此人出身于共产党，曾是摩尔达维亚最高苏维埃主席。

然而，共和国的建立并未消除各民族团体之间的紧张关系，1991年底，摩尔多瓦人同俄罗斯人在前苏联第14集团军驻地德涅斯特河发生了激烈的武装冲突。1992年7月，斯涅古尔和叶利钦达成协议，原则上同意让"德涅斯特河左岸共和国"内的俄国人继续留在独立的摩尔多瓦境内，并享受特殊地位；另一方面，协议也指出，如果摩尔多瓦与罗马尼亚合并，他们将"自行决定去留"。1992年10月，摩尔多瓦与乌克兰就领土问题签订友好条约。乌克兰放弃了控制德涅斯特河左岸地区的企图。与此相反，俄罗斯人却一直把从摩尔多瓦撤军的问题与德涅斯特河左岸地区的地位问题相挂钩，不断施加压力，德涅斯特河左岸地区问题仍待解决。

摩尔多瓦

罗马尼亚语：Moldova

共 和 国

人口（2000年）…………………………………… 4 295 000人

面积 ………………………………………… 33 700平方公里

首都 …………………………………………………… 基希讷乌

人口构成（1989年）

摩尔多瓦人 …………………………………………… 64.5%

乌克兰人 ……………………………………………… 13.8%

俄罗斯人 ……………………………………………… 13%

嘎嘎乌兹人 …………………………………………… 3.5%

保加利亚人 …………………………………………… 2%

宗　教

摩尔多瓦以东正教为传统。根据1989年的统计数据，共有6.6万名犹太人（可能组成一个"民族"）。

红色与绿色相间的旗是摩尔达维亚苏维埃社会主义共和国的国旗，一直使用到1991年。独立后，摩尔多瓦共和国采用了罗马尼亚的三色旗，旗帜中央有摩尔多瓦的国徽，中心位置印有牛头。

南方的斯拉夫人

　　南方的斯拉夫人长期以来难以界定，由此产生了多种划分标准。从19世纪的语言标准划分，到后来的宗教标准划分甚至历史标准划分，不一而足。今天，按照由西至东的地理顺序，我们可以把南方的斯拉夫人细分为：

　　——斯洛文尼亚人，信仰天主教。从语言、历史方面看，他们是南斯拉夫最特别的民族。

　　——塞尔维亚－克罗地亚语人群，主要有克罗地亚人(天主教徒)，塞尔维亚和黑山人（东正教徒），然后是分布在波斯尼亚－黑塞哥维那的大批穆斯林，他们既非克罗地亚人，也非塞尔维亚人。

　　——马其顿人，信仰东正教。长期摇摆在塞尔维亚和保加利亚之间，马其顿人自己的特有语言直到1945年才被人们所承认。

　　——保加利亚人，信仰东正教。

　　除了保加利亚人，上述所有民族都于1918年底组织起来，并建立了一个统一的国家：南斯拉夫 (法语yougoslave字面含义即为南方斯拉夫人)。从此，南方斯拉夫人的混沌状态有了较大改变，全国70%左右的人口都说同一种语言，即塞尔维亚－克罗地亚语。不过，尽管语言的统一增进了民族间的相互理解，但社会团体之间的差异却并未因此消失。实际上，南斯拉夫自诞生之日起就饱受民族争端的折磨，只能靠强力政府来解除分裂的威胁，如两次世界大战之间的"王室独裁"和1945年后的共产党政权。

　　1991年，成立于1946年的南斯拉夫联邦正式解体。同年，克罗地亚战争爆发，战火于第二年烧到了波斯尼亚。从根本上讲，这场战争的目的就是要把克罗地亚和波斯尼亚的塞尔维亚人从那些由非塞族人掌权的国家中赶出去。这就是斯洛文尼亚 (民族众多）和马其顿（鲜有塞尔维亚人）能远离这场纷争的原因。总而言之，历史倾向于把南部斯拉夫人分开看待：西部是斯洛文尼亚人，而东部则是保加利亚人。至于马其顿人，尽管他们成为一个民族的时间很短，但仍和其他民族保持着较大差异，因而较易区分。与此相反的是，克罗地亚人、讲塞尔维亚－克罗地亚语的穆斯林、塞尔维亚人和黑山人自20世纪初便交往频繁，联系紧密，所以很难彼此区别开来。

斯洛文尼亚人

与捷克人一样，斯洛文尼亚人也长期处于神圣罗马帝国的统治之下，归奥地利王国管理。

奥地利境内的斯洛文尼亚人

7 世纪末，由于受到阿瓦尔人的威胁，南方的斯拉夫人中住在最西部的居民开始陆续移民到现在的斯洛文尼亚，并在此后的一百年间得到巴伐利亚人的庇护。不久，他们和巴伐利亚人一起成为查理曼帝国和建于10世纪的日耳曼神圣罗马帝国的臣民。在阿其雷（位于德拉瓦河南部）主教和萨尔茨堡（德拉瓦河北部）大主教的推动下，基督教进程加快了。

13 世纪末，哈布斯堡家族控制了当时的斯洛文尼亚人聚居地。从那以后，斯洛文尼亚人和奥地利人和平相处，斯洛文尼亚人还被冠以"说斯拉夫语的奥地利人"之名。不过，倘若他们就此生活下去，今天世界上也就不会出现一片名叫"斯洛文尼亚"的土地了。斯洛文尼亚人构成了卡尼奥拉的基本人口，并逐渐将势力扩散到施蒂里亚、克恩滕、哥里吉亚和的里雅斯特地区。

由于有克罗地亚这个天然屏障，土耳其人的侵略势力并未波及斯洛文尼亚。至于新教，尽管新教教会曾在斯洛文尼亚语的演化进程中扮演过极为重要的角色，但反宗教改革派还是毫不犹豫地对它采取了限制政策。1809 年，拿破仑从奥地利帝国中分出一块地盘，建立伊利里亚省（首府是卢布尔雅那），从此开启了历史的新篇章。"伊利里亚运动"——内含与克罗地亚人联盟之意——的出处即在于此。

进入南斯拉夫

第一次世界大战期间，斯洛文尼亚人对哈布斯堡家族的忠诚长期以来都要比建立一个独立的大南斯拉夫的想法更根深蒂固。在这种思想的支配下，斯洛

文尼亚基督教民族运动首领科罗舍茨长老于1917年5月宣布：将在帝国内部建立一个南斯拉夫国家，然而1918年10月帝国的覆灭使他们选择了一条更为激进的道路。由科罗舍茨领导的"萨格勒布民族委员会"（其中也有匈牙利的克罗地亚族和塞尔维亚族成员）在不到两个月内，便联合塞尔维亚国王建立了塞尔维亚、克罗地亚和斯洛文尼亚王国，即南斯拉夫。

南斯拉夫建国后的疆界划定问题令人很伤脑筋。直到1920 年，所有相关争论才获得最终解决。

——根据《特里阿农条约》，匈牙利向南斯拉夫让出了穆尔河地区，该地

斯洛文尼亚语

斯洛文尼亚并入神圣罗马帝国使得他们在很长时间里远离了南部斯拉夫人世界。正因如此，他们的语言一直保持着原斯洛文尼亚语中的方言和许多古语表达形式。"双数"形式的存在就是最好的佐证。（"双数"是用来表达涉及两个人的名词、形容词和动词的特殊形式。）

最早的斯洛文尼亚语的文字记载出现在公元1000年左右。天主教会的修士对语言的形成起了很大作用，但真正完成文字体系化工作的还是16世纪的新教作家。1584年，出现了第一部斯洛文尼亚语《圣经》译本及语法书籍。

斯洛文尼亚人把弗兰斯·普列舍仁视为斯洛文尼亚的"文学之父"，他的代表作《诗集》于1847年正式出版。

区北部主要居住着斯洛文尼亚人。

——由于上克恩滕（克拉根福地区）的领土归属问题仍有争议，1920年8月10日在该地进行了全民公决，结果是奥地利取得了该地，并保证保护当地斯洛文尼亚少数民族的权利。

——新生的南斯拉夫王国无法阻止意大利人的野心。根据《拉帕洛条约》，意大利取得了斯洛文尼亚的西部领土，同时也得到了大约40万的斯洛文尼亚人口（墨索里尼政府曾竭力使这些斯洛文尼亚人意大利化）。

从南斯拉夫王国内部来看，斯洛文尼亚并没有成为享有自治的政治实体。不过，斯洛文尼亚语保留了下米，并成为德拉瓦省的官方语言。

1812年伊利里亚省

1941年，南斯拉夫分裂，德意瓜分斯洛文尼亚（依据1941年7月8日签订的条约），与此同时，穆尔河地区也重新交归匈牙利所有。德国人在斯洛文尼亚北部地区推行日耳曼化政策。1943年9月意大利投降后，斯洛文尼亚南部地区也被交给德国人管辖，一直持续到1945年。

1945—1991年间的斯洛文尼亚

1946年，斯洛文尼亚成为南斯拉夫联邦内部的一个人民共和国。在斯、匈边界方面，斯洛文尼亚恢复了第二次世界大战以前的国界线。与克罗地亚的边界划分没有任何疑问，这条边界在神圣罗马帝国时期和内莱塔尼亚时期就有了，至今已存在了几个世纪。斯、意边界方面，由于斯洛文尼亚社群和意大利社群的紧密相连，边界划定十分困难。1947年的《巴黎条约》把上伊松索河谷划给了斯洛文尼亚，将哥里吉亚城一分为二。不过，由于的里雅斯特及其周边地区被设为"自由区"，所以条约并未将它们分割。1954年，斯洛文尼亚与意大利之间的领土划分问题终于得到了解决。约5万名斯洛文尼亚人继续生活在

伊利里亚省

随着1805年《普雷斯堡条约》的签订，拿破仑从奥地利手里取得了伊斯特里亚和达尔马提亚。1809年《维也纳条约》的签订又使他得到了其他土地，包括上克恩顿、卡尼奥拉、的里雅斯特和萨瓦河南部的克罗地亚地区。上述地区连同拉古萨共同构成了伊利里亚省，并直接归法兰西帝国所有。伊利里亚省的首府是卢布尔雅那，由总督负责管辖。1809—1811年，担任这一职位的是拉古萨公爵马尔蒙元帅，1811—1813年则是贝特朗将军。

伊利里亚省的人口包括分布在北部的德国人和居住在沿海地区的意大利人，不过，这里主要居住着斯拉夫人——斯洛文尼亚人、克罗地亚人和塞尔维亚人。尤其值得一提的是，这些人首次作为多数民族聚居在一起。总体而言，法国政府在伊利里亚行省的统治是仁慈、有效 (修路) 和创新的。

这便是19世纪″伊利里亚运动″的开始，这场运动旨在推动南部斯拉夫人的统一，不过，运动的起源仍带有″西方″(天主教) 的痕迹，在对待刚从土耳其独立出来的塞尔维亚东正教徒的时候，仍然有些居高临下的优越感。

意大利边境地区。

在南斯拉夫联邦的各个成员国中，斯洛文尼亚共和国的人民生活水平是最高的。相对而言，它为南联邦南部欠发达地区的发展作出的贡献也最大。因此在20世纪80年代，卢布尔雅那与贝尔格莱德之间出现了多次紧张局势。1989年1月，一支独立政党在斯洛文尼亚诞生，而在一个由共产党执政的国家里，这种情况尚属首次。此后，其他政党相继建立，多党制终于得到了确立。1990年举行了一系列选举：中右翼联盟在议会中以微弱优势获胜，而米兰·库昌 (1986—1989 年间担任斯洛文尼亚共产党联盟主席) 被选为共和国总统。1990年12月，斯洛文尼亚共和国就独立问题 (以防有关联邦改革的承诺不能在六个月中得到兑现) 举行全民公决，结果显示，约有95%的民众支持共和国独立。

获得独立的斯洛文尼亚

斯洛文尼亚于1991年6月25日正式

宣告独立。南联邦军队在与其发生几轮冲突后，于同年夏天撤兵。德国和欧盟的其他成员国先后在1991年12月23日和1992年1月15日承认斯洛文尼亚独立，同年4月，斯洛文尼亚加入联合国，并实行传统的西方民主制。另外，斯洛文尼亚现今已加入欧盟。

斯洛文尼亚

斯洛文尼亚语：Slovenija

共 和 国

人口 (2000年)	1 988 000人
面积	20 250平方公里
首都	卢布尔雅那

人口构成 (1991年)

斯洛文尼亚人	87.8%
克罗地亚人	2.8%
奥地利人	2.4%

宗 教

斯洛文尼亚以天主教为传统。

斯洛文尼亚以外的斯洛文尼亚人

意大利 (估算)	50 000人
克罗地亚 (1981年)	25 000人
奥地利 (1991年)	15 000人

斯洛文尼亚的三色旗诞生于1848年。在1946年到1991年期间，旗帜中央被加入了一颗代表南斯拉夫联邦的红星。斯洛文尼亚独立之后，盾形标志上又加上了代表斯洛文尼亚的特里格拉夫山脉图案。蓝色的波形线条象征着亚得里亚海。

1900 年　除了隶属于匈牙利的穆尔河北部地区外，斯洛文尼亚完全隶属于奥地利帝国。

1925 年　斯洛文尼亚的大部分领土被并入南斯拉夫王国，其余部分则在1920年划归意大利。

1942 年　德国和意大利瓜分斯洛文尼亚，穆尔河北部地区则再次被匈牙利所占。

1946—1991年　第二次世界大战末期，意大利将它占领的斯洛文尼亚领土交给南斯拉夫，即斯洛文尼亚共和国。斯洛文尼亚也得到了的里雅斯特自由区B区中的科佩尔港。

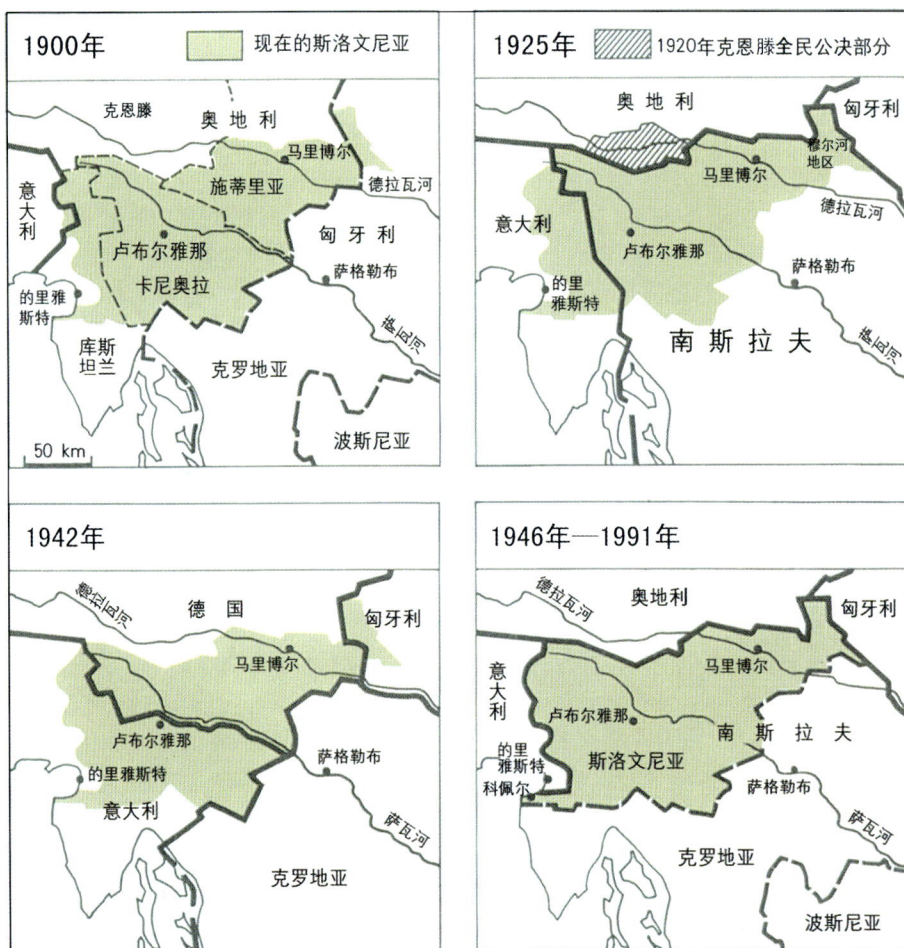

塞尔维亚－
克罗地亚语系民族

塞尔维亚－克罗地亚语

克罗地亚、波斯尼亚、黑山和塞尔维亚属于同一个语言区域，即它们都使用塞尔维亚－克罗地亚语（也称为克罗地亚－塞尔维亚语）。然而这种语言在书写上表现出一种独特性：它既可以用西里尔字母书写（塞尔维亚写法），也可以用拉丁字母书写（克罗地亚写法）。因此两种版本中那些源于宗教的传统也得以保存下来。（很久以来波斯尼亚的穆斯林用阿拉伯字母书写塞尔维亚－克罗地亚语，但这种做法已经趋于衰落。）

塞尔维亚方面，直到19世纪初，书写语言一直与口语截然不同，而与塞尔维亚东正教会的教会斯拉夫语很相近。然而克罗地亚方面，由于是天主教国家，人们便用拉丁字母来书写各地方言：在狭义的克罗地亚讲的是卡日卡语，在达尔马提亚为施托卡语，施托卡语在16—17世纪的拉古萨共和国取得了文学上令人瞩目的成就。

基于上述原因，柳代维特·加伊于19世纪初开始规范克罗地亚语时，选择了达尔马提亚的施托卡语作为标准，而不是萨格勒布的卡日卡语。同一个时代武克·卡拉季奇开始编制塞尔维亚的现代书写语言，也是以施托卡语为主要成分。一种通用规范语言的产生条件已经成熟。1850年，一项协议达成：东黑塞哥维那的方言——该地与克罗地亚地区和塞尔维亚－黑山地区均接壤——成为统一标准。这样，最终产生了一种统一的语言——塞尔维亚－克罗地亚语，它可以不加区别地用西里尔字母和拉丁字母来书写。

但是现代社会不可避免的词汇扩展问题，不久就引起了新的分歧。塞尔维亚人毫不迟疑地欢迎一切外来新词，而克罗地亚人则是以斯拉夫语词根创造出本国语的新词。从此，在塞尔维亚－克罗地亚语内部便可以区分出克罗地亚用法和塞尔维亚用法。简言之，语言统一运动保证了总体上的相互理解，但并未

终结克罗地亚的地方色彩。

战　争

尽管说同一种语言，但克罗地亚人和塞尔维亚人总想保持各自的特点，如果两国的国界线像斯洛文尼亚和克罗地亚之间那么清楚的话，这本也不会引起什么严重的后果，问题是情况根本不是这样。另外，还有200多万讲塞尔维亚－克罗地亚语的穆斯林——他们对于两国语言学方面的纷争倒并不在意——与塞尔维亚－克罗地亚人混居了几代了，尤其集中在波斯尼亚－黑塞哥维那地区。战争在1991年打响，克罗地亚遭重创，并毁掉了波斯尼亚－黑塞哥维那，也说明了通过语言统一达到国家统一的尝试是不成功的。

克罗地亚人

克罗地亚王国

克罗地亚人于7世纪到达德拉瓦河和萨瓦河之滨，由于受到阿瓦尔人的威胁，他们在8世纪接受了法兰克人的监管。与斯洛文尼亚人不同的是，他们后

来获得了自由。特尔皮米尔(845—864年在位)封号为"克罗地亚大公"(这是克罗地亚这个名称第一次出现)，托米斯拉夫(910—928年在位)在925年自封为"克罗地亚国王"，该封号得到了教

皇的承认。

克罗地亚的国王从一开始就有两个烦恼——北边要抵抗匈牙利人（他们战胜了阿瓦尔人）；南边为了控制临海的达尔马提亚，与拜占庭帝国以及后来的威尼斯共和国之间纷争不断。皈依基督教首先就导致了一场势力争斗，争斗一方为美多德的门徒，教会斯拉夫语的礼拜仪式就是从他们开始的；另一方为罗马天主教神职人员，最终后者占了上风。1060 年，斯普利特宗教评议会决定取消教会斯拉夫语的弥撒，尽管这在百姓中间很盛行。从此信仰天主教逐渐成为克罗地亚的基本特征。

1089 年，国王被暗杀引起危机。国王的遗孀为匈牙利国王的妹妹，她向匈牙利求助，匈牙利便介入到克罗地亚

的王位争夺中。最终，匈牙利国王卡尔曼找到了解决的办法，这就是1102年同克罗地亚12个部落代表签署的《联盟条约》：克罗地亚王位归匈牙利国王（永久君合国），而克罗地亚人则保留他们的自主权、政府长官和议会。

接下来的七个世纪，克罗地亚的历史呈现出一种地理上的不对称。北方与神圣帝国和匈牙利接壤，边境稳定（直到1918 年才有所变化）。而南方却纷争不断：威尼斯人长期占据着达尔马提亚，匈牙利人从12—14世纪中期颇为费力地统治着波斯尼亚。然而还有土耳其人，他们于1389年在科索沃打败塞尔维亚人后，立刻进军波斯尼业，于1465年将其占领。1493年，克罗地亚人在科尔巴夫斯克平原战败，再次放弃大片国土。1526 年匈牙利在莫哈奇战败，土耳其帝国得到巩固。

哈布斯堡王朝统治下的克罗地亚

直到17世纪末，克罗地亚都分为

18世纪

现在的克罗地亚

奥地利
萨瓦河
CM
匈牙利
CM
SM
多瑙河
CM
威尼斯
波斯尼亚－黑塞哥维那
奥斯曼帝国
奥匈帝国军事边境区
拉古萨
CM：克罗地亚军事边境区
SM：斯拉沃尼亚军事边境区
100 km
威尼斯

---

18 世纪　今天的克罗地亚当时一部分属于哈布斯堡王朝（包括狭义上的克罗地亚、斯拉沃尼亚），一部分属于威尼斯共和国（伊斯特里亚、达尔马提亚）。拉古萨是一个独立的共和国。

以下两部分：斯拉沃尼亚和东克罗地亚被土耳其人掌握；其余的则依附于匈牙利王国（哈布斯堡王朝从1526年起统治匈牙利，理所当然也成为克罗地亚的统治者）。而威尼斯那边一直掌握着达尔马提亚，只有拉古萨保持独立。

1683年，维也纳围城战的失利显示了奥斯曼帝国的衰退：狭义上的克罗地亚和斯拉沃尼亚北部于1699年获得解放（《卡尔洛维茨条约》）；斯拉沃尼亚南部于1718年解放（《帕萨罗维茨条约》）。当然，作为奥地利的盟友共同对抗土耳其，威尼斯也巩固了其在达尔马提亚的地位：它把扎达尔和斯普利特的内地也归为己有。

从土耳其帝国脱离后，克罗地亚立即成为哈布斯堡王朝对抗奥斯曼帝国的重要战略基地，因为奥斯曼帝国还牢牢掌握着波斯尼亚。这就是为什么1702年在斯拉沃尼亚、1737年在狭义上的克罗地亚设置了军事保护区，这样有了"军事"克罗地亚和"民间"克罗地亚之分，直到1878年取消军事保护区。另外，土耳其人离开后，克罗地亚人和塞尔维亚人开始在一些土地上重新分布（这就是克罗地亚有塞尔维亚人的缘由）。

1809—1813年，萨瓦河西南的克罗地亚地区成为拿破仑设立的伊利里亚省的一部分，"伊利里亚情结"增强了克罗地亚人的民族主义情感，然而，自1815

拉古萨（即杜布罗夫尼克）

拉古萨建于6世纪，拜占庭成为其宗主国（理论上），1205—1358年间落入威尼斯人手中。虽然匈牙利的国王们不断向其施加压力，然而拉古萨拒绝支持匈牙利对抗威尼斯，并最终在15世纪初独立，后来又通过纳贡而处于奥斯曼苏丹的保护下。也就在这时，拉古萨经历了三个世纪令人瞩目的繁荣昌盛，伴随着艺术文化的蓬勃发展。拉古萨在1667年的地震中部分被毁，重建后焕然一新。

为了防止俄国的干涉，拿破仑在1806年把这个共和国纳为保护国，并最终使它从属于伊利里亚省。1815年开始，它归于奥地利的达尔马提亚省。

拉古萨的文化声誉促使塞尔维亚－克罗地亚语的语言编纂者和统一者选择达尔马提亚南部方言作为参考。

年开始，一切又重回旧貌，唯一不同的是伊斯特里亚和达尔马提亚不再属于威尼斯而是奥地利。

与匈牙利的和解契约

1848年3月匈牙利革命爆发之时，克罗地亚人立即向维也纳求助，并选择(奥地利军队的)耶拉契奇上校作为政府长官，奥地利皇帝起初也承认了这次选举，但皇家政府为了与匈牙利达成和解，于6月将耶拉契奇解职，而9月耶拉契奇又官复原职，至此，克罗地亚军队便站在奥地利这边对抗匈牙利，直至1849年8月匈牙利投降。接着，与帝国其他地方一样，克罗地亚经历了"巴赫体系"下的反动政治(耶拉契奇于1853年重启军旅生涯)。

根据1867年奥地利与匈牙利的和解契约，伊斯特里亚和达尔马提亚归奥地利，克罗地亚(包括斯拉沃尼亚)归匈牙利。同时根据1102年的《联盟条约》，克罗地亚在1868年11月得到一份《匈牙利－克罗地亚和解契约》：克罗地亚保留自己的议会，语言不变，自主管理公共教育、宗教信仰和司法；克罗地亚议会派议员驻匈牙利议会处理公共事务(对外政策、军队、财政)。阜姆市(里耶卡)——匈牙利唯一的海港——直属匈牙利。

政府长官马祖拉尼(同时他也是一位伟大的克罗地亚诗人)强烈赞成与维也纳和布达佩斯都保持合作。在他的领导下，新体制的头几年让人感觉前景美好，1874年在萨格勒布甚至创建了一所大学。但1878年，在占领波斯尼亚－黑塞哥维那后，匈牙利政府取消了军事保护区以及保护区居民的特权，居民们认为这是哈布斯堡王朝对他们的"背叛"。另外，斯拉沃尼亚的大地主、匈牙利人库昂·埃德瓦里当上政府长官后，在

约西普·施特罗马耶

1849年，约西普·施特罗马耶在耶拉契奇的支持下成为迪亚科沃(东斯拉沃尼亚)的主教，不久就成为反匈牙利寡头势力的精神领袖。他积极推动南方斯拉夫人的联合，在他的主教教堂里迎接了无数的"亲斯拉夫"人士。另外，他试图拉近东正教徒同天主教会的关系，因此他在1869—1870年第一次梵蒂冈会议上激烈地反对加强教皇特权。

1883—1893年间，采取了一系列挑衅性的政策，如试图推行匈牙利化，贪污受贿等。所有这些都使克罗地亚人梦想着南斯拉夫的统一，其中迪亚科沃主教约西普·施特罗马耶成为一个积极的推动者。

与塞尔维亚人共处的重重困难

克罗地亚的一些政治领袖在第一次世界大战时加入了在伦敦组建的南斯拉夫国民委员会，又于1918年10月参加了萨格勒布的国民议会会议。10月29日，议会宣布克罗地亚独立，12月1日宣布它成为塞尔维亚、克罗地亚和斯洛文尼亚王国的一部分。王国边境的确定牵扯到两部分克罗地亚人：

——北部，根据《特里阿农条约》（1920年），匈牙利让出穆尔河地区（其南部居住着克罗地亚人）和巴兰尼亚的一小部分（佩奇东南）。

——在亚得里亚海岸，意大利加入争夺前奥地利领土（伊斯特里亚和达尔马提亚），因为协约国在1915年向其许诺了此地。最终，通过《拉帕洛条约》（1920年），意大利获得整个伊斯特里亚和临近的几个岛以及达尔马提亚的扎拉市（扎达尔）。1919年，意大利志愿军在加布里埃·邓南遮的带领下夺得阜

1908年　一个世纪以前属于奥地利的伊斯特里亚、达尔马提亚和拉古萨又成为奥地利的一部分；克罗地亚和斯拉沃尼亚属于匈牙利王国（外莱塔尼亚）。

1939年　克罗地亚土地的大部分都属于南斯拉夫王国。1920年意大利得到了伊斯特里亚和扎拉市（扎达尔）；另外，1924年它又兼并了"自由市"阜姆（里耶卡）。"克罗地亚自治省"只是昙花一现（1939年8月至1941年4月）。

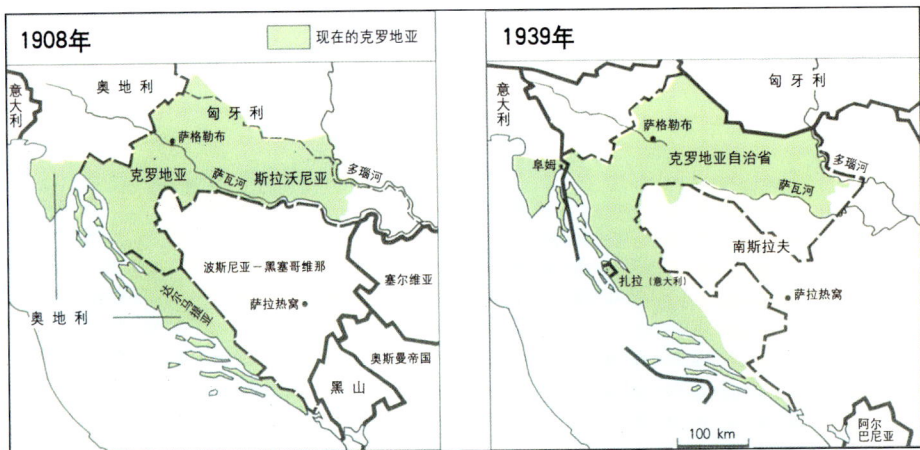

克罗地亚

塞尔维亚－克罗地亚语：Hrvatska

共 和 国

人口（2000年）·· 4 654 000人

面积 ··· 56 540平方公里

首都 ·· 萨格勒布

人口构成（根据当时施行的分类，1991年）

克罗地亚人 ·· 78.1%

塞尔维亚人 ·· 12.2%

穆斯林（波斯尼亚人）··· 0.9%

匈牙利人 ·· 0.5%

斯洛文尼亚人 ·· 0.5%

南斯拉夫人（无其他说明）··· 7.8%

宗　　教

克罗地亚人是传统的天主教徒。

克罗地亚以外的克罗地亚人（1981年）

波斯尼亚－黑塞哥维那 ·· 758 000人

塞尔维亚 ·· 149 000人

斯洛文尼亚 ·· 56 000人

匈牙利（估计）·· 30 000人

奥地利 ·· 26 000人

红、白、蓝的旗帜颜色定于1878年。1946年的旗中央有镶金边的红星，1990年红星被内有25个红白格子的盾形代替，这是克罗地亚族的标志，起源于1525年。盾形上面是五个小盾牌构成的王冠，五个小盾分别象征狭义上的克罗地亚（萨格勒布地区）、杜布罗夫尼克、达尔马提亚、伊斯特里亚和斯拉沃尼亚。

姆市，该市在1920年成为自由市，1922年被意大利法西斯占领。南斯拉夫在1924年承认这次兼并，并得到东市郊（苏沙克）和海港的一部分。

塞尔维亚人的中央集权制引起了克罗地亚人的反感，这使两次世界大战期间南斯拉夫的政治生活大受损害——克罗地亚农党领袖拉迪奇在1925年被捕入狱，并于1928年在议会召开之时被一个黑山议员暗杀；他的继任者马塞克博士于1933年被捕入狱，这使帕维里奇领导的克罗地亚法西斯大为震怒。分歧直到1939年8月才消除，克罗地亚获得自主权（波斯尼亚一部分的加入使其面积增大），马塞克于1941年3月进入南斯拉夫政府。

第二次世界大战期间

南斯拉夫1941年4月被占。1930年以来一直受到墨索里尼保护的帕维里奇进入萨格勒布政权，他所领导的克罗地亚州不仅包括克罗地亚本身（除达尔马提亚中部，它曾被意大利兼并，1943年9月意大利投降后被克罗地亚收复），还有整个波斯尼亚－黑塞哥维那和萨尔米亚。斯波莱托公爵（意大利萨瓦王朝成员）当选为克罗地亚国王，称托米斯拉夫二世，但他从未来过这里。德国军队占领国家的东北部，意大利占领西部，乌斯塔沙展开对东正教塞尔维亚人、犹太人和茨冈人的灭绝屠杀，只有波斯尼亚人逃过一劫。

1942年，在波斯尼亚，克罗地亚人铁托领导的游击队遭到攻击，德军的反攻行动曾把他们击退，但1943年9月意大利的投降使整个局势逆转。铁托部队于1944年10月至11月解放达尔马提亚滨海区域。而乌斯塔沙在德国投降后仍负隅顽抗，最后一支部队在斯洛文尼亚离奥地利边境不远处投降，其时在1945年5月15日。

1945—1991年的克罗地亚

克罗地亚人民共和国于1946年成立，包括"历史上的"克罗地亚、斯拉沃尼亚（加上匈牙利于1920年让出的领土）、整个达尔马提亚（除去科托尔的出海口归黑山）和伊斯特里亚。1947年同意大利签订的《巴黎条约》将的里雅斯特定为自由区，该地区的划分方案于1954年最终确定，其南部重归克罗地亚。

1990 年，克罗地亚和斯洛文尼亚开始逐渐从南斯拉夫联邦中脱离。多党制下，极端民族主义的克罗地亚民主共同体在1990年4月至5月的选举中，获得了三分之二的选票，它的领导人弗拉尼奥·图季曼将军 (以前是共产党) 成为共和国主席。但克罗地亚共和国内的塞尔维亚少数民族坚决反对成立一个独立的克罗地亚 (尤其在克拉伊纳地区)，他们声称自己有自主权，但萨格勒布政府拒绝承认。

独立和战争

与斯洛文尼亚一样，克罗地亚于1991年6月25日宣布独立。南斯拉夫联邦军立即以拒绝加入独立克罗地亚的塞尔维亚少数民族的名义发动对克罗地亚的战争。主要战场有东斯拉沃尼亚(武科瓦尔围城战，联邦军队毁灭了这座城市)、萨格勒布东部和南部、达尔马提亚 (马斯勒尼卡桥周围，扎达尔附近)、杜布罗夫尼克地区。

1991 年12月23日德国承认克罗地亚独立，第二年1月15日欧洲共同体其他国家也予以承认，1992年5月克罗地亚加入联合国。战斗在克罗地亚基本停止 (除马斯勒尼卡桥周围)，但从3 月开始，战争在波斯尼亚－黑塞哥

昂特·帕维里奇和乌斯塔沙

利用克罗地亚人对塞尔维亚中央集权主义的失望心理，原为萨格勒布律师的昂特·帕维里奇在1929年建立了克罗地亚法西斯政党，该党成员很快就被称为〝乌斯塔沙〞(来自塞尔维亚－克罗地亚语ustaša，意为革命者)。然而亚历山大国王实行专政后，迫使帕维里奇逃离南斯拉夫，不久南斯拉夫对他进行缺席审判，判为死刑。

乌斯塔沙在南斯拉夫和国外展开了一系列恐怖主义行为，指令从意大利发出。最严重的一次是1934年10月9日在马赛刺杀亚历山大国王和法国外交部长路易·巴尔图 (任务由一个马其顿人完成)。这次帕维里奇被法国缺席审判判为死刑，但墨索里尼拒绝引渡，1941 年他帮助帕维里奇成为克罗地亚国家元首。

1941—1945年，乌斯塔沙在克罗地亚和波斯尼亚犯下了累累罪行，这招致了铁托率领的军队在解放时的残酷报复。帕维里奇1945年逃往阿根廷，1959年死于马德里。

的里雅斯特

《巴黎条约》（1947年）将的里雅斯特设立为一个"自由区"，具有国际地位，管理者由联合国安理会咨询意大利和南斯拉夫政府后任命。由于很难达成任何协议，英美军队继续占领（自1945年6月）A区（其中有的里雅斯特市），南斯拉夫军队占领B区。

直到1954年，意大利和南斯拉夫才达成直接的协议：A区（除南部边界）重归意大利，其余领土归南斯拉夫。

意大利在19世纪实现统一时，实际上只包括威尼托地区。1915年4月的秘密条约许诺，若它能获胜，将得到的里雅斯特、伊斯特里亚和达尔马提亚。战争结束后，意大利在北部地区得到极大的满足，但只得到了达尔马提亚的扎拉市。1941年瓜分南斯拉夫时，墨索里尼得到了威尼斯遗产的又一部分（达尔马提亚中部，科托尔出海口），以及斯洛文尼亚南部。1945年之后，国界恢复到与历史上威尼托国界基本一致，但意大利得以保存的里雅斯特市（1918年以前还属于奥地利）。

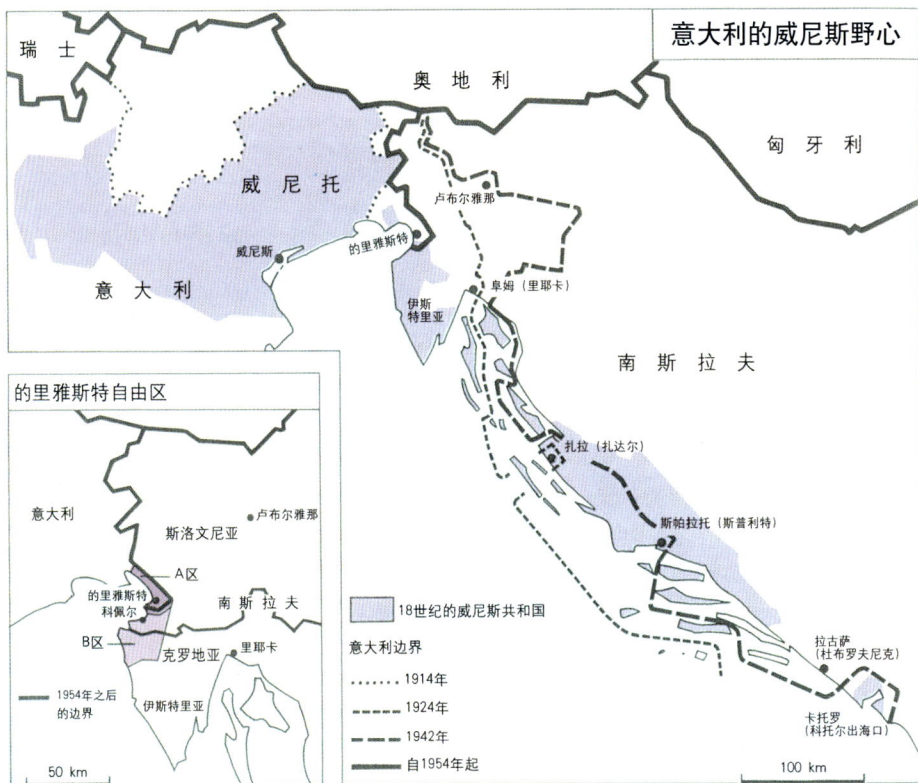

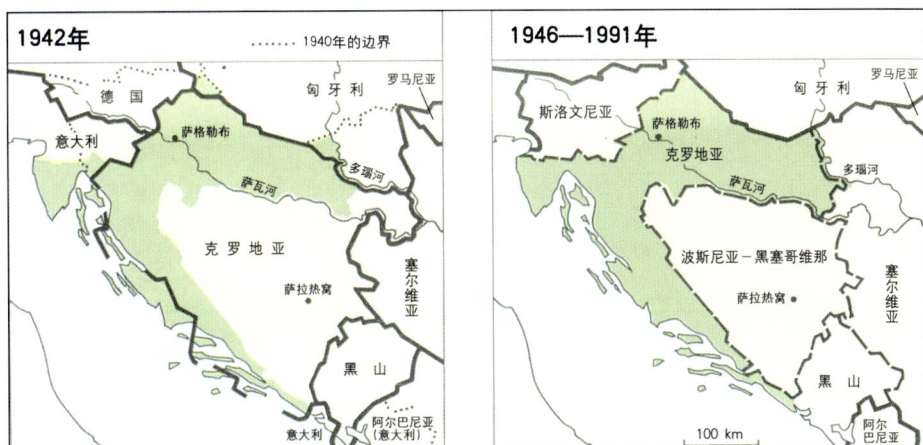

1942年　克罗地亚地区的大部分、整个波斯尼亚－黑塞哥维那(包括萨尔米亚)组成克罗地亚国。但意大利兼并了达尔马提亚的一部分，匈牙利收回了德拉瓦河左岸的一些领土。

1946—1991年　战后，意大利向南斯拉夫(即向南斯拉夫的克罗地亚共和国)让出它所掌握的克罗地亚地区。另外，克罗地亚还得到了前"自由区"的里雅斯特的南部地区。

维那打响。1995年，克罗地亚军队大举进攻，使得克拉伊纳（克宁地区、西斯拉沃尼亚）的塞尔维亚少数民族大量外逃，终于导致一场"种族清洗"。图季曼死后(1999年)，经过2000年的国民议会选举和总统选举，斯捷潘·梅西奇当选总统，政权得以交替，"民主"得以"正常化"。

穆斯林和波斯尼亚

是否存在"波斯尼亚民族"？语言学上的标准是行不通的，波斯尼亚－黑塞哥维那所有人都说塞尔维亚－克罗地亚语，邻国人也一样。宗教方面的标准同样不够，尽管伊斯兰教占据着特殊地位，40%的波斯尼亚人是穆斯林，但其他人或是塞族人，因此为东正教徒（32%），或是克罗地亚人，为天主教徒（18%）。在南斯拉夫联邦中，起初人口普查时，穆斯林被放在"南斯拉夫人"中，没有其他解释。1968年，南斯拉夫一个新的构成"民族"被承认，即穆斯林，其余几个民族为斯洛文尼亚人、克罗地亚人、塞尔维亚人、黑山人和马其顿人。然而穆斯林并不都居住在波斯尼亚－黑塞哥维那；他们中的20多万人在以前土耳其帝国管辖下的新帕扎尔县，该地区于1913年被分入塞尔维亚和黑山。

创立一个"穆斯林民族"遭到塞尔维亚民族主义者的质疑，他们认为这只是一个宗教少数派。同时，采取这一举措时也并未征询所有穆斯林的意见，他们中很多人并不想把宗教和政治混为一谈，更希望称自己为"波斯尼亚民族"。

与土耳其人的渊源

12 世纪之前，定居在波斯尼亚山地的斯拉夫人没有什么组织，受到各种相互竞争的宗教势力的影响：天主教方面，有克罗地亚天主教及随后的匈牙利天主教；东正教方面，有拜占庭的、保加利亚的、塞尔维亚的，总之根据当时的时势而变化。13—14世纪，一个"波斯尼亚教派"越来越显示出它的重要性，尽管不论天主教还是东正教都认为它是异教。人们经常把该教教徒称为"鲍格米勒信徒"，因为一些历史学家认为这一教派是两世纪前保加利亚的异教鲍格米勒派的延伸。

14 世纪，当地的科特罗曼王朝终于站稳了脚跟——1390年，特夫尔特科一世自封为"塞尔维亚、波斯尼亚、克罗地亚及海岸国王"，而对于1389年塞尔维亚在科索沃被土耳其打败，他却无能为力。1391年，这位国王死后，王国分崩离析，奥斯曼帝国的进攻开始了。1436 年，波斯尼亚开始进贡；1465年完全被征服。王国的南方（当时的名字为"胡姆之国"）抵抗的时间长一些。1448年，那儿的督军武克契奇自立为"黑塞哥"（herceg，意为"公爵"），这也是黑塞哥维那这一称呼的来源。1465年，土耳其开始攻击；1482年，波斯尼亚和黑塞哥维那均被归入奥斯曼帝国。

被土耳其征服后的一个结果便是一部分人改信伊斯兰教。对于这种现象有很多不同的解释：一种是认为"鲍格米勒派"教徒乐意加入一种不同于天主教和东正教的宗教（这是最普遍的说法，但不是最有可能的）；有人认为是波斯尼亚大地主渴望保住他们的特权；还有人认为是土耳其人希望在这个军事重地拥有忠诚的支持。然而到15世纪末，波斯

波斯尼亚－黑塞哥维那

塞尔维亚－克罗地亚语：Bosnai Hercegovina

由两个实体构成：波斯尼亚－黑塞哥维那联邦和塞尔维亚共和国

人口（2000年）······················· 3 977 000人

面积 ························· 51 100平方公里

首都 ····························· 萨拉热窝

人口构成（1991年）

穆斯林 ····························· 43.7%

塞尔维亚人 ·························· 31.3%

克罗地亚人 ·························· 17.3%

波斯尼亚－黑塞哥维那以外的塞尔维亚－克罗地亚语穆斯林（1981年）

塞尔维亚 ························· 216 000人

黑山 ···························· 78 000人

马其顿 ··························· 40 000人

克罗地亚 ·························· 24 000人

　　1946 年的国旗的红底上有一面小南斯拉夫旗帜。

　　1992 年被采纳的旗帜为象征国王特夫尔特科一世（14世纪）的徽章。它并未被接受，但三个民族团体一直不能达成一致，最后联合国高级官员于1998年定下新的旗帜。

尼亚人中仍是三教并立，今天也是如此。

可以说奥地利在17世纪末18世纪初夺回匈牙利和克罗地亚－斯拉沃尼亚之时，并未影响到波斯尼亚，它一直在土耳其人手中（奥地利只是在1718—1739年间掌握北边一小块地区）。边界直至1918年才有所改变。

"波斯尼亚危机"

19世纪，波斯尼亚－黑塞哥维那非常保守，奥斯曼土耳其人多次尝试改革均遭到封建大地主的反对，这些人不断策划叛乱。克罗地亚的塞尔维亚人奥美尔·帕沙于1850年恢复秩序，推行集中制管理和严厉的税收制度。1862年，基督教徒起义。1875年，黑塞哥维那和波斯尼亚接连爆发农民起义，起义军得到了塞尔维亚和黑山的支持。由此拉开了一场国际危机的序幕，直至1878年柏林会议，危机才得以解决——奥匈帝国（"以苏丹的名义……"）占据和管理着波斯尼亚－黑塞哥维那，并控制了塞尔维亚和黑山之间的新帕扎尔县。1882年，民事长官匈牙利人卡拉伊管理波斯尼亚－黑塞哥维那，直至1903年。

第二次"波斯尼亚危机"出现于20世纪初。1908年10月5日，奥匈帝国颁布法令宣布吞并波斯尼亚－黑塞哥维那（新帕扎尔县归还奥斯曼帝国）。俄国虽然是塞尔维亚人的盟友，但在1905年后大为衰弱（日俄战争失败、国内革命），也只有听之任之。面对既成事实，塞尔维亚于1909年3月予以承认。

波斯尼亚－黑塞哥维那并不单独附属于奥地利或匈牙利任何一方，而是由两国共管。维也纳的一些领导人倡导在帝国中建立一个塞尔维亚－克罗地亚州（由克罗地亚和波斯尼亚构成），以抗衡塞尔维亚的扩张主义。但他们的愿望落空了。

事实上，宣布波斯尼亚－黑塞哥维那成为附属国大大激怒了塞尔维亚的民族主义者以及他们在波斯尼亚的拥护者。1914年6月28日，奥地利大公弗兰茨·斐迪南——弗兰茨·约瑟夫一世的侄子，当时的王储——偕妻子正式访问萨拉热窝之时两次遇刺，第一次侥幸脱险，第二次双双身亡。凶手是20岁的波斯尼亚人加夫里洛·普林齐普（塞尔维亚族）。袭击是在贝尔格莱德做的准备，得到秘密组织"黑手"的帮助，该组织由塞尔维亚参谋部的情报部长迪米特里耶维奇上校领导。然而维也纳方面并不知道这些（事情直到1919年才被揭穿），它向塞尔维亚下了最后通牒。在一个月的时间里，双方各自缔结同盟，导致第一次世界大战爆发。

南斯拉夫联邦时期的波斯尼亚－黑塞哥维那

1918年底，波斯尼亚－黑塞哥维那被归入到塞尔维亚、克罗地亚和斯洛文尼亚王国，原来意义上的波斯尼亚－黑塞哥维那地区消失了，被分别划归于四个省。1941年瓜分南斯拉夫之时，波斯尼亚－黑塞哥维那又被整个归到克罗地亚州，该地此后由法西斯主义者帕维里奇统治。

波斯尼亚地理位置居中，地形起伏不平，这使它在战争中起到了极其重要的作用。铁托领导的游击队1941年被迫撤离塞尔维亚山区，于1942年初来到这里，在比哈奇(波斯尼亚的西端)建立国

1900年

1942年

1946—1991年

1900年　波斯尼亚－黑塞哥维那1878年起被奥匈帝国占领，1908年被其兼并。

1942年　波斯尼亚－黑塞哥维那被完全包括在"克罗地亚独立国"中。

1946—1991年　1946年成立的波斯尼亚－黑塞哥维那共和国界线与1878—1918年奥匈帝国占领(后又兼并)的领土界限相同。

民解放军。在德军的进攻下，队伍一度撤到了黑山。意大利投降后(1943年9月)，铁托重新在波斯尼亚站住脚，并在亚伊采(巴尼亚卢卡南边)设立全国解放委员会。1942—1944年可以说杀戮不断——帕维里奇领导的乌斯塔沙大肆屠杀塞尔维亚人，使得越来越多的人民拥护游击队，而这反过来又引起新的屠杀。

为了避免塞尔维亚人和克罗地亚人之间的纷争，也为了给穆斯林一块立足的土地，波斯尼亚－黑塞哥维那共和国于1946年在联邦内成立。尽管大力进行工业革命，但国家依然比较贫穷，很快便成为南斯拉夫联邦矛盾的集中地。1990年12月自由大选后，波斯尼亚新议会84%的席位被三个党派掌握：穆斯林(36%)、塞尔维亚(30%)、克罗地亚(18%)；穆斯林阿利亚·伊泽特贝戈维奇当选为总统。

破裂的波斯尼亚－黑塞哥维那

克罗地亚于1991年6月宣布独立后，联邦军队立即以战争回击，波斯尼亚的塞尔维亚人与克罗地亚的塞族人一样也组成独立的实体，要求保持与所有其他塞尔维亚人的联系。然而总统阿利亚·伊泽特贝戈维奇反对分裂波斯尼亚，更倾向于建立一个克罗地亚－波斯尼亚联邦。1992年3月，在经过全民公决后(该公决遭到塞尔维亚人的抵制)，他宣布波斯尼亚－黑塞哥维那独立。此后不久，一个"波斯尼亚－黑塞哥维那的塞尔维

1993年万斯－欧文计划

各州特征
- 塞尔维亚族
- 穆斯林
- 克罗地亚族
- 混居

100 km

被分割的波斯尼亚－黑塞哥维那
(根据1995年的代顿计划)

- 波斯尼亚－黑塞哥维那
  (克罗地亚－穆斯林)
- 塞尔维亚共和国

100 km

亚共和国"成立并采取一系列军事行动,联合国第一批部队介入(尤其在萨拉热窝)。波斯尼亚－黑塞哥维那被欧共体和美国所承认,1992年5月22日得以加入联合国。然而同时,塞尔维亚人和克罗地亚人也在奥地利的格拉茨秘密商讨瓜分该国。

波斯尼亚的塞尔维亚军发动了"宗族清洗",即极其残酷地把穆斯林(及克罗地亚人)驱逐出塞尔维亚人想要保留的地盘(波斯尼亚－黑塞哥维那东部及波斯尼亚中西部)。而另外两个阵营(克罗地亚和穆斯林)也以同样的方式驱逐塞尔维亚人。波斯尼亚－黑塞哥维那的克罗地亚人开始是穆斯林的盟友,最终也与他们分道扬镳,以至于到1993年演化为三方战争。

同时,在欧共体和美国支持下的谈判也正在进行,1993年1月达成万斯－欧文计划,根据计划,波斯尼亚－黑塞哥维那将重组为10个自治的州。三方中没有任何一方完全接受该计划,尤其是塞尔维亚人,战争继续。谈判在日内瓦继续进行。1993年6月初步决定把波斯尼亚－黑塞哥维那变成一个三国联邦,三国划分以民族为基础。然而这一计划遭到穆斯林的反对,后来他们也不得不接受(再没有其他选择了),但他们一直担心真正实行起来没有保证。

1995年12月,塞尔维亚、克罗地亚和波斯尼亚－黑塞哥维那三国元首签署了美国人制订的代顿计划。波黑被分为两个实体:塞尔维亚部分和克罗地亚－穆斯林部分。很明显,波斯尼亚的穆斯林成为冲突的主要牺牲品。

黑　山　人

尽管黑山人讲塞尔维亚语,信奉东正教,然而他们在1946年成立的南斯拉夫联邦中就显示出不同于塞尔维亚人的特点,并且一直保持着这种与众不同。这是历史长期发展的结果,在前南斯拉夫的所有人民中,他们是唯一没遭到邻国统治的。

五个世纪的独立

黑山人的国家首先是以泽塔这个名

黑　山

塞尔维亚－克罗地亚语：Crna Gora

南斯拉夫联盟共和国成员之一

人口（2000年）…………………………………………………… 615 000人

面积 …………………………………………………………… 13 800平方公里

首都 …………………………………………………… 波德戈里察（前铁托格勒）

人口构成（据当时施行的分类，1981年）

黑山人 …………………………………………………………… 400 000人

塞尔维亚－克罗地亚语穆斯林 ………………………………… 78 000 人

阿尔巴尼亚人 …………………………………………………… 38 000人

塞尔维亚人 ……………………………………………………… 19 000人

南斯拉夫人（无其他说明）…………………………………… 31 000人

宗　教

黑山人为传统的东正教徒。

黑山以外的黑山人

塞尔维亚（1981年）…………………………………………… 147 000人

黑山的旗帜曾经很长时间都与塞尔维亚的一样。现在它们的区别在于黑山旗帜的蓝色浅一些。

　　1918 年以前，旗帜中间是CRNA GORA的首位字母，上有王冠；1946—1991年字母和王冠被南斯拉夫联邦的红星替代。

字为人所知的，11世纪由大公沃伊斯拉夫创立，随后他的儿子米哈伊于1077年得到教皇的皇家封号，并定都斯卡达尔（今天阿尔巴尼亚的斯库台）。接着泽塔附属于拉什卡（见"塞尔维亚人"一节）。14世纪一些地方王朝重新出现：先是巴尔希奇王朝，然后是茨尔诺耶维奇王朝，后者得到威尼斯人的支持。茨尔诺耶维奇王朝的伊万一世（1465—1490年在位）被土耳其人打败后，举国西移，来到切蒂涅。这里是一片高地，从此王国被称为Crna Gora（克罗地亚语，意为"黑色的山"），威尼斯人称之为门的内哥罗（Montenegro）。

1516年，黑山人接受了一个新的身份：奥斯曼帝国成为它的宗主国，从此它的国家首脑便是一个"主教－君主"，即切蒂涅的主教同时也是黑山的国君。从主教兼君主丹尼洛开始，这一职位就一直属于彼得罗维奇·涅戈什家族，而且总是在叔侄之间传递。1711年，丹尼洛与俄国的彼得大帝建立联系，从此黑山不时从俄国得到援助。

1851年，另一个丹尼洛使王权世俗化，他保留君主的职责，取消了主教的职务。这引起了土耳其的不满，纷争又

起。1858年，丹尼洛的兄弟米尔科在格拉霍沃（与黑塞哥维那的边界）大败土耳其。米尔科的儿子尼基塔(尼古拉)1860年继承皇位。1875年波斯尼亚－黑塞哥维那爆发起义后，黑山于1876年向奥斯曼宣战（与塞尔维亚同时）。战争波及整个欧洲，以柏林会议（1878年）的召开而告终，会议承认黑山独立，领土向北和向东均有延伸，并增加一个在巴尔（安蒂瓦里）的入海口，1881年又增加了乌尔辛杰（杜尔奇尼奥）。

1912年，黑山成为王国。同年，它加入第一次巴尔干战争，同塞尔维亚、希腊、保加利亚共同对抗土耳其。黑山军队围困了斯库台。《布加勒斯特条约》（1913年）为黑山又增加了新帕扎尔县南半部及佩奇地区。1914年8月开战时，黑山站在塞尔维亚一边，也与后者一起被打败，1915年12月27日两军从切蒂涅撤走。

南斯拉夫联邦时期的黑山

第一次世界大战开始时，黑山就同塞尔维亚一样表现出极大的热忱支持联邦。1918年11月26日，国民议会在波德戈里察召开，废黜了国王尼基塔（时年

77 岁，1921年死于法国昂蒂布），并投票决定加入塞尔维亚、克罗地亚和斯洛文尼亚王国。两次世界大战之间，塞尔维亚与克罗地亚争斗激烈之时，黑山自然也是支持塞尔维亚一方，1928年6月20日一个黑山人在议会会场上暗杀了克罗地亚人拉迪奇。

1941 年，南斯拉夫战败，黑山州（比原黑山略小）成为意大利的战利品。然而事实上，铁托领导的游击队很快就控制了该地的大部分。意大利投降后（1943年9月），德国决定把科托尔出海口和黑山连接起来，但他们也没能控制该地。

1946 年建立的黑山人民共和国恢复到1913 年的国土面积，尽管佩奇归科索沃所有，但它增加了科托尔出海口。首都由切蒂涅变为波德戈里察，并改名铁托格勒。

1991 年南斯拉夫联邦分裂之时，黑山仍与塞尔维亚联系在一起。1992年 4 月这两个共和国形成一个新的"南斯拉夫联盟共和国"（国际社会不承认）。然而，1993年开始，贝尔格莱德政府的中央集权制愈来愈引起黑山方面的不满。

塞尔维亚人

塞尔维亚人人数众多，占前南斯拉夫全部人口的36%，因此他们成为前南斯拉夫各民族的领头羊，贝尔格莱德也成为南斯拉夫联邦的首都。而塞尔维亚却直到20世纪才真正地"联邦化"。它的历史从中世纪开始可以概括为三个阶段：14—18世纪受奥斯曼帝国控制；之后为独立自主而斗争，直到19世纪才真正独立；1903年在彼得一世的带领下，进入现代"民族国家"行列。从此，塞尔维亚人的威望与日俱增。因此，1918年南斯拉夫各国人民以塞尔维亚国王为中心团结起来也就不足为奇了。

塞尔维亚民族的渊源

定居在多瑙河和亚得里亚海之间的斯拉夫人很长时间以来都没什么组织，总是或多或少受到邻国压力，南边有拜占庭，东边有保加利亚，西边是克罗地亚（然后是匈牙利）。不过两个群体还是渐渐成型：泽塔是黑山的前身；拉什卡成为后来的塞尔维亚，首都为拉什（在今天的新帕扎尔北部）。在精神家园奥赫里德（今马其顿境内）的庇护下，这里很早就开始皈依东正教，直到9世纪末才结束。

12世纪下半叶，拉什卡的大领主史蒂芬·内马尼亚成功地把泽塔归入拉什卡，并脱离了拜占庭的控制。随后他把权力传给长子，自己隐退到圣山（今希腊东北部马其顿省境内），他的小儿子萨瓦在那里做修道士。1217年，教皇特使加封其长了为国王，称史蒂芬二世

1331—1355年杜山统治下的塞尔维亚

（第一位受封的国王）。自此，塞尔维亚一直忠诚于东正教——萨瓦创立了一个塞尔维亚的独立教会并成为大主教，他于1221年按照东正教礼仪为他的哥哥加冕。内马尼亚王朝建立了。不久萨瓦就被封圣。13—14世纪，史蒂芬二世和其继任者建造了一系列修道院（如斯图德尼察、代查尼等）。

内马尼亚王朝抵制住了保加利亚和拜占庭的压力，在史蒂芬·杜山的统治下达到巅峰，其领土扩张到马其顿和希腊的部分地区。1346年，在斯科普里，佩奇大主教（后成为东正教的总主教）加封杜山为"塞尔维亚和希腊的皇帝"。但杜山死于1355年，没来得及完成他征服君士坦丁堡的伟大计划。此时，奥斯曼土耳其人也确实——这纯属巧合——开始在欧洲站稳脚跟（确切地说是1354年在加利波利）；十几年后，他们就到达安德里诺堡了。

奥斯曼的统治

杜山的继任者没能保持统一，塞尔维亚分裂成几个公国，它们一个个都被奥斯曼征服了。拉扎尔·来波加诺维奇大公曾经试图抵抗，但在1389年科索沃

塞尔维亚

塞尔维亚－克罗地亚语：Srbija

南斯拉夫联盟共和国成员之一

人口（2000年） ·································· 9 800 000人

面积 ·· 88 360平方公里

首都 ·· 贝尔格莱德

人口构成（根据当时施行的分类，1981年）

塞尔维亚人 ······································· 6 181 000人

阿尔巴尼亚人（＊） ····························· 1 303 000人

说塞尔维亚－克罗地亚语的穆斯林 ·············· 216 000人

匈牙利人（＊＊） ······························· 390 000人

克罗地亚人 ······································· 149 000人

黑山人 ·· 147 000人

斯洛伐克人 ······································· 73 000人

罗马尼亚人 ······································· 54 000人

马其顿人 ·· 49 000人

保加利亚人 ······································· 33 000人

南斯拉夫人（无其他说明） ····················· 442 000人

宗　教

塞尔维亚人是传统的东正教徒；阿尔巴尼亚人是传统的穆斯林；匈牙利人是传统的天主教徒。

塞尔维亚以外的塞尔维亚人

波斯尼亚－黑塞哥维那（1991年） ············· 1 364 000人

克罗地亚（1981年） ···························· 532 000人

马其顿（1981年） ······························ 44 000人

斯洛文尼亚（1981年） ·························· 42 000人

（＊）其中94%在科索沃，由联合国临时管理。20世纪90年代初，科索沃的阿尔巴尼亚人口估计达到180万人。

（＊＊）其中99%在伏伊伏丁那。

盆地战役中身亡，这敲响了塞尔维亚独立的丧钟。他的儿子史蒂芬·拉扎雷维奇向土耳其苏丹投降，后来为了摆脱，又投靠了匈牙利国王，后者帮助他于1412年在贝尔格莱德建立了坚实的地位，他的继任者乔治·布朗科维奇定都斯梅代雷沃 (贝尔格莱德以东)，1439年被土耳其攻占，1459年被最终占领。塞尔维亚成为土耳其的一个省。同年，佩奇主教之职被取消 (1557年，一个原籍塞尔维亚的奥斯曼帝国首相又为他信奉东正教的兄弟重新设立了这一职位)。

15世纪时，塞尔维亚地区的重心移向北方，伴随大量移民来到萨瓦河和多瑙河以外地区，匈牙利王国的南部。但是土耳其人于1521年攻下贝尔格莱德，1526年他们又在莫哈奇打败匈牙利，从而使那些刚刚移民来的塞尔维亚人又置身于土耳其人的统治之下。

1683年，土耳其被维也纳打败，这对塞尔维亚人来说是一个转折。1688年，奥地利军队攻下贝尔格莱德，一直进军到科索沃地区，并不断策动塞尔维亚人起义。土耳其的反击迫使奥地利人在1689—1690年间退向北方，与他们共同撤退的还有佩奇大主教和3.7万个塞尔维亚家庭，他们在今天的伏伊伏丁那地区安顿下来；1694年，又一批移民随他们而来。三年后，土耳其被打败。根据《卡尔洛维茨条约》(1699年)，他们放弃了巴奇卡和萨尔米亚北部，但保留巴纳特。塞尔维亚的大主教在萨尔米亚的卡尔洛夫齐 (即卡尔洛维茨) 安顿下来。土耳其人再次被打败后，签订了《帕萨罗维茨条约》(1718年)，根据条约，他们让出了巴纳特、萨尔米亚南部、塞尔维亚本土以及其他一些领土。短暂的和平之后，1736年土耳其发动战争并大获全胜，根据1739年签订的《贝尔格莱德条约》，奥地利把塞尔维亚归还给土耳其。自此之后，塞尔维亚北方的边界一直没再有什么变化，直到第一次世界大战。

塞尔维亚的三色旗可以追溯至1835年。颜色与俄罗斯旗帜颜色一样 (但排列顺序相反)。

1918年以前，塞尔维亚的徽章位于旗帜中间。

1946—1991年的国旗上有南斯拉夫联邦的红星。

上述事件产生的后果影响深远。科索沃地区的塞尔维亚人离开后（该地区后来被称为"老塞尔维亚"），一些阿尔巴尼亚人就安置于该地区一直到今天。另外，匈牙利哈布斯堡王朝庇护下的逃难的塞尔维亚人也并没都待在伏伊伏丁那地区。他们中有些人在军事边境区安家落户，特别是在斯拉沃尼亚中部和克罗地亚南部，今天他们的后代还在那里。而在伏伊伏丁那，也加入了除塞尔维亚的其他民族，使该地区的民族不断增加重组。另一头，奥斯曼掌握下的塞尔维亚经历了它的黑暗时期：佩奇大主教职位1739年由一个希腊人担当，1767

卡拉乔治维奇家族和奥波诺维奇家族

整个19世纪贯穿着两个王朝对塞尔维亚大权的争夺。乔治·彼得罗维奇，绰号卡拉乔治（黑乔治），建立了第一个王朝——卡拉乔治维奇王朝；米洛·奥波诺维奇建立了第二个。两个家族都是从养猪和猪肉批发起家的，这是塞尔维亚当时的重要产业（要知道，1903年之后，奥匈帝国为了使这个邻国屈服，曾禁止进口塞尔维亚的猪肉）。

1817年，卡拉乔治从奥地利返回时遇刺身亡，杀手是米洛指使的。之后奥波诺维奇家族一直执掌政权到1842年。1839年米洛因为太过专制被迫让位给他的儿子米哈伊，后者在1842年被卡拉乔治之子亚历山大（他曾在俄国军队服役）推翻。卡拉乔治维奇家族掌权时间相对较短，亚历山大在1858年被驱逐。老米洛·奥波诺维奇重掌政权直到1860年去世，接着又是他的儿子米哈伊执政，直到1868年遇刺。君主头衔传给了米哈伊的表兄米兰，后者坚持到1889年因为离婚而让位。1889—1903年，由米兰的儿子亚历山大·奥波诺维奇统治，他和妻子最终被一队军官刺杀。

最后这次刺杀使整个欧洲哗然，一个卡拉乔治维奇家族成员、亚历山大（1842—1858年在位）的儿子彼得望所归，登上王位。流亡到法国的彼得曾是圣西尔军校的学生，并于1870—1871在法国军队作战。这个塞尔维亚的彼得一世（1903—1921年在位）是塞尔维亚唯一一个既没被刺杀也没被推翻的国王，但他在位期间却碰上了1914—1918年的世界大战。他的儿子成为南斯拉夫的亚历山大一世，1934年被乌斯塔沙刺杀身亡；他的孙子成为彼得二世，1941年被迫离开祖国，直到1945年才得以重返宝座。

年被取消；在贝尔格莱德，驻扎着土耳其近卫军士兵，君士坦丁堡方面对他们的管制越来越少，以至于他们在这里的行为越来越暴虐。

自　　治

第一次暴动发生在1804年的舒马迪亚，由卡拉乔治领导，他们在1806年攻下贝尔格莱德，卡拉乔治于1808年自封为世袭大公。土耳其凶猛反击。然而在1812年与俄国签署的《布加勒斯特条约》上，土耳其苏丹承认了塞尔维亚的自治。1813年战斗又打响了，土耳其攻下贝尔格莱德并开始大屠杀。卡拉乔治到奥地利避难，却被拘禁了起来。

1815年，新的起义又在舒马迪亚爆发，由米洛·奥波诺维奇领导，该人机智灵活，让战斗和谈判交替进行。迫于俄国的压力，土耳其接受塞尔维亚成为附属王国，有自己的议会和军队，但塞尔维亚必须保留土耳其统治者及其近卫军，并且每年要进贡。

1829年签订的《安德里诺堡条约》是俄国第一次军事干预巴尔干的结果。

1830 年　在奥斯曼帝国范围内，黑山一直都享有自治的权利，而塞尔维亚则一直到1829年才开始自治。

1885 年　塞尔维亚和黑山在1878年终于独立，疆域也扩大了。塞尔维亚向南扩张（尼什地区），黑山则向北边、东边和亚得里亚海海岸扩张。

1833年，塞尔维亚得到了南方的领土和自治权。苏丹承认米洛为世袭大公。1839年米洛让位。1842年大公的头衔传给亚历山大·卡拉乔治维奇（卡拉乔治之子）。在巴黎会议（1856年）上，亚历山大为塞尔维亚得到国际保证。1858年，奥波诺维奇家族重登宝座，虽然中间几经磨难，但一直持续到1903年。然而1867—1893年，真正的政府领导人是自由党领袖里斯蒂奇。1868年，奥斯曼军队从塞尔维亚撤军。

独　立

波斯尼亚的骚乱促使塞尔维亚在1876年向土耳其宣战。起初塞军战败，但1877年末，俄军进入巴尔干地区后，他们便开始了反击。《柏林条约》（1878年）最终承认了塞尔维亚的独立（领土扩大到尼什），但它把新帕扎尔县——塞尔维亚和黑山之间的缓冲地带——以及波斯尼亚－黑塞哥维那划给奥地利管理。1882年，米兰成为塞尔维亚国王。由于不满东鲁梅利亚和保加利亚合并，塞尔维亚于1885年进攻保加利亚，却被打败，幸好奥地利进行干预。同时，1883年起义农民形成的新激进党不断施压，引起了政治变动——根据1888年宪法，塞尔维亚成为议会制君主

伏伊伏丁那

1689年，土耳其反攻时，一些塞尔维亚人撤到了萨瓦河和多瑙河北部。1848年，匈牙利革命触动了他们的后裔；5月，卡尔洛夫齐大主教（东正教）组织了一个塞尔维亚人的会议，决定创立一个"督军省"（包括萨尔米亚、巴奇卡和巴纳特），并决定把主教提升为大主教。皇帝弗兰茨·约瑟夫对此予以承认，并于1849年3月自封为督军。但紧接下来的反动政策打消了塞尔维亚人一度燃起的独立自治的愿望。1860年，督军省（伏伊伏丁那）被取消，萨尔米亚从属于克罗地亚－斯拉沃尼亚，巴奇卡和巴纳特从属于匈牙利。军事边境区取消（1872—1878年）后，帝国中的塞尔维亚人再没有任何特殊的地位，他们中许多人移民到了美国。

1946年，考虑到这里从18世纪起就具有的种族混居的特点（见"语言和宗教信仰"一章），把这里定为塞尔维亚共和国内部的一个自治区。为了纪念1848年，取名为伏伊伏丁那。

政体，它的一大特点便是自由党和激进党的争斗不断，直到亚历山大·奥波诺维奇在1901年宪法中恢复君主专制政体，但他在1903年就被暗杀了。

新国王彼得一世来自卡拉乔治维奇家族，同时他又是黑山国王的女婿。在总理、激进党领袖尼古拉·帕希奇的支持下，他恢复了1888年的宪法，并加强

了与俄国和法国的联系。塞尔维亚外交政策的尺度有所改变。在不得不承认奥匈帝国对波斯尼亚－黑塞哥维纳的吞并后（因为俄国人也不能有所反对），塞尔维亚开始转向南方。在与保加利亚、希腊和黑山结盟后，他们于1912年10月18日向土耳其宣战。塞尔维亚人在科索沃打了胜仗后，又占领了西马其顿，并看

科 索 沃

虽然今天科索沃地区的主要居民是阿尔巴尼亚人（约占总人口的90%），但它曾是塞尔维亚民族的一个摇篮。18世纪末，奥地利和土耳其之间的战争迫使佩奇主教和将近20万塞尔维亚人踏上通往北方的道路，当时虽然也有一些阿尔巴尼亚人，但他们是后来才占上多数的。

1912年，塞尔维亚打败土耳其人向南推进，不久就占领了当时这个"老塞尔维亚"。欧洲列强在要求建立一个独立的阿尔巴尼亚时，也确实对保持塞尔维亚领土上的这部分阿尔巴尼亚人起到了一定的积极作用。但是在1941年瓜分南斯拉夫时，却把今天科索沃的大部分都并入了阿尔巴尼亚（当时属于意大利）。

阿尔巴尼亚人口的快速增长和这里经济的持续委靡是该地区一直解不开的死结。1974年宪法曾给予科索沃（以及伏伊伏丁那）与联邦内的共和国几乎同等的权利。1990年，塞尔维亚当局解散了科索沃议会，并采取镇压措施。但"科索沃人"（科索沃的阿尔巴尼亚人）逐渐推出一个"秘密国家"，他们在作家易卜拉欣·鲁戈瓦的和平主义政策的领导下，致力于得到国际社会的承认。不久，一个激进政治组织——科索沃解放军声称对一些袭击负责，1998年2月对它的残酷镇压使问题国际化。在朗布依埃和巴黎会谈（1999年2月至3月）均告失败后，北约组织开始轰炸南斯拉夫联盟。6月3日贝尔格莱德政府让步。科索沃被置于联合国的临时管理之下。

中了阿尔巴尼亚土地另一边的出海口，而这片土地还掌握在土耳其人的手中。这时，几大强国决定介入了。在奥匈帝国的坚持下，伦敦会议（1913年5月）安排了阿尔巴尼亚的命运，其他问题却悬而未决。6月，保加利亚向它以前的盟友开战，以失败告终。《布加勒斯特条约》（1913年8月）把马其顿和新帕扎尔县北部归入塞尔维亚。

从塞尔维亚到南斯拉夫

1914年6月28日的萨拉热窝袭击之后，奥匈帝国向塞尔维亚发出严厉的最后通牒，并于7月27日向它宣战。俄国只有支持它的塞尔维亚盟友。几天后第一次世界大战爆发。

起初，塞尔维亚军队出色地抵御了奥匈帝国的军队。虽然贝尔格莱德在1914年11月被攻陷，但12月就又被夺了回来。但1915年10月保加利亚的参战把

1913年　尽管第一次巴尔干战争以土耳其人的胜利而告终，但塞尔维亚和黑山的领土还是有所增加。前者得到土耳其的新帕扎尔县北部、今天的科索沃地区和马其顿共和国的领土；后者得到新帕扎尔县南部和佩奇地区。

1925年　塞尔维亚和黑山均加入到南斯拉夫王国中，有部分领土是保加利亚1919年让出的。

塞尔维亚置于一个难以招架的境地。塞军只好穿过阿尔巴尼亚艰难地撤退，在科孚与盟军会合。重组后，它们从1916年7月开始在东部战线，即马其顿作战，并于1918年9月与盟军一起突破了该战线。奥匈帝国在11月3日投降。12月1日，彼得一世之子亚历山大·卡拉乔治维奇宣布成立一个塞尔维亚人、克罗地亚人和斯洛文尼亚人的共同的王国（即

塞尔维亚、克罗地亚和斯洛文尼亚王国），从此，塞尔维亚的历史与南斯拉夫的历史融为一体（见"1918年以来的南斯拉夫"一节）。

然而1941年，在德国军队的严格监控下又出现了一个独立的塞尔维亚，它跟1878年之前的塞尔维亚基本一致，但不包括被保加利亚兼并的皮罗特地区，由1938—1941年大战时的部长内迪奇将

1942 年　德国军队占领塞尔维亚余下的部分。属于自治区的西巴纳特则掌握在当地的德国人手中。意大利成为黑山的保护国。

1946—1991年　1945年南斯拉夫恢复战前的国界。黑山成为共和国，与1913年相比，少了佩奇，但把科托尔出海口包括在内。1946年在塞尔维亚共和国（不包括马其顿）内部设立了两个自治省：伏伊伏丁那和科索沃。

1942年　┈┈┈┈1940年的边界

匈牙利
罗马尼亚
塞尔维亚巴纳特
萨瓦河
贝尔格莱德
克罗地亚
多瑙河
塞尔维亚
大摩拉瓦河
黑山
意大利
阿尔巴尼亚（意大利）
瓦尔达尔河
保加利亚
希腊

1946—1991年

匈牙利
伏伊伏丁那
蒂米什瓦拉
克罗地亚
诺维萨德
罗马尼亚
贝尔格莱德
萨瓦河
波斯尼亚-黑塞哥维尼亚
南斯拉夫
多瑙河
塞尔维亚
大摩拉瓦河
尼什
索非亚
黑山
普里什蒂纳
保加利亚
铁托格勒
佩奇
科索沃
阿尔巴尼亚
地拉那
马其顿
希腊

军领导政府。塞尔维亚的巴纳特原则上属于这个塞尔维亚，但它实际上由以塞普·扬科为首的当地德国人控制。1941—1942 年，纳粹在当地对为数不多的犹太人展开灭绝屠杀。

1945 年以来的塞尔维亚

南斯拉夫内部划分出共和国是在1945—1946 年间完成的，其中一个原因是不给塞尔维亚在联邦中过度的负担。因此广义上的塞尔维亚人 (即塞尔维亚－克罗地亚语中的东正教徒) 分散到克罗地亚、波斯尼亚－黑塞哥维那、黑山和塞尔维亚。另外，在塞尔维亚共和国内部设立了两个自治省：伏伊伏丁那和科索沃。

这样，塞尔维亚虽然缩小了，但仍保留了它的中心位置，重新成为南斯拉夫这个整体的领头羊，就像帕希奇时期一样。1966 年，铁托的内定继承人兰科维奇因为"中央集权主义"被免职，塞尔维亚人的野心被泼了盆冷水，但他们仍拥有联邦军队的控制权。

1986 年开始，塞尔维亚共产主义联盟总书记米洛舍维奇发动"会议"运动，共有两大主题：反对官僚主义和歌颂塞尔维亚民族 (及其兄弟民族黑山)。这主要是因为塞尔维亚和阿尔巴尼亚在科索沃的紧张局势。1990 年全民公决后，一部新的塞尔维亚宪法被通过，新宪法基本上取消了伏伊伏丁那和科索沃的自治，但设立了多党制。12 月，米洛舍维奇以65%的选票当选为塞尔维亚共和国总统。

南斯拉夫联邦分裂后，塞尔维亚和黑山在1992 年4 月成立了新的"南斯拉夫联盟共和国"(起初并不被国际社会承认)。克罗地亚和波斯尼亚－黑塞哥维那的战事使米洛舍维奇的权力得到了巩固。

代顿计划 (1995 年) 结束了波黑战争。自1997 年起南斯拉夫联盟共和国由米洛舍维奇担任主席，它拒绝针对科索沃问题的任何妥协，选择诉诸武力，因此遭到北大西洋公约组织的空袭，它对科索沃的主权也不再具有实质性。

2000 年总统大选，米洛舍维奇被沃伊斯拉夫·科什图尼察打败，2001 年6 月28 日，他被引渡到海牙前南斯拉夫国际刑事法庭受审。南斯拉夫联盟共和国开始民主化进程，但塞尔维亚和黑山的关系一直很紧张。

塞尔维亚、克罗地亚和斯洛文尼亚王国的历史构成

从奥地利（内莱塔尼亚）取得的领土

1. 哈布斯堡王朝领土的南部——以前属于神圣帝国；斯洛文尼亚人居住的地区。

2. 达尔马提亚：1797 年以前属于威尼斯（除拉古萨／杜布罗夫尼克），1813—1918 年又一直属于奥地利。1920 年扎拉市／扎达尔市成为意大利领土。

从匈牙利（外莱塔尼亚）取得的领土

1. 曾在匈牙利王国享有自治权的克罗地亚（包括斯拉沃尼亚）。

2. 穆尔河地区，北部居住斯洛文尼亚人，南部为克罗地亚人。

3. 巴奇卡和巴纳特西部（人口混杂）。

从奥匈帝国取得的领土

波斯尼亚－黑塞哥维那，原属于土耳其，1878 年被奥匈帝国占领，1908 年被兼并。

1914年独立的国家

1. 塞尔维亚王国（包括 1913 年从奥斯曼帝国得到的领土）。

2. 黑山王国（包括 1913 年从奥斯曼帝国得到的领土）。

保加利亚1919年让出的土地

地图标注： 1914的边界　1919年的边界
奥地利　德拉瓦河　奥地利　穆尔河地区　匈牙利　佩奇　罗马尼亚　卢布尔雅那　斯洛文尼亚地区　萨格勒布　巴奇卡　多瑙河　巴纳特　铁门　克罗地亚　萨瓦河　斯拉沃尼亚　贝尔格莱德　1　保加利亚　扎拉　达尔马提亚　波斯尼亚－黑塞哥维那　萨拉热窝　塞尔维亚　黑山　拉古萨　2　阿尔巴尼亚　希腊　萨洛尼卡　100 km

1918 年以来的南斯拉夫

塞尔维亚、克罗地亚和斯洛文尼亚王国

　　1917 年 7 月 20 日，在伦敦成立的南斯拉夫委员会（由一些来自奥匈帝国的领导人组成）和帕希奇领导的塞尔维亚政府签订了《科孚宣言》，该宣言为以后南斯拉夫人民团结在卡拉乔治维奇王朝周围做好了准备。1918 年 12 月 1 日，塞尔维亚彼得一世的儿子亚历山大（1914 年以来就以摄政王称号参与政权，1921 年接替他的父亲）宣告成立塞尔维亚、克罗地亚和斯洛文尼亚王国。

　　1919—1920 年间宪法的编写立即导致集权主义者和联邦主义者之间的冲突，前者以亲塞尔维亚激进派帕希奇为代表，后者主要是"普雷查尼派"，即来自奥匈帝国的侨民。不过拉迪奇领导的克罗地亚农党对制宪议会的抵制反而成全了帕希奇，一部集权主义宪法于

1941 年被瓜分的南斯拉夫

被德国兼并的领土
斯洛文尼亚地区北部。

被意大利兼并的领土
1. 斯洛文尼亚地区的南部。
2. 达尔马提亚中部，几个岛屿，以及科托尔出海口。
3. "老塞尔维亚"和被阿尔巴尼亚（其本身属于意大利）兼并的部分领土。

匈牙利收回的领土
1. 穆尔河地区
2. 巴奇卡

被保加利亚兼并的领土
马其顿地区的大部分和塞尔维亚的一小部分。

轴心国的附属国
1. 克罗地亚（除意大利占领的临海地区）、波斯尼亚-黑塞哥维那和萨尔米亚。
2. 黑山。

塞尔维亚余下的部分被德军占领
塞尔维亚的巴纳特由当地讲德语的人控制。

1925年的边界
1942年的边界

1921 年 6 月 28 日被采纳。

整个20世纪20年代，与克罗地亚的冲突不断恶化——拉迪奇1925年被捕，被释放后，1928 年 6 月 20 日遇刺身亡。为了重建濒于破碎的公共秩序，1929 年 1 月 6 日，亚历山大国王解散议会，废除1921 年宪法，议会制被严厉的君主独裁制取而代之。王国正式使用南斯拉夫这一名称，以表现统一国家的愿望。

然而克罗地亚的民族主义并没有缴械投降，它甚至更炽热了：乌斯塔沙党的法西斯运动在帕维里奇的指挥下开始

了（见"克罗地亚人"一节）。该组织1934 年 10 月 9 日指使人谋杀了国王亚历山大。保罗亲王开始摄政直到彼得二世成年，但政治体制并未改变。直到捷克斯洛伐克分裂之后，1939 年 8 月，贝尔格莱德和萨格勒布才最终达成共识：克罗地亚得到一个拥有自己的议会的自治省。

从1941年的被瓜分到解放

1941 年初，希特勒要求南斯拉夫加入三国协约（即德国、意大利和日本缔

结的联盟) 以进攻希腊。摄政王保罗最终接受，但塞尔维亚的爱国者奋起反抗。3月27日，西莫维奇将军放逐摄政王，彼得二世亲政，废除协约。4月6日，德国、意大利和匈牙利军队入侵南斯拉夫；17日，政府缴械投降。南斯拉夫立即被瓜分。

从1941年春开始，在今天科索沃地区北部，两个截然不同的抵抗运动组织了起来：一方由德扎拉·米哈伊洛维奇将军领导，该人为塞尔维亚保皇党，与其随从拒绝在4月投降；另一方由共产党人约西普·布罗兹 (铁托) 领导。1941年秋，德军的进攻导致了不同的结果：铁托的游击队转往波斯尼亚，而米哈伊洛维奇决定与德国人谈判 (他在解放时被捕，1946年被判处死刑)。

游击队在波斯尼亚与德意占领军及克罗地亚的乌斯塔沙展开了艰苦的战斗。1943年末，铁托在波斯尼亚腹地亚伊采建立全国解放委员会，为后来的 (联邦) 政府奠定了基础。逃亡到伦敦的国王彼得二世1944年承认铁托为抵抗运动首领。到苏军1944年11月解放贝尔格莱德之际，铁托的队伍已经控制了国家的一大半。1945年2月的雅尔塔会议帮助国王和铁托达成妥协，国王重戴王冠，铁托领导政府。但在1945年，已没有什么能阻挡游击队控制整个南斯拉夫了，同年11月11日，"人民阵线"赢得了90%的选票。君主制被废除，代之以人民联邦共和国。南斯拉夫以及阿尔巴尼亚，成为当时中欧唯一真正本地自生共产主义政体的国家。

南斯拉夫联邦

领导们要操心的首要大事便是建立一个能够停止各民族争执的政体。最终

塞尔维亚、克罗地亚和斯洛文尼亚王国时期 (1919—1929年)，国旗中央为塞尔维亚、克罗地亚和斯洛文尼亚的徽章。起初南斯拉夫王国的国旗只是简单的三色旗，后来铁托党人加上一颗红星，这在1946年成为正式国旗。1992年南斯拉夫联盟 (塞尔维亚和黑山) 重新使用第二次世界大战前的国旗 (简单三色)。

说塞尔维亚－克罗地亚语的人口大约占前南斯拉夫联邦人口的70%，他们可被分为三个团体：东正教的塞尔维亚人和黑山人、天主教的克罗地亚人、穆斯林。这三个团体在国家中错综复杂地混居在一起（地图由于必须简化，只给出大致状况）。这也是为什么各国边界根据历史情况而定，而不是根据民族状况。黑山有76%的黑山人；克罗地亚有75%的克罗地亚人；塞尔维亚有63%的塞尔维亚人；波斯尼亚－黑塞哥维那有40%的穆斯林。不过斯洛文尼亚人清一色地居住在斯洛文尼亚。接下来是阿尔巴尼亚人，他们聚集在科索沃地区（大约占90%），并向马其顿发展。96%的马其顿人居住在马其顿，这里除了阿尔巴尼亚人还有少数土耳其人。最后是伏伊伏丁那地区，这里的人口可谓五花八门：（除了占绝大多数的塞尔维亚人）匈牙利人数量众多，还有克罗地亚人、斯洛伐克人、罗马尼亚人……

1946—1991 年的南斯拉夫联邦

被采纳的联邦形式是各方妥协的结果；

——确定一个能把克罗地亚人和塞尔维亚人完全分开的边界是不可能的，只好重新使用历史边界（1914年以前的），另外把波斯尼亚—黑塞哥维那升为共和国；

——为了不使塞尔维亚人占太大比重，黑山被单独划分出来；另外，在塞尔维亚共和国内，建立了两个自治省：伏伊伏丁那和科索沃；这样真正意义上的塞尔维亚仅占南斯拉夫人口的25%（克罗地亚：20%）；

——最后，马其顿被设为共和国。

共产主义政体保证了国家的整体团结。

由于该政体的建立完全脱离苏联，它从1948年6月开始招致斯大林方面的攻击也就不足为奇了。尽管南斯拉夫共产党宣布它从属于马克思列宁主义，但并不让步：它对"科米福 [共产党和工人党情报局（1947—1956年），是共产国际的后续机构，其主要权力由苏联把持。——译者注] 主义者"（亲苏联派）进行了严厉的镇压。1949年，苏联和一些人民民主国家与南斯拉夫中断

铁　　托

约西普·布罗兹山生在萨格勒布郊区的一户农民家庭，父亲是克罗地亚人，母亲是斯洛文尼亚人。他加入奥匈帝国的军队，1914年时来到塞尔维亚前线作战，后来又到了俄国前线并在那里被捕。十月革命爆发之时，他身处西伯利亚，在那里与布尔什维克党人建立了联系。

在20年代的南斯拉夫，他为共产党（地下组织）积极活动，1928年被判了五年的苦役。后来他多次来到苏联，取了铁托这个绰号，并最终于1937年成为共产党的领袖。他当时的战斗伙伴有E.卡德尔（斯洛文尼亚人，后来成为工人自治的理论家），M.吉拉斯（原籍黑山）和兰科维奇（塞尔维亚人）。

1941—1945年，铁托领导了南斯拉夫抵抗运动，然后成为国家领导直到1980年去世。由于他在战争中的角色（以及他面对斯大林的毫不妥协），他非常得民心，同时他生前也很懂得在保持南斯拉夫团结的同时，下放一定的自由。不过今天也有人指责他在运用分割自治政策时有些过头，结果导致了种族冲突的出现。

了关系。之后南斯拉夫便走上了一条自己特有的变革之路，如1950年开始的企业工人自治，1951年起在各共和国内展开的经济权力下放。

这条探寻"南斯拉夫特色"之路并非一帆风顺。1954年，米洛万·吉拉斯（抵抗运动的领导人之一）由于要求更根本的民主化而被解职并投入监狱。而相反，在接下来的十年里，被认为是铁托接班人的塞尔维亚人亚历山大·兰科维奇因为"集权主义"被免职。但他的忧虑在当时并不是毫无根据的：70年代初，民族主义的势力越来越壮大，几个共和国的政府都需要换届了。而1974年颁布的新宪法则强调了南斯拉夫的联邦特点（每个共和国不管人口如何，在联邦机关中拥有相同数目的选票）；另外，两个自治省获得了几乎和共和国差不多的地位。

分　　裂

这些矛盾冲突的结果便是导致后来（铁托死于1980年5月4日）的南斯拉夫陷入经济困境，而各个共和国政府之间的分裂只能加剧这种状况，因为每个政府都试图玩弄地方沙文主义，把困难的责任推给其他人。各地方经济发展水平的不同也为这种紧张态势火上浇油，相对富裕的国家斯洛文尼亚和克罗地亚觉得不太富裕的国家（波斯尼亚－黑塞哥维那、黑山、科索沃、马其顿）不能好好运用联邦的帮助，不愿意再资助他们。

分歧在80年代末达到顶点。一方面，塞尔维亚民族主义在米洛舍维奇的推动下朝着极端沙文主义方向发展；另一方面，斯洛文尼亚和克罗地亚越来越希望脱离联邦。1990年1月，斯洛文尼亚中断与南斯拉夫共产主义联盟的一切联系，不久克罗地亚也效仿为之。1991年6月，一个"塞尔维亚集团"（包括塞尔维亚、它的两个前自治区及黑山）形成，反对任何形式的联邦重组。6月25日，斯洛文尼亚和克罗地亚宣布独立。联邦军队———一直以来大部分军官为塞尔维亚人———立即出来反对克罗地亚分裂，一场真正的战争爆发了。

其实，对于南斯拉夫的前途各方都打着自己的算盘。斯洛文尼亚是想摆脱一个他们不再需要的体系，结果运气不错，轻易就达到了分裂出来的目的（接下来的事件证明了这一点）。克罗地亚也想建立一个独立的国家，然而他们不能忽视的是，克罗地亚的塞尔维亚人仍旧希望在一个南斯拉夫整体中保持与其他塞尔维亚人的联系。对于其他的南斯拉夫国家来说，分裂对他们没有任何好处。马其顿害怕重新变得弱小孤立，独自面对那些不太合作的邻国（如希腊）。而塞尔维亚则是不希望看到从1918年统一为一个国家——南斯拉夫——的祖国再次被割裂，受制于邻邦大国。若是没有米洛舍维奇的煽风点火，塞尔维亚人也只好默认这样的结局了？没有什么是确定的。就穆斯林而言，南斯拉夫的分裂无疑是个巨大的危险，因为在统一的南斯拉夫联邦，即使他们在地理上四处分散，也能简单地作为南斯拉夫人和平地生活。

战　　争

1991 年7月中旬爆发的战斗若说是南斯拉夫冲突，不如说是塞尔维亚和克罗地亚之间的冲突，因为联邦军队1991年夏就撤出了斯洛文尼亚（只进行了有限的几次对抗），1992年2月到3月撤出

1991 年开始的南斯拉夫联邦的分裂和战争

奥地利　匈牙利　罗马尼亚　意大利

斯洛文尼亚
卢布尔雅那
萨格勒布
克罗地亚
斯拉沃尼亚
佩奇
伏伊伏丁那
诺维萨德
武科瓦尔

达尔马提纳
比哈奇
巴尼亚卢卡
奥拉谢
布奇科
图兹拉
贝尔格莱德

波斯尼亚－黑塞哥维那
扎达尔
克宁
萨拉热窝
斯雷布雷尼察
热帕
塞尔维亚
保加利亚

达尔马提亚
斯普利特
亚布拉尼察
莫斯塔尔
戈拉日代
新帕扎尔
索非亚

特雷比涅
黑山
普里什蒂纳
杜布罗夫尼克
波德戈里察
科索沃

1994 年初的军事状况
被各方军事力量控制的领土
- 克罗地亚
- 波斯尼亚穆斯林
- 塞尔维亚和黑山
- 联合国安全区
- 联合国监视区

斯科普里
马其顿
地拉那
希腊
萨洛尼卡
阿尔巴尼亚
100 km

马其顿。冲突从根本上说集中在塞尔维亚－克罗地亚内部联邦时期留下的几条边界的合法性上。对边界满意的克罗地亚人和穆斯林认为边界是合法的，认为保护少数民族（主要是塞尔维亚人）应由相应的法律条文来实现。而塞尔维亚人否认这些边界的合法性，认为这些边界是人为的，它们分割了塞尔维亚。国际社会（欧共体、联合国）依据反对重新质疑边界的原则支持了克罗地亚人和穆斯林的观点。也许塞尔维亚当局本该屈服，但他们却决定用武力达到重新划分的目的，而拥有前联邦的军队使他们一上来就有强大的军事力量。

国际社会尽管有些犹豫，但还是承认了前南斯拉夫各共和国分裂出来的权利。1992 年 5 月 22 日，联合国接受斯洛文尼亚、克罗地亚和波斯尼亚－黑塞哥维那为成员国，这样做的同时，国际社会也就认为塞尔维亚－黑山（或称为贝尔格莱德当局，前联邦当局）为侵略者。

国际社会的行动首先有四种形式：

——在欧共体和联合国的保护下，冲突方面进行谈判；

——联合国维和部队进驻克罗地亚的塞尔维亚人区和波斯尼亚－黑塞哥维那；

——对塞尔维亚－黑山施行禁运；

——1993 年在海牙设立前南斯拉夫国际刑事法庭。

然而这些行动没有阻止塞尔维亚当局达到他们的主要目标，即保持从塞尔维亚到波斯尼亚北部边境区（波萨维纳通道）塞尔维亚控制地区的领土连续性。另外，这些行动也未阻止塞尔维亚军方对波斯尼亚、东黑塞哥维那以及中西波斯尼亚的穆斯林的大批驱逐。同样，克罗地亚也对克宁地区和西斯拉沃尼亚的塞尔维亚少数民族进行了"种族清洗"。

根据1995年12月签订的美国的代顿计划，波斯尼亚－黑塞哥维那被一分为二，即波斯尼亚－黑塞哥维那联邦（克罗地亚人和穆斯林）和塞尔维亚共和国。

马其顿人

从某种角度来说，马其顿民族是欧洲各民族中最年轻的一员——第二次世界大战之前人们对"马其顿人"还未予以承认。他们是1912年从土耳其人手中解放出来的斯拉夫人，从19世纪最后三十年起，塞尔维亚与保加利亚就对这些人的归属问题开始了争执：他们到底是塞尔维亚人还是保加利亚人？1946年，南斯拉夫联邦解决了这个问题：马其顿人构成一个独立的民族，马其顿成为共和国。

被争夺的地区

马其顿这个名字首先被腓力二世所用，他于公元4世纪建立了这个声名显赫的王国，在他的儿子亚历山大大帝统治下国家逐步走向富强昌盛。然而好景不长，它被罗马帝国征服后，又成为东罗马帝国的一部分。公元7世纪开始马其顿（内地）便成为了拜占庭和保加利亚的争夺焦点。奥赫里德，东正教的中心（也几度是保加利亚的首都），在斯拉夫人的宗教信仰中扮演着重要的角色，特别是对塞尔维亚人尤为重要。

在公元1000年左右，拜占庭人赶走了保加利亚人，但保加利亚人于12世纪重新出现在此地，此时他们在这儿的竞争对手变成了塞尔维亚人。一个塞尔维亚人史蒂芬·杜山于1346年在斯科普里（现在马其顿共和国的首都）加冕为"塞尔维亚和希腊的皇帝"。从这个时期开始，无论是塞尔维亚人还是保加利亚人都把这里的斯拉夫人看做自己国家的人。

奥斯曼帝国打消了两者的野心，14世纪80年代，土耳其人成为这里的主宰，并一直坚持到1912年，从而有很多土耳其人定居在马其顿，融入到斯拉夫人的生活，这里同时还有希腊人、阿尔巴尼亚人以及瓦拉几亚人。

保加利亚人还是塞尔维亚人？

虽然有些晚，但还是保加利亚方面首先觉醒：为了满足他们的要求，1870年在东正教会内部建立了一个保加利亚管辖区，包括马其顿的主要部分，总部设在韦莱斯。之后1877—1878年的土、俄战争促成了《圣斯特凡诺条约》的签订：土耳其国王将承认一个包括马其顿的大保加利亚的建立。但俄国的企图被其他几个强国遏制了，1878年的柏林会议将马其顿划给了土耳其。从那时起纷争就不断地升级了。一些委员会的成员要求自治。1893年，保加利亚开始支持

马其顿国内革命组织，动乱与恐怖袭击不断发生，1903年8月2日开始的圣艾里起义持续了3个月。土耳其军队烧毁了比托拉市周围的近200个村庄，并纵容他们的非正规军到处烧杀抢掠。欧洲各方势力介入，要求作一些改革，1904年在该地区建立了具有国际人员配置的宪兵队，第二年，进行了人口普查。

外国势力的介入引起了土耳其民族主义者的反感——"奥斯曼自由委员会"于1906年在萨洛尼卡建立，这个委员会的成员在1908年土耳其少壮派革命中扮演了重要角色。但是为时已晚，在第一次巴尔干战争中（1912年10月至1913年3月），塞尔维亚占领了相当于今天的马其顿的土地。保加利亚在失望之余，于6月将矛头指向了他的前盟友。而这是徒劳的：在1913年8月的《布加勒斯特条约》中，塞尔维亚得到了内马其顿（南马其顿归希腊）。在1915年10月的战争中，保加利亚站在同盟国一方，终于得以复仇——它在德国军队的帮助下占领了马其顿。三年以后，协约国击破东部战线，保加利亚不得不签订停战协议，马其顿重回到塞尔维亚的控制之下。

在塞尔维亚、克罗地亚和斯洛文尼

亚王国中，马其顿没有任何特殊地位。两次世界大战期间南斯拉夫的人口调查中，马其顿人也被记入到克罗地亚一塞尔维亚人中：不承认马其顿人的不同，其实是不想给保加利亚人提供任何借口。而保加利亚这边则不断地支持和帮助马其顿的骚乱，一直到20世纪末(见"保加利亚人"一章)。第二次世界大战在1941年给保加利亚提供了机会再次兼并马其顿（除了让给受意大利控制的阿尔巴尼亚的土地)。保加利亚不断努力去同化马其顿人;·但苏联红军的到来结束了这种情形。

马其顿与南斯拉夫联邦

1946 年，马其顿语——来源于斯科普里南70公里的普里利普周围的斯拉夫方言——被确定为刚刚建立的马其顿共和国的官方语言。不过马其顿共和国并不是个单一民族的国家，它包括大量的讲阿尔巴尼亚语的少数民族(在马其顿的西北部地区，这里与阿尔巴尼亚和科索沃交界)。这里还有说土耳其语的居民，毕竟奥斯曼帝国在这里统治了五个世纪。此外，在如今希腊的马其顿地区，还有一些马其顿

(斯拉夫)少数民族，他们今天已经非常希腊化了。

艰难的独立路程

1990 年，南斯拉夫联邦处于解体的边缘，马其顿人采取了谨慎的态度，在1990 年11月至12月间的自由选举后，于次年1月通过了《主权宣言》。共产主义联盟前主席基罗·格利戈罗夫被选为共和国总统。1991年的全民公决虽然遭到阿尔巴尼亚的强烈反对，但仍选择了独立之路。

希腊强烈反对欧共体对马其顿的承认，它认为马其顿没有权利使用一个来源于希腊的名字。

1993 年4月，马其顿与希腊达成妥协，马其顿成为联合国成员，称谓为前南斯拉夫马其顿共和国。一直到1996年8 月，在马其顿改变国旗的基础上，希腊和马其顿才互相承认。

科索沃危机的两年后，2001年3月阿尔巴尼亚武装起义在马其顿爆发，起义开始于与科索沃交界的山区。8月13日解除武装的协议达成，11月15日宪法改革被认可，使得阿尔巴尼亚团体的各种政治文化要求得到了回应。

1913 年　第一次巴尔干战争，塞尔维亚战胜土耳其后，兼并了相当于今天的马其顿共和国的土地，而南马其顿落到了希腊手中。

1925 年　内马其顿被归入南斯拉夫王国，其中包括1919年保加利亚让出的部分土地。

1942 年　内马其顿大部分的土地并入保加利亚的版图，其余的部分归入阿尔巴尼亚（当时还属于意大利）。

1946—1991年　马其顿共和国于1946年成立。

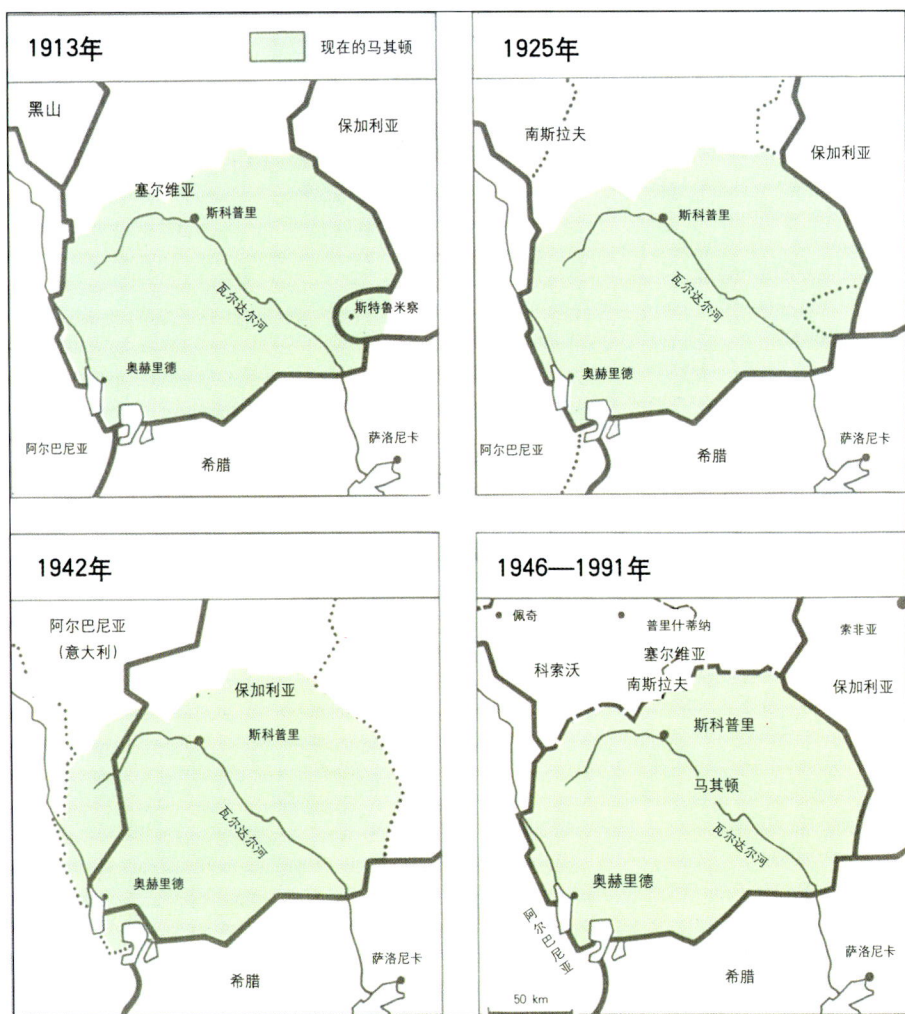

马 其 顿

马其顿语：Makedonija

共 和 国

人口（2000年）·· 2 034 000人

面积 ··· 25 700平方公里

首都 ·· 斯科普里

人口构成（1994年）

马其顿人 ·· 66.5%

阿尔巴尼亚人 ··· 23%

土耳其人 ·· 4%

茨冈人 ··· 2.3%

塞尔维亚人 ··· 2%

宗　　教

马其顿的传统宗教是东正教。

马其顿以外的马其顿人

希腊（估计）··· 200 000人

塞尔维亚（1981年）··· 49 000人

1946—1992年使用的国旗沿用了马其顿的传统颜色。1992年采用的国旗中间为太阳，周围是12束光带，这是古希腊时期马其顿的象征。但是希腊坚决反对使用这个标志，于是1995年被修改的国旗使用了8束光带。

保加利亚人

　　保加利亚人在战胜奥斯曼帝国后瓜分土地时与塞尔维亚人成为对立方，也再没有与其他南方的斯拉夫人融为一体。尽管经过多次尝试，保加利亚也没能够建立一个持久的包括所有保加利亚人的国家，这个国家当然也包括马其顿人——他们希望如此而且也不无历史渊源。1946年南斯拉夫联邦承认马其顿人身份的同时也最终平息了数百年的冲突。

在土耳其控制之下的古保加利亚

　　保加利亚人的起源和匈牙利人一样，并不是斯拉夫人。不过匈牙利人一到所控制的地区，就把当地人 (毕竟不是很多)匈牙利化；而在保加利亚却发生了完全相反的事情，后来者变得越来越斯拉夫化。这些新居民，我们称之为古保加利亚人，他们讲着土耳其语，是从里海的北岸来的。7世纪的下半叶，他们居住在多瑙河下游附近。681年，拜占庭将巴尔干山脉的北部地区给予了阿斯巴鲁赫可汗，这是最初的保加利亚国家，国都定于普利斯卡 (在国家的东部)，国家也包括瓦拉几亚平原。一直到9世纪中叶，所有可汗都保留了土耳其语的名字。

保加利亚帝国

"古保加利亚"过渡到保加利亚，是与古保加利亚人改信基督教同步的，发生在865年左右鲍里斯一世统治时期。几年以后，一个独立自治的保加利亚教会和大主教诞生了（下个世纪便有了总主教）。西里尔和美多德的弟子克雷芒等人引入教会斯拉夫语礼拜仪式，从而确定了保加利亚的斯拉夫特征。

鲍里斯一世的儿子西美昂于913年被加封为沙皇，并于926年将首都迁到离普利斯卡很近的普雷斯拉夫。他的帝国一直向东扩展，把马其顿和现在的塞尔维亚及阿尔巴尼亚的土地也囊括了进去，同时在文学与艺术上也有了飞速的发展。

西美昂帝国（893—927年）

西美昂死后，国家开始衰退。匈牙利人和古捷克人侵入多瑙河北部地区，塞尔维亚脱离统治，拜占庭人开始出击。国王萨穆伊尔试图在以马其顿的奥赫里德为中心的地区进行反击，但是拜占庭的皇帝巴西尔二世——绰号"保加利亚屠夫"——展开了一场毫无人道的战争。1014年，他将1.4万名保加利亚战俘弄瞎，每100人中留一个独眼的人引路返回国家；萨穆伊尔在震惊和愤怒中死去。四年后，保加利亚的最后一位国王战死。

拜占庭统治保加利亚时期经历了十字军东征以及古捷克人和库曼人的入侵，直到12世纪末以保加利亚人起义而告终。第二帝国建立，很快第二帝国就恢复到与西美昂时期相同的领土面积，建都现在的大特尔诺沃。教会重新自治，保加利亚迎来了它的第二个文化发展期。但是1242年蒙古人入侵（从匈牙利返回）给保加利亚带来了沉重的打击。接下来尽管有一些统治者将各股势力重新统一了起来，但国家还是一点一点地开始解体。当奥斯曼帝国开始进攻的时候(1382年占领索非亚)，保加利亚已经分裂成两个王国：特尔诺沃王国和维丁

王国 (塞尔维亚的邻国)，前者于1393年被占领，后者于1396年沦陷。同一年，匈牙利和法国的联军在多瑙河南岸的尼科波尔战败，他们本来是试图将奥斯曼击退的。1444年，瓦尔纳战役失败标志着第二次干预失败，波兰—匈牙利国王弗瓦迪斯瓦夫三世也死于该战役中。

奥斯曼土耳其人的统治

从14世纪末到18世纪末，保加利亚不复存在了。从1393年起，在土耳其苏丹的授意下，保加利亚的主教被免职了，教会直属于君士坦丁堡大教区的管辖，抛弃了教会斯拉夫语，渐渐希腊化。而在战争中残留下来的贵族们要么被放逐到安纳托利亚高原，要么改变信仰。然而大部分农民仍为东正教徒，只有一小部分生活在西南部的保加利亚人——又称波马克人——成为了穆斯林，直至今天。另外，一些土耳其人在保加利亚各个地区扎下了根。

18 世纪下半叶，土耳其与俄国的冲突一点点地打破了保加利亚四面楚歌的境况。1768年土耳其发动的战争促使俄

在保加利亚南部和东北部有大量讲土耳其语的少数民族，波马克人是讲保加利亚语的穆斯林。

国军队穿过摩尔达维亚和瓦拉几亚一直来到保加利亚，俄军于1774年在保加利亚的舒门取得了胜利，从而签订了《凯纳甲湖条约》，允许俄国保护奥斯曼帝国的东正教徒，这也为他们以后的干预埋下了伏笔。希腊人的暴动给了他们出兵的借口，1829年，俄国军队控制了保加利亚的大部分地区，并夺得了安德里诺堡。之后签订的条约使俄国成为摩尔达维亚和瓦拉几亚的保护国。保加利亚依然处于土耳其的统治之下，但是很明显，对于这次变动保加利亚人是不会无动于衷的，一些保加利亚人开始向瓦拉几亚、摩尔达维亚和比萨拉比亚迁移。

保加利亚的觉醒是从近代开始的。当地的资产阶级——主要是商人和手工业者——开始出现，一些学校建立起

来，保加利亚语的出版物也出现了。在人民大众的压力下，斯拉夫语的礼拜仪式又重新回来，土耳其国王不得不在1870年——违背君士坦丁堡大主教的意志——设立了一个独立的保加利亚主教职位。然而紧张的气氛还是不断加剧：来自俄国的穆斯林难民 (切尔克斯人以及克里米亚战争后来到此地的鞑靼人) 定居到保加利亚引起了强烈的不满，同时移居到布达佩斯的保加利亚民族主义者也逐渐组织起来。

解　放

1875 年，在波斯尼亚爆发的起义第二年波及了保加利亚。土耳其对起义军进行了残酷的镇压，土耳其的非正规军也加入了镇压，他们在保加利亚进行了

语言和文化

保加利亚文学起源于宗教，它的第一次蓬勃发展是在10世纪初西美昂的统治时期，当时克雷芒出任奥赫里德的主教。14世纪，保加利亚文学又经历了一次飞速发展，代表人物为特尔诺沃的尤锡米乌斯，他集作家、宗教领袖 (后被任命为主教)、语法学家、教育家等于一身，还领导了抵抗土耳其的运动。

第二次发展要等到18世纪末，代表人物为圣山的僧人派西乌斯，他的作品《保加利亚斯拉夫人的历史》唤醒了人们的民族意识。19世纪上半叶，现代保加利亚语从教会斯拉夫语中脱离出来，最终形成。

疯狂的屠杀和破坏。欧洲对土耳其的行为非常愤怒，称其为"保加利亚灾难"。在土耳其苏丹拒绝保加利亚自治后，俄国于1877年宣战，并在罗马尼亚军队和保加利亚军团的支持下占领保加利亚。在1878年1月，俄国人到达君士坦丁堡城下，强迫土耳其苏丹签订了《圣斯特凡诺条约》(1878年3月)，约定建立一个自治的保加利亚公国，这个公国的领土面积相当广阔，基本上占据了土耳其帝国的欧洲部分。这在欧洲引起了不满。1878年7月结束的柏林会议以牺牲保加利亚人民的利益而达成共识：自治的保加利亚公国是一定要建立的，但是它的面积大大缩小了(索非亚地区和巴尔干北部地区)。南部地区(马里查盆地)成为奥斯曼的东鲁梅利亚省，有一定的自治权。

公国中，1879年在特尔诺沃召开的议会通过了一部宪法(在当时已相当民主，但是根本无法实现……)，并选举当时女沙皇的侄子、巴腾贝格的亚历山大为大公。在东鲁梅利亚，各列强的代表起草了一份"建制章程"：政府长官由土耳其国王任命并得到各个西方列强的同意，且由选举出的议会辅佐。

1878年　《圣斯特凡诺条约》(1873年3月)勾画出一个幅员辽阔的保加利亚，它能将土耳其分成几段……但是此条约却从没有实现过。

1878—1885年　《柏林条约》(1878年8月)建立了保加利亚公国和奥斯曼帝国的东鲁梅利亚省，前者1885年将后者兼并。

1878年　　　现在的保加利亚

塞尔维亚　罗马尼亚　索非亚　保加利亚　黑海　斯科普里　安德里诺堡　萨洛尼卡　奥斯曼帝国

1878—1885年

塞尔维亚　罗马尼亚　马其顿　保加利亚　索非亚　普罗夫迪夫　东鲁梅利亚　黑海　斯科普里　安德里诺堡　奥斯曼帝国　萨洛尼卡

《圣斯特凡诺条约》后的保加利亚

虽然《圣斯特凡诺条约》划定的保加利亚只是虚幻地存在过，然而它一直以来都被当做一个参照，因为它让人想到了西美昂的帝国和特尔诺沃作为首都时的保加利亚。对于保加利亚政府来说，它也成为了国土收复主义的框架。

19世纪末，在斯坦博洛夫的努力下，东正教主教终于在奥赫里德和韦莱斯（斯科普里南部）——当时还是土耳其的领土——任命了保加利亚主教。1903年，色雷斯和马其顿地区保加利亚人起义，三个月后被土耳其镇压。

保加利亚人三次试图用武力来废除《柏林条约》的"不公正"——1913年进攻它的前盟友塞尔维亚和希腊；1915年对塞尔维亚开战；1941年对南斯拉夫开战。三次尝试均以失败告终。

独立的保加利亚

把保加利亚人民分割开并不能阻止保加利亚的民族主义不断壮大。1885年，保加利亚军队占领了东鲁梅利亚。这引起了塞尔维亚的强烈反应，而保加利亚大获胜利（奥匈帝国的介入挽救了塞尔维亚的溃败）。同时俄国也作出反应，因为亚历山大没有征询俄国的意见并将他的俄国部长一一驱逐。圣彼得堡策划了针对亚历山大的军事政变，尽管有民族主义者的支持，但亚历山大最终还是被迫让位。尔后斯特凡·斯坦博洛夫（因1876年的起义而享有声望）掌握了国家政权，1887年议会选举了萨克森—科堡的斐迪南为新的大公，1894年斐迪南终于摆脱了斯坦博洛夫，后者一直在实行独裁统治（1895年遇刺身亡）。1908年9月22日，在奥匈帝国的协助下，斐迪南在特尔诺沃宣布保加利亚独立，自称为沙皇。

巴尔干战争

保加利亚于1912年2月与塞尔维亚

结盟，3月与希腊建立联盟，10月对土耳其宣战。1913年3月，安德里诺堡被攻占，土耳其投降，并于1913年5月30日签订了《伦敦条约》，土耳其放弃了伊诺斯—米提亚一线以东的全部土地。但是瓜分战利品却引起了巨大分歧，东线作战的保加利亚认为自己是主要战胜国，而夺取马其顿的却是塞

保加利亚

保加利亚语：Bǎlgarija

共 和 国

人口（2000年） ·· 7 949 000人

面积 ··· 111 000平方公里

首都 ·· 索非亚

人口构成（估计）

保加利亚人（＊） ······································· 8 200 000人

土 耳 其 人 ·· 700 000人

宗　　教

大部分保加利亚人为传统的东正教徒，除波马克人（讲保加利亚语的穆斯林，人数为10万～20万）和说土耳其语的居民（也是穆斯林）。

保加利亚以外的保加利亚人

乌克兰（1989年） ·································· 234 000人

塞尔维亚（1981年） ································ 31 000人

（＊）包括大约15万～25万的茨冈人，统计时并未单独列出。

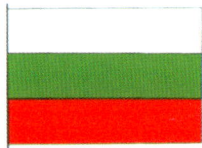

国旗受到了19世纪俄国旗帜（当时中间的横条是蓝色而不是绿色）的启发。1947—1991年，国旗上角靠近旗杆的地方有一个人民共和国的象征图案，由681年（保加利亚民族诞生的时间）和1944年（保加利亚从法西斯统治下解放的时间）的变体字构成。

尔维亚。因此，1913年6月23日斐迪南下令（在没有宣战的情况下）进攻塞尔维亚和希腊。第二次巴尔干战争爆发了，由于罗马尼亚和土耳其的加入使得战争向不利于保加利亚的方向发展。1913年8月10日《布达佩斯条约》签订，保加利亚当然得到了南部的领土，其中包括色雷斯的一部分，能够使其通到爱琴海，但它必须将南多布罗加让给罗马尼亚，同时塞尔维亚也理所当然地控制内马其顿。另外，保加利亚还必须将安德里诺堡和东色雷斯还给土耳其（《君士坦丁堡条约》）。

两次世界大战

经过反复考虑，1915年9月，保加利亚和奥匈帝国结成了联盟，10月14日对塞尔维亚宣战。塞尔维亚被击溃后，穿过阿尔巴尼亚向海边撤退。保加利亚占领了原塞尔维亚控制的马其顿地区，对抗10月5日在萨洛尼卡登陆的协约国联盟部队——这便是"东部战线"，位于希腊的北部边界。1916年8月，罗马尼亚参战，保加利亚与同盟国军队一起迅速反击，占领了1913年让出的多布罗加南部。

1918年9月18日，东线被突破，迫使保加利亚于29日签订了停战协定。10月3日，斐迪南让位给他的儿子鲍里斯三世。1919年11月27日签订的《讷依条约》迫使保加利亚在土地控制权上作出了进一步的让步：罗马尼亚收回南多布罗加，塞尔维亚又兼并了一些小块领土，而希腊则占领了西色雷斯，这割断了保加利亚与爱琴海的联系。1923年，希腊人驱逐了住在色雷斯和马其顿地区大约25万保加利亚人，为了将此地腾给土耳其胜利后从小亚细亚地区来的希腊难民。

在两次世界大战之间，保加利亚内部始终动荡不安。首先是亚历山大·斯坦博利斯基的"农民联盟"，后来亚历山大被推翻，1923年被暗杀。接下来是共产党起义，但迅速被镇压了，后来又是恐怖主义不断发展把保加利亚搅得一团糟。米哈伊洛夫领导的"科米塔吉斯"（19世纪末创建的马其顿国内革命组织成员）渐渐与克罗地亚的乌斯塔沙走近（他们都得到墨索里尼的支持）。1934年，在马赛刺杀南斯拉夫国王亚历山大的人，就是一个为乌斯塔沙服务的马其顿国内革命组织成员。同年，政府官员策划了国家政变。次年，国王鲍里斯三世开始实行独裁统治，并终于得以向希特勒德国示好。

1940 年，罗马尼亚被迫将比萨拉比亚和布科维纳的北部让给苏联，而后又将特兰西瓦尼亚的北部让给匈牙利，而保加利亚也要求收回南多布罗加，并于同年9月7日将此地重新纳入版图（《克拉约瓦协议》）。1941年3月，保加利亚加入了三国协定，得到了马其顿的大部分、塞尔维亚的皮罗特地区、色雷斯和希腊马其顿的部分地区。保加利亚政府不断争取马其顿人民的好感，力图将马其顿融入本国；而同时，把近10万的希腊人从色雷斯地区驱逐出去，代之以保加利亚居民（这是对希腊人1923年施行的驱逐行动的报复）。不过鲍里斯三世拒绝加入对抗苏联的战争，也拒绝把保加利亚犹太人交给德国纳粹。1943年8月，鲍里斯三世突然死亡，他的继承人西美昂二世年仅6岁。

1913—1915年　在第二次巴尔干半岛战争结束后，保加利亚将南多布罗加割让给罗马尼亚，但同时向南部扩充，将西色雷斯纳入自己的版图中，使得国土直达爱琴海。

1924 年　根据1919年的《讷依条约》，保加利亚将西色雷斯割让给希腊，并将一部分边界地区让给南斯拉夫。

1942 年　1940年，保加利亚从罗马尼亚手中重新得到了南多布罗加的控制权。1941年，西边，保加利亚兼并了南斯拉夫控制的马其顿的大部分地区和塞尔维亚的一部分；南边，它得到了西色雷斯和希腊控制的马其顿的部分地区。而与土耳其相邻的地区被德国占领。

季米特洛夫

格奥尔基·季米特洛夫是一名印刷工人，他在1914年以前就成为了列宁主义者，在战后创立了保加利亚共产党，并于1923年组织了共产党起义。被判处死刑后，他曾到过南斯拉夫、奥地利、德国，1933年3月在德国由于国会纵火案而与一些保加利亚人和荷兰人范德吕伯一起被起诉，他在莱比锡法庭上的藐视态度成为反纳粹主义的典范。1934年他被释放后，接受了苏联国籍，定居在莫斯科。曾在苏联担任重要职位，如共产国际总书记（一直到1943年共产国际解散）、苏联的最高苏维埃议员、苏联共产党对外事务部主任。

季米特洛夫于1945年11月返回保加利亚，领导了保加利亚人民共和国的建立并成为政府首脑。他努力促成巴尔干地区国家的联盟（特别是和南斯拉夫），然而遭到了斯大林的断然反对，1948年他向斯大林屈服，次年死于莫斯科。

共产主义的保加利亚

保加利亚的领导人在1944年的时候试图与盟军和解，但为时已晚。8月，苏联军队进入罗马尼亚；9月5日，苏联对保加利亚宣战。在接下来的一段日子里，保加利亚投降，向德国宣战，并将其军队从希腊和南斯拉夫撤出。9月16日，苏联军队进驻索非亚（他们掌握该地区一直到1947年底）。10月28日，在莫斯科签订了停战协定，同时把权力转交给了共产党。9月9日政变后，政府一直由"爱国阵线"控制。这时共产党是国家唯一有组织的力量，它的许多干部是直接从苏联过来的，在占领军的支持下它迅速控制了国家的全部机构。全民表决废除了保加利亚的君主制度，人民共和国于1946年9月15日宣告建立。苏联的"支持"至少有一点儿好处：《巴黎条约》（1947年）中，保加利亚得以保存了南多布罗加地区。

1947年，非共产党的政治领袖开始被清除，其中就有农民党的领袖尼古拉·佩特科夫。1949年"大清洗"在共产党内部展开：苏联培养的干部将其他干部排挤，称他们是"铁托主义"。斯大林主义的忠实信徒瓦尔科·切尔万科夫成为保加利亚共产党的领袖，1954年把职位交给托多尔·日夫科夫，他彻头

保加利亚的土耳其人和穆斯林

20 世纪80年代，面对权力减弱的威胁，日夫科夫打出了一张民族主义牌，他对当时国内近百万的土耳其人实行同化政策，如必须使用斯拉夫名字，禁止在公共场合讲土耳其语等，于是与其邻国土耳其的关系开始紧张。1989年中期，日夫科夫鼓励想离开保加利亚的土耳其人去土耳其，近30万土耳其人越过边界来到土耳其，使得安卡拉政府不得不迅速关闭边界。

新政体恢复了土耳其少数民族的权利，终于使他们安定下来。土耳其人与波马克人（讲保加利亚语的穆斯林）建立联系，组成土耳其人和穆斯林"争取权利与自由运动"党，并在1990年6月进行的选举中取得了意想不到的胜利。

彻尾地跟随着苏联的政策，但遭遇到了戈尔巴乔夫的"经济改革"。

1989 年以后的保加利亚

1989 年11月，托多尔·日夫科夫被革职并被指控有腐败行为（三年后，他被判入狱七年），他的接班人佩特尔·姆拉德诺夫将共产党转为社会党，在1990年6月的自由选举中得到了国会400个席位中的211席。在人民的压力下，前共产党党员不得不与其反对党（民主力量联盟）共同掌权。1991年议会通过了一个新的宪法。在1991年的立法选举中，民主力量联盟得到了110个席位，社会党得到了106席，而土耳其及波马克人的"争取权利与自由运动"党得到了24席。1992年1月，民主力量联盟主席热柳·热列夫在全民选举中当选为国家主席。

七年后，人们开始对各政党的行事作风失望从而失去信心，其表现之一是：在2001年的议会选举中，萨克森—科堡的西美昂——被废除的前国王西美昂二世——得到了43％的支持而当选为总理。

阿尔巴尼亚人

在许多方面，阿尔巴尼亚不同于欧洲的其他国家，他们的语言与所有邻邦的印欧语系语言大相径庭，自成一体；大部分阿尔巴尼亚人是穆斯林，或至少保留着穆斯林的传统。阿尔巴尼亚经过了漫长而艰苦的斗争，直到20世纪才独立，建立了阿尔巴尼亚共和国，但它只聚集了不到60%的讲阿尔巴尼亚语的人，其余阿尔巴尼亚人大部分分布在科索沃（塞尔维亚）、马其顿，还有少数在黑山。

奥斯曼土耳其人的统治

在公元6—7世纪斯拉夫人向巴尔干半岛渗透之际，伊利里亚人（阿尔巴尼亚人的祖先）在今天的阿尔巴尼亚扎下根来。接下来，该地成为拜占庭和保加利亚争夺的对象，并且罗马教会（如今在斯库台地区依然占有优势）和东正教会也对该地觊觎已久。

13世纪下半叶，阿尔巴尼亚被法国人统治。1272年，安茹王朝的查理自封为"阿尔巴尼亚国王"。不到一个世纪，塞尔维亚人史蒂芬·杜山把安茹人赶走，兼并了该地。在他之后，阿尔巴尼亚陷入了无政府状态，奥斯曼帝国开始把它视为口中的猎物。此时，各地起义不断，其中就有1444年斯坎德培领导的起义。在他的领导下，直至1468年他去世时阿尔巴尼亚一直处于独立的状态。他去世之后不久，土耳其人重新占领了阿尔巴尼亚，而此时阿尔巴尼亚人也开始向意大利南部和西西里迁移，他们的后代在那里一直生存到现在。

被奥斯曼土耳其兼并后，很大一部分阿尔巴尼亚人改信伊斯兰教，国家渐渐被一些大封建领主瓜分，他们逐渐试图脱离土耳其苏丹的统治。然而土耳其政府在19世纪上半叶终于摧毁了封建领主的反抗，并在镇压了1847年的起义后

斯坎德培

斯坎德培（斯坎德尔贝哥）是阿尔巴尼亚的民族英雄，又名乔治·卡斯特里奥蒂，因为他的家族原籍卡斯特拉村（阿尔巴尼亚东北端），在当地地位显赫。乔治作为土耳其的人质，在土耳其皇宫里度过了他的青年时代，并成为一名优秀的穆斯林卫队长，被称为伊斯坎德尔·贝（亚历山大王子），这就是斯坎德培这个名字的来历。

他回到家后成为家族首领，发动起义，重新改信天主教。1443年，他占领了克鲁亚要塞（克鲁亚市位于现在的地拉那北部），直至控制了整个北阿尔巴尼亚。他多次击退土耳其发动的进攻，直到1468年去世之时仍未打过败仗。他生前与约翰·匈雅提时代的匈牙利、威尼斯（1479年放弃克鲁亚）以及那不勒斯均建立了联盟。

阿尔巴尼亚语

阿尔巴尼亚语在印欧语系里是一个特例，它继承自伊利里亚语，在罗马帝国时期整个亚得里亚海东岸都讲伊利里亚语。有间接证据证明，14世纪（可能也包括这之前），阿尔巴尼亚语用拉丁字母书写，但是直到16世纪后才有一定数量的文字记载证明该点。

在尝试了不同字母（西里尔字母、希腊字母、阿拉伯字母）书写后，1908年阿尔巴尼亚语重新使用拉丁字母，并区分出两种方言：托斯克语，在阿尔巴尼亚南部使用，也是意大利阿尔巴尼亚殖民地的语言；盖格语，在北方和科索沃地区使用。1945年，托斯克语被选为官方语言的基础。1972年的会议（地拉那）统一了阿尔巴尼亚、科索沃和意大利地区的阿尔巴尼亚语的拼写。

在该地设立了行政机关。

1878年，塞尔维亚和黑山独立，要求得到更多的领土，这使阿尔巴尼亚人很不安 (黑山在1881年兼并了乌尔辛杰)。阿尔巴尼亚建立联盟并要求自治，而土耳其坚决反对，但问题并未解决。1887年第一所阿尔巴尼亚学校在科尔察开放，标志着民族已经开始觉醒。

独　立

第一次巴尔干战争爆发，周边国家的野心促使阿尔巴尼亚于1912年11月28日宣布独立 (发罗拉会议)。伊斯梅尔·切马尔成为临时政府的主席，并不断游说于各强国之中。1913年7月的伦敦会议上，阿尔巴尼亚成为一个中立的独立国家。同年，它的边界确定，大量的阿尔巴尼亚人留在了黑山尤其是塞尔维亚地区 (科索沃)；南部边界穿过希腊和阿尔巴尼亚人的混居区。列强选择了德国人威廉为新统治者，他是奥匈帝国和意大利提出的候选人，并把都拉斯定为首都。新统治者于1914年3月到任，但很快就被两次起义所推翻——南方革命由希腊所支持，另一个有利于土耳其人的起义在地拉那地区。9月，威廉离开了阿尔巴尼亚，该地重新陷入无政府状态。

虽说中立，但阿尔巴尼亚并没有远离第一次世界大战的困扰。1915年底，塞尔维亚军队穿过阿尔巴尼亚撤退，奥

1913 年　阿尔巴尼亚重新独立后，没有包括吉罗卡斯特地区 (南部)。
1924 年　1923年希腊人把吉罗卡斯特地区让给了阿尔巴尼亚。
1942 年　由于1939年归附意大利，阿尔巴尼亚得到了前南斯拉夫境内阿尔巴尼亚人居住的地区。

匈帝国的军队随后追击，而希腊军队此时深入到了阿尔巴尼亚的南部地区。1916年10月联军在萨洛尼卡登陆，"东部战线"把阿尔巴尼亚一分为二，意大利和法国军队(他们驱逐了希腊军队)控制着阿尔巴尼亚南部三分之一的土地。

意大利在战争结束的时候，希望能够得到阿尔巴尼亚的托管权。但是1920年，一个统一的政府在地拉那建立。外国军队允诺撤军，并承认阿尔巴尼亚为主权国家，边界与1913年时相同。1923年希腊又将吉罗卡斯特地区(希腊语的阿吉罗卡斯特龙)让给了阿尔巴尼亚。阿赫梅特·索古——1922年担任政府首脑，1923年由于起义被驱逐，1924年重新掌握政权——成为共和国的总统，通过推行强权政治，使得国家重回正轨。他在1928年9月1日加冕为阿尔巴尼亚国王，号索古一世。然而他没能摆脱意大利对阿尔巴尼亚逐渐增强的经济控制，这使得墨索里尼可以对阿尔巴尼亚施压。1927年两国签订了盟约。

从意大利人到恩维尔·霍查

1939年4月7日，意大利军队占领了阿尔巴尼亚，索古一世只得逃亡。意大利国王维克多·伊曼纽尔三世成为阿尔巴尼亚国王，阿尔巴尼亚完全成为了意大利的殖民地。作为交换，意大利允许建立一个"大阿尔巴尼亚"。但是1940年10月对希腊的进攻受挫，使得意大利必须从科尔察和吉罗卡斯特撤出。直到1941年4月德国及其盟军占领希腊和南斯拉夫才使得阿尔巴尼亚有机会向东北部进行扩张。

1941年11月，恩维尔·霍查领导了共产主义抵抗运动，并在1942年建立了全国解放阵线。共产主义者和索古领导的民族主义者之间关系逐渐紧张。1943年到1944年的冬天(意大利人于1943年9月投降)，德军与游击队的战斗进入胶着状态，德国人举步维艰，恩维尔·霍查顺理成章地成为国家领导人，随即他便开展了对反对派的清洗运动，扫除异己，这几乎演变成一场国内战争。1944年底，他的党派控制了全国，临时政府于10月建立。

铁托领导的南斯拉夫共产党对阿尔巴尼亚共产主义者的抵抗运动给予了很大的支持，因为铁托想在战后把阿尔巴尼亚纳入他谋划已久的南斯拉夫联邦。解放后，共产党中亲南斯拉夫派首领科

阿尔巴尼亚

阿尔巴尼亚语：Shqipëria

共 和 国

人口（2000年）　·································· 3 134 000人

面积　·································· 28 750平方公里

首都　·································· 地拉那

人口构成

少数民族为希腊人（居住在国家南部），据估算约有20万人。

宗　　教

近三分之二人口保持穆斯林传统；一小部分为天主教教徒，在斯库台地区；少部分
东正教教徒居住在南部地区。

阿尔巴尼亚以外的阿尔巴尼亚人（1981年）

塞尔维亚　·································· 1 303 000人

马其顿　·································· 377 000人

希腊（估计）　·································· 90 000人

黑山　·································· 38 000人

阿尔巴尼亚是鹰的国度。阿尔巴尼亚的国旗沿用
了斯坎德培时的双头鹰旗帜，斯坎德培曾在15世纪勇
敢地抗击了土耳其的统治。后来人们试图在双头鹰的
头上安置过很多图案：斯坎德培的头盔、代表独立的
星星、索古一世的皇冠、意大利法西斯标志以及1945年
到1992年共产党的金边红星。

阿尔巴尼亚的边界是1913年在西方强国的干预下划定的，该国界使得在阿尔巴尼亚之外还居住着很多的阿尔巴尼亚人，他们今天分布在马其顿、塞尔维亚(科索沃省)和黑山。

奇·佐泽成为内政部长，而恩维尔·霍查反对加入联邦。1948年，斯大林与铁托关系破裂使得恩维尔胜出——包括科奇·佐泽在内的亲南斯拉夫派被审判并在第二年被处决。斯大林死后，赫鲁晓夫于1955年访问了贝尔格莱德，阿苏关系开始紧张，直到1961年两国关系破裂。随后阿尔巴尼亚与中国加强了联系。

1991 年后的阿尔巴尼亚

恩维尔·霍查于1985年去世后，他的位置由拉米兹·阿利雅继承。1989年，国内开始出现不稳定因素。1991初，拉米兹·阿利雅批准了反对党的建立。在3月的选举中，共产党得到60%的选票，拉米兹成为共和国总统，社会党 (前共产党) 与反对党组建了一个"国民稳定"政府。一年以后，新选举使得阿尔巴尼亚民主党 (前反对党) 得到了多数席位，4月该党主席萨利·贝里沙成为共和国新总统。

面对着经济的不断下滑，社会的不满不断高涨，1997年的暴动曾使政府在一段时间内瘫痪。

1988—1999年，科索沃冲突产生的难民流使得国家进入了更困难的时期。

希 腊 人

将希腊人列入中欧人的行列也许有些牵强,但希腊不是1981年就加入欧洲经济共同体 (1952年加入北大西洋公约组织) 了吗? 事实上,希腊和芬兰一样位于一个交界处,只是19世纪20年代开始的独立战争使他们逐步向西方国家靠近。然而,同土耳其的旧账却并未算清,1920—1922年间反抗土耳其的战争 (以失败告终) 差不多结束了冲突。但是,看似在1960年解决了的塞浦路斯问题,1974年又浮出了水面。

从拜占庭到土耳其

拜占庭人和拉丁人

传承了古希腊文明的拜占庭帝国,在10—11世纪达到了顶峰。随后帝国就始终处于防守阶段,一边是土耳其人的威胁,另一边是拉丁人的威胁。土耳其人 (塞尔柱人) 在11世纪下半叶开始渗入安纳托利亚,在他们进驻的同时一点一点地将希腊人向西部和北部的海岸驱逐。此外,1054年,君士坦丁堡和罗马教会出现了大分裂,这虽然不是第一次,但与往常不同的是,双方这次无法和解,对立达到了无法扭转的地步。政治上产生的结果随之即到：教皇对来到意大利南部的诺曼底人给予了热情的欢迎，接下来的几年里拜占庭人便开始遭到驱逐。

然而，随着十字军东征，拉丁人逐渐在拜占庭帝国的历史上占有越来越重要的地位。1096年，第一次大领主十字军东征（前一年人民十字军东征以失败告终）通过君士坦丁堡，成功击退了土耳其人，控制了去往叙利亚的通道，拜占庭人就这样收回了安纳托利亚三分之一的失地。而第二次十字军东征（1147—1148年）没能穿过小亚细亚，在海上就结束了。1176年，拜占庭人继续加紧对安纳托利亚的争夺，却遇到了以哥念（土耳其语中的科尼亚）的土耳其国王的抵抗。第三次十字军东征，分成两支，皇帝"红胡子"腓特烈一世 [腓特烈一世（绰号"红胡子"，约1122—1190年），神圣罗马帝国皇帝，1155—1190年在位。——译者注] 穿过拜占庭帝国，在1190年被土耳其人打败（皇帝意外溺水身亡）；腓力二世 [法国卡佩王朝国王，1180—1223年在位。——译者注] 和"狮心"理查 [即理查一世（1157—1199），是英格兰金雀花王朝（即安茹帝国）的第二位国王，1189—1199年在位。——译者注] 走水陆，并沿途征服了塞浦路斯（1191—1192年）。最后，

第四次十字军东征于1202年离开威尼斯从水路出发。为了复辟一个被废的拜占庭皇帝，十字军于1203年7月占领了君士坦丁堡。十字军一度在仇外的暴乱中被驱逐出去，但1204年4月13日他们又重新占领了整个城市，而这次完全是为了自身的利益。拜占庭帝国很快就分崩离析了，一个"拉丁帝国"（仅控制着海峡地区）建立，元首为鲍德温一世，佛兰德地区的前伯爵。1205年，被保加利亚人战败后，鲍德温一世失踪，他的兄弟亨利重新稳定了局势。另外，一个威尼斯人成为了君士坦丁堡的"拉丁大主教"。同一时期，其他拉丁国家也相继出现，包括色萨利王国、雅典和底比斯公国、阿哈伊亚公国（伯罗奔尼撒）。而在整个事件发展中起了重要作用的威尼斯将克里特岛和许多希腊岛屿占为己有。只有三个拜占庭国家存活了下来：小亚细亚的尼西亚帝国、特拉布宗帝国和伊庇鲁斯王国。

最后的战争

希腊是由尼西亚的国王们所开创的，他们在抵挡科尼亚土耳其人之时，重新收复了希俄斯岛和莱斯沃斯岛，击

败了保加利亚人，进入萨洛尼卡，收复了伊庇鲁斯，最后在1261年收复了君士坦丁堡。重建（至少是部分重建）的拜占庭帝国最大的担忧就是如何阻止拉丁人的反扑，而最后一个拉丁国王已经流亡到了意大利，并将其权力让给了那不勒斯和西西里国王，安茹王朝的查理，后者在1272年在都拉斯登陆，成为了阿尔巴尼亚国王。但是1282年"西西里晚钟"暴动（据猜测是拜占庭人策划的）中被驱逐出西西里的安茹人却不能继续在西西里的统治了。为了对抗安茹人（和威尼斯人），1261年拜占庭同热那亚人达成了海上防御协议，此时热那亚人已在莱斯沃斯岛、希俄斯岛、萨摩斯岛以及克里米亚半岛扎下根来。

14世纪，困难开始出现。塞尔维亚人占领了马其顿、伊庇鲁斯和色萨利地区，他们的国王史蒂芬·杜山本打算进攻君士坦丁堡，却突然于1355年去世。另一个危机来自小亚细亚。在13世纪中叶，蒙古人的入侵把土耳其人逼向安纳托利亚的西部，土耳其人在这里分成了许多不安分的公国，并不断骚扰拜占庭，使其失去了对爱琴海东岸的控制权。而相反，热那亚人一直控制着在12世纪得到的那些岛屿。1308年，圣约翰骑士团（又称医院骑士团）从巴勒斯坦被驱逐，来到罗得岛。1311年，部分被拜占庭人解散的加泰隆尼亚雇佣军取代了十字军后代在雅典安定下来。

奥斯曼土耳其人的统治

小亚细亚的一个土耳其公国，在奥斯曼（奥斯曼帝国名字的来源）的领导下终于渐成气候。1326年奥斯曼死后，奥斯曼土耳其人的力量并没有停止增长。到了14世纪中叶，他们控制了马尔马拉海南部以及从爱琴海到黑海的地区。1354年，他们越过达达尼尔海峡，用了四十多年成为了巴尔干半岛中部的主宰，领导着色雷斯、马其顿、保加利亚和塞尔维亚。1394—1401年之间君士坦丁堡是土耳其人的总部，1365年他们定都君士坦丁堡西边的安德里诺堡。

1402年，帖木儿入侵安纳托利亚，使得拜占庭得到了重新取得萨洛尼卡的机会，但是时间短暂：1430年，奥斯曼人重新进驻该城。1453年，苏丹穆罕默德二世（又名"征服者"）亲自来到君士坦丁堡并建都于此。其他希腊省份和岛屿一个接着一个地陷落——1458年夺取

圣　山

　　圣山在希腊语中为Ágio Óros，位于哈尔基季基最东边的半岛上，这是一个完全由僧侣组成的共和国，在希腊内部享有自治权。它的这种特殊组织结构可以追溯至5世纪拜占庭统治时期，在整个奥斯曼帝国时代一直延续下来。1913年，哈尔基季基重新被划到希腊的版图里。地区自治在伦敦会议上被确认下来。

　　圣山在几个世纪里都庇护着一些东正教团体的修道院，有希腊的、塞尔维亚的、保加利亚的、俄罗斯的以及罗马尼亚的等。这也包括圣萨瓦，他是塞尔维亚最知名的圣人，是圣山的僧人，他的父亲史蒂芬·内马尼亚最终也选择到圣山隐居。

雅典（从加泰隆尼亚手中夺得）、1460年莫里亚（即伯罗奔尼撒）、1462年莱斯沃斯岛（从热那亚人手中）、1470年埃维亚岛（从威尼斯人手中）、1522年罗得岛、1566年希俄斯岛（从热那亚人手中）、1571年塞浦路斯（从威尼斯人手中）。

　　不过奥斯曼土耳其人为了从威尼斯人手中夺得克里特岛着实费了一番力气，在1645—1669年进行了一系列海上行动和军事进攻后，他们才如愿以偿。在17世纪末，威尼斯人和奥地利人建立了联盟，占领了莫里亚，但在1715年最终失去了它。但他们一直保持着对爱奥尼亚群岛的控制权直到1797年。

　　在奥斯曼土耳其人的统治之下，希腊的东正教会一直维持着特权地位。君士坦丁堡大主教可以向所有东正教徒行使权力，其中包括保加利亚人（其大主教于1393年被废除），一度还有塞尔维亚人。由于希腊人非常反对"拉丁人"（和他们的天主教会的教规），使得他们表现得更加靠近东正教，18世纪初威尼斯人未能征服莫里亚的居民就是证明。

　　"法纳尔"——君士坦丁堡市内居住着希腊望族和富商的街区——从17世纪开始便扮演着重要的角色。这里建有希腊小学和中学，以及一个"法纳尔大主教学院"。年轻的法纳尔人都去意大利学习并且与西方建立了联系。然后奥斯曼政府号召他们担任行政翻译。另外，1711—1821年间，政府一直任命法纳尔人担任瓦拉几亚和摩尔达维亚的"大公"（见"罗马尼亚人"一章）。

《洛桑条约》（1923年）肯定了所有岛屿（除了达达尼尔群岛入口的伊姆罗兹岛和特内多斯岛）重归希腊，整个小亚细亚归土耳其。而20世纪20年代的事件（难民潮和驱逐事件……）不断地同化希腊人口，特别是以前乱糟糟的马其顿和色雷斯地区。而留下的少数民族则大部分被希腊化了。塞浦路斯问题一直没有得到解决。1974年"绿线"（联合国部队驻守的分界线）将塞浦路斯分成了土耳其塞浦路斯（北部）和希腊塞浦路斯（南部）。

图例

- 希腊人
- 斯拉夫人（马其顿人）
- 土耳其人
- 瓦拉几亚人
- 波马克人（讲保加利亚语的穆斯林）
- 塞浦路斯
- "绿线"

地图标注：黑海、博斯普鲁斯海峡、伊斯坦布尔、马尔马拉海、达达尼尔海峡、土耳其、色雷斯、伊姆罗兹岛、伊兹密尔、罗得岛、佐泽卡尼索斯群岛、卡尔帕索斯岛、克里特岛、伊拉克利翁、雅典、萨洛尼卡（塞萨洛尼基）、哈尔基季基、北斯波拉泽群岛、南斯波拉泽群岛、埃维亚岛、沃洛斯、拉里萨、伊庇鲁斯、约阿尼纳、品都斯山脉、色萨利、马其顿、保加利亚、斯科普里、瓦尔达尔河、阿尔巴尼亚、地拉那、科孚岛、伊奥尼亚群岛、凯法利尼亚岛、扎金索斯岛、莱夫卡斯岛、伯罗奔尼撒半岛、帕特雷、科林斯、爱琴海、莱斯沃斯岛、希俄斯岛、萨摩斯岛、利姆诺斯岛、地中海、伊奥尼亚海、圣山、黎巴嫩、叙利亚、阿达纳、塞浦路斯、尼科西亚、"绿线"

比例尺：100 km

从独立到统一的民族

独立战争

俄国第一次对奥斯曼帝国采取军事行动的时候，希腊的民族主义开始显露出来。俄军舰队从波罗的海出发，于1770年进入地中海，支持莫里亚的希腊人起义（土耳其人把镇压行动交给了阿尔巴尼亚的穆斯林），接着在希俄斯岛附近打败了土耳其舰队。1774年签订的《凯纳甲湖条约》给予俄国沙皇保护奥斯曼帝国的东正教徒的权力。自此，许多希腊人就开始期盼俄国人协助他们从土耳其人手中解放出来。

希腊独立战争开始于1821年，各种情况接踵而至。

——各地的地方骚乱，特别是在莫里亚，骚乱得到了许多东正教教士的支持。

——某些人（如亚历山大·伊普希兰蒂斯）一直抱有泛东正教梦想，试图借助俄国的帮助，在巴尔干地区建立一个由希腊人控制的广泛的政治实体。就是在这种精神的支配下，伊普希兰蒂斯在希腊秘密团体"友好会社"的支持下，以敖德萨为根据地，1821年在摩尔达维亚和瓦拉几亚开展军事行动（俄国沙皇很快便拒绝参与此事），并同时向莫里亚地区发出了暴动的信号。

——法国大革命的思想开始传播，特别是通过一位叫康斯坦丁·里加斯的诗人（1797年他在的里雅斯特被奥地利人逮捕，并被转交给了土耳其人，1798年在贝尔格莱德被处死）。

——最后，希腊船主与英国的联系对英国人介入其中起到了很重要的作用。

仅仅在几个月之间，希腊人就占据了莫里亚。1822年1月的一次大会上，希腊宣布独立。土耳其人反应强烈，他们将君士坦丁堡的大主教绞死，并对希俄斯岛（起义开展之地）的人民进行了屠杀，而希腊的起义军仍然组建了一个临时政府，由亚历山大·马夫罗科扎托斯领导，占领了雅典和迈索隆吉翁（科林西亚湾的北岸）。苏丹只得求助于埃及总督穆罕默德·阿里，阿里迅速组织了一支舰队(和一些军队)，由他的儿子易卜拉欣率领。舰队在克里特岛登陆，于1825年夺回了莫里亚，迈索隆吉翁于1826年陷落，1827年雅典被攻陷。

然而，各列强并没有对希腊的事件漠不关心，其中俄国、英国和法国达成默契决定介入。他们的海军在纳瓦里诺(位于莫里亚的西南部)封锁了土耳其的舰队，引发冲突，1827年10月20日，土耳其舰队全部被摧毁。接下来的一年里，俄国向土耳其宣战，而法国控制了莫里亚。1829年签订了《安德里诺堡条约》，建立了一个自治的希腊公国。而英国和法国更倾向于一个完全独立的希腊，1830年2月的《伦敦条约》使之成为现实，这个希腊包括莫里亚、雅典、科林西亚湾的北部地区、埃维亚岛和基克拉泽斯群岛。

1830—1832年　相对于1830年希腊独立的时候，1832年的国界线向北边移动了。

1898 年　英国人在1864年将伊奥尼亚群岛让与希腊。1881年希腊得到了色萨利。1898年，克里特岛得到了自治权，但名义上仍属于土耳其。

1913 年　巴尔干半岛战争后，希腊将伊庇鲁斯、马其顿和爱琴海上的岛屿纳入版图。1908年实现的克里特岛的回归也被承认。1912年意大利人打败奥斯曼帝国，占领了佐泽卡尼索斯群岛。

希　腊

希腊语：Ellas

共 和 国

人口 (2000年) ·································· 10 250 000人

面积 ·································· 132 000平方公里

首都 ·································· 雅典 (希腊语：Athina)

人口构成

希腊人 ·································· 9 700 000人

斯拉夫人 (马其顿人) ·································· 200 000人

瓦拉几亚人 ·································· 150 000～200 000人

阿尔巴尼亚人 ·································· 90 000人

土耳其人 ·································· 50 000～100 000人

宗　教

98%的希腊人是东正教徒。

希腊以外的希腊人

塞浦路斯 (1990年) ·································· 562 000人

阿尔巴尼亚 (估计) ·································· 200 000人

乌克兰 (1989年) ·································· 99 000人

俄罗斯 (1989年) ·································· 92 000人

希腊的第一面国旗于1822年产生，蓝底上有白色的基督教十字架 (或有时是白底蓝十字架)，十字的位置与今天一样，在国旗靠近旗杆一边的上部。今天的国旗可以追溯到19世纪30年代，据说九条横带象征着独立战争时人们呐喊的Eleutheria i thanatos (″自由或者死亡″) 的九个音节或是九年的战争。而颜色也是巴伐利亚的颜色，国王奥托一世即该地人。

领土扩张

在希腊的许多乱党之间发生了大量的流血冲突，直到1827年伊斯特里亚的卡波 (他是科孚岛人，俄国前总理) 掌权，重新建立新秩序。但是他在1831年被刺杀，第二年，巴伐利亚的奥托成为了希腊国王，他对俄国的友好导致英法在克里米亚战争时期占领了比雷埃夫斯。奥托在1862年被推翻，1863年英国推举丹麦的乔治即位，1864年英国将伊奥尼亚群岛让给了希腊，接下来就是克里特岛的问题了。克里特岛在穆罕默德·阿里时期，即1830—1840年间，经历了一个相对稳定的时期，直到1841年它又重新回到土耳其的统治之下。在1866年5月，起义爆发了；9月，该地宣布与希腊合并。土耳其人对此进行了残酷的镇压，其他强国并没有介入，1868年当地进行了改革。1878年的柏林会议并没有给希腊带来任何的支持，不过1881年，希腊从土耳其得到了色萨利和伊庇鲁斯南部。

克里特岛人于1896年再次起义。这次其他强国介入，要求土耳其给予更大的自治权，于1897年3月进行了海上封锁，并在海岛上登陆。同时，土耳其和希腊之间爆发了战争，但以希腊的失败而告终——希腊不得不让出色萨利北部的战略要地。而在克里特岛，各强国强迫土耳其答应由一个高级专员在他们的指挥下管理岛屿，该职位由希腊国王的次子乔治王子担任，一直到克里特岛发生韦尼泽洛斯领导的起义，乔治王子被迫于1906年退位。两年以后，韦尼泽洛

伊奥尼亚群岛

从13世纪到1797年威尼斯共和国被废除这段时间，希腊西海岸附近的伊奥尼亚群岛一直在威尼斯人的控制之下。后来拿破仑把它们归于法国的统治之下。俄国人于1799年将其占领，法国又在1807年重新夺回，但两年以后它们又被英国人占领 (除了科孚岛属于法国，直到1814年)。

《维也纳条约》将其划归英国，而英国在1864年将它们让给了希腊。

应当注意到，基西拉岛尽管位于伯罗奔尼撒半岛和克里特岛之间，但是它从头至尾都经历了跟伊奥尼亚群岛一样的命运。

斯借第二次波斯尼亚危机（波斯尼亚－黑塞哥维那被奥匈兼并），终于使克里特岛归属希腊。1912年，希腊作为保加利亚、塞尔维亚和黑山的盟国，参加了第一次巴尔干半岛战争，对土耳其作战，在11月占领了萨洛尼卡。第二次巴尔干半岛战争中，保加利亚战败后，《布达佩斯条约》（1913年）签订，希腊人得到了南马其顿（萨洛尼卡地区）、伊庇鲁斯和爱琴海所有岛屿，除了佐泽卡尼索斯群岛（意大利人于1912年占据该地）、达达尼尔海峡入口的伊姆罗兹岛和特内多斯岛，这里仍由土耳其控制。克里特岛的回归被正式承认。

1913 年以后的希腊

康斯坦丁一世于1913年继承了乔治一世的王位，他是亲德派，是德国皇帝威廉二世的妻弟。1913年以来就担任总理的韦尼泽洛斯，与他相反，更倾向于协约国，因此希腊在1914年还保持着中立。在1915年10月保加利亚进攻塞尔维亚之时，希腊根据1913年与塞尔维亚达成的防御联盟本应参战，但是康斯坦丁反对（尽管英国当时答应将塞浦路斯让与希腊）。协约国在萨洛尼卡登陆后，康斯坦丁立即将主战派韦尼泽洛斯解职，并重申了希腊的中立立场。但这并没有阻止1916年初协约国在科孚岛（希腊境内）与塞尔维亚军队会合。同年9月，韦尼泽洛斯在萨洛尼卡建立了一个共和国政府。法国军队占领了比雷埃夫斯。最终在1917年6月，法国的高级专员在雅典逼迫康斯坦丁让位给他的次子亚历山大。希腊加入了战争，韦尼泽洛斯也重新掌权。

希腊与土耳其的战争

作为战胜国，通过《讷依条约》（1919年），希腊从保加利亚人手中得到了色雷斯的西部。而与土耳其那边正相反，自从1919年5月穆斯塔法·凯末尔在安卡拉建立的民族主义政府与君士坦丁堡的奥斯曼政府对峙，和平谈判就陷入僵局。同时，协约国授权希腊占领伊兹密尔及其附近地区。这样希腊在1920年就处于抗击凯末尔军队的第一线。1920年8月10日同奥斯曼政府签订的《塞夫勒条约》将色雷斯东部 (除了君士坦丁堡和它周围地区) 以及伊兹密尔地区 (条件是五年后进行一次全民公决) 给了希腊。意大利和英国则各自保留佐泽卡尼索斯群岛和塞浦路斯。

1920 年8 月，希腊人开始对凯末尔

的军队发动进攻，占领了安纳托利亚的整个西部。第二年，土耳其和希腊的战斗时有发生。整个夏天，穆斯塔法·凯末尔占有优势。尔后战争被长时间的谈判所打断。战斗在1922年8月重新开始：凯末尔的军队迫使希腊军队不断后退，并于9月占领了伊兹密尔；在《穆坦尼亚停战协定》签订以后，他们又夺得了色雷斯的东部。最终的和平条约是1923年7 月24 日在洛桑签订的。希腊放弃了所

1920 年　保加利亚在1919年将色雷斯的西部让给了希腊。与奥斯曼帝国签订的《塞夫勒条约》使希腊得到了色雷斯的东部和伊兹密尔地区。意大利保留佐泽卡尼索斯群岛。

1924 年　1923年与凯末尔统治下的土耳其签订《洛桑条约》，希腊让出了色雷斯的东部和伊兹密尔地区。

1942 年　在1941年，保加利亚兼并了色雷斯西部和马其顿的一部分。意大利(直到1943年)和德国占领了希腊。

有在《塞夫勒条约》里取得的土地，并开始交换人口——15万个小亚细亚的基督徒加入了1922年土耳其进攻时逃离的希腊难民流（总共有140万人）；而另一方面，40万土耳其人被迁移到安纳托利亚。另外，1923年希腊政府决定驱逐还住在色雷斯东部的保加利亚人。从此，色雷斯和马其顿基本上已经希腊化了。

从韦尼泽洛斯到梅塔克萨斯

外交上同土耳其的纠纷还没了结，国内政治生活呈现出纷繁复杂之势。亚历山大死去以后，韦尼泽洛斯在选举中失利，1920年12月的公民表决选举了康斯坦丁国王。但是由于1922年夏军事上的失败，康斯坦丁不得不在同年9月让位给他的长子乔治，乔治在1923年的选举中被韦尼泽洛斯派打败，不得不放弃了王权。共和国于1924年宣布建立。之后是一个复杂的政治游戏时期，韦尼泽洛斯在1928—1932年执政（1936年死于巴黎）。1935年，君主主义者赢得了选举：共和国被废除，乔治二世重新成了国王。但是从1936年开始，将军梅塔克萨斯实际掌权并实行独裁制度，直至他1941年1月去世。

第二次世界大战和国内战争

1940年10月28日，意大利第一个——没有征询德国的意见——对希腊展开了进攻。但它的运气很不好，因为到这年结束，希腊军队一直据守阿尔巴尼亚南部……不过1941年4月6日德国部

罗得岛和佐泽卡尼索斯群岛

1522年，土耳其人将圣约翰骑士团从罗得岛赶走，后者从1308年便驻扎此地（后来变为马耳他修会）。

1911年，意大利人开始进攻黎波里塔尼亚和昔兰尼加（现均属于利比亚领土）之时，遭到了奥斯曼帝国的反对。因此第二年为了向苏丹施加压力，意大利决定占领佐泽卡尼索斯群岛（意即"十二岛"），其中就包括罗得岛。最终，意大利人保留着这片群岛，直至他们1943年投降。之后德国人接手了一段时间，接着1944—1945年由希腊控制。

和意大利签订的《巴黎条约》（1947年）使佐泽卡尼索斯群岛重归希腊。

队对南斯拉夫发起进攻，也就对希腊展开了军事行动，推进速度非常快。9日打下萨洛尼卡，27日攻下雅典。前来救援的英国军队退到了克里特岛，并不得不在6月1日放弃该岛。德国军队 (意大利军队在西边) 占领了整个希腊。希腊不得不让出色雷斯的西部和马其顿的一部分给保加利亚，而保加利亚开始着手驱逐希腊人 (希腊人曾于1923年驱逐保加利亚人)。

在共产党的领导下，1941年末抵抗运动组织起来，形成了全国解放阵线和希腊人民解放军两个组织。得到英国和希腊国王支持的其他运动也很快发展起来。在1944年10月德国人开始从希腊撤退之时，丘吉尔来到莫斯科，与斯大林商定，苏维埃控制保加利亚，而希腊由英国控制。同一时间，英国司令部在雅典重建希腊政府，并要求希腊人民解放军解除武装，但是遭到了拒绝。1944年

12月雅典的希腊人民解放军起义被镇压，希腊的政治气氛变得紧张，一直到1946年9月的全民公决，乔治二世登上王位。极左派表示反对，同年10月就在伊庇鲁斯建立了一支"希腊民主军队"，由马尔科什将军领导，国内战争全面打响。1947年3月，美国总统杜鲁门决定向希腊 (和土耳其) 派出援助军队。然而，极左派依然于1947年12月建立了一个"自由希腊政府"，但南斯拉夫不再支持他们，随之苏联也不予支持 (苏联从一开始就表现得非常谨慎)，1949年夏末极左派不得不放弃所有抵抗。

希腊与西方国家

在保罗一世的统治下 (1947—1964年)，右派掌握了政权。但1964年的选举使中间派联盟占据了上风。乔治·帕潘德里欧组阁，新政府不再理会右派支持的新国王康斯坦丁二世，尤其是在塞

希腊犹太人的命运

第二次世界大战前夕，萨洛尼卡和色雷斯还有5.5万犹太人，他们是1492年被西班牙政府驱逐的瑟法底犹太人的后裔，这些人被当时的奥斯曼帝国收留。从1943年3月到8月，他们中有4.6万人被关进奥斯威辛集中营，科孚岛和罗得岛的犹太人在意大利投降以后也遭受了同样的命运。

浦路斯问题上。议会解散以后，1967年4月21日发生政变，建立了"军政府"。康斯坦丁试图反击，但是失败了，不得不于年底离开了希腊。1973年6月共和国宣布成立。几个月以后，军政府的核心领导夺取了权力。但对塞浦路斯的政策引起了土耳其军队对塞浦路斯北部的入侵，1974年7月23日军政府被颠覆。民主政体恢复。

1981年1月，希腊成为欧共体第十个成员国。

马其顿问题

1991—1992年，南斯拉夫联邦分裂，一个结果就是前南斯拉夫的马其顿共和国独立。希腊当局迅速作出反应，反对承认新国家，他们的三点论据是：作为一个斯拉夫国家却使用了希腊传统的名字；独立后有可能要求将马其顿以南的土地划入自己的版图，那里是希腊的一部分，但是生活着斯拉夫少数民族；国旗上的国徽是一个太阳的标志，而这出自于古代的希腊马其顿地区。

斯科普里政府满足了希腊的几点要求，大大缓解了两国政府的紧张关系。

瓦拉几亚人

除了罗马尼亚人——他们一直隐姓埋名地躲避在喀尔巴阡山脉的南麓，一直到12世纪末——巴尔干地区还有一些拉丁语的民族幸存下来，尽管其间经历了日耳曼人、斯拉夫人、古保加利亚人、土耳其人的侵略。比如说希腊中部品都斯山脉地区的半游牧民族，我们称为瓦拉几亚人（这也是罗马尼亚以前的名字）。1946—1949年的希腊国内战争使瓦拉几亚人遭受了极大的痛苦，因为战争破坏了他们一直以来生活的家园。

还有一小部分的麦格莱诺—罗马尼亚人生活在希腊马其顿的北部地区，一些阿—罗马尼亚人（或叫做马其顿—罗马尼亚人）在前南斯拉夫的马其顿地区。

瓦拉几亚人直到19世纪时还居住得很分散。我们在东塞尔维亚甚至斯洛伐克的喀尔巴阡山脉都能看到他们。后来，他们渐渐融入或移居到罗马尼亚。

塞浦路斯问题

在第三次十字军东征之时，"狮心"理查成为塞浦路斯国王，那时塞浦路斯居住着希腊人，还属于——至少从原则上是这样——拜占庭帝国。1192年，他将塞浦路斯卖给了吕西尼昂的居伊，耶路撒冷的国王。吕西尼昂家族很快成为了塞浦路斯的国王，并试图将这个岛屿"拉丁化"，但是并不成功。在近三个世纪的统治之后（共有18位君主），由于疲于对付热那亚人和威尼斯人，最终在1489年将其卖给了威尼斯。然而，奥斯曼帝国也对塞浦路斯垂涎已久，他们于1570—1571年占领了塞浦路斯。随后，土耳其的殖民者进驻到了这个岛屿上。

1878年，英国人在到印度的航线上寻找战略据点的时候，从土耳其苏丹那儿得到了这个岛屿的管理权。他们在1881年进行的人口普查得到了这样的数据：希腊人为137 631人，土耳其人为45 458人。当塞浦路斯的希腊人依据伊奥尼亚群岛的例子，要求归入希腊

版图的时候，英国人给了司法上还算公正的答案：岛屿属于奥斯曼帝国。但是英国于1914年加入战争，后来兼并了塞浦路斯，并且这一点在他们与土耳其签订的《塞夫勒条约》（1920年）和《洛桑条约》（1923年）得到了进一步确定。1925年，塞浦路斯成为英国的殖民地。1931年这里发生了要求加入希腊的暴动，由东正教教会支持，但被镇压了。

1945年以后，暴动重新发生。新的尼科西亚的天主教主教马卡里奥斯三世（1950年当选）请求希腊介入，而后又向联合国求助，但都徒劳无功。1955年开始，希腊游击队组织发动了一些恐怖袭击。英国政府作出了很强烈的反应，但会谈还是在英国、希腊、土耳其和马卡里奥斯之间开始进行了。这之间经历了很多事件（比如马卡里奥斯在1956—1957年被流放到塞舌尔），美国决定介入了。美国主要考虑的是北大西洋公约组织的内部团结，所以强烈建议希腊和土耳其达成一致。1959年2月11日

的《苏黎世协议》决定成立一个独立的共和国，构成的方式考虑到了两个团体的利益：总统是希腊人，副总统是土耳其人，七个希腊部长，三个土耳其部长……1960 年 8 月，塞浦路斯独立，马卡里奥斯出任共和国总统。但许多塞浦路斯的希腊人还是希望回归希腊。1963 年紧张局势升级，以至于第二年联合国紧急派出部队进入该岛屿，介入到两边的争端中。1967 年，希腊的军政府使雅典和马卡里奥斯的关系进一步恶化。1974 年 7 月，马卡里奥斯要求驻扎在塞浦路斯的希腊军队的军官离开。而后者于 15 日发生暴动将他推翻。20 日，土耳

塞浦路斯

希腊语：Kypros，土耳其语：Kibris

共 和 国

人口（2000年）…………………………………………………… 784 000人

面积 …………………………………………………………… 9250平方公里

首都 ……………………… 尼科西亚（希腊语：Levkosia，土耳其语：Lefkose）

人口构成

希腊人（南部）…………………………………………………………… 85%

土耳其人（北部）(＊)…………………………………………………… 12%

宗 教

希腊人保持天主教传统；土耳其人保留着穆斯林传统。

(＊)没有包括1974年以来从土耳其移民来的约4万人。

1960 年，塞浦路斯的国旗主要是象征着两个团体的和平：两根橄榄枝交叉，底色为中性的白色，与希腊国旗（蓝白）和土耳其国旗（红白）均有相同之处。铜色的岛屿轮廓让人想到这里古老的财富——铜（铜这个词就来源于拉丁语的aes cyprium，意即"塞浦路斯的铜"）。

其军队在岛屿的北边登陆。24日，军政府被颠覆。8月，土耳其扩张并且巩固了它的位置——从此，塞浦路斯被分成两个部分，沿着停火线"绿线"分而治之。塞浦路斯的希腊人向南边转移，塞浦路斯的土耳其人向北转移。

1974年12月，马卡里奥斯重掌政权，1977年逝世。1983年11月15日，"北塞浦路斯土耳其共和国"宣布成立，但只有土耳其承认。

1992年，联合国提出解决原则：塞浦路斯成为一个"双地区"和"双团体"联邦国家；两个地区的分界改变不大（对希腊地区有一定好处）。然而，2002年初，联合国撮合下的会谈没能达成任何结果。

译名对照表

Åbo/Turku	图尔库	Anders	安德尔斯
Abodrites	奥博德里人	Andrássy	安德拉斯
Achaïe	阿哈伊亚	Andrinople / Edirne	安德里诺堡 / 埃迪尔内
Adalbert	阿达尔贝	Androussovo	安德鲁索沃
Adélaïde	阿德莱德	Angevin	安茹人
Adler, Alfred	阿尔弗雷德·阿德勒	Anne Jagellon	安娜·亚盖沃
Ágio Óros/Athos(Mont)	圣山	Anschaire	安斯加尔
Agram/Zagreb	萨格勒布	Antall, József	约瑟夫·安托尔
Agricola, Michel	米歇尔·阿格里科拉	Ante Pavelic	昂特·帕维里奇
Alaman	阿拉曼人	Antibes	昂蒂布
Åland (les îles)	奥兰群岛	Antilles	安的列斯群岛
Alba Iulia	阿尔巴尤利亚	Antioche	安条克
Albert de Habsbourg	阿尔伯特二世（哈布斯堡的）	Aquilée	阿其雷
		Aquitaine	阿基坦
Alexandre de Battenberg	亚历山大(巴腾贝格的)	Arad	阿拉德
Alexandre Iᵉʳ	亚历山大一世 (奥波诺维奇家族)	Arges	阿尔杰什
		Arpad	阿尔帕德
Alexandre Mavrocordato	亚历山大·马夫罗科扎托斯	Astrakhan	阿斯特拉罕汗国
		Athènes	雅典
Alexandre Obrénovitch	亚历山大·奥波诺维奇	Attila	阿提拉
Alexandre Stambolijski	亚历山大·斯坦博利斯基	Augsbourg	奥格斯堡
Alexandrette, Sandjak d'	亚历山大勒塔	Auguste, Frédéric	腓特烈·奥古斯特
Algirdas	阿尔吉达斯	(Auguste II le Fort)	(奥古斯特二世)
Alija Izetbegovic	阿利亚·伊泽特贝戈维奇	Aurélien	奥勒利安
Allenstein/Olsztyn	阿伦施泰茵 / 奥尔什丁	Avalov	阿瓦洛夫
altaïque	阿尔泰人	Avar	阿瓦尔人
Altmark	阿尔特马克	Auvergnate	奥弗涅人
Anastase	阿纳斯塔斯	Azov	亚速
Anatolie	安纳托利亚	Badeni, Kasimir Felix Graf	巴德尼伯爵

Burgenland	布尔根兰	Chouchkevitch, Stanislav	斯坦尼斯拉夫·舒什
Burgondes	勃艮第人		克维奇
Burno	布尔诺	Choumadia	舒马迪亚
Calixtins	酒饼同领派	Choumla	舒门
Canetti,Élias	埃利亚·卡内蒂	Chtcherbytsky, Vladimir	谢尔比茨基
Caporetto	卡波雷托	chtokavien	施托卡语
Carélie	卡累利阿	Chypre	塞浦路斯
Carinthie	克恩滕	Circassien	切尔克斯人
Carniole	卡尼奥拉	Cisleithanie	内莱塔尼亚
Carol Ier (Roumanie)	卡罗尔一世 (罗马尼亚)	Clément VI	克雷芒六世
Carpates	喀尔巴阡山	Clementis, Vladimir	弗拉基米尔·克莱蒙
Casimir IV Jagellon	卡齐米日四世·亚盖沃		蒂斯
Casimir le Grand	卡齐米日三世	Clovis	克洛维
Cassino, Monte	卡西诺山	Cluj	克卢日
Catherine II	叶卡捷琳娜二世	Codreanu, Corneliu	科德雷亚努
Ceaușescu, Nicolae	尼古拉·齐奥塞斯库	Cohen,Albert	阿尔贝特·科昂
Celan, Paul	保罗·策兰	Comenius, Jan	夸美纽斯
Cetinje	切蒂涅	*Confession tchèque*	《波希米亚信纲》
Chalcidique	哈尔基季基	Conrad, duc	康拉德公爵
Charlemagne	查理曼 (查理大帝)	Constance	康斯坦茨
Charles d'Anjou	查理 (安茹王朝的)	Constantin	康斯坦丁
Charles II le Boiteux	卡洛二世	Constantin Rhigas	康斯坦丁·里加斯
Charles IV	查理四世	Contre-Réforme	反宗教改革
Charles Quint	查理五世	Corfou	科孚
Charles VI / Charles III hongrois	查理六世 / （匈牙利国王）查理三世	Cottbus	科特布斯
Charles XII	查理十二世	Couman /Polovtse	库曼人/波洛切夫人
Charles-Robert d'Anjou	查理·罗伯特 (安茹王朝)	Coures	库罗尼安人
Cheb	海布	Courlande	库尔兰
Chelest, Petro	谢列斯特	Cracovie	克拉科夫
Chelm	海乌姆	Craiova	克拉约瓦
Chelmno	海乌姆诺	Crécy	克雷西
Chevtchenko , Talas	塔拉斯·谢甫琴科	Crète, la	克里特岛
Chios	希俄斯岛	Crimée	克里米亚
		Crnojevic, les	茨尔诺耶维奇王朝

Franconie	法兰克尼亚	Glagolitique	格拉哥里
Frédéric Barberousse	腓特烈一世("红胡子")	Gniezno	格涅兹诺
Frédéric II	腓特烈二世	Goltz, Rüdiger von der	戈尔茨
Frédéric III	腓特烈三世	Goluchowski, Agenor	格鲁霍夫斯基
Frédéric V	腓特烈五世	Gömbös	根伯什
Frédéric-Charles	弗雷德里希·查尔斯	Gomel	戈梅利
Frères tchèques, les	捷克兄弟会	Gomulka, Wladyslaw	弗瓦迪斯瓦夫·哥穆尔卡
Fredrikshannm	腓特烈克斯海姆	Göncz, Árpád	阿尔帕德·根茨
Friedland	弗里德兰	Görgey	格尔盖伊
Gabriel Bethlen	加布里埃尔·贝特兰	Gorizia	哥里吉亚
Gabriele D'Annunzio	加布里埃·邓南遮	Goth	哥特人
Gagaouzes	嘎嘎乌兹	Gottwald, Klement	哥特瓦尔德
Galicie	加利西亚	GoulaïPolé	古里雅依波列
Gallipoli	加利波利	Grahovo	格拉霍沃
Gavrilo Princip	加夫里洛·普林齐普	Grande Moravie	大摩拉维亚公国
Gdansk	格但斯克	Graz	格拉茨
Gdynia / Gotenhafen	格丁尼亚 / 格登哈芬	Gregoriev	格雷戈里耶夫
Gediminas	格迪米纳斯	Grodno	格罗德诺
Génois	热那亚人	guègue	盖格语
Georges Brankovic	乔治·布朗科维奇	Guillaume de Wied	德国人威廉（阿尔巴尼亚的）
Georges de Danemark	乔治(丹麦的,希腊国王)		
Georges de Grèce	乔治王子(希腊的)	Gustav-Adolphe	古斯塔夫–阿道夫
Georges de Podebrady	乔治(波杰布拉德的)	Guy de Lusigna n (roi de Jérusalem)	吕西尼昂的居伊（耶路撒冷国王）
Georges Papandréou	乔治·帕潘德里欧		
Georges Petrovic / Karageorges	乔治·彼得罗维奇 / 卡拉乔治	Habsbourg	哈布斯堡
		Hácha, Emil	埃米尔·哈夏
Georgi Dimitrov	格奥尔基·季米特洛夫	Halicz	哈里茨
Gépide	格皮德人	Hamina	哈米纳
Gerbert	热尔贝	Hanko	汉科
Gète	盖塔人	Hanse	汉萨同盟
Géza	吉查	Hasek, Jaroslav	哈谢克
Gheorghe Gheorghiu-Dej	格奥尔基·乔治乌–德治	Havel, Vaclav	瓦茨拉夫·哈维尔
Gierek, Edward	爱德华·盖莱克	Hedwige	雅德维加
Gjirokast ër / Argyrokastron	吉罗卡斯特 / 阿吉罗卡斯特龙	Henlein, Konrad	康拉德·亨莱因
		Henri de Valois	亨利·德·华洛瓦

Kadar, Janos	亚诺什·卡达尔	Kolozsvar	科洛兹堡
Kafka, Franz	卡夫卡	komi	科米语
Kahlenberg	卡伦堡	Komintern	共产国际
Kahlenberg	卡棱贝格	Königsberg	柯尼斯堡
kaïkavien	卡日卡语	Konya/Iconium	科尼亚/伊康
Kalevala	《卡勒瓦拉》	Korçë	科尔察
Kaliningrad	加里宁格勒	Korosec	科罗舍茨
Kállay	卡拉伊	Kosciuszko	柯斯丘什科
Kálmán	卡尔曼	Košice	科希策
Kalocsa	考洛乔	Kossuth	科苏特
Kamenets-Podolsk	卡缅涅茨–波多利斯克	Kostunica, Vojislav	沃伊斯拉夫·科什图尼察
Kantorowicz, Ernst	恩斯特·坎托罗维奇	Kotliarevsky	柯特利亚列夫斯基
Karlowitz / Karlovici	卡尔洛维茨 / 卡尔洛夫齐	Kotor / Cattaro	科托尔 / 卡罗托
Karolyi	卡罗伊	Kotromanic	科特罗曼尼奇
Katowice	卡托维兹	krajina	克拉伊纳
Katyn	卡廷	Kravtchouk	克拉夫丘克
Kaunas	考纳斯	Krbavsko Polje	科尔巴夫斯克
Kazan, le khanat	喀山汗国	Kremnitz	克雷姆尼茨
Keiskutis	凯斯图蒂斯	Krivoï- Rog	克里沃罗格
Kekkonen, Urho	吉科宁	Kulmerland	库姆兰
Kepler, Johannes	约翰内斯·开普勒	Kun, Béla	贝拉·库恩
Kertch	刻赤	Kutchuk-Kaïnardji	凯纳甲湖
Kettler,Gotthard	戈塔尔德·克特莱尔	Kwasniewski, Aleksander	亚历山大·克瓦希涅夫斯基
khanat de la Horde d'Or	金帐汗国	Kythira / Cythère	基西拉岛
Kharkov	哈尔科夫	Ladislas	弗瓦迪斯瓦夫
Khazars	哈扎尔人	Ladislas III Jagellon	弗瓦迪斯瓦夫三世·亚盖沃
Kherson	赫尔松	Ladislas le Posthume	拉迪斯拉斯五世(遗腹子)
Khmelnitsky, Bogdan	波格丹·赫梅尔尼茨基	Ladoga	拉多加湖
Khrouchtchev, Nikita	赫鲁晓夫	Laidoner	拉伊多内
Khuen-Hedervary	库昂·埃德瓦里	Landsbergis, Vytautas	维陶塔斯·兰茨贝吉斯
Kiel	基尔市	lapon	拉普人
Kiro Gligorov	基罗·格利戈罗夫	Lazare Hrebeljanovic	拉扎尔·来波加诺维奇
Klaus, Vaclav	瓦茨拉夫·克劳斯	Lechfeld	莱希费尔德
Koçi Xoxe	科奇·佐泽	Legnica	里格尼卡

Mazuranic, Ivan	马祖拉尼	Mont Athos	圣山
Meciar, Vladimir	弗拉基米尔·梅西亚	Monténégro	门的内哥罗／黑山
Mecklembourg	梅克伦堡	Moravie	摩拉维亚
Méhémet Ali	穆罕默德·阿里	Morée	莫里亚
Mehmed II	穆罕默德二世	mordve	莫尔多维亚语
Mehmed II le Conquérant	"征服者"穆罕默德二世	Mościcki	莫希齐茨基
Memel/Klaipeda	梅梅尔／克莱佩达	Moscovie	莫斯科公国
Meri, Lennart	伦纳特·梅里	Moudanya	穆坦尼亚
Metaxas	梅塔克萨斯	Moudros	摩德洛斯
Méthode	美多德	Mrkonjic	莫尔肯捷克
Michel Agricola	阿格里科拉	Mustafa Kemal	穆斯塔法·凯末尔
Michel le Brave	"勇敢者"米哈伊	Nagy, Imre	依穆尔·纳吉
Michel Obrénovitch	米哈伊洛·奥波诺维奇	Narew	纳雷夫河
Michel Voislav	米哈伊洛（沃伊斯拉夫家族的）	Narva	纳尔瓦河
		Navarin	纳瓦里诺
Mieszko	梅什科一世	Nedic, le général	内迪奇将军
Mikhailov	米哈伊洛夫	Nemanjic, la dynastie de	内马尼亚王朝
Mikolajczyk, Stanislas	斯坦尼斯瓦夫·米科瓦伊奇克	Neuilly, le Traité de	《讷依条约》
		Neumark	纽马克
Milan Kucan	米兰·库昌	Nevski, Alexandre	亚历山大·涅夫斯基
Milos Obrénovitch	米洛·奥波诺维奇	Nicée	尼西亚
Milosevic, Slobodan	米洛舍维奇	Nicopolis/Nikopol	尼科波尔
Milosz	米沃什	Nicosie	尼科西亚
Milovan Djilas	米洛万·吉拉斯	Niémen	涅曼河
Mindaugas	明道加斯	Nikola Pasic	尼古拉·帕希奇
Missolonghi	索隆吉翁	Nikolaï Petkov	尼古拉·佩特科夫
Mitau/Jelgava	米塔瓦／叶尔加瓦	Nikolaiev	尼古拉耶夫
Moghilev	莫吉廖夫	Nin	尼恩
Mohacs	莫哈奇	Niš	尼什
Mohila, Pierre	皮埃尔·莫希拉	Njegoš, Petrovic	彼得罗维奇·涅戈什
Moldavie	摩尔达维亚	Nöteborg	什利斯谢尔堡
Molotov	莫洛托夫	Novgorod	诺夫哥罗德
Monastir	比托拉	Novgorod Severski	诺夫哥罗德·塞维尔斯克
Monowitz	莫诺威辛	Novi Pazar	新帕扎尔

Sombor	松博尔	Tallinn/Reval,Revel	塔林/雷维尔
Sopron	肖普朗	Tamerlan	帖木儿
sorabe	索布语	Tannenberg	坦嫩贝格
Souabe	施瓦本人	Tarnopol	捷尔诺波尔
Sperber, Manes	马奈斯·斯佩贝尔	Tarnovo	大特尔诺沃
Split	斯普利特	Tartu/Dorpat/Jurjev	塔尔图/多尔帕特/尤
Spolète, le duc de	斯波莱托公爵		里耶夫
Štefanik, Milan	米兰·斯特凡尼克	Tauride	陶里德
Stephan Stambolov	斯特凡·斯坦博洛夫	Tchernigov	切尔尼戈夫
Stettin	斯德丁	Tchernovtsy	切尔诺夫策
Stevan Vukcic	史蒂芬·维克奇	Tchouvaches	楚瓦什
Stolbovo	斯托尔博沃	Teleki	泰莱基
Sturdza	斯图尔札	Tenedos	特内多斯岛
Styrie	施蒂里亚	Teschen	切申
Suceava	苏恰瓦	Thèbes	底比斯
Suève	苏维汇人	Théophano	特奥法诺
Susak	苏沙克	Thessalie	色萨利
Suwalki	苏瓦乌基	Thessalonique	塞萨洛尼基
Svatopluk	斯瓦托普卢克	Thrace	色雷斯
Sviatoslav	斯维亚托斯拉夫	Thuringe	图林根
Sylvestre	西尔维斯特	Tilly, Wallon	沃伦·蒂利
Szalasi, Ferenc	费朗克·萨拉斯	Tilsit	蒂尔西特
Szapolyai, Jean	约翰·扎波利亚	Timisoara	蒂米什瓦拉
Szatmár	索特马尔	Tiso, Josef	约瑟夫·提索
Szczecin	什切青	Tisza, Istvan	伊斯特万·提萨
Széchenyi, comte	塞切尼伯爵	Tisza, Kalman	卡尔曼·提萨
Szeged	塞格德	Tisza	蒂萨河
Székesfehérvár	塞克什白堡	Tito / Josip Broz	铁托 / 约西普·布罗兹
Szekler	塞克勒人	Tlemcen	特莱姆森
Szentgotthárd	圣戈特哈德	Tobago	多巴哥岛
szlachta	波兰小贵族	Todor Jivkov	托多尔·日夫科夫
Szálasi	施泽拉斯	Tomislav	托米斯拉夫
Sztójay	施泽托杰	Topelius	托佩利乌斯
Taborites	塔波尔派	Torda	图尔达

Vörösmarty	弗勒斯马尔蒂	Wyclif, John	约翰·威克里夫
Vratislav	拉迪斯拉夫	Yeltsine	叶利钦
Vuk Karadzic	武克·卡拉季奇	Ypsilanti, Alexandre	亚历山大·伊普希兰蒂斯
Vukčic	武克契奇	Zadar	扎达尔
Vyborg	维堡	Zagreb	萨格勒布
Vytautas	维陶塔斯	Zakopane	扎科帕内
Wagram	瓦格拉姆	Zamenhof	柴门霍夫
Walesa, Lech	里奇·瓦文萨	Zamosc	扎莫希奇
Walewska, Marie	玛丽·瓦莱夫斯卡	Zaporogue	扎波罗热人
Wallenstein	华伦斯坦	Zápotocký	萨波托斯基
Wannsee	万塞	Zeligowski	泽利戈夫斯基
Westphalie	威斯特伐利亚	Zenta	森塔
Willigis	维利吉斯	Zeta	泽塔
Windischgraetz	温迪施格雷茨	Zinoviev, Grigory Yevseevich	季诺维也夫
Wisigoths	西哥特人	Zizka, Jan	扬·杰士卡
Wojtyla, Karol	卡罗尔·沃提亚 / 约翰·保罗二世	Znojmo	兹诺伊莫
		Zog Ier / Ahmed Zogu	索古一世 / 阿赫梅特·索古
Wrangel	兰格尔		
Wroclaw	弗罗茨瓦夫	Zorawno	佐拉诺
Wurtemberg	沃特姆伯格	Zsitvatorok	席特瓦托罗克